苍南陈靖姑宫庙境社研究

林亦修 郭重孟 ◎ 著

上海三联书店

鸣 谢

本课题研究和本书出版获苍南县陈靖姑信俗交流协会资助

本书出版获温州大学浙南瓯越文化研究创新团队项目资助

本书出版获温州大学浙江省温州人经济研究中心资助

本书为温州市哲学社会科学研究课题成果

《苍南陈靖姑宫庙境社研究》课题指导委员会名单

主　　任：章国钗

常务主任：许启苏

成　　员：岳国都　曾金莲　许日淼　吴在战　蔡开蛟

林克富　许文赐

序　言

女神陈靖姑，又称陈十四娘娘、顺天圣母、通天圣母、太阴圣母、临水夫人、顺懿夫人、皇君娘娘、碧霞元君、大奶娘、神娘等，相传为唐末五代福建人，学有闾山法，在与南蛇斗法中成神，能祈雨、驱妖、护产、保赤、逐瘟、保境等，在福建、台湾、浙江、江西、湖南、广东、广西各地拥有广泛的信众，在苍南县家喻户晓。与陈靖姑文化相关的陈靖姑信俗、主要演唱陈靖姑故事的温州鼓词、涉及闾山教的苍南道教音乐、作为闾山教道场仪式的翻九楼、主要节目为《奶娘传》的福建傀儡戏、苍南县莒溪刀轿等一大批文化遗产，已经列入国家级或省市级非遗名录。

苍南各地村社建有数量众多的陈靖姑官庙，还有历史悠久的闾山教法坛文化。随着改革开放以来民间信仰的复兴、政府对民间信仰管理工作的重视、弘扬优秀传统文化政策的提出，结合苍南县实际，为了挖掘民俗文化资源、规范民间官庙管理、协助政府做好宗教工作、更好开展对外尤其是对台的民间文化交流，苍南县陈靖姑信俗文化交流协会应运而生。

苍南县陈靖姑信俗文化交流协会由许启苏、曾金莲、岳国都等人发起，成立于 2014 年 8 月 29 日。苍南县民族宗教事务局发布苍民宗【2014】44 号文件，批准成立该协会，并批复在苍南县城西郊的浦尾山山水圣宫设置办公室。苍南县民政局苍民【2014】133 号正式批准登记为社会团体。在政府宗教部门的指导和监督下，通过苍民宗【2014】60 号文件和【2014】63 号文件，协会完成了理事会的选举工作。协会成立之际有陈靖姑宫庙团体会员单位80所，三年多来发展到358所团体会员单位。

成立协会管理、规约民间信仰会员单位是浙江省内民间信仰场所管理的第一次尝试，切合了苍南实际，满足了管理需要，促进了文化交流，不失为一次成功的实验。协会自成立以来，主要做了四方面的工作。其一，积极开展县域范围内陈靖姑信仰场所的普查、登记工作，配合县民宗部门更加深入地调查民间信仰场所和民俗文化资源，了解宫庙建筑史、宫庙组织史、宫庙历史文物、宫庙神灵供奉等情况，摸清家底。其二，协助民宗部门加强陈靖姑信仰场所管理工作，根据民间信仰场所管理的八项标准，安排定期和随机的巡查工作，帮扶并培训宫庙管理人员学习宫庙管理的政策法规和相关知识，邀请政府领导和专家学者开展知识讲座。其三，举办以对台交流为主要目的的陈靖姑信俗文化节。为了适应文化交流的需要，2015年在山水圣宫添建了文化广场，作为“浙台（苍南）陈靖姑信俗文化节”的固定会址，每年举办一次两岸五地（浙江、台湾、香港、澳门、福建）的民俗文化交流活动。目前已经连续举办三届，接待台湾同胞1 200人次，港澳同胞230多人次，取得丰硕成果。在浙江省民宗局、省文化厅、省文物局联合发布的浙民宗发【2016】12号文件指导下，第三届文化节于2016年11月隆重开幕。其四，积极组织协会成员外出学习，先后有8批108人次成员前往北京、福建古田、澳门、香港等地学习、交流，获得许多宝贵经验，提高了管理水平。

为了进一步深入研究苍南陈靖姑信俗文化，挖掘这一文化的历史价值、文化价值、社会组织价值、民众心理引导价值，保护传统文化资源，弘扬地方传统文化，规范宫庙文化建设，加强民间信仰场所管理，促进两岸五地民间文化交流，2016年协会成立了课题指导委员会，特邀温州大学民俗学教授林亦修先生及其研究团队，成立课题组深入调查研究苍南陈靖姑宫庙和信俗。

序　言

今天,《苍南陈靖姑官庙境社研究》正式出版了,值此之际,我简要介绍苍南县陈靖姑信俗文化交流协会的发展历程,和本书的研究目的,供各位读者参考,敬请批评指正。

协会秘书长：岳国都

2018 年 3 月 8 日

目　录

前　言

十几年来，本人一直在考察民间信仰对地方社会的形塑力量。比如，一位神明如何根据民众生活需要形成和传播，如何在一个地方被供奉？一座宫庙如何统合一个小流域、一个片区、一个生产生活单位，形成区域共同体？简单地说，神明承载了哪些历史和文化信息，宫庙如何形成社会，一直是考察的重要内容。有人把这种研究归为宗教社会学。

切入民间信仰形塑地方社会的研究路径多种多样，有神明和庙会（节庆）研究、道坛和仪式研究、宫庙和境社研究、移民和宗族研究、自然环境和生产方式研究、自然灾害或重大事件与社会重组研究，等等，大凡这些路径都很难单独进行，必须以“地方社会”为中心，在空间格局和时间演变的坐标中进行综合研究。在研究的方式上大致采用民间文献与田野调查相结合的方法。

苍南县陈靖姑信俗文化协会根据自己的工作需要，邀请我对苍南县的陈靖姑会员庙进行调查研究，这一研究可以从神明、宫庙、境社、仪式四个方面提供民间信仰形塑地方社会的具体个案。本著作从 300 多座会员庙中选取了 36 座具有不同代表意义的宫庙，展开了重点调查，力图展示宫庙在地方社会的形成、稳定、建设、发展、变迁中的各种作用。

苍南县位于浙江省温州市的最南端，素有“浙江南大门”之称，与福建省的福鼎市毗邻，西部衔山，东面临海，北隔鳌江，南望沙埕港，中部隆起鹤顶山——望洲山山脉，总面积 1261 平方公里，山水之间的溪谷、岙口、垟心、港口垦殖为聚落，生养着120万人口，自称“山海文化”之乡。

温州地区的民间文化，主要受闽文化的影响。在闽文化对温州的影响中，我们在苍南可以看到明显的过渡色。就陈靖姑信俗文化的表现而言，苍南的闽南语方言区、蛮话方言区、瓯语方言区明显表现出信仰方式的不同，可以看出陈靖姑文化从福建传入后被选择和被消化吸收的过程。

苍南县的原住民应该就是东瓯国的遗民，在东晋末期孙恩、卢循起义之后，以洞獠和渔蛋的族群形式游弋于沙埕港和鳌江流域之间，长期过着制度外的樵渔生活，数量时有消长，一直存在到中华人民共和国成立时期。洞獠渔蛋族群的消亡可以以福鼎市水生村渔民解放后的上岸定居为标志，他们是苍南县鲸头杨府庙最虔诚的信众，由此可见苍南与福建的密切关系。苍南县的第一次大移民是三国两晋时期，东吴在这里设置了横屿船屯，迁来谪官罪徒制造军舰，孙氏外戚朱曼的妻子就埋葬在这里，东晋时这里发展为横阳县。第二次大移民在唐末至两宋时期，由于钱氏吴越国的保境安民，大力开垦鳌江平原，处于动乱中的大量王氏闽越国臣民来迁。宗谱普遍记载“避王曦之乱”，从闽“赤岸”沿钱王古道入浙，闽东唐进士薛令之后裔定居苍南薛家桥就是一个案例。两宋时期有大批北方移民来迁，而闽人继续北来，尤其是乾道二年大海溢的“传檄移民”，促进了苍南的村社、宗族大建设，和人文的鼎盛。第三次移民是明初的卫所军屯，苍南境域设置了金乡卫、平阳所、壮士所、蒲门所、沙园所等军事机构，移入军人和军余，加强了滨海地区政府一直疏远的国家控制，形成保留至今的制度化很强的一些民俗节庆活动。第四次大移民是明末清初，由于抗倭需要和番薯种植的普及，闽南泉州、漳州、莆田人大规模向苍南移民，时间最集中的是明万历年间，这次移民到清嘉庆年间蔡牵海盗集团被剿灭结束。

各路不同时期的移民形成苍南县多种方言区，往往隔一条河沟或山丘就方言各异，不同方言群体各有优越感或自卑感，如今不同方言区居民即使因为城镇化聚居在一起了，也依然用普通话沟通。瓯语俗称温州话，主要分布在宜山镇、龙港镇、沪山乡、渎浦乡一带，是靠近鳌江各渡口，与温州方向联系比较紧密的聚落。瓯语在苍南又称为“本地话”，讲“本地话”的人被称为“本地人”。蛮话主要分布于鳌江下游南岸平原，俗称“江南垟”中心的钱库镇一带，有人认为“蛮话”就是“闽话”，是古代闽东话的遗存。的确蛮话方言区的居民都是唐末五代至两宋时期的闽东“赤岸”移民，而瓯语方言区的移民也大都在同一个时期来自闽东。闽南话以鳌江支流之一横阳支江的“南港”为中心，主要分布于灵溪镇、桥墩镇、矾山镇、马站镇、赤溪镇、藻溪镇、望里镇、大渔镇、括山乡等地区，是因为明末清初闽南人入迁定居而保留的方言，闽南话俗称“福建话”，是最晚近的外来方言语。金乡话是明代建置的金乡卫城“军话”，只局限于卫城居民使用。县境原有畲族村使用畲语，现在基本消失。多种方言并存体现了地域的封闭性、族群的多样性和文化的拼图性。

然而，无论是哪一个时期的移民后裔、哪一个方言区里，都一率供奉女神陈靖姑。陈靖姑成为苍南县民间普遍接受的神明，这是文化多样性中的一种特殊现象。有人可能会说，苍南的人口构成主要来自福建，所以能够普遍接受福建女神作为移民祖先神。其实不对，陈靖姑是福建闽东、闽西的重要神明，但在闽南的泉州、漳州并不盛行，而苍南的闽南移民区偏偏是陈靖姑信仰的最盛行区，这是一个值得深入研究的问题。

陈靖姑，唐末五代人，相传祖籍漳州，道士世家，父亲定居福州下渡，下嫁古田刘氏。为观音菩萨滴血投胎。兄弟收蛇妖遇难，发愤上闾山随从许九真君学法，杀南蛇复仇。因具有祈雨抗旱、落霞扶产、护幼保赤、驱邪治病、保境安民等功能，获得民众广泛信仰。以闽东古田县临水殿为中心，信仰圈划到浙江南部的丽水、温州、台州，台湾省，闽南地区的莆田市，闽北的龙岩，江西省，湖南省，广西的部分地区等，并随着移民传播港澳、东南亚，甚至美国。苍南县陈靖姑信仰场所众多，供奉形式有宫庙主神和宫庙配神的差异。宫庙供奉、闾山教法坛、乩僮活动、说唱仪式构成苍南陈靖姑信仰的四大要素。

即使是普遍的陈靖姑信仰，在苍南各方言区也有区别。在最盛行的闽南语方言区，陈靖姑的称谓习惯上为“皇君娘娘”，宫庙称谓为“皇君三奶庙”，供奉上习惯陈靖姑、林九娘、李十三并立；闾山教法坛遍布，师公经常外出瓯语区、蛮话区和金乡城区打醮主法；说唱以木偶戏《皇君传》为主，与平阳县北港地区的闽南方言区打成一片。瓯语区的陈靖姑称谓一般为“陈十四”，取自陈靖姑正月十四日出生的小名，尊称临水夫人、太阴圣母；宫庙称谓为“太阴宫”，说唱形式为温州鼓词《灵经大传》，主要受瑞安市的鼓词演唱影响，还有白龙参龙演唱、龙船儿演唱；道场科仪主法“做斋先生”和闾山教并存，各师各法。蛮话区的陈靖姑称谓并没有沿袭闽东地区的“临水夫人”，宫庙也不叫“临水宫”，与闽南方言区形成较大的区别。作为最本色的闽东移民区，蛮话区的陈靖姑信仰主要表现为瓯语文化影响区，说唱也没有自己的方言传统，科仪主法是自己的“做斋先生”，蛮话在说唱科仪文本时显得特别不顺畅。但瓯语和蛮话方言区会产生鼓词艺人，他们一般到平阳县城和温州府城发展，有些成为名艺人。金乡话地区在传统节日的民俗宗教活动中习惯聘请福建或闽南方言区师公主法，清明节庆中著名的“桐山跳”就请自福鼎县的桐山。金乡方言区虽小，但作为明代苍南境域唯一有城墙的卫城，它的政治、经济、文化影响力都是很大的。总之，陈靖姑信仰在以闽南话为主的南港片和以瓯语、蛮话、金乡话为主的江南片形成较大的不同，而且同一片区还有一定的差异。

民间信仰研究的一个重要元素是境社。作为组织形态，一般“境”比“社”大。一个境统辖几个或十几个社，境神管辖社公。“境”概念来自道教，既指一定的地理空间，又指层阶有别的神圣驻地。《道法会元》卷之二《清微应运》写道："境犹方之谓也。但境与都不同，不可以境为方。每境自分十方，十方也自分十方。"这里的"都"指"乡都"，这里的"方"是道士科仪中代表"聚落"的"地方"，相当于"村落"。《道法会元》在介绍太上三尊时提出了"仙境""真境""圣境"三个品次，"三尊即三清上帝，传教之祖。由人道而升仙境者曰道德天尊，由仙道而升真境者曰灵宝天尊，由真道而升圣境者曰元始天尊。"三境的级别不同，又指称仙境为"太清"、真境为"上清"、圣境为"玉清"，并且提出"九品"升级法："泰清九仙，上清九真，玉清九圣，凡有九品。人有一品，而修积至九品，然后入于仙道。由仙之一品，而修积至仙之九品，然后超登真境之一品。又由真之一品，而修积至真之九品，然后超登圣境之一品。又由一圣而至九圣，非一蹴可登也。"① 民间信仰把一个宫庙的管辖范围称为"境"，显然是套用道教的观念，只是这种套用起于何时，各地的实施状况如何，还不得而知。苍南宫庙布置和民间信仰活动一般可以看到和听到"社下弟子""合境平安"等字样或说法，说明苍南宫庙的境社组织是有传统的。我们现在依然可以比较清楚地调查到境社内部被称为"扇"的结构，以及"扇"的祭祀轮值制度，但境社的边界和起源比较模糊，与闽东地区的有名号的境，如柘荣十三境、太平境等比较起来，显得没有名目，不被重视。苍南传统社会组织非常重视"宫门"认同，所以境社研究是一个重点，它与神明谱系、宫庙建筑、仪式展演同样重要。从民间信仰的社会性角度看，只有深入描述境社结构和作用，才能深刻理解苍南地方社会的组织方式。境社研究是本课题的一大创新。

本专著内容分三大部分，第一部分述论陈靖姑的神班结构、宫庙特

① 张继禹主编：《中华道藏》第三六册《道法会元》，华夏出版社，第12—13页。

点、灵媒类型、仪式生活、历史演变等问题，力图从当地实际出发进行比较研究；第二部分报告三十六个宫庙调查内容，力图每一个宫庙围绕一个主题重点展开观察和讨论，以利于进一步深入了解民间信仰的历史、现状；第三部分是三百多座会员庙的普查资料，全面展示了苍南的陈靖姑信仰。

本课题采取重点宫庙调查和会员庙普查相结合的点面互补方式，实地勘察，深入访谈，在地方文献资料的基础上，对自然环境、社会变迁、神明谱系、聚落形成、宫庙建筑、神媒活动、信众诉求、仪式传承、移风易俗、信仰调适等因素进行综合研究，力图在信仰文化象征物和信仰社会组织、信仰心理寄托方面考察一个地方社会的形成和维护路径，以期对现代社会建设，尤其是城镇化建设，具有启发意义。

调查不足和见识浅陋之处，敬请行家批评指正。

上篇

苍南县陈靖姑信俗述论

1. 陈靖姑神谱

一个著名的神明往往形成一个谱系，像一个行政部门或专署，系统地掌管一定领域的事务。道教神明玄天上帝的神谱系统，也许是这些神明谱系的最早和最高形式，后来的许多地方神谱系都模仿了这种谱系。东岳大帝也有自己的谱系。就女神而言，闽南地区的妈祖信仰，就形成了一个神谱。在主神妈祖之下，形成廿四司、水阙仙班十八部。廿四司为天懿司、海宁司、天都司、广泽司、佑境司、招财司、天君司、水德司、忠烈司、送子司、灵照司、千岁司、仙灵司、英灵司、广康司、药师司、育子司、文昌司、灵英司、通远司、天门司、风雨司、镇北司、顺济司。临水夫人陈靖姑在这里属于她的送子司主管。在广东南部宫庙有金花堂，主祀金花普主惠福夫人，她在当地主掌生育，与痘母夫人共祀，手下有十八夫人，或称奶娘，各有专长，根据职司命名，分别为花园土地公公、送生司马大元帅、送子张仙真人、白花送子夫人、保胎羊孕夫人、血光羊孕夫人、根基保养夫人、添根保养夫人、扶产血光夫人、临盆保产夫人、娇媳奶乳夫人、含茶嚼饭夫人、裁花剪叶夫人、西园小笑夫人、东园大笑姑婆、淋漱花枝夫人、除疮沐浴夫人、揽腰教企夫人。①

---

① 根据澳门莲花庙金花堂神谱。澳门包公庙金花殿略有不同，有教讲教话奶娘、教行教企奶娘，没有根基保养夫人、扶产血光夫人。2016 年 8 月 27 日、8 月 28 日调查。

可见就地方生育神谱而言，也都有自己的功能性神明系统。

图 1.1.1　福建省古田县临水宫祖庙，相传为陈靖姑收南蛇妖坐化处，也是陈靖姑夫家所在地，每年元宵节前有无数的闽浙台信众来此朝圣，割取圣火。

陈靖姑信仰不仅仅是生育信仰，她的整个神明谱系要比金花堂生育神谱系复杂得多。但是在造神过程中，陈靖姑神明谱系又没有作清晰的厘定，又由于流传地域的广泛，在地化的现象比较普遍，比闽南的妈祖神谱含糊一些。

苍南县的陈靖姑神谱受四个方面的影响。第一方面是福州十邑的原生神谱。福州十邑是指闽侯、长乐、福清、闽清、屏南、古田、平潭、罗源、连江、永泰十县，在明清时期形成“大福州”概念，出处见于乾隆《福州府志·建置志》。福州十邑作为陈靖姑神谱的发源，构成各传播区的造神基础。第二方面是瑞安、瓯海的次生神谱。温州市的瑞安和瓯海，根据福州陈靖姑谱系，进行了在地化改造，添删和转化了一些神明，该地因为编造和演唱《灵经大传》兴盛，陈靖姑文化对周边地区有很大的影响。第三方面是闽南移民神谱。苍南的大部分居民属于明末清初闽南移民的后裔，他们将闽南的信仰习俗融入了陈靖姑的神明谱系。第四方面是地方神的影响，陈靖姑神谱与苍南地方神的结合，特别是同唐末五代至两宋时期苍南地方宫庙社境建设的结合，产生了同庙神明的关系序列。

陈靖姑信仰的传播应该与净明道的创立与传播有关。在宋代浓厚的道教氛围中，闾山教进入温州。据寿宁县《陈氏宗谱》载："以陈靖姑为教主的闾山教法师陈小四、陈小五二人，均为太平兴国到咸宁间（984—1003）人，分别为宋乾德三年乙丑（965）科进士陈洪之子、侄。陈小五后迁至东瓯榆垟（即今平阳县榆垟乡）定居。陈小四不但成为寿宁县闾山教道坛师祖，而且也是闽浙周边地区之平阳、泰顺、景宁、庆元等地道坛祖师之一。"①徐宏图先生认为："此教派作为道教闾山派（又称夫人教）教主身份的陈靖姑则是从宋代开始传入平阳的，陈靖姑有除妖灭怪、护产救婴、祈雨驱瘟等神迹传说，很快就衍化为一种民间信仰，从经巫觋道坛的进一步宣扬而成为一种宗教形态，终成为'闾山教'教主。此教最早流传于福建漳州一带，所奉临水夫人陈靖姑外，尚有林九娘、李三娘，合称'三奶夫人'，林、李二位是陈的结拜姐妹，亦有道法，但陈的道法最高，故被推为教主。"②

有一个现象首先要引起注意：温州有据传生活于晋唐时期的男性地方神，但是没有比生活于唐大历年间的陈靖姑更久远的女性神。由此可见，在温州地域完善信仰谱系的民间文化建设过程中，吸纳女性神陈靖姑成为必要。女性神陈靖姑引入温州，填补了温州地方信仰文化中的一项

---

① 叶明生：《福建寿宁四平傀儡戏奶娘传》。民俗曲艺丛书，施合郑民俗文化基金会，1997 年版：第 11 页。徐宏图：《平阳县的陈靖姑信仰及其降妖仪式》，选录《平阳县苍南县传统文化民俗文化研究》。民族出版社，2005 年版。

② 转引自叶明生《临水夫人信仰文化源流与发展史探讨》。《中国首届临水夫人陈靖姑文化学术研讨会论文集》，2010 年印刷，第 192—193 页。

图 1.1.2 神明被崇拜的理由之一。正如匾额上所提的：正直为神。

空白。温州的地方性需要，选择了陈靖姑信仰。民国《平阳县志》对陈靖姑的介绍，也许可以代表苍南人对陈靖姑的传统认知，摘录如下：

顺懿庙俗名太阴宫，一名临水宫，一在净明寺北，一在北门外，一在小桥，一在任白桥。《旧志》。各镇乡俱有，不备载。神古田县人，姓陈，闽江南下渡陈昌女也，嫁刘杞，卒年二十四。临水洞有巨蛇为祟，神现朱衣执剑索白蛇斩之，乡人遂立庙于洞。《福建通志》。淳佑中封崇福昭惠慈济夫人，赐额顺懿。《续通考》。按吴任臣《十国春秋・闽十》载，靖姑陈守元女弟也，尝饷守元于山中。遇馁，妪饭之，遂授以符箓，驱使五丁。永福有白蛇为孽，惠宗召靖姑驱之，靖姑斩蛇为三。诏曰：蛇魅行妖术，隐沦后宫，诳欺百姓，靖姑亲率神兵以安，元功莫大焉。其封为顺懿夫人，食古田三百户，以一子为舍人。与此不同，录之，以广异闻。①

本章节从师承神谱、眷属神谱、结盟神谱、三十六婆神、同庙神谱五个方面梳理苍南县的陈靖姑神明谱系。

① 民国《平阳县志・神教志》。苍南县文化广电新闻出版局据民国十四年影印本影印，第五册，第1809页。

1.1 师承神谱

与陈靖姑信俗形成最大关系的师辈神明是观音菩萨和许九郎，以及因观音菩萨和许九郎而形成关系的神明。

1.1.1 观音菩萨

陈靖姑是观音菩萨的化身，所以陈靖姑信仰是观音信仰的地方化方式。

福州、闽东地区的陈靖姑传说和温州地区的陈靖姑传说一致认为，陈靖姑是由观音菩萨的指血滴落投胎而生的。观音菩萨需要指血化生的原因有三：一是南天门与八仙比法，中指弹动擎天柱时淤血，虽然赢了八仙，但必须放血。二是因吕洞宾作难，洛阳江上化美女募捐造桥，头发被银粉洒染，脱发化成南蛇到人间造恶，必须将它收回。三是洛阳江化美女募捐时曾经许愿，谁能将银子抛到她身上将以身相许，卖葱韭的小哥用银粉抛洒后，结果美人和白银都化为虚有，跳江而去。观音菩萨化身的陈靖姑必须与葱韭小哥的转世者完成这段前世姻缘，体现佛门有信。由此我们可以进一步理解《灵经大传》的编纂意图，为《灵经大传》的前传为什么用这么长的篇幅来唱《观音传》和《洛阳桥》作出解释。也为《洛阳桥》故事为什么在温州地区，特别是苍南地方这么流行，甚至融入到各种习俗之中，找到了注脚。

由于陈靖姑先天性的使命，观音菩萨规约她一生的生活习惯和秉性品行。“一岁二岁娘伶俐，三岁四岁娘聪明。五岁六岁娘食素，七岁八岁娘看经。九岁十岁娘娘奉祀观音佛，十一十二看经文。”《陈皇君宝诰》所描述的陈靖姑成长史，成为苍南地方儿童教育的一种模式。十三岁之后，陈靖姑在观音菩萨的指引下前往闾山学法，完成学业下山收妖斩蛇。

陈靖姑下山之后，在许多事件上与观音菩萨相遇。这种相遇往往以心性考验、纠纷解决、不平劝导的方式进行，实质上是闾山教教义的具体化阐释。第一次重要的相遇是平阳城内斗玄坛。故事的内容是玄坛庙祭户小孩偷食了牲品中的鸡胗和猪舌，还发誓抵赖，被赵公明如誓遣黑虎咬死。陈靖姑认为祭户罪过不至于死，神明在灵验和悯生的二难选择中要以悯生为重，一味表达灵验是一己之私。结果二神辩论、斗法到观音菩萨和玉皇大帝跟前，神判陈靖姑有理，将玄坛庙迁出城外。这个故事阐释了当仁不让、以下抗上的民间意识，与闾山教在道教教派中的地位处境非常吻合。第二次重要的相遇是马仙娘娘与陈靖姑为争宫址而姐妹斗法，观音菩萨判定福建宫址马仙娘娘优先选择，浙江宫址陈靖姑优先选择，形成对浙江广泛传播陈靖姑信仰、福建广泛传播马仙信仰现象的解释，也阐释了人际交往要以礼让为先、以外客为尊的原理。第三次重要相遇是闽浙边界的福鼎县桐山岭头，观音菩萨化身脓疮孤苦老太考验陈靖姑，陈靖姑吸吮脓包为老太解除痛苦，结果脓胞化为祥云送陈靖姑回乡。这是揭示净明道、闾山教以孝为先的教义思想的情节，具有非常重要的意义。第四次重要相遇是陈靖姑追杀南蛇到南海普陀，观音菩萨为南蛇提供庇护，并劝说陈靖姑饶过这个一生追杀的敌人，以慈悲的情怀，从血缘关系、恩仇原理、宿命理论劝解陈靖姑降化南蛇，和谐相处，生动地阐释了佛教生命观。① 观音菩萨不仅赋予陈靖姑生命，还赋予她思想和情感。在陈靖姑每一个人生关节点上，都可以看到观音菩萨的指点，这些指点，是引导陈靖姑的，也是引导芸芸众生的。

① 上述情节见《灵经大传》。陈德其记述，林亦修整理、校注。学苑出版社 2011 年版。

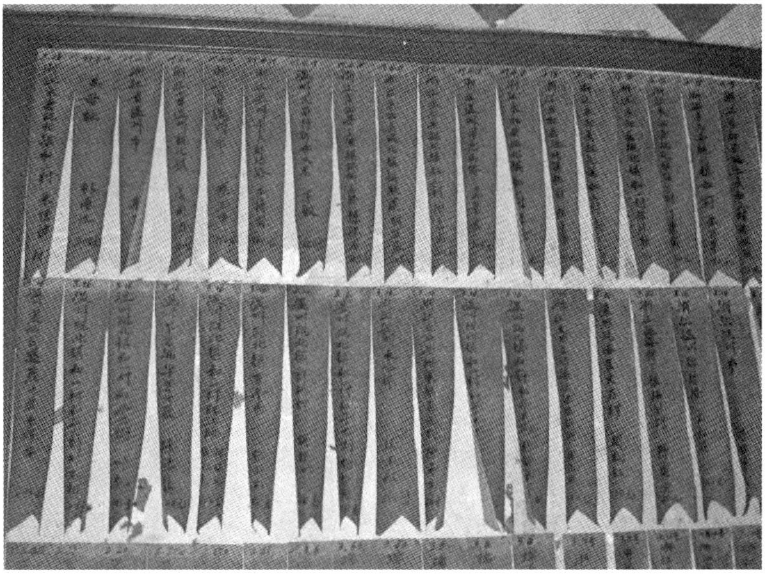

图 1.1.3　温州人在古田临水宫功德榜。到临水宫祖庙朝圣的信众如果捐资,庙委会便将捐资人和住址、金额写起来挂在布告栏里,祈求神明保佑。温州人的红纸条约占总数的三分之一。

所以温州地区的许多宫庙,特别是有供奉陈靖姑的宫庙,都会尊观音菩萨为上位神。尊上位神的方法,一是在陈靖姑主殿的左前侧或后面,建一座略高于主殿但面积小于主殿的观音阁;二是在陈靖姑神龛的上方,雕塑供奉观音菩萨神像。这种布局的普遍存在,很能说明观音菩萨在陈靖姑信仰中的重要地位。也有可能是在不断正祀毁庙的历代政府行为下,民众为了证明临水宫、太阴宫的合法地位,供奉观音菩萨以保护宫庙的举措。因为越靠近政府管辖所及的府县城镇,这种供奉结构越完善。

1.1.2　许逊

明代冯梦龙的小说《旌阳宫铁树镇妖》描述了许真君的缘起:

酒至半酣,忽太白金星越席言曰:“众仙长知南赡部洲江西省之事乎?

江西分野，旧属豫章。其地四百年后，当有蛟蜃为妖，无人降伏，千百里之地，必化成汪洋之海也。”老君曰：“吾已知之。江西四百年后，有地名曰西山，龙盘虎踞，水绕山环，当出异人，姓许名逊，可为群仙领袖，殄灭妖邪。今必须一仙下凡，择世人德行浑全着，传以道法，使他日许逊降生，有传授渊源耳。”斗中一仙，乃孝悌王，姓卫，名弘康，字伯冲，出曰：“某观下凡有兰期者，素行不疚，兼有仙风道骨，可传以妙道。更令付此道与女真谌母，谌母付此道于许逊。口口相承，心心相契，使他日真仙有所传授，江西不至沉没，诸仙以为如何?”老君曰：“善哉，善哉!”众仙即送孝悌王至焰摩天中，通明殿下，将此事奏闻玉帝。玉帝允奏，即命直殿仙官，将神书玉旨付与孝悌王领讫。孝悌王辞别众仙，蹑起祥云，顷刻之间，到阎浮世界来了。①

四百年后，江西有蛟蜃为妖，千百里地将化为汪洋。在太上老君的祝寿会上，太白金星提出了拯救方案，最终报奏玉帝，将仙家“上清灵章飞步斩邪之法”传授给兰期，兰期传授给谌母，谌母传授给许逊，许逊斩蛟，将法术传授给陈靖姑。

平阳、苍南有许多许逊庙，民国《平阳县志》记载许逊信仰在平阳的传播如下：

许逊，旌阳令，与弟护军长史迈采药浙东，至平阳华盖峰，结庐炼丹，人遂以其姓，名华盖曰：许峰。《平仲集·许君墓志铭》。按，此误也。许逊，南昌人；迈，句容人，非兄弟。迈官亦非护军长史，为护军长史者，迈弟穆也。《晋书·迈传》有遍游名山，莫测所终语。《镇江府志》亦有穆慕兄

① (明)冯梦龙：《警世通言》。人民文学出版社 1987 年版，第 584—585 页。

远游之语。是文当云，许迈与弟护军长史穆方合，然无他文可证，姑附识于此。华盖曰许峰，见此及《不系舟渔集·碧山堂记》。自瑞安许峰，显而此名隐矣。①

观音菩萨为什么指派陈靖姑到闾山向许逊(许九郎)学法？这里可能存在着一个溺亡神谱系。

以许逊为中心，在中国南方存在着一个溺亡神系统，陈靖姑是这个系统中的一员。中国南方处于泽国湿地的自然环境中，“江西沉没”更是充满想象力的泽国阐释。溺亡事件在古代以自然环境为生活、生产依托的状况下发生率极高。兰期、谌母都是溺亡神。许逊“拔宅飞升”“鸡犬升天”，火灾达不到这一效果，也只有水灾才会形成这一局面，他的“斩蛟”事迹就属于抗洪的历史记忆。陈靖姑十三岁去闾山学法，《陈皇君宝诰》唱道：“娘娘这年十三岁，也去江边看龙船。观音菩萨来作法，蝴蝶化作白龙船。奶娘坐到龙船内，顺风顺水到闾山。”这分明是端午节看龙舟时溺亡的隐喻。传说中的闾山在水下，有缘人来水门开。去闾山学法的人，都是水里进，火里出。苍南的黄九法师，永嘉的黄法法师、倪二法师，都有这样的传说。与“吃肝补肝”的传统食补观念相同，国人认为溺亡而有灵者可以护佑人们免于溺水。溺亡神系统与道教水部神灵有所不同，但它的建构和运作在一定程度上套用了玄天上帝的北极幽冥体系，如模仿“北极驱邪院”建立了“闾山大法院”。

许逊信仰以水泉口建庙作为一种惯性选择。南方虽为泽国，易涝也易旱。干旱就必须求雨，求雨要选择清澈不涸水泉引雨。由于祈雨经常

---

① 民国《平阳县志·神教志》。苍南县文化广电新闻出版局据民国十四年影印本影印，第五册，第1887页。

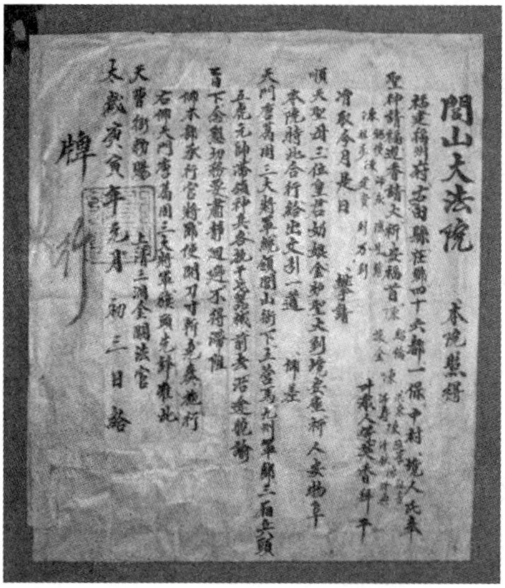

图 1. 1. 4　闾山大法院榜文

发生,因此占据水泉口建庙等于拥有了一个神圣资源。南方疫病时常发生,流行传染的主要问题是饮用水的污染,因此独立而洁净的水泉成为疫情严重时期的“圣水”,万方祷请。调查发现,许逊庙都建在海拔最高处的水泉口,瑞安圣井山许逊庙、温州吹台山的无量佛寺,都是海拔 600 米高度水泉眼上的许逊庙宇,俯瞰人间烟火,泽润温州大地。古田县的陈靖姑庙也以坐井斩蛇为堪舆原则,但是村庙不一定都有这样的堪舆形势供其选择,有的就以水口、池塘、河浃为替代。这些都是出于南方村落生活的需要,都是陈靖姑庙对许逊庙模仿的体现。或者说,这是江南生活难题神圣化的体系建构。

在陈靖姑庙宇里发现与观音菩萨供奉完全相反的一种现象是:临水宫、太阴宫很少供奉许逊塑像、牌位和香炉,宫庙供奉体系不将师徒二神并行推出。这是一个值得研究的问题。另外,许逊与闾山许九郎是否为同一位神明,也有待于深入研究。

1.1.3　九天玄女　汪杨二将　三山神兵神将

在观音菩萨与陈靖姑之间,往往有九天玄女作为传话和派遣的使者出现,九天玄女是观音手下的辅助神明。

汪、杨二将也作王、杨二将,是闾山大法师许九郎手下的门将,许九郎派二将专门为陈靖姑护法,带领神兵神将。在演唱《灵经大传》的“闾山景”布置中，汪、杨二将总是站在台前，各人用铁链牵着蛇公、蛇母。

陈靖姑信仰中非常强调“三山”的指称，闾山教的法坛布置一定竖着一卷三山神图。在浙江省缙云县献山七月七的庙会上，信众的打扮都戴着有三条红杠的帽子，这三条红杠就代表三山。但是“三山”指认的是哪三山，却有不同的说法，有的写闾山、衡山、卯山，有的写闾山、茅山、龙虎山，有的写闾山、崂山、阁皂山，有的写闾山、恒山、青城山，有的写庐山、武夷山、崂山。总之，没有人写瀛洲、方丈、蓬莱三神山，也没有写福州《三山志》的“三山”。有与道教丹鼎派相区别的符箓派三山，分别由张道陵的四代孙张盛首创正一宗坛江西龙虎山、由杨羲和许谧创建的上清宗坛江苏茅山、葛玄创建的元始宗坛江西阁皂山。道教符箓三大派系拥有自己的神兵神将，元代指令三山共辅皇图，后又敕令三山共演上清，最后诸山归于正一盟威。闾山教归属正一盟威，法师敕坛，可以调遣三山神兵神将。但是在丽水地区的道坛科仪中，被调遣的三山神明是闾山、茆山、蒙山，分别由闾山九郎、茆山七郎、蒙山三郎掌管。三山问题我只能在现有调查的基础上提供以上认知，有待更深入的研究。

1.1.4 送子娘娘 送宝娘娘

送子娘娘和送宝娘娘的供奉，祈盼的是村社庙境内财丁两旺。苍南县南港片宫庙的陈靖姑神龛基本附塑送子娘娘和送宝娘娘，分列神龛左右侧，塑像体积为主神的五分之二上下。苍南县江南片和温州其他地区陈靖姑神龛往往有送子娘娘，没有送宝娘娘。

送子娘娘和送宝娘娘的原型始于南朝的厕神，民众的普遍供奉源于《封神演义》。南朝刘敬叔撰写的《艺苑》卷五有厕神名叫紫姑的记载，唐代诗人李商隐有“羞逐乡人赛紫姑”的诗句，宋代妇女开始在元宵夜请紫姑神扶乩，习俗流传至今。紫姑居处茅坑，又称“坑三姑”，后人误以为是三位女神。《封神演义》以此创造了云霄、琼霄、碧霄三位女神，属截教神仙，在仙岛修炼，尊赵公明为哥哥。赵公明被陆压仙人用邪术害死后，三仙携金绞剪、混元金斗两件法宝下山参战。金绞剪就是女红的剪刀，混元金斗就是净桶。她们摆出的九曲黄河阵就是华北农家的大粪坑，[①]能“失仙之神，消仙之魂，陷仙之形，损仙之气”，连杨戬、哪吒、慈航道人、太乙真人都败下阵来，后被老子和元始天尊收了法宝，先后阵亡，封为“感应随世仙姑正神”，特敕执掌混元金斗。凡人之生育，“落地先从混元金斗转劫”[②]。三仙不仅自己有宝，而且是财神赵公明的妹妹，“送宝”顺理成章。

温州和宁波地区还把净桶区分为马桶和子孙桶。子孙桶两层，高度适于坐姿，专门为生育临盆所用，系女性嫁妆，平时高搁敬奉。产妇生育时称“临盆”，可能源于此，具有“落世转劫”的含义。神明崇拜衍生了物品崇拜。

1.2 眷属神谱

从亲属关系看，父母、兄弟、夫婿、子女构成陈靖姑的神班谱系。神班谱系的家族成员中有父母陈氏太翁、葛氏夫人，大哥陈法通和二哥陈法清，丈夫黄钦，儿子灵通和感应，有的还供奉大嫂和二嫂。

陈府为茅山派道士世家。陈昌，有的文本作陈守昌、陈守元、陈教义，为陈靖姑父亲，居住漳州，因大旱，祈雨无效，迁居福州市郊下渡。妻葛氏，笃信观音，家中建南云楼常年设斋念经，也带动女儿从小拜观音。宫庙塑像供奉为陈氏太翁、葛氏夫人。

---

① 张政烺：《〈封神演义〉漫谈》。《世界宗教研究》1982 年第 4 期，第 58 页。

② 参见黄景春、程蔷：《中国古代小说与民间信仰》。上海文艺出版社 2013 年版，第 173—174 页。

陈法通，陈靖姑大哥，跟从父亲习道，一说为瑜伽教法门。在与南蛇斗法时为蛇公吞食。陈靖姑发愿闾山学法，为大哥报仇，引出了整个故事。宫庙的陈法通塑像，冠服穿戴有佛教色彩，体现了瑜伽教的影响。

陈法清是陈家领养的义子，陈靖姑的二哥，铜铃眼（通灵眼）能看到别人看不到的东西，但口吃。实际上是具有青光眼、口吃的残疾。“带吃”① 的陈法清是家属神里最受温州信众喜爱的一位，以痴、顽、贪吃、逗乐、重感情、讲真话、充满世俗见解为温州人所塑造。因在收妖时是陈靖姑的得力助手，宫庙中塑像供奉比较普遍，有的庙宇在兄弟二人中只选择陈法清供奉。

陈靖姑夫婿，《闽都别记》作“刘杞连”，古田临水宫祖庙作“刘杞”，温州鼓词《灵经大传》作“黄钦”，也作“黄卿”，是观音菩萨在洛阳江化美女为建洛阳桥时，洒银粉的卖葱韭小孩洪景宝转世，与陈靖姑有前世姻缘，指腹为婚。黄钦家住古田县临水中村，父亲为教谕，自己为罗源巡检司巡检，在陈靖姑陈安人的协助下，判了十二大奇案，构成陈靖姑传说的重要情节。

陈靖姑儿子名叫灵通，因为顽皮，被陈靖姑教训时不小心一剑劈成两爿，通过炼度，成为两个小孩，取名灵通和感应。宫庙陈靖姑神像之前常常塑两个小孩的神像，据说可以保佑儿童种痘、过关，无灾无难。

六亲眷属的供奉，一般是陈靖姑专祠的设置，表达《孝经》所谓的“立身行道，扬名于后世，以显父母，孝之终也。”供奉眷属主要是配享香火。温州地区的太阴宫很少陈靖姑专祠，而是联合庙居多，一般不供奉陈靖姑

---

① “带吃”是温州方言俗语，一般指有残疾的人，被民众认为因带有天命而不健全，因此接受他人供奉，俗成“带吃”一词。传说中陈法清具有“大舌口吃”和“铜铃眼”的生理缺陷，被认为是“带吃的人。”

的父母和丈夫，而供奉陈法通、陈法清、灵通、感应等有护佑功能的眷属较多。

1.3 结盟神谱

温州地区的陈靖姑结盟神谱与福州地区有所不同，福州地区的高夫人、丹霞大圣、江大娘、虎婆等结盟神在温州地区很少出现；温州地区的张三圣公、陈十五、白三府、邱卢等神明也具有自己的特色。考察丽水地区的情况，与温州地区和福州地区又略有差异，叶法善、茆山三郎、蒙山九郎经常出现在当地闾山教的神坛上。看来各地区会根据当地的传说糅合信仰格局，形成自己的结盟网络。

图 1.1.5　马仙文化传播图，摄自景宁县鸬鹚宫

1.3.1 马仙娘娘

与陈靖姑共同供奉在温州各神庙的女神还有温州本地的卢氏娘娘、周氏娘娘、汤夫人、水仙娘娘等，但是她们在温州境域内的地域局限性很大，流传不广；还有来自丽水地区的马仙娘娘和来自福建莆田的妈祖娘娘，分别流传于温州山区和滨海，并不在人口密集区的平原区域盛行。斗姥娘娘也以女性神的称谓出现，其实她指的是负责海上导航的北斗星。

民国《平阳县志》记载：

马仙宫在五十一都顺溪，旧志作溪南。各处多有，不备载。马仙生建安县将相里，一云处州景宁人。见《处州府志》。唐光化间适人，一岁夫亡，誓志不二，纺绩养姑，得授仙术，乡人感之，为立祠，祷祠灵应。明隆庆初，推官郭子章夫人梦仙妃送二子，果应，给以祀田。新纂。据《福州府志》《建宁府志》参。按，俗称马孝仙，或称送子娘娘，以此。①

马仙娘娘祖庙在浙江省丽水市景宁县鸬鹚村，是以孝敬姑婆出名、能够用罗伞横渡涨水溪洪、求雨和求嗣都非常灵验的女神，在浙南闽东地区被广泛祭祀。马仙与陈靖姑的神际关系既存在竞争，又存在合作。一方面陈靖姑在上间山和在温州白三府收狸猫精时都得到过马仙的帮助；另一方面，陈靖姑在浙江选宫址建庙的过程中又与马仙出现地盘的争夺，最后由观音菩萨判定“浙江庙址马仙礼让陈靖姑，福建庙址陈靖姑优先马仙”，出现“佛公灵验兴外地”的现象。

---

① 民国《平阳县志・神教志》。苍南县文化广电新闻出版局据民国十四年影印本影印，第五册，第 1810 页。

图 1.1.6　浙江省景宁县马仙祖庙鸬鹚宫

1.3.2　妈祖

妈祖，原名林默，祖庙在福建莆田湄洲岛，是著名的海上救护神，拥有自己的神谱系统，信仰广泛。近年有学者认为，妈祖有可能就是林九娘，可供参考。在苍南县，妈祖与陈靖姑的关系有比较明显的区域分工，妈祖主要在滨海地区，陈靖姑主要在山区和平原，出现“海上妈祖，山上靖姑”的分布现象。但是山海交错的浙南地区还是会出现一庙同祭二女神的现象。斗姥娘娘就是北斗星辰，是渔民和航海者都要供奉的神明，以女性神的形象出现，平阳县东岳庙也有她的配祀，有些太阴宫会出现陈靖姑、马仙、妈祖、斗姥共祀现象。

1.3.3　林九娘　李十三娘娘

陈靖姑闾山学法归来，先后结识林九娘、李十三娘、高雪海、邹铁鸾，五人结拜为姐妹，聚集临水宫，学习闾山正法，出征袁广智，至闽王永和二年(936)陈靖姑二十四岁时，各位散归家乡，相约二十五岁时再聚集。当年四五月间，临水夫人陈靖姑祈雨坐化，四姊妹也先后悲痛成疾而卒，魂归临水。林九娘和李十三娘娘是陈靖姑结盟神里最重要的神明，在福建、台湾、浙江各地的临水宫里，都是三神合龛供奉，甚至合炉供奉。在苍南的闽南话方言区里，一般以陈、林、李三位皇君同龛奉祀。

图 1.1.7 陈靖姑、林九娘、马仙娘娘三神龙牌

根据《闽都别记》，林九娘，罗源人，后梁末帝贞明二年(916)①时十七岁，父亲为东都州刺史，母亲许氏，兄弟二人。林九娘好读《周易》，能演布八卦九宫大衍之卦数，在陈靖姑的指点下收除了白塔寺妖僧铁头和尚法普，成为刘巡按罗源判定的第十二案。拜陈靖姑为师，义结金兰，在临水宫修法。933 年茅山派道士袁广智助王继图叛乱时，林九娘受陈靖姑蜘蛛球一颗，破袁广智无数邪术，用自己头发化为铁链绑住袁广智，使他无法隐身。陈靖姑二十三岁末时，林九娘回家，成全了打渔郎的一段婚姻，并有钳摄缺唇的法术，将此法传授给了渔郎的母亲何氏。陈靖姑祈雨被长坑鬼害死后，林九娘在百花桥缚住长坑鬼，将其磔杀。②

李十三，又称李三娘，福清人。从临水宫回家后为渔溪地方吕家降了

---

① 《闽都别记》在时间记载上有问题。如果 916 年时林九娘 17 岁，936 年时陈靖姑 24 岁，那么林九娘 17 岁时陈靖姑才 4 岁，而书中描述这时陈靖姑已经出嫁刘家，断案如神了。由此推测，林九娘的出生时间应该推迟 20 年上下。现在一般认为陈靖姑生于公元 767 年，卒于公元 791 年。仅供参考。

② 见《闽都别记》第五三回《林九娘因难传正法　陈恭人得妹斩妖僧》、第七六回至八一回打渔郎故事、第八三回《林九娘设计缚长坑　陈夫人数罪磔妖鬼》。(清)里人何求纂：《闽都别记》，福建人民出版社 1987 年版，上册，第 292—299 页，第 393—416 页，第 418—423 页。

水银精，远近称美。当时福清发生大规模孩儿死亡，一月后又有老妇人驾船来卖孩儿，船去孩儿化为水沫的事件。邹铁鸾和李三娘探访上界和中界交界的兜率山孩溪，调查究竟。“此孩溪上接天根、下接人间，世人之胎息都由此溪之水所结。形质流至百花桥，分男女出世，自古至今无异。猪姆龙潜此溪中，食人胎息，犹将两岸滚崩，水流散野。沿溪有五嫪、七娼，皆至变去人间勾摄孩儿来拾石块，砌崩溪岸。共摄死几万孩童，遂把岸补，水仍归港。”[①]然后他们又将孩儿卖了，于是有上述的事件发生。李夫人脚踏水火轮，跳入水中打死丈余长的猪姆龙，抓了十二个嫪娼。主政子嗣的老天官张仙引她们到百花桥寄宿，张仙是玉封张大帝之孙，织女之兄。

陈靖姑在临水宫一起修炼的五姐妹，另外两位是福州高雪海、福清邹铁鸾。高雪海，父亲高居，母亲单氏，福州望北台岭下上渡地方人，十八岁未婚夫外出经商客死，好色的姨表兄柳某要娶为同室。高雪海不从，王继图叛乱时报名招募为陈靖姑女兵，纳为姐妹，回乡后除了白马桥的榕树精，惩戒了淫乱的柳家，具有规化欲女淫男的功能。[②] 福州十邑的《永古千秋堂》是以永泰和古田为中心，家庭供奉陈靖姑神系的画像，像灶神画一样常年在集市上买卖，神龛有高雪海神像；闽东宫庙里也称其为“百花高将军”，苍南没有发现有高雪海信仰。邹铁鸾，福清人，父亲为闽越国兵部尚书，随父居住福州，选为王璘西宫贤妃，体貌不凡，王继图、袁广智叛乱时，陈靖姑选宫中五百名宫娥为女兵，邹铁鸾为兵长，教以剑法、隐现秘法。平乱后同到临水宫学法。[③] 陈靖姑二十四岁时回福清，与李三娘一

---

① (清)里人何求纂：《闽都别记》第六七回《邹李到孩溪访怪　天狗在酒店说因》。福建人民出版社 1987 年版，上册第 365 页。

② (清)里人何求纂：《闽都别记》第六九回至七五回，福建人民出版社 1987 年版，上册第 371—389 页。

③ (清)里人何求纂：《闽都别记》第六五回至六八回，福建人民出版社 1987 年版，上册第 356—370 页。

起到孩溪除猪姆龙、五嫪和七娼，张仙荐邹夫人掌管百花桥，邹夫人表荐临水夫人主管人间禋祀，“张仙奏请天帝，以陈靖姑为临水夫人，邹铁鸾为百花桥夫人，俱掌人间禋祀，三十六宫为婆官，保送人间子女。”①子嗣主政权“没归临水”。送子按白、红二花色分男、女派送，并设计金、铜、瓷、瓦、银五等花盆来区分投世家庭的富贵贫贱。在《永古千秋堂》里没有发现邹夫人的名字，邹夫人信仰也没有在温州一带流传。

1.3.4 蔡妈夫人

在苍南的陈靖姑信仰神谱中，存在着蔡妈夫人的信仰。蔡妈夫人信仰在苍南以藻溪镇为中心，向灵溪镇、桥墩镇、矾山镇、马站镇一带传播，相对集中于传统地理概念中的南港区域。藻溪最著名的蔡妈庙为东山道观，并立有《蔡氏三仙姑传略碑志》，为今人所书，记载蔡妈的来源，有三种说法：十二世纪中叶高丽国公主蔡银玉封镇国安邦懋德咸熙蔡氏娘娘、清顺治年间福州云霄蒲美人蔡玉卿封广济仙妃娘娘、明万历年间福建莆田灵川蔡春花封克明俊德蔡氏仙姑。矾山中岙孙厝的蔡妈宫，由明代闽东霞浦县转迁定居的孙氏根据厅头佛供奉，于清道光三年(1823)建造。矾山《蔡氏宗谱》记载：“入闽蔡氏……其女名春花，生卒失，在藻溪东山霰化身，敕封为蔡氏娘娘。”②灵溪镇山水宫陈、林、李三皇君殿也供奉蔡妈夫人，是由拜蔡妈夫人为“契子”的信众供奉的。

蔡妈夫人，原名蔡红亨，明代琉球国冲绳岛那霸市人，封“精巧妙明懿德夫人”，也称琉球蔡夫人、蔡天妃、蔡姑婆、蔡奶夫人、蔡妈，宋代闽南南安状元、造洛阳桥的蔡襄后裔。明代永乐年间，蔡茁为琉球国王之请所赐

---

① (清)里人何求纂：《闽都别记》第八二回《陈夫人祈雨捉蛇首　长坑鬼抱恨害妇胎》，福建人民出版社 1987 年版，上册第 418 页。

② 见刘祖珍编著：《民间信仰与道教》。上海印书馆 2015 年版，第 196 页、第 112 页。

十八姓闽人之首，任通事贡使之职，传至十余代，蔡金城为蔡红亨父亲，拜大夫之职。蔡红亨精于刺绣，所绣龙袍深得明神宗喜爱，万历年间(1573—1620)受诏进京。蔡红亨所乘帆船遇台风，登岸福建长乐，寄宿梅花镇宋直家中，传授刺绣技艺给当地蔡氏宗亲，不久病逝(一说为父投海)，葬于马鞍山田螺坞。明神宗封为“精巧妙明懿德夫人”，在宋家庄敕建“琉球蔡夫人庙”。相传蔡夫人生而灵异，梦中能救遇险航船，与风神作战，成为妈祖和陈靖姑部属神。葬时电光飞石，墓地化为乌有。殁后屡有灵效，常往来琉球国与长乐之间，收妖救难，为两地民众所信奉。据说后来琉球人将蔡夫人的肉身抢走，只留下手袖在长乐。

根据文献记载，最早是清朝第一个册封琉球正使张学礼记载了蔡夫人和长乐猴屿蔡天妃庙。他康熙三年(1664)《使琉球录》记载：“二十日，过闽安镇……次猴屿祭天妃。二十二日候风广石……再过猴屿，见梅花所故城荒榛，满目凄然。通官谢必振禀云：‘天妃姓蔡，此地人，为父投海亡，后封天妃。本朝定鼎，尚未封。’”①清乾嘉年间的《闽都别记》记载：长乐县梅花所蔡氏，尾房蔡茁永乐年间赐封琉球国为番官，万历时耳目大夫蔡金城生了一个女儿，叫蔡红亨，十六岁能睡梦中神行海上，战风神，救航船。有一次姐姐见她睡时出汗很多，叫醒了她。她说正在救船，数十性命被叫醒断送，查验果然某处有三艘海船遭风倾。明朝封王的船只到琉球，船头供奉的陈靖姑香火只要喝一声就能击退风神，蔡红亨想拜师学艺，陈靖姑授意她到闽地岩谷坐化。蔡红亨以番女选美身份到福建长乐梅花镇宋家庄祖居地，选海边岩谷坐化，肉身塑像，成为陈靖姑弟子。族人敬为“蔡姑婆”，常入琉球收妖救难。② 民国《长乐县志》记载：“蔡夫人庙，在二

① (清)张学礼撰：《使琉球录·中山纪略》。原田禹雄译注。榕树书林1998年版，第94页。

② (清)里人何求纂：《闽都别记》第二七六回《永乐帝遣使封中山　蔡姑婆回闽遇临水》。福建人民出版社1987年版，下册第57页。

十四都梅花澳。相传夫人为琉球国人，尝梦神人书其掌中云：'东涌起风沙，得道在梅花，罗白与金舍，相逢总一家。'明万历间，因织龙袍入贡，册封精巧妙明懿德夫人。诏入京，舟次梅花，遇风登岸，寓宋直家。适朝命免进宫，旋病卒。宋直葬之马鞍山。时显英灵，土人立庙祀之。一在十四都旒峰山下。"[①]宋家庄《蔡氏族谱》也有同样的记载。琉球的蔡氏宗支家谱，如仪间家的《蔡氏宗谱·蔡夫人庙祀缘由》、具志家的《蔡氏宗谱·蔡夫人事迹》、上原家的《蔡氏宗谱·蔡夫人庙祀》、具志头家的《蔡氏宗谱·蔡夫人庙祀缘由》四大支谱都记载了蔡夫人事迹和庙宇，并说长乐蔡夫人庙"至今每月福建布政司发赐庙米几斗，著为定规"。

根据曾宪林先生的考察，蔡妈在琉球虽有宗谱记载，但已经没有宫庙供奉。长乐梅花镇现有两处蔡夫人庙，与陈靖姑一起供奉。厦门同安有"银同庙"，供奉湄洲妈——林默、温陵妈——陈秀姑（陈靖姑）、银同妈——蔡红亨。台湾南投蔡妈庙，供奉蔡红亨和陈靖姑。[②]

苍南蔡妈信仰虽然在传播的源流梳理上不够清晰，神职功能上更趋向于收妖驱邪，但在整个蔡妈信仰领域中，还是占有重要的地位。

1.4　三十六神婆

"三十六"是道教文化中经常使用的一个吉祥数字。温琼制三十六符，是道教文化中所见的关于三十六的最早记载。此外三十六洞天、三十六天罡，都是以三十六为数的安排。在一座陈靖姑宫庙的开光仪式上，发现首事会的成员也由三十六人组成。

---

① 孟昭涵修，李驹主纂：《长乐县志》卷十八《祠祀》，民国七年（1918）版，第 647 页。

② 曾宪林：《琉球临水夫人陈靖姑信仰的考察与思考》。《第二届澳门临水夫人陈靖姑文化国际学术研讨会论文集》。第 156 页。2017 年 8 月，内部交流资料。

福建临水宫一般会塑三十六婆神；温州演唱陈十四故事的长篇鼓词《南游》中有“三十六封诰”；端午划龙船的“龙船母”主祀陈十四，有“三十六神殇”。它们指的都是陈靖姑神班中的三十六位神明，但来源和功能与福建不尽相同。

即使在福建，“三十六宫婆”也是各有不同的说法。明万历年间福州人陈鹤鸣《晋安逸志》记载：“永福有白蛇为魅，数为郡县害，或隐形宫中，幻化为闽王后以惑王，王及左右不能别也。王患之，召靖姑，使驱蛇。靖姑率弟子为丹书符，夜围王宫，斩蛇为三。”闽王璘大喜，“其封靖姑为顺懿夫人，食古田三百户，以一子为舍人。靖姑辞让，食邑不受。乃赐宫妇女三十六人为弟子，建及临水。”这三十六宫婆来自闽王宫女。清代福州道士在《请奶过关唱词》有三十六宫婆的姓名与籍贯，强调的是各具专长的护幼保赤功能：

第一宫福州府古田县卫房婆官陈一娘；第二宫建宁府瓯宁县受胎婆官王二娘；第三宫延平府南闽县监生婆官林三娘；第四宫福宁府宁德县保胎婆官郑七娘；第五宫漳州府平和县抱送婆官李九娘；第六宫汀州府清流县临盆婆官蔡大娘；第七宫兴化府仙游县扶产婆官何十娘；第八宫泉州府晋江县接仔婆官曾五娘；第九宫福州府长乐县转胎婆官翁七娘；第十宫延平府顺昌县养仔婆官马仙娘；第十一宫建宁府浦城县抱仔婆官郭六娘；第十二宫漳州府惠安县换仔婆官赵四娘；第十三宫汀州府上杭县洗仔婆官邹八娘；第十四宫福宁府福安县注男婆官周三娘；第十五宫福州府福清县注女婆官游十娘；第十六宫福州府罗源县游街婆官欧五娘；第十七宫延平府将乐县催生婆官许九娘；第十八宫漳州府漳浦县救仔婆官阮一娘；第十九宫汀州府武平县传送婆官卢七娘；第二十宫福州府闽侯县安胎婆官卓十娘；第廿一宫福州府侯官县救座婆官高大娘；第廿二宫建宁府政和县护

童婆官吴一娘;第廿三宫汀州府连城县注贵婆官詹二娘;第廿四宫泉州府德化县注寿婆官柯九娘;第廿五宫漳州府海澄县定武婆官魏六娘;第廿六宫邵武府泰宁县驱邪婆官金六娘;第廿七宫邵武府光泽县注喜婆官尤九娘;第廿八宫延平府尤溪县书文婆官罗一娘;第廿九宫福州府连江县聪明婆官苏大娘;第三十宫建宁府建安县除凶婆官孙七娘;第卅一宫漳州府龙溪县延生婆官施五娘;第卅二宫福州府永福县破秽婆官蒋一娘;第卅三宫漳州府诏安县过煞婆官梁四娘;第卅四宫永春州大田县治病婆官万二娘;第卅五宫建宁府建阳县解冤婆官夏大娘;第卅六宫泉州府惠安县知慧婆官谢一娘。①

在这则资料中,三十六宫婆全为福建籍女性,具有明确姓氏,神职功能多与护幼保赤相关,几乎涵盖了儿童孕育的方方面面。即使是同样特征的三十六宫婆,福建寿宁县犀溪水口太阴宫②“三十六婆姐”的姓氏、籍贯却有较大的差异:

第一宫福州府闽侯县魏氏一品夫人;第二宫福清县范氏一品夫人;第三宫建宁府焦氏一品夫人;第四宫宁德县尹氏一品夫人;第五宫建宁府护胎婆姐李七娘;第六宫南剑州护产婆姐林二娘;第七宫古田县曹洋村监生婆姐何九娘;第八宫古田县拨生婆姐周九娘;第九宫罗源县送子婆姐陈八娘;第十宫建阳县养子婆姐周七娘;第十一宫邵武府泰宁县化生婆姐姚八娘;第十二宫建宁府催生婆姐姚八娘;第十三宫清流县唤子婆姐卓五娘;

① 转引自官桂铨、林展瑞:《陈靖姑身世、交游、庙宇、说唱之研究》,《中国首届临水夫人陈靖姑文化学术研讨会论文集》,内部资料,2010 年版,第 468—469 页。

② 寿宁县犀溪太阴宫是我们见到的福建省唯一一座以“太阴宫”而不是“临水宫”命名的祭祀场所,兼有福建和温州的双重特点。

第十四宫漳州府龙岩县转生婆姐郭四娘;第十五宫杨波县洗子婆姐姚三娘;第十六宫玉沙县报子婆姐聂三娘;第十七宫江西省万载县弄子婆姐包三娘;第十八宫临安县仁和里转生婆姐郑三娘;第十九宫闽清县催生婆姐陈一娘;第二十宫古田县抱送婆姐朱四娘;第廿一宫漳州府娇子婆姐黄六娘;第廿二宫古田县养子婆姐高八娘;第廿三宫政和县护产婆姐朱九娘;第廿四宫杭州府临安县救产婆姐刘七娘;第廿五宫临安县送喜婆姐郭八娘;第廿六宫玉沙县弄子婆姐章七娘;第廿七宫广西省临水郡化生婆姐林一娘;第廿八宫湖州府东洋里救产婆姐魏七娘;第廿九宫卢丰县採花婆姐李七娘;第三十宫宁德县报喜婆姐潘七娘;第卅一宫剑南州护产婆姐林二娘;第卅二宫广信县转女成男婆姐林二娘;第卅三宫南安县进喜婆姐俞五娘;第卅四宫仙游县注生婆姐陈三娘;第卅五宫罗源县回生婆姐林九娘;第卅六宫侯安县拨生婆姐李三娘。①

寿宁县犀溪太阴宫三十六婆姐的籍贯以古田县为主,扩大到浙江、江西、湖南、广西四省,这些婆姐当然有自己的故事,并为寿宁当地信众所接受。

温州鼓词演唱《南游》故事中,有“三十六官诰”:

陈圣驾,拿出三十六顶空官诰,敕封亲属妹并属兄。上封爹爹做殿主,白衣丞相封公公。母亲婆婆双上辈,掌管内务夫人封。丈夫黄钦封总管,灵通感应太子封。顺天圣母坐中位,马九娘娘封左宫。右宫娘娘封林九,李十三封保生宫。法通敕封左辅使,右辅使封给二哥兄。文判封给白

① 林亦修2015年7月30日对寿宁县犀溪水口太阴宫的调查,根据碑文,核对两厢三十六婆姐塑像辑录。

志敬，洪志显把武判封。左门神封王志宗，右门神封张一张师公。陈五十二封劝善，土地封给赵青宗。送子娘娘封二嫂嫂，求生亲送小婴童。播种天花封十五，季氏娘娘出宝封。魏氏圣母封升宝，邓氏娘娘回宝封。虞氏圣母封收宝，周氏娘娘管痘童。郑氏圣母管病体，善男信女永长春。葛氏圣母管运道，消灾解难财源通。卢氏娘娘受封诰，威灵显赫封元宫。①

温州鼓词《南游》演唱里的"三十六官诰"神出现家属神和受救神的混合、神班神和地方神的混合、男性神和女性神的混合，不是一个用于在宫庙中陈列神像的谱系。

1.5 同庙神谱

苍南的村落宫庙具有行宫的含义，也曾直接称"行宫"，如明代温处参将梅魁为金乡小渔墅杨府庙写的《杨府行宫记》，便是实例。村落宫庙一般是由许多不同来源的神明组成的一个行政机构，设置岗位，分工负责，合署办公。地方神、移民神、道教神杂糅在一起，看似无序，其实有内在的规定性，主神、从祀神、监察神、地主神、生育神、元帅神、通讯神、土地神、判官、财神、上位神都配置得非常完备，有一个约定俗成的配置标准。

在村落庙宇里，陈靖姑有的时候以主神供奉，有的时候以从祀神供奉。当她以主神供奉时，往往突出她保境安民的功能，宫庙称皇君宫、娘娘宫、太阴宫、临水宫；当她以从祀神供奉时，往往突出她的生育神功能，宫庙为杨府殿、陈府殿、五显殿、平水王殿、白马殿、三港殿、马仙宫，等等。宫与殿的区分，一般具有识别女性神和男性神的功能，但也没有严格的指涉。

---

① 周万兴编录：《南游》。上海印书馆 2012 年版，第 455—456 页。

1.5.1 五显华光大帝

五显华光大帝是一个比较复杂的信仰，关涉到五猖、五通、五圣、五显、五福、五郎、三眼五显、灵官、灵观、马天君（马元帅、马灵官）、王天君（王灵官）、五行大帝、徽州婺源大硐主、华光等神号佛讳，涉及山神、财神、瘟神、功名神、火神、戏神等功能，进入巫术、民间信仰、国家正祀、道教、佛教等领域，传播淮甸、江南、浙闽、赣粤、湘湖、川蜀等地区，形成"天下正神"和"鬼妖淫祀"两种不同判断。宋代洪迈《夷坚志》曰："五圣庙即五显庙之祖祠。"明代郎瑛《七修类稿》曰："五通神即五圣。"清代赵翼《陔余丛考》曰："五圣、五显、五通，名虽异，而实则同"。

五显华光神最早出现于东南山区，特别是徽州一带的山神崇拜，这种山神被称为木客，即一些无形动物的信仰。五猖是山中猛兽之王，分东西南北中五帝，供奉它能免受野兽侵害。木客与五猖结合，形成五猖信仰。五猖神亦邪亦正，一种为私人供奉，有巫术特点，好色、偷盗，主家少妇供奉它，它便到别家搬运东西奉送。商家、暴富者为逐利，常在私宅密室设坛供奉；一种公开立庙供奉，江南地区为盛。鲁迅就在《朝花夕拾》里写过散文《五猖会》，五猖会往往由巫师、道士主持仪式，祈求财运。关于五猖的另一说法，是朱元璋在南京建立明朝之后，忘了建纪念碑敕封、祭奠战死的官兵商民，各路殇烈亡魂前来诉苦，朱元璋便按东西南北中五路，封其为五猖，四时八节接受民众祭祀。随着政府对民间信仰管理的加强，五猖神的名称，也直接由五通神替代，在明朝江南地区普及开来，一直延续到清末。清初汤斌巡视江宁（今南京），发现吴中地区，少妇偶染寒热，巫师神婆便言"五通娶妇"，往往病死不为哀，反送奁具于庙，便奏报朝廷，大肆毁庙。

五通神的名号，出现于唐宋时期的江西。《江西通志》记载：德兴县五王庙，隋朝驸马张蒙逐猎，遇五神指山穴，立庙祀之。唐总章二年(669)赐额五通侯，南唐升元改封公。《新安志》卷五《婺源祠庙》记载，唐光启二年(886)，五位神人降临婺源县城北王喻(瑜)的园林中，声称“吾当食此方，福佑斯人”。王喻闻之有司，捐地建庙，庙号初名五通。宋徽宗大观三年(1109)赐庙额为“灵顺”，宣和五年(1123)分别封五位神人为通贶侯、通佑侯、通泽侯、通惠侯、通济侯，俗称“五通神”。宋高宗、宋孝宗围绕“通”字不断加封，五通爷影响越来越大。

五显神的名号，从宋孝宗开始。北宋政和元年(1111)明确宣布五通为邪神，开始打击淫祠行动，此后宣扬五显。宋孝宗淳熙元年(1174)把五通神分别加封为显应公、显济公、显佑公、显灵公、显宁公。一则将“侯”晋升为“公”，二则将“通”改为“显”，于是“五通”变成了“五显”。根据《搜神广记·五神始末》条引《祖殿灵应集序》，淳熙十一年(1184)加封四字公、六字公，庆元六年(1200)加封八字公。嘉泰二年(1202)改“公”为“王”，嘉定元年加封四字王、六字王，宋理宗时期(1225—1264)改定八字封号：第一位显聪昭应灵佑广济王、第二位显明昭烈灵护广佑王、第三位显正昭顺灵卫广惠王、第四位显直昭佑灵既广泽王、第五位显德昭利灵助广成王。明洪武年间，五显庙列入国家祀典，《明会典》卷八十五《礼记·祭祀》记载：“五显灵顺，四月八日、九月十八日遣南京太常寺官祭。”《方舆胜览》认为，五显原为兄弟，举人身份，姓萧：“兄弟凡五人，本姓萧。”清李元调《新搜神记·神考》分别为显聪、显明、显正、显直、显德，故名五显。因举人出身，所以有功名神的功能。《铸鼎余闻》认为他们是南齐时(479—502)猎人五兄弟，分别为柴显聪、柴显明、柴显正、柴显直、柴显德，与五通神的打猎指引相符。①

---

① 见孔令宏：《五显神的源流和信仰》。《地方文化研究》2016年第3期第56页。

图 1.1.7　取名“龙凤宫”，共祀五显爷和陈靖姑的庙宇

因五显大帝源自徽州婺源，温州各地道士、师公在请神通辞时，都称“徽州婺源大硐主”“徽州府婺源县婺源山芙蓉大硐五显灵官大帝”①。

佛教传播中将五显灵官大帝与华光菩萨结合起来。根据《南游记》，三眼华光菩萨原是释迦牟尼讲经道场上吊着的琉璃灯，听经日久，化为火之精，出现童子“华光”神像，生来三只火眼，金面童身，身材魁梧，相貌出众。因火燥淘气，在佛祖讲经时放屁（一说烧死来雷音寺寻衅的独龙大王），被逐出道场罚入上界。华光在华山采得金火尖枪、三角金砖，闹得天翻地覆。太上老君诉诸佛祖，再降到天界，官职三十六天罡“五灵官”，守护天关。元宵夜华光使酒气，一拳将太子撞死，再次降罚中界。时中界妖氛鼎盛，华光不管黑白，大开杀戒，又被降生下界，为众生服务。《三教搜神大全》记载，降生下界的华光投胎于马氏金母，取名马灵耀，一名马胜，

① 根据丽水市松阳县灵宝仙坛显应洞庭清代同治年间叶法根法师的请神簿称谓，该请神簿现由郑茂芝道长收藏。

字子贞，曾三次显圣，降五百火鸦，杀东海龙王、下地狱救母。宋·鲁应龙《闲窗括异志》记载："五显灵官大帝，佛书所谓华光如来，显迹婺源久矣，岁岁朝献不绝。淳熙中，乡人病于涉远，乃塑其像，迎奉于（海盐）德藏寺之东庑。"明·余象斗《四游记》之《南游记》又称《五显灵官大帝华光天王传》记叙："华光本为妙吉祥童子，因忤如来，转世为三眼灵光，又转世为灵耀、师那天尊，大闹天宫。又转世萧家，方为华光，擒斩下界妖魔，娶铁扇公主，其母即吉芝陀圣母，因食萧家娘子，幻成其状，方生华光，后为佛所执，打入地狱以受恶报。华光因思母，遂大闹阴曹，救出其母。"

道教接纳五显神在宋元时期。成书于该时段的《福德五圣经》是道教经书，认为五显灵观大帝为"天下正神"，五神分别为：第一都天威猛大元帅显聪昭圣孚仁广济福善王、第二横天都部大元帅显明昭圣孚义广佑福顺王、第三通天金目大元帅显正昭圣孚智广惠福应王、第四飞天风火大元帅显直昭圣孚信广泽福佑王、第五丹天降魔大元帅显德昭圣孚爱广成福惠王。《福德五圣经》把皇封的"五显"融入了封号，又体现了"五福""五圣""五王"名号，不仅表现儒家"仁、义、智、信、爱"的内容，也提出与佛教相关的"福德华光五显王"的称谓。在该经的《五显灵观大帝咒》里，尊圣形象为"金刊圣像，三目圣明，黄裳锦袍，足踏火轮，金砖金枪，按行乾坤"。"在天为五帅，在地为五王"。《万历续道藏》有《太上洞玄灵宝五显灵观华光本行经》借元始天尊之口，讲述五显神的来历和神通："三天境内有灵官大圣华光五大元帅……或现一身，或显五相，或化为诸天天帝，或化为梵王帝身，或化为吉祥如来，或化为日露天主，或化为华光菩萨，或化为天丁力士，或化为妙行真人。以此种种神通，随机摄化，救渡众生。"玉皇大帝封华光为真武大帝部将，称马元帅。《三宝太监西洋记》里，马元帅的形象又变成一个白面书生的样子。道教以此包容之态，囊括了儒、释、巫的全部内容，形成自己的信仰解说。五显灵官大帝，是道教敕封神灵，因儒释道三教融合的缘故，神迹传说加入佛教元素，成为佛教神灵体系中的华光菩萨。在元明时期比关帝信仰还要盛行，可到了清代其信仰便走向了衰落。①

马灵官大约在明朝前期又化为王灵官。《新搜神记·通俗编》记载，王灵官本名王善，宋徽宗时术士，曾师从蜀人萨守坚受符法，为林灵素再传弟子，死后玉封“先天主将”，司天上、人间纠察之职。明永乐中(1403—1424)封“隆恩真君”，并敕建“天将庙”，宣德年间改为“火德观”，镇守山门，塑像赤面、三目、披甲执鞭。②

华光菩萨为琉璃灯化身，三只眼，是火之精、火之灵、火之阴、火之魂，性格急躁，手下有风之桃、火之桃二判官，神荼、郁垒(即千里眼、顺风耳)二降将，掌握金砖、火旗、火鸦等宝物，善于用火，因此被尊为火神。为免火灾，民众多立庙供奉。粤剧戏棚容易着火，多供奉华光为祖师爷。

五显华光神有聚财的功能，所以为天下商家所喜爱，成为财神。杭州北高峰灵顺寺俗称财神庙。灵顺寺本为佛寺，创建于东晋咸和年间(326—334)，北宋初年寺内供奉了五显财神，始称财神庙，后称灵顺庙、华光庙，明代徐文长书“天下第一财神庙”。2005年重修，供奉华光财神、文武财神、密宗五姓财神，进驻僧人，归佛教协会管理。

五通、五显明显有“东南西北中”的方位意识，和“金木火火土”的五行观念，人们又形成“五行大帝”的信仰。

与五显大帝信仰相关，在福州又形成“五福大帝”信仰，传播闽、台、浙，属于王爷信仰。根据清施鸿宝《闽杂记》和《福州白龙庵扶鸾记事》《三教源流搜神大全》等汇总，泉州府瑞桐县张元伯、螺阳县钟秀士、银同县赵

① [日]二阶堂善弘著：《元帅神研究》，刘雄峰译。齐鲁书社2014年版，第2页。
② 见刘祖珍编著：《民间信仰与道教》。上海印书馆2015年版，第250页。

光明、武荣县刘元达、清溪县史文业五秀才进福州府应举人试，同宿府城南门外瘟神庙，发现本部堂瘟神命水猴、水鸟、蛤蚌、鲈鱼、水蛙五妖怪投放瘟毒到城中五井，“奉上帝敕，来收劫数中人”。五人为救苍生，留书示警，投井验身，民众立庙祀之。玉皇大帝分别封之为显灵公、应灵公、振灵公、宣灵公（也称刘主公）、扬灵公，专为阳界驱除瘟疫，俗称“五灵公”。五灵公又称“五福王爷”，代天巡狩，是放王船习俗的主要对象。放王船又称“逐疫五神”，即“五瘟”，分别为春瘟、冬瘟、夏瘟、秋瘟、总管中瘟。相传古时一妇人失鸡，疑邻居儒生偷杀，由五福大帝作审判，大帝出差，手下误判。儒生中举为官后传令诸道府县毁五福大帝庙，由是庙皆改庵，前殿祀观音以为掩饰。属神中有麻总政，原为麻姓太医，治疗天花感染而死，封为总政官，建麻王爷庙以祀。五福大帝除瘟神王爷特性外，亦有阴间司法神职能，有判官、阴阳都总管、范谢将军、韩卢将军、甘柳将军等家将团。[①]

1.5.2 白马爷

白马爷信仰的起源比较复杂，至少有四个出处。一是“泥马渡康王”的传说。杭州有白马庙巷，南起严官巷，北折东和中山南路相接。相传1126年金兵攻打汴京时，康王赵构得汴京北郊神庙崔府君（唐代清官，惠爱于磁州、相州、蒲州百姓，殁后受祀，连汴京郊外也立祠庙）显灵，派遣泥马渡河相救康王脱险，留下“泥马渡康王”的故事。南宋定都杭州后，赵构在太庙附近建白马庙，祭祀该泥马，各地纷纷建白马庙。二是萧统赈灾的传说。安徽池州为萧统封地，曾因旱灾，萧统骑白马赶往赈济，百姓立庙祭祀。信俗传播到温州。温州市区巽山西北角的白马明王庙是温州市最

---

① 见刘祖珍编著：《民间信仰与道教》。上海印书馆 2015 年版，第 244 页。另见（台）钟华操著：《台湾地区神明的由来》。台湾省文献委员会编印 1980 年版，第 56 页。

大的白马庙。白马庙《碑文说明》写道:“白马庙原名英济庙,俗称白马殿。相传南朝梁昭明太子萧统乘白马来温赈灾,郡民建庙荣祀。”清代地方官郭钟岳竹枝词写道:“大树阴阴庙貌隆,谁骑白马赈哀鸿。萧郎文选楼中注,白马何曾到海东。”民国杨青《永嘉风俗竹枝词》曰:“犹忆承平韵事增,城南尺五赋何曾。乡间妇女倾城走,白马殿中大挂灯。”三是闽越王三太子的传说。温州人至今崇信的白马爷,主要来源于疍民的祖先崇拜。根据《八闽通志》的记载,白马爷信仰由福州疍民传播而来,起源时间早于唐代。白马爷是汉东越闽国王郢的第三子,因喜骑白马而世称白马三郎,善涉猎,在鳝溪射鳝溺亡于波涛之中,于是成为水上族群的救溺水神。林其蓉《闽江金山志》记载:“《闽都记》云:白马庙系土神,航海者多显灵焉,时乘白马于风涛中拯溺者。”白马爷祖庙在福州鼓山之北,唐贞观十年“因岁旱祷之得雨,乃为崇饰庙貌”。渐渐转化为农业生产的雨神。自唐至宋前后5次被奏封为龙骧侯、弘润王、冲济广应王、冲济广应灵显王、冲济广应灵显孚佑王。白马爷庙遍布福州地区各县市的山川岛屿,徐晓望先生调查认为,长乐疍家人对白马爷的信仰最虔诚,相信神明总有一天会降临人间来拯救他们。此外在连江、霞浦等疍民集中的地方还有许多白马庙。白马明王的第四种传说是唐末五代闽王王审知。王审知白马银枪,平定南疆,建立了闽越国,死后被净明道的许天师(即上文的许九真君)封为白马明王,为福州城隍。民间《净明许天师说白马明王镇闽护国妙经》说:“彼王审知者,开闽明王,忠孝有嘉,不裂土而封疆,奉诏一梁二唐,白马银枪,入闽平叛,保境安民,筑城修渠,开化蛮夷,威镇东南。阳寿虽尽,不堕轮回,不属东岳,不入丰都,不去西天,当引之入主福州,掌一国城隍,受万民景仰,百世供奉。享一国之香火,保东南之民生。职封白马明王,永镇福州!”

温州南部苍南、平阳一带的信众相信白马爷信仰传自福建,并且认为该神脾气暴躁,所以民间给易怒者取诨号为“白马爷”。苍南白马爷一般称白马三圣，有的神庙将“三圣”塑为白脸、红脸、黑脸三尊神像，认为是闽越王王审知兄弟三人，以主祀白脸王审知为主。有的神庙“三圣”只有一尊神像，也没有明确为“三太子”。民国《平阳县志》记载：

西郭庙在锦屏山下，俗名白马庙。相传为汉谏议大夫张湛，素直谏，常乘白马，号白马生。明正统十四年寇围平阳，温州卫指挥王宇统兵来援，兵未集，宇独乘白马，从一卒先行，将至城，望见人乘白马疾走城西山上，若有助者。于是宇发三矢，连中贼首白鷂等三人，贼遂惊遁。明日宇祭于庙。《旧志》。按白马庙各处多有，不悉载。张湛为神未知所，据《浙江通志》，杭州白马庙为滏阳令崔珏，世传有白马导康王，事见《祁州志》。然《通志》海宁县白马神庙，宋高宗祀文，已有庙号白马，史册莫寻之语。则白马庙已前有，非始自崔珏之封矣。又福建清流县有白马庙，乃闽王王审知。《福宁州志》有白马三郎庙，闽越王郢之第三子。《搜神记》蒋子文亦有乘白马之说。姑附载，以广异闻。①

1.5.3　齐天大圣

齐天大圣之类的猴神信仰，早于吴承恩的《西游记》写作时间明中后期，盛行于《西游记》出版之后。学者们经常以齐天大圣等崇拜为例，论证古代小说、戏曲对民间信仰的影响。应该说古代小说戏曲更多地取材于民间信仰，又推动了民间信仰。齐天大圣信仰主要分布在福建、浙江、广东等省份和香港、台湾地区，仅福州市就有大圣庙 700 多座。福建依然是齐天大圣信仰传播的源头。

---

① 民国《平阳县志・神教志》。苍南县文化广电新闻出版局据民国十四年影印本影印，第五册，第 1802 页。

福建的猴神信仰，有三个源头。一是武夷山地区顺昌县的宝山。自古以来“山县多产猴”，形成猴神崇拜，保留了宋元明清以来关于猴神信仰的许多地名、石刻、坛庙、庙会、仪式、传说、民俗等，有南天门、水帘洞、高老庄等地名，有古老的双圣庙和许多石构露坛供奉齐天大圣、通天大圣两位神明，每年农历六月十五、七月十七、十月十二、十月二十七日要举行庙会庆典活动，这种庙会明代就已经盛行。明朝正德年间修纂的《顺昌邑志》记载了对通天神庙会课税的情况：“赋。国朝。通天神会，课钞二十三锭三贯二百文。”宝山狐狸洞洞壁保留宋代摩崖壁刻“圣见”二字，流传着齐天大圣力镇狐狸精的风物传说。① 二是福州市的猴神信仰。宋·洪迈《夷坚志》有《福州神猴庙记》，可见猴神信仰在宋代已经在福州出现。福州乌山西南麓的豹头山，原有宿猿洞，曾建有“丹霞大圣”祖庙。《闽都别记》记录了“临水夫人陈靖姑收伏猴精丹霞大圣”的传说，集中在小说第二四回、第一三八回、第二九一回里。猴神丹霞大圣“自归正法后，受过敕封，又在洞修炼，法术无边，显圣佑民”，“城市乡村皆有‘齐天府’，俗呼为‘猴王庙’”。福州鼓楼区华大街道龙峰社区屏山东南麓，一处称作“紫竹岩”的天然洞穴里，有福州“屏山齐天洞府祖殿”，至今犹在，供奉一红、一黑、一白三尊齐天大圣神像，且分庙众多。② 钱锺书在《读小说偶忆》里回忆明末清初戏曲家尤侗(1618—1704)的《艮斋杂说》卷三记载：“福州人昔祀孙行者为家堂，又立齐天大圣庙，甚壮丽。四五月间迎旱龙舟，妆饰宝玩，鼓乐喧阗，市人奔走若狂，其中坐一猴耳。”③以上说明福州猴神崇拜有丹霞大圣和齐天大圣、孙行者三种不同称谓的神明。三是闽侯县的三侯王崇拜。闽侯雪峰山，相传夏天可以见雪，曾经冻死三只猴子。猴子显

① 参见王益民博文：《福建顺昌齐天大圣“四祖”文化概述》。

② 参见杜贵晨博文：《古今载论中的孙悟空崇祀之俗》。

③ 钱锺书：《人生边上的边上》。见《钱锺书精品集》，人民文学出版社 2006 年版。

圣，称大王、二王、三王。大王丹霞大圣，选址福州乌山宿猿洞修炼，二王选址九天岩建庙开道场，三王选址白沙院埕村建庙开道场，三个猴王都称齐天大圣，八月二十三日为神诞庙会。[①] 三个源头的猴神信仰出现了三个圣号：齐天大神、通天大圣、丹霞大圣，三个源头的猴神信仰又可以联络在一起。

在明中后期出现的吴承恩《西游记》之前，猴神确实有多位。元末明初蒙古族人杨景贤的《西游记杂剧》中，孙行者自白："小圣弟兄姊妹五人：大姊丽山老母，二妹巫枝祇圣母[②]，大兄齐天大圣，小圣通天大圣，三弟耍耍三郎。"不仅指出猴神有男女多位，还点明孙行者是通天大圣。明朝嘉靖年间洪楩的《清平山堂话本・陈巡检梅岭失妻记》写道："洞中有一怪，号曰申阳公，乃猢狲精也。弟兄三人，一个是通天大圣，一个是弥天大圣，一个是齐天大圣。"明初《二郎神锁齐天大圣》杂剧中，齐天大圣自我介绍："吾神三人，姐妹五个。大哥哥，通天大圣，吾神乃齐天大圣。"据此，齐天大圣、通天大圣、孙行者（悟空）有一个逐渐融合的过程。

动物习性的文化象征化，是宗教一直努力的面向之一。宋・洪迈《夷坚志》认为猿猴类的精怪"尤喜淫，或为士大夫美男子，或随人心所喜慕而化形……皆捷劲健、冷若冰铁、阳道壮伟、妇女遭之者，率厌苦不堪，羸悴

---

① 参见陈国博文：《齐天大圣孙悟空的故乡的福州闽侯》。

② 巫枝祇，也作无支祁，是大禹治水时降服的水怪。李肇《唐国史补》中，有渔夫从水中打捞铁锁，结果从铁锁上跳出一只大黑猴，人们称这只大黑猴为无支奇；《太平广记》卷四六七"李汤"条引《戎幕闲话》，唐代宗永泰年间，楚州刺史李汤听说渔夫们在龟山下的水中发现了一个大铁锁，就命人用牛拉的办法将铁锁打捞出来。铁锁刚一出水，原本风平浪静的水面就变得波涛汹涌。有一个长得像猿猴的怪兽，有五丈那么高，跳上岸来，竟硬生生将牛拉入水中。后据李公佐说，在《古岳渎经》中此兽名叫"无支祁"。鲁迅在《中国小说史略》中发现，杨景贤《西游记杂剧》中曾说无支祁是孙悟空的姐妹，既然是姐妹，有着亲缘关系，那么是否就可以判定孙悟空一开始也是一种无支祁似的水怪？所以鲁迅下了结论："明吴承恩演《西游记》，又移其神变奋迅之状于孙悟空，于是禹伏故事随以湮昧也。"除了杨景贤的杂剧将孙悟空说成水怪外，在各个版本的《西游记》中，孙悟空都不是水怪，而是个降龙伏虎的英雄。

无色，精神奄然”。同书记载，福州永福县猴王作祟，导致疾疫。笔者在调查中发现，泉州市安溪县湖山镇的猴山，峰峦酷似猴子，当地建筑除猴山庙、九天玄女庙在建筑上取猴山龙脉外，宗祠、民居等建筑一般不以山势造形。访谈当地居民得知，民众普遍认为猴精好淫，影响民风，堪舆不敢以猴山为胜。猴子的躁动、喜淫、攻击性等特点，刚好成为宗教驯化、持戒的典型对象，佛教尤好以极端对象的成功修为当作宣讲材料。安定猴心，是驯化极端的案例。吴承恩《西游记》诗，第五回“猿猴道体配人心，心即猿猴意思深”、第十四回“心猿归正，六贼无踪”、第九十八回“猿熟马驯方脱壳，功成行满见真如”等，就是表达了宗教的这一用意。因此，印度《罗摩衍那》出现哈奴曼神猴崇拜，在唐宋修建的福建泉州开元寺佛塔上，最早出现具有佛教色彩的猴神形象。宋代西塔石浮雕有猴头人，头套金箍，耳轮穿环，皮毛直裰外挂大念珠，腿上扎绑带，脚穿罗汉鞋，腰左系着一卷《孔雀王咒》和一只宝葫芦，手执鬼头刀，左上角有一小僧人驾在祥云上，背有圆光，双手合十，右上角刻有“猴行者”三字。南宋刘克庄有“取经烦猴行者，吟诗输鹤阿师”的诗句，张世南《游宦纪闻》记载福建永福张圣君寺庙有关西天取经的有“苦海波中猴行复，沈毛江上马驰前”等句，说明猴行者的故事当时已在福建传播。① 不管是佛教还是道教，收服猴性的第一条处理方式，就是在猴神庙、猴神碑、猴神像、猴神出生传说上，都用石头来处理，双圣庙、露天祭坛、开元寺石塔雕刻，都是石头构建，以石材的沉稳、冷健、无性、迟钝，与猴性的轻佻、冲动、纵欲、敏感形成相克的关系，体现戒修的意义，“石猴”成为一种文化创意，标识着从猿猴到猴神的品格转换。

从猴行者到孙行者，到孙悟空；从通天大圣到齐天大圣，到孙悟空，期间经历了猴神人格化的漫长定型过程，吴承恩是最后完成这一定型的操

① 参见河西博览群书博文，2012年2月7日。

盘手。上文材料显示，宋代西天取经故事的猴神是“猴行者”，宋元之际杨景贤《西游记杂剧》出现“孙行者”，明中后期吴承恩《西游记》出现“孙悟空”；福建民间信仰的猴神影响更大的原先是通天大圣，普遍称为“通天爷”，后来才汇聚到“齐天大圣”身上，再归结为“孙悟空”这个人格神。因此到了清代，《聊斋志异》卷四“齐天大圣”条记载：“八闽有孙悟空祠，香火甚盛。”根据宋元说经话本《大唐三藏取经诗话》，猴行者自称“我是花果山紫云洞八万四千铜头铁额猕猴王”，但已经是一位人格化的“白衣秀才”。根据《宋高僧传》卷三记载，唐肃宗时，京兆云阳人释悟空，原名车奉朝，到西域三十多年，取回《梵本十地回向轮十力三经》和佛牙舍利，与宋元时期成书的《大唐三藏取经诗话》说三藏法师取经是在唐玄宗时期相吻合，说明《西游记》中的孙悟空形象，是历史与传说的复合体，是猴神向人格神不断演变的结果，是佛道融合的信仰现象。

北魏时期的《齐民要术》记载，当时养马人已经掌握猕猴能避马疫的原理，于是《西游记》中出现了孙悟空的“弼马温”（避马瘟）的官职。猴神还有去瘟、去邪、祈雨、押赌、求功名、护航等功能。

温州地区的猴神信仰以山区为盛，永嘉县、泰顺县、苍南县南港片区、平阳县北港片区都是猴神信仰集中的地方。中野美代子认为猴神信仰在一个地方开始传播，可能与矿业开采有关系，温州的这些地方古代正是金属矿和矾矿的开采区。而猴神信仰的后期传播，不一定还借助矿业。在苍南滨海渔村大岙村齐天大圣宫调查时，问当地人为什么在晚清民国时期会请香供奉孙悟空，他们就认为孙悟空法力无边，七十二变，肯定有能力保佑我们，完全是引申自《西游记》的意绪。在苍南的猴神信仰中，有齐天大圣、通天大圣、东岳大王三位，造型各异。这里的猴神信仰还没有完全向齐天大圣、孙悟空定型，石猴造型、元帅形象、巡山职责、祈雨功能、祛病仪式、跳僮押赌等信仰特点广泛存在，保留着多元的供奉和传讹的解读。

齐天大圣信仰还在云南、湖北、甘肃、江苏、山西、山东等地流行，在义和团运动中被利用，而实际传播的区域可能更广。

1.5.4 杨府侯王

温州地方神中有“三府上圣”的说法，杨府侯王是其中之一。杨府侯王姓杨名精义，明代文献记载为东晋时期人，清代碑刻记载为初唐时人。据传说和信仰调查，杨精义生活于瑞安陶山，曾拜门于陶弘景，羽化于苍南灵岩。在道坛请神科仪中，歌颂他为都督大元帅、主管江海航运和渔业，是一位水神。信众中特别虔诚的是历史上的疍民群体，成为赶会、修庙的积极分子，让人联想起东晋时从飞云江下海的孙恩、卢循起义军。历史文献记载他在唐末农民起义中、宋代当地水军御寇中、明代抗倭事件中、清代平定地方红布会、金钱会叛乱中显灵，维护地方稳定和安全，受到民众的供奉。明初军方建行宫于苍南县湖里大渔岭口，并称该地为杨府岭，杨府行宫为明代金乡卫军民出海巡汛时誓师、祭海的场所。明中期温处参将梅魁撰碑《杨府行宫记》。该碑至今犹存，为温州地区杨府爷信仰保存最古老的实物。清代同治年间被敕封为“福佑”真君，事件记载于《清史稿》，成为温州地区唯一被正史认可的地方神，进一步推动了杨府信仰。

苍南县继明代杨府岭的杨府行宫之后，横阳支江的大水口鲸头杨府庙成为清代至今温州地区影响最大的杨府庙，与瑞安的陶山杨府庙、温州的海坛山杨府庙、乐清的西山杨府庙成为温州地区信仰的代表。苍南的村村庙庙几乎都有杨府供奉，兴盛胜过他地。随着杨家将故事的传播，鹿城、乐清、洞头的一些杨府信仰讹传为杨家将信仰，杨府庙写上“天波府”，这种现象是解放后，尤其是改革开放后出现的现象。

民国《平阳县志》记载杨府爷如下：

杨府庙，一在古鳌头，一在二十六都鲸头。他处多有，不悉载。神姓杨，名精义，唐时人，子十人，三登仕籍，七子偕隐。修炼于瑞安之陶山，拔宅飞升事闻，三子皆挂冠归，寻亦仙去。宋时敕封圣通文武德理良横福德显应真君，清咸丰四年冬，乐清瞿振汉据城反，旋就扑灭，事平知为神佑，五年三月平阳鳌江有艇匪突入，居民御之，亦称神助，击毙贼渠，余匪悉遁。同时上其事乞加封号，部议未覆。同治元年，平阳绅民以金钱会匪平，诸赖神力，复请。浙抚具题，六年六月得旨，加封福佑二字。新纂。据《乐清志》及平阳档案修。按俗有杨七相公庙，谓杨府第七子云。①

除温州地区之外，台州、上海、湖南、福建、广西等地都有杨府信仰，各地信仰有共同点，也有差异性。

温州杨府侯王信仰的研究成果丰富，这里不再赘述。有兴趣的读者可以参见本人的专著《温州族群与区域文化研究》②一书，以及本人与人合作的《杨府侯王：温州民俗文化田野调查》③一书。

1.5.5 陈府侯王

陈府侯王是温州“三府上圣”之一，是温州一个很复杂的神明谱系，把温州漫长的历史发展综合在了一起。

---

① 民国《平阳县志·神教志》。苍南县文化广电新闻出版局据民国十四年影印本影印，第五册，第 1783 页。

② 林亦修著：《温州族群与区域文化研究》。上海三联书店 2008 年版，2011 年再版。

③ 李晖华主编，林亦修、林子周副主编：《杨府侯王：温州民俗文化田野调查》。线装书局 2016 年版。

在道士的科仪书里，陈府侯王称洪州硐主。洪州是古代的江西省南昌市，但这里的“洪州硐主”不知道是不是指陈府爷是江西人或者迁自江西。从科仪书看，陈府侯王还是生活于瑞安陶山一带，两晋六朝时期人，是一个土著大家族，手下有许多部将，有的负责打猎，有的负责捕鱼，有的负责与官府协调（相当于现在的公关），是一个还没有完全进入农业生产模式的神系社会。陈府侯王的神谱里，主要有陈府上圣、陈八大王、陈九明王、陈十大王等，在地方俗神里，大帝、上圣、侯王、真君等的称谓好像没有严格的界限，我们大致可以把他们理解为一个父亲和十个兄弟的关系。也就是说，陈府爷有可能是两千多年前生活于温州地区的一位地方名人，后来被当地人作为拓土神来崇拜。

陈府爷信仰与民国时期的大刀会起义有较大的关系，鲸头杨府庙上殿边上的陈府庙，据说供奉的都是大刀会崇拜的神明。

图 1.1.8 温州地方神的杨、陈、袁三府侯王，认为是灵岩大硐和洪州大硐的硐主，在外地如马来西亚就称温州侯王。

陈府爷信仰在福建省南屏市等武夷山一带很盛，也称洪洲大硐主，也说有猎神功能，与温州的陈府爷信仰非常吻合。丽水一带也有陈府爷信仰，但不太兴盛。

2006 年，乐清一座重建的陈府爷庙落成，想刻一块庙碑，却不知道陈府爷的出处，就在温州论坛 703804 上启事征询，最后不知所终。这是很正常的事情。明清之际，闽南漳州一带的移民进入温州定居，把开漳圣王陈元光的信仰带入温州，瓯江沿岸、洞头列岛的陈府侯王又与陈元光信仰融合在一起。不仅如此，我们在苍南舥艚渔村调查时，发现当地的一座陈府侯王庙祭祀的是本村从前海难而死的村民。

苍南陈府庙有陈府爷神系庙，塑陈氏上圣、大王、明王各神明；有陈府独神庙，只祀陈府神系中的一尊，如民国《平阳县志》载："陈府庙在坡南，及各处多有，不备载。陈旸崖洞主，俗称陈八大王。新纂。"[①]较多的现象是陈、杨共祀，称陈杨二府庙，而且往往以杨府为主；个别为陈杨袁共祀，也突出杨府。

1.5.6 袁府上圣

袁府上圣一般与陈府上圣、杨府上圣并称，为袁陈杨三府，道士科仪书里也把他定为两晋时期人。现在宫庙供奉很少，除苍南赤溪一带之外，温州其他地方少见，但在温州各地的道场请神科仪中，必然要请到袁府爷。

南朝郑缉之《永嘉郡记》记载了君鄣山袁君庙的灵异事迹：庙祝把神前的筊杯盖在地上占卜，一阵子后把杯翻过来，杯里居然长出了菌菇。这则传说说明温州南朝时期就有袁府信仰。这是文献记载中可以印证神明名讳的温州最早神明。

根据温州民间宗教科仪抄本《袁府醮科》[②]，两晋时有袁氏家族生活于今瑞安市陶山一带。其中心人物被神化为"袁府上圣"。科仪从其祖父述及部属，史实与圣迹混为一谈。家族情况为：祖父袁老真仙，祖母柳氏；父亲袁府真人，母亲协氏；母舅协德，母妗马氏；姐姐袁花，妹妹袁兰；

---

① 民国《平阳县志·神教志》。苍南县文化广电新闻出版局据民国十四年影印本影印，第五册，第1815页。

② 方培锁道长使用。方培锁，男，53岁，钱库镇双排方村人，师承叔父方某。

兄弟袁达(妻赵氏)、袁通(妻马氏)、袁德(妻沈氏)皆为相公;袁九、雄一、雄二皆为家族成员。有白姓者在袁府地位特别高,为大将,“袁府上圣”也称“白袁相公”,似有通族之好,民间醮事活动中常“白袁二府”并称。袁府应当为当时的地方土著大族,有“把山把所六十二位大神,三硐男女,高列宝眷嫔妃彩女大小一千二百”。袁家主掌水门。

一位叫“疯了”的网友,2007 年 10 月 25 日在温州网上上传了一份《温州地方神灵传奇》的材料,认为袁府即袁五。袁五尊神,是民间对仙岩殿中几位传说原是姑嫂的五位女性神灵的尊称。相传袁五尊神原是元明之际永嘉蓬溪地方的人,分别为刘一、刘二、袁三、袁四、袁五五位年轻的姑嫂,她们识草药,懂医术,为人厚道,热心行善,为民治病。某年二月,她们踏青上山采草药,天黑了,留在山上过夜。这时有个神仙路过,掐指一算,五位姑嫂都是好人,便把她们的魂勾走了。她们从此做了仙人,显灵在庙里。我们把这一材料留在这里,供大家参考。

1.5.7 三港大帝

三港大帝是温州唯一以地名命名的神明,与陈府爷信仰有交叉重叠的现象。三港的地理位置在瑞安飞云江畔的许峰之下,宋代即为港市,客商来往很多,元明时期设税务司,海上航运直达漳州澄海、泉州、福州、宁波等地,内河运输达温州各港乡、河乡。如今温州各地浦边、河口都有三港大帝庙。

关于三港大帝,民国《平阳县志》记载:

庄济庙俗名三港庙,一在十都黄头图,一在十四都半浦。神姓陈,字子良,瑞安洪口人,操舟海上多奇迹,没为神。宋累封护国惠民福善圣王,元至正间加封庄济。参府志、瑞安县志。俗或称陈九明王，即此。[①]

据《苍南县陈姓通览》考证，三港大帝，名陈崇福，字子良，生于后唐明宗年间(903—906)，原泰顺洪口人，曾摆渡为生，后归隐苍南县凤翔地方。殁后宋太宗敕封惠民侯，宋宣和二年(1120)加封护国君，南宋乾道二年(1166)封惠民福善圣王，元烈主加封庄济圣王，洪武间显圣，化身商人赴龙泉、泰顺订购大批杉木运水边，夏季大旱时降水涨流放排出运，按时造就抗倭战船，加封护国佑民三港大圣。

三港大帝明显地具有水神和商运神的特点，在明代的抗倭战争中，三港大帝留下了许多海上御敌的传说。

1.5.8 林泗大帝

林泗大帝，宗谱和以前的庙额都作“林四大帝”，有的庙额写作“协天大帝”，与关公的封号相混淆，宋时人，居住于现苍南县新桥村，苍南县和平阳县的北港一带多建庙奉祀，常被称为“地主爷”，也是以渔业经商和海上航运著名的神明。

民国《平阳县志》记载：

惠民灵应庙，在金舟乡。相传神溥源林氏子，生而神灵，每自称曰十八州检校使，言祸福辄应。乡人谓之林四侯。殁即墓所立祠，屡有灵迹，封惠民侯。宋咸淳间，进封忠烈王。《旧志》。今按，乡有林四大帝庙，四或作泗，初疑即林四侯。惟庙号有通济、广济，或益以妙济、普

① 民国《平阳县志·神教志》。苍南县文化广电新闻出版局据民国十四年影印本影印，第五册，第1810页。

济。谓神林姓，兄弟四人，故称林四，是不可考矣。兹为别入丛神类，详见彼处。①

《神教志》丛神类记载：

广济庙在四十四都水头，清康熙间府经历周应盛建，祀林四大帝。他处或称通济庙，或称庆云庙，或称永泰宫。其在十一都吴兰楼者，名瑞云庙。相传有渔者纲一炉一石，石镌瑞云庙三字，里庠生陈朝德梦神示像，因立庙奉祀，以岳降浮矾四字额之，今石尚存。新纂。按《瑞安志》有广济庙，神名林三益，初疑林四大帝即此。然四或作泗。《瑞安志》林泗阳庄有广惠庙，云神林姓，逸其名，南宋封护国惠民侯，又疑即平阳林四侯，或称林四大帝。又《续通考》宋嘉定元年封林浦为通济王，此通济庙号又与林四侯庙号同，俗又谓妙济、普济圣王皆为林四大帝，谓其兄弟有四，故称林四，名号纠纷，疑莫能明，姑载之。②

又

广济庙在六都冈头，十四都山阳，他处不备载。新增。神姓林名三益，瑞安人，生宋熙宁时，咸淳初封广济侯，元封昭惠广济公，继封忠武孚佑昭惠广济王。《瑞安县志》。神常在海救海舶遇风者，后有平阳白沙海商往东嘉寻林三七太尉致谢，由是白沙达闽境皆祀之。《歧海琐谈》。

---

① 民国《平阳县志・神教志》。苍南县文化广电新闻出版局据民国十四年影印本影印，第五册，第1783页。

② 民国《平阳县志・神教志》。苍南县文化广电新闻出版局据民国十四年影印本影印，第五册，第1814页。

相传林泗侯王有六姓结盟兄弟，宫庙多供奉林、吴、金、郑、章、赵六姓，但名讳不详，也有加入徐姓的，一时难以明确。

图 1.1.9　林泗大帝六姓侯王龙牌

1.5.9　平水侯王

浙江沿海有许多平水侯王，海宁一带为伍子胥，绍兴、宁波、台州、丽水一带为大禹，温州为周凯。相传周凯为苍南县桥墩(晋时称松山)人，因兴修温州三江水利而被立庙祭祀，平原河口地区有很多庙。宋濂(1310—1381)，号潜溪，随明太祖起兵，累官至翰林学士，著有《温州横山仁济庙碑》。

民国《平阳县志》记载：

周凯，字公武，世居临海郡之横阳，生而雄伟，身长八尺余，发垂至地，善击剑，能左右射，博文而强记，家贫，躬耕养父母，及司马氏平吴，与陆机兄弟入洛，张华荐之。知晋室将乱，辞不就。时临海属邑曰永宁、曰安固、曰横阳，地皆濒海，海水沸腾，龙蛇杂居之，民罹其毒。神还自洛，乃白邑长，随其地形凿疏之，遂使三江东注于海，水性既顺，其土作乂。永康中，三江逆流，飓风挟怒潮为孽，邑将陆沈。凯奋然曰，吾将以身平之。即援弓发矢，大呼冲潮而入，水忽裂开，电光中见凯乘白龙东去，但闻海门有击如雷，而神莫知所在矣。俄而水势平，江祸乃绝。邑长思其功，号其里曰平水里，建祠尸祝之。《宋文宪公集·温州横山仁济庙碑》。按《嘉定赤城志》平水王庙祀西晋周清。俗传清以行贾往来温台，俗呼周七郎，娶临海林氏女，俄弃杵化龙，与女皆不见。后有遇之彭公屿者，遂祠之。大中祥符九年以显异于温。锡今封所载，与此绝异。然云大中祥符间显异于温，正与宋碑文合。投杵化龙即碑文所云，化形为商，以米贷人。事详见《祠祀·平水王庙下》，盖皆传闻异辞。①

明宋濂《温州横山仁济庙碑文》略云，陈至德间，闽寇章大宝侵分水岭，其势张甚，民争逃遁。神见天兵于云间，戈甲耀日，盗惊而溃。唐光化末，天台大饥，神化形为商，以米贷人，已而投杵于江，变为赤龙，骑而升天。宋大中祥符初，诏营玉清昭应宫，取材于温之乐成，使者以重山不可致，走祷于神。忽风霆凌厉，龙湫震荡，巨石皆起立，大木斯拔，蔽江流而下。神初封于唐，为平水显应公，寻封王爵。宋累加通天护国仁济之号，从祀郊坛，兼赐仁济为庙额。元复加以威惠，进号太和冲圣帝，遂易庙为宫。逮入国朝，定议为横山周公之神。其佐神张铉，字子元，郡人，宋右科进士，仕至阁门宣赞舍人，尝上疏言事，忤史嵩之，被斥，殁而显灵，太守吴泳因并祠之。元封协惠侯，进正肃英烈王，法当附书。今按《嘉定赤城志》载，神名清，详见《仙释本传》。又《通考》载，元泰定元年七月，加封温州故平阳侯曰英烈侯，疑即张铉。此云封王，盖异闻欤。

温州城区及瓯海、永嘉各地有很多平水侯王庙，供奉周凯；而苍南县发现较少，尤其在周凯的出生地桥墩，居然没有平水侯王庙。当地人不供当地神，这是值得研究的一种信仰现象。

---

① 民国《平阳县志·神教志》。苍南县文化广电新闻出版局据民国十四年影印本影印，第五册，第1877页。

1.5.10 温元帅

温琼，唐时平阳县城白石街人，书生，因以身试井水毒，救护民众，立庙祭祀，塑神像蓝面。后为东岳大帝辖下温元帅，也为道教四大元帅神。苏杭地区庙多，苍南庙少，但在道教科仪中出场甚多。

温琼，《旧志》字永清。父民望，明经甲科，年耄无嗣，与妻张道辉吁于上帝。一夕张梦巨神手擎火珠，自天门下，谓曰：吾乃大火之精，将降胎为人。张觉赤光被体中，犹熏熏然，有娠，以唐长安二年五月五日午时生，其左腋有震篆二十四，右半之。七岁习禹步为罡，十四通五经、百氏及释老家言。二十六举进士，不第。附几叹曰：吾生不能致君泽民，死当为泰山神，以除天下恶厉耳！复制三十六神符授人，曰：持此能主地上鬼神，言已忽幻药叉象，屹立而亡。蜀叶天师用其符，禁除沴气之为人灾者，仿佛见王衣赭袍，握宝剑，乘追风骏下之，劾召之家，遂皆祠祀之，以祈灵响焉。《宋文宪公集·温忠靖王庙堂碑》按：仁和赵嘉楫《忠靖王传略》云，初王读书玄帝行宫，即已虔祀玄帝。一日斋居，闻剥啄声，启视，则二青衣童捧箧衍云：是瘟药千丸，奉上帝敕，投之井，疠此一方人。君行高，幸无饮此。王闻疾探丸，仰天面北，罄吞尽药，须臾腹痛，面青顿易前相，是盖以一身而拯万姓之命者。说与此碑不同，附录以广异闻。[①]

忠靖王庙在城西，即广灵庙。神姓温，名琼字永清，唐时人，世居凤仪桥。初封翊灵昭武将军，正福显应威烈忠靖王。邑人林镗夫建庙。《旧志》事详神迹本传。新纂。宋濂有《白石忠靖王庙记》。城西门外别有少庙，内贮有指痕石，相传谓神吞药显圣时，以手画石成痕。《前志》谓旧在

① 民国《平阳县志·神教志》。苍南县文化广电新闻出版局据民国十四年影印本影印，第五册，第1877页。

白石井边，后城内外居民争舁不下，遂置西瓮城内。康熙甲戌总兵李华令金以竣作亭表之。今庙盖即就亭改筑，据《旧志·遗事》修。①

《道法会元》卷之二百五十四又认为温元帅乃东岳统兵天下都巡检，在《东岳温太保考召秘法·灵文序》言道：

太保乃东岳统兵天下都巡检，掌急取人案典主。姓温，名琼，温州平阳人也。年方一纪，禀性平直，容貌异常，不治世事，不务营家。诸书一览无遗，阴阳造化无不洞晓。及长不娶，不破天真。一夕遇神人入，身披金甲，执剑，祝曰：子禀性不凡，东岳奏上天帝，差汝充东岳都统兵太保，子须立生容於岳下，然后必得魂神附归。太保礼谢神入。遂命工塑容于东岳行宫殿下，日夕参帝，愿迁化。后魂归泥身，灵通普济。一日至殿下，忽见泥身变面青色，红发獠牙金眼，自此不离步侧。立化，时人以其身供养，灰布如塑像变形。凡有告求，无不副心。因西蜀叶天师借岳兵收管瘟疫之鬼，太保现身，叙说乃事，愿与擒捉救病安民，蜀民不经月皆获痊愈。后复现身曰：愿辅佐天下法官行持，捉祟治病。今有符文秘法，望为阐扬。叶天师乃将此法流传后学，呼吸之顷，响应昭然。凡后学之士，幸毋忽诸。

并详尽地描述了该神将之服色：

身长九尺余，青面青手，撩牙唇红，发赤眉须赤，金眼狰狞，裹紫巾方顶，着雁花录袍，金束带，黑吊涧靴，豹皮棍，手执金骨朵，捉祟，仗剑出入。

① 民国《平阳县志·神教志》。苍南县文化广电新闻出版局据民国十四年影印本影印，第五册，第1783页。

左右领四大猛将，统领三千精兵，五百铁骑，乘黑炁追风骏马，旗仗。

在澳门的许多宫庙里，温元帅是身材高挑、浑身金色的美少年打扮。

明代温州人姜准的《岐海琐谈》记载：

有一对云“风动棕榈，似千手佛摇摺叠扇”，众莫能对，因请乩。附乩之神自称温元帅，以“霜凋荷叶，如独脚鬼戴逍遥巾”对之。温元帅即吾里当境忠靖王也，记在《耕余博览》。[1]

温琼是出自平阳县的著名道教元帅神，长江南北各地都有庙宇供奉。东岳大帝招他为瘟部太保，唐代道士叶法善招他到四川收瘟，以致叶法善故乡丽水地区的许多叶天师庙后来都改为太保庙，松阳县城和遂昌县城的太保庙都是这样演变过来的。温州本地很少看到太保庙，奉祀温琼，是因为温琼不愿血食人间，而愿得道成仙，所以只在道士的科仪中要请温元帅。但它是不得不重视的地方神。

1.5.11 胡公大帝

胡公大帝祖庙在永康县方岩，祭祀浙中宋代著名进士胡则。温州地区的永嘉、乐清一带庙宇供奉较多，苍南县以石砰内湖胡公庙为最。民国《平阳县志》记载：“胡公庙一在三都章奥周，一在二十三都石坪里奥。神姓胡名则，宋婺州永康人，官兵部侍郎。宣和间封佑顺侯，绍兴末赐庙额赫灵，淳佑间进爵为公。新增。参黄缙《胡侍郎庙碑记》。俗谬称大帝。”

---

① (明)姜准撰：《岐海琐谈》。蔡克骄点校。上海社会科学院出版社 2002 年版，第 107 页。另见民国《平阳县志·杂事志》。苍南县文化广电新闻出版局据民国十四年影印本影印，第六册，第 2313 页。

胡则是浙江地方出现的文人神，曾巡视当时浙南地区的矿业开采，在永嘉县整顿矿场管理，治理私匿现象，宽宥触犯人员，获得民众爱戴。陶公洞托名陶弘景撰《真诰》处，实则可能是著名矿洞，至今建有胡则庙。今人祭祀胡则，更多将其作为考试神或功名神来崇拜。因为在温州的地方神中，有功名的神明太少，魁星阁和文庙也很少，民众只能找进士出身的胡则祈祷。

虽然苍南的胡公大帝供奉不多，但作为一位浙江地方神，也应被记录下来。

罗列以上同庙神，并不能囊括同庙神全部，只是有代表性地列出十多位。其余的同庙神，在第二部分和第三部分的具体庙宇里，根据需要再一一介绍。

福建神庙不一定有上位神，而温州神庙大多有上位神，尤其是太阴宫，一定会有上位神。太阴宫的上位神最多的是观音菩萨，其次是三官大帝，也见玄天上帝。信众坚信陈靖姑是观音菩萨手指滴血化成，与观音菩萨有嫡亲关系。观音菩萨一直帮助和指导着陈靖姑成长，所以理所当然地成为太阴宫的上位神。太阴宫和陈靖姑的"道法巫流"还是属于道教系统，所以请三官大帝和玄天大帝为上位神也合乎情理。值得引起注意的是，陈靖姑的师父、闾山教主许九郎却从来没有被塑为太阴宫的上位神，他在陈靖姑的神班谱系和神际来往中也较少出现。

上位神的塑像位置比较讲究。在同一神龛上，往往在神龛内侧垫高基础塑上位神，或者在神龛背景上塑上位神，这样上位神与主位神相比就显得高大而又不喧宾夺主。1990 年代以来，神殿建筑面积不断扩大，上位神往往被请出主殿，在主殿的左侧前方另建一殿供奉，称观音殿、三官殿等。《永嘉县志》"太阴宫"条："太阴宫坐落于七都乡上沙村，始建于清文宗咸丰年间(1851—1861)，民国九年(1920)重建，1964 年址迁西侧，建三间小殿。1985 年扩建为三间二进，并在左侧建一座观音堂。”[①]详细记载了上位神的供奉演变。上位神殿往往比主神殿建筑高出三尺，但占地面积小些，可以直接用于建立道教道场，设醮拜忏。

陈靖姑与五显爷、玄坛爷等神明形成特殊的关系。在《南游》故事里，陈法清戏弄过五显爷，五显爷在陈法通被白蛇所困时微言劝阻了神兵神将的救助。陈靖姑上闾山过沉毛渡时得到五显爷的帮助，下山时答谢了五显爷，斩南蛇后质询了五显爷。陈靖姑与五显爷的关系体现温州人“不护己之短、不受人之欺”的行事准则。温州陈靖姑与五显爷合祀庙又称龙凤宫，这是值得特别研究的一个现象。苍南县灵溪镇华阳亭仔下、灵溪镇华阳分坪、赤溪镇龙沙石塘石坪坑，平阳县鳌江镇华光道观等都有龙凤宫，都是五显华光大帝与陈靖姑合祀的庙宇。华光为火，为龙；陈靖姑为水，为凤，在神祇世界里代表着宇宙二元观。陈靖姑斗玄坛是温州非常著名的故事，讲的是平阳县城一位姓卢的穷祭户，值年祭祀时偷了祭品中的鸡腱、猪舌给小孩吃，又不承认错误，竟在玄坛爷前赌咒：“谁偷吃了，就给老虎咬死。”致使赵玄坛在体现灵验和体现怜悯的二难选择中做出错误决定，遣虎咬死了小孩。陈靖姑闻讯与赵玄坛斗法，最后由天庭裁决，将赵玄坛赶出了平阳城。陈靖姑在斗玄坛的故事中表现出比正义神更正义、敢于挑战高位、敢于对抗欺凌的平民节操，是一个设计非常精美的故事。陈靖姑还有用闾山法与茅山法道士比武的故事，嘲弄了道教徒中的不学无术者和品德低劣者。神明斗法的故事在温州的神魔故事中数量较大，大量故事立意较深，是很有社会教育意义的故事内容。正是这些故事的箭垛式积攒，使展演陈靖姑本生故事的《灵经大传》[②]成为“温州人的圣经”。

① 徐顺旗主编：《永嘉县志》，方志出版社 2003 年版，第 1213 页。
② 温州鼓词演唱陈十四故事的文本称《灵经大传》，也称《南游》《夫人词》《唱夫人》。

小结

全面理解陈靖姑信仰，可能要从更广泛的宗教和历史背景中去解读。南宋著名道士白玉蟾在《海琼白真人语录》中给我们描绘了闾山法的巫道源流："巫者之法，始于娑坦王，传之盘古王。再传于阿修罗王，复传于维陀始王、长沙王、头陀王、闾山九郎、蒙山七郎、横山十郎、赵侯三郎、张赵二郎。此后不知其几。昔者巫人之法有曰盘古法者，又有曰灵山法者，复有闾山法者，其实一巫法也。"①从盘古王到闾山九郎、蒙山七郎、横山十郎等，都是地方宫庙和道坛科仪中的重要神明，而娑坦王、维陀始王、长沙王、头陀王已经不在地方供奉之列。其中的知识混杂和断裂一时还难以梳理、衔接，而从闾山教到陈靖姑，还是在"此后不知其几"之数。虽然它们不在本书的讨论之列，但下文的许多知识还会涉及这一问题。

我们从地方宫庙的实际存在考察陈靖姑信仰，是从今溯古的"考现学"方法。地方神明的存在本身就是一个物证，一段文献，承载村落或区域社会史的历程，但相对于考古，这一物证往往经历了许多变更；相对于文献，它的确凿性值得怀疑。也正是这些变更和怀疑，赋予神明历时性的意义。

宫庙神谱与道坛神谱应该有一定的区别。道坛神谱比较规范、系统地遵循道教神的序列，有天师、祖师、元帅、将兵等完整系统，只是在"请十方"时突出地方神的存在，有所谓"地主不到，天神难请"的说法。宫庙神谱没有宗教规范，根据群体生活需求配置，正反映了地方民众的群体生活

---

① (明)《正统道藏・正一部、弁字号》。见张继禹主编《中华道藏》十九册第 548 页中下。华夏出版社 2004 年版。

史。这样便赋予宫庙神谱不同于道坛神谱的特殊意义，为我们的地方社会研究，而不是道教研究，提供了一个难得的视角。

从前民众绝大多数为文盲，只是根据口承传统遴选神明，受到小说、说唱的影响最大。1991 年宜山许府宫在兴建时发现楼后的一片天然岩体留白，老人协会再三协商，最后在岩体上塑立了五组群雕，并分别塑写"群英会""封神榜""八仙过海""西游记""大智文殊"五个题额，足见这些故事在民众心目中的地位。俗文学中的神明述写和传说，对宫庙神谱的形成有重要的影响。它引导我们更多地从民众访谈中，而不是完全依赖于宗教经典，去理解宫庙文化。

2. 陈靖姑宫庙

民间建造宫庙，是地方社会的大事。没有一定规模的地方社会组织，难以建造宫庙；没有一定的社会财力，难以建造宫庙；没有一定的社会事件作为由头，难以建造宫庙；没有足够的社会势力，还难以选址。建造一座宫庙所花费的人力物力，远远超过建造一座民居；它的讲究和周密筹划，也超过一般民居，是属于“同政”[①]的事业。

但在民间建庙的记载中，我们很少看到如何推选理事会，产生“福头”，分片区筹集资金的建庙过程，而常常听到“水上浮炉”和“天上飞炉”的建庙起源故事。“水上浮炉”的故事一般发生在溪口、江浦、河乡和海滨。故事的情节往往是洪水或大潮推来了一个石香炉（或一段木头），收起后就移不动（或神示托梦）了，于是建庙供奉。钱库镇桕园村属于河乡，世代有用网罾捕淡水鱼的作业方式。宋时陈姓村民扳罾捕鱼，连续数次易位放罾，都扳上同一个刻有“三港大帝”字样的石香炉。民众把石香炉的漂移入网理解为神示，便发起建造了桕园村三港大帝庙，供村人祭祀至今。“天上飞炉”的故事一般在山区流传，建庙的理由往往是天上飞来了石香炉，暗示神明自选宫址建庙。天上如何飞炉呢？我们在调查中再三

① 方言词。温州民间把地方社会的公共事业、家族共同事务都称为“同政”。

询问这一问题，亲历者的回答常常是雷雨后、台风后，发现石香炉飞过来，飞到树上，飞到屋顶，飞到裸岩上。可以解释的是，暴风雨后发生塌方或小型泥石流，以前圮庙中瘗埋的石香炉被冲刷出来，在落石群里飞向树顶、屋顶和明显可以被发现的地方，被村民视作神奇或者神示。由此我们认为，民间建庙具有一种开放和包容的心态，希望以神明的显圣和灵验吸引更多的信众，而不是强调庙境和宫门共同体，划分边界、倡导排他性。

温州地区宫庙神明的存在一般有三个要素，一是神主牌位，二是香炉，三是塑像，这也是全国的普遍现象。应该说神主牌位真正代表着神明，所以华北地区没有宫庙的神明，只是供奉着龙牌位，但是在台州椒江一带的调查发现，该地虽然与温州毗邻，文化有许多共同性，宫庙神明却没有牌位。香炉主要提供的是信众与神明的沟通平台。民间认为，在香炉上供上香，神明就知晓你的祈求。所以上香和香火不断是祈求和持续祈求的必要行为。香火“下山”①了，神明就忙其他的事务去了。如果神明非常关注这件事，香炉里所有的香脚都会烧起来，称为“发炉”，有显圣的意思。但如上文所述，建庙传说常与香炉有关，似乎香炉又比牌位重要。在“文化大革命”的毁庙过程中，民众私藏的也往往是香炉，而非牌位。现在为了文明烧香，香炉往往被供奉在庙宇之外的露天，许多信众认为这是不尊。塑像是神明存在的第三要素，一般有泥塑、木雕、石雕等形式。赋予雕像灵气的是开光，通过开光仪式，往往有一叠经咒塞入神像体内，废毁神像也要通过仪式将其取出焚化。而实际上塑像并非必然条件，许多条件有限的小庙并无塑像。在毗邻的丽水地区调查时发现，当地同一个庙宇中会有画像和塑像的不同，仔细分类，似乎道教神仙类神明用画

---

① 温州民间把一炷香或一枝香烧完称“下山”，一般烧完一炷香为45分钟。

像，地方血食类神明用塑像。宫庙神明视觉表述系统具有统一的规范，也有地方特色和历史限制。

图 1.2.1　岩壁上的供奉：堂子

苍南神明供奉和宫庙建造的历史演变非常复杂，大致上的过程为：第一时期，将神明供奉在厅堂上，称为“厅头佛”，属家庭信仰；第二时期，随着家宅重建或家族扩大，在岩角、树下、水滨建小石龛，供奉香炉，依然属家庭信仰，但信众泛化；第三时期，建单体独间或联楹三间石构或木构建筑，塑造神像，设立牌位，安置香炉，摆放供桌，还容得下信众进香，这是早期山区村庙的建造格式，现在的莒溪、矾山一带还可以见到这种庙宇；第四个时期，是拥有门楼、戏台、两庑、五开间主殿的宫殿式村庙建筑，各种民间工艺主要展示在这里，成为村落最好的建筑物。二十一世纪以来的新庙建筑，更加推进了宫庙的规模和工艺。所有的神明供奉，并不存在供奉形式的同时演进，现在的苍南依然存在以上多种形式的并存现象。而且在演进上，有圮庙重建、家坛改庙、分香立庙等多种形式。

2. 陈靖姑宫庙

宋代开始，随着南方的开发，国家对民间信仰的控制进一步加强，希望通过“正祀”的确立，打击“淫祀”，规范礼俗。北宋时期，通过宫庙“赐额”确立国家对宫庙的认可，并且有“定式”，不可乱赐。神祠加封“命词给敕”，确定神明的合法地位。南渡以后，只命祠给敕，表面上看是“未称褒崇之意”，实质上是加封过多、过滥、随意的问题。所以时任太常卿的苍南县人陈棫，提出“依旧降敕”的建议：

> 宋绍兴十一年太常卿陈棫等言，自来神祠加赐庙额，及封王公、侯爵等，给降敕告，自有定式。昨自渡江后来，神祠加封合给告者，止命祠给敕，窃恐未称褒崇之意，乞自今每遇神祠封王、公、侯、真人、真君，妇人之神封如夫人者，并乞命词给告。其道、释封大师塔额，神祠赐庙额，及封将军，并乞依旧降敕。从之。《文献通考·郊社》。[①]

图 1.2.2　福建古田县陈靖姑祖庙“敕赐临水宫”庙额

① 民国《平阳县志·杂事志》。苍南县文化广电新闻出版局据民国十四年影印本影印，第六册，第 2285 页。

宫庙在体现其合法地位时，有两块牌子，一块是庙门口的“庙额”，竖写“敕封临水宫”字样，用龙牌装饰；一块是神主牌，也用龙牌竖写，如“敕封临水夫人”，安置于神像前。从宫庙的称谓来看。民间一般习惯称宫庙，实际上有祠、庙、宫、殿的四种称呼。祠即神祠，区别于宗祠，为祭神的祠堂。《史记》有两次提到神祠。《孝武本纪》记载：“于是郡国各除道，缮治宫观名山神祠所，以望幸矣。”《万石张苏列传》：“天子巡狩海内，修上古神祠，封禅，兴礼乐。”建造神祠在汉代都是国家和地方政府的行为。但从上文陈桷的奏词来看，宋代神祠的级别好像要比庙低一些。“神祠加赐庙额”，必须是供奉对象被加封为王、公、侯、真人、真君、夫人之后，才能称谓。庙与宫也有差异。根据上文提到的明代宋濂《温州横山仁济庙碑文》记载，“平水王周凯初封于唐，为平水显应公，寻封王爵。宋累加通天护国仁济之号，从祀郊坛，兼赐仁济为庙额。元复加以威惠，进号太和冲圣帝，遂易庙为宫。”由此看来，“易庙为宫”是王爵进号为帝之后才有的待遇，不是可以随便更改的。祠庙与宫殿的区别，犹如臣民与帝皇的区别一样，关键在于“进号”的级别。所以苍南县石砰供奉宋官兵部侍郎的胡则胡公庙，“宣和间封佑顺侯，绍兴末赐庙额赫灵，淳佑间进爵为公。”黄缙《胡侍郎庙碑记》指责“俗谬称大帝”。[①] 大致给神明上圣、大帝的谮称，其祠、庙就可以叫宫、殿了。一般村庙性质的宫、殿，也叫行宫，认为不是神明常驻的地方。最主要的是，民众不是非常讲究一位神明的进号，主要看重神明的灵验，所以宫庙也就通称了。关于宫与殿的区分，上文已经提到这里不再赘述。另有一种称为“阁”的信仰场所，如观音阁、妈祖阁、魁星阁，都是女性神和星宿神的供奉场所，有高耸、精致的特点。但陈靖姑作为女性

① 民国《平阳县志・神教志》。苍南县文化广电新闻出版局据民国十四年影印本影印，第五册，第1881页。

神，供奉场所从未称阁，也是值得注意的现象。

明代温州地方文献依然不见陈靖姑及其庙宇的记载，但明代温州陈靖姑庙已经实际存在。永嘉场明弘治丙辰榜眼，授翰林编修王瓒(1462—1524)的少年读书处，就是一座供奉陈靖姑的庙宇。清代温州关于陈靖姑及其宫庙的记载大量出现。《温州竹枝词·广应宫》曰："十四娘娘广应宫，求财求子各匆匆，最怜娇女盈阶拜，姊妹分行七七同。"①晚清杨葩园辑《平阳县志辨误谈》卷九"寺观"载："平阳南北多名胜，尽为梵宇所据。除寺宇外，宫庙有八百余处，一为'地主'，俱史书不载；二为陈十四太阴圣母，平阳县城就有太阴宫十三处，香火极盛，信仰尽虔。"②

在福建，女神的普遍称谓为"陈靖姑"，温州普遍称谓为"陈十四"。前者是一个身份特征性的称谓，从"靖"字也许可以解读出一些宗教信仰的气息；后者是源自出生日的称谓，完全是一位普通人的便称。温州人习惯上很少将一位女性的出生日作为名字，所以拿生日来作为一位女神的惯称，在亲切感和大不敬之间很难拿捏其中的分寸。在福建科仪和戏曲活动中，习惯称女神为"奶娘"，温州习惯称"神娘"，这一区别显示了两地对女神护佑功能认识的巨大区别，福建更侧重陈靖姑"护幼保赤"的"是谓众母"功能，温州则更侧重陈十四"保境安民"的"逐耗驱邪"功能。临水夫人、顺天圣母、顺懿夫人、崇福夫人、慈济夫人等封号称谓，都是两地写在碑刻、匾额、华伞、祭文、巡游牌、醮仪榜文上的书面语，而"太阴圣母"则是温州赋予女神陈靖姑无比崇高地位的一种称谓。

福建的陈靖姑庙一般称"临水宫"，毗邻福建的温属泰顺县也称"临水宫"，同样毗邻的苍南县、平阳县和岛县洞头的闽南话方言区则习惯称"皇

① 叶大兵辑注：《温州竹枝词》。文化艺术出版社 2008 年版，第 89 页。
② 杨诗，号葩园(1801—1855)，平阳慕贤东乡东门垟(今苍南芦浦)人。著有《温州府志补正》《平阳县志考》《平阳县志辨误》《谏果窗吟草》《集鸿轩诗录》《瓯海遗珠集》等书十四种。

君殿”。温州本部的瓯方言区很少见“临水宫”的庙名。清朝早期温州有坤元宫、坤灵宫、广懿宫、慈济宫的叫法，现在最普遍的庙名是“太阴宫”。

目前温州13个县市区中，有20平方米以上建筑面积的民间信仰场所8579处，大部分庙宇都会配祀陈十四，其中主祀陈十四的有925处，称为“太阴宫”的333处。处于温州中部、盛唱温州鼓词的瑞安市就有主祀庙235处，太阴宫133处。其次为瑞安南面的平阳县，有主祀庙149处，太阴宫48处。与福建接壤的山区县泰顺的68处主祀庙大都称夫人宫、临水宫、水尾宫，没有一处称太阴宫。[①] 太阴宫和太阴圣母的称谓基本上以瑞安为中心，属于瓯语方言区、温州鼓词流行区，应该说是民间艺人在用温州鼓词演唱陈靖姑故事的时候，创造了“太阴”这一概念。这一概念从清初宫庙的“坤”“懿”“慈”等与女德相关的词发展而来，经民间艺人创造发挥而成。“坤”与“乾”相对，“太阴”与“太阳”相对。姜亮夫《楚辞通故》认为：“汉以后或以月为太阴，对日为太阳言也。”[②]“太阳”与日、火相同属，代表宇宙二元论中的阳极，在净明道中表述为“明”；“太阴”与月、水相同属，代表宇宙二元论中的阴极，在净明道中表述为“净”。因此，温州“太阴”称谓是陈靖姑信仰文化中一个非常重要、需要深究的概念。

陈靖姑宫庙是否应该有自己的设计标准和建筑风格？这个念头是从各地陈靖姑庙宇中不成系统的特色元素中产生的。陈靖姑有闾山教的教派文化，有鞋、花、桥、龙角、麻绳、麻裙等独特元素，不同的陈靖姑宫庙多多少少有一些不同于其他宫庙的表征。福建柘荣十三境临水宫的中庭结构是最有陈靖姑文化意味的设计，主殿、婆廊、回水、百花桥、法坛的精致布局，突出了养育神的地位。首先天井中明水回澜，置百花桥，信众中婆

① 数据根据温州市民间信仰事务管理领导小组2013年的调查手册统计。
② 姜亮夫：《姜亮夫全集(一)》《楚辞通故》(第一辑)。云南人民出版社2002年版，第13页。

婆往往携媳妇到临水宫求嗣，求子的就在百花桥栏杆上插上白花，求女的就在百花桥上插上红花。在传统社会中，通过神灵媒介，生育性别的意向选择方式也是婆媳沟通的神圣渠道。中庭的左右两轩塑三十六婆神、七十二报子(也称报童)，左轩正中塑陈金凤娘娘，右轩正中塑张仙表娘娘。在柘荣十三境内，有百分之九十五人口是拜陈靖姑为母亲的。祖父、父亲、儿子、孙子都是陈靖姑的儿子。临水宫的正堂上就挂着“是谓众母”的匾额。母亲神的功能认知早已经为当地士子所表达。我们可以从宫庙陈列的主题设计这一角度来认识和评价宫庙建设的文化水平。

苍南县的宫庙一般重建于1990年代之后，建筑一般都为仿古宫殿风格，出现明显的趋同化现象，没有在内在设置上有表现独特文化内涵的考量。行车穿村而过，何为村庙、何为祠堂、何为寺观、何为民居，一目了然。具体到皇君殿或太阴宫，也缺少闾山教文化或陈靖姑信仰特色的展示和陈列。

图 1.2.3 陈靖姑的官身造像和法身造像及其安奉位置

陈靖姑宫庙塑像有法身打扮和官身打扮。法身陈靖姑头束发结，身穿道服，腰系道裙，脚踏芒鞋。左手执龙角，右手执剑，有时还挂着弓箭和铃刀，一副干练英发的道姑巫女形象。这一形象正是闾山派师公的道场装扮。官身陈十四娘娘形象，一般是凤冠霞帔、珠光宝气、雍容贵态的中年妇女形象，是获得皇帝封号的“夫人”“皇君”“太后”。温州陈十四神明塑像是历代执行皇上“简汰之诏”之后，产生信仰对象“变性”的产物。这一“变性”使陈靖姑形象在年龄上从姑娘提升为中年妇女，在身份上从村姑提升为贵妇。

门神是宫庙建筑中非常讲究的雕绘。人物雕绘一般以京剧戏剧形象出现。男神庙和女神庙的门神不同。男神庙门神一般为唐代将领尉迟恭和秦叔宝，两位为李世民大将。相传李世民行军出征中夜常恶梦，不敢入睡，只有尉迟恭和秦叔宝在都帐大门守候，才能成眠，于是被老百姓尊立为门神。女神庙门神神像，大都来自小说演义，模仿尉迟恭和秦叔宝而设，主要有黄翠花、刁月娥、薛金莲、樊梨花、穆桂英等，陈靖姑宫庙基本上雕绘女门神。龙港镇江口太阴宫有6位女门神，值年神为陈经定；值日神为窦仙童。其实各庙门神的真实身份还是比较模糊，庞杂的宫庙文化展示中很少有人关切女门神的名讳。而女门神本身，就是陈靖姑宫庙的一个特色。

图 1.2.4　陈靖姑法身造像

苍南宫庙彩画内容丰富，模仿创新，具有地方色彩。民众在建筑运用上，主要以“热闹”为审美标准。“热闹”的理解，应该主要是指满堂彩画，内容多样，色彩丰富，基调喜庆，给人目不暇接、兴奋刺激的效果。

用油漆涂刷屋宇，可能起源于中国古代木构建筑免受日晒雨淋的保护措施，后来成为皇家宫殿木构和墙体不暴露原材的建筑标准，正如西汉张衡《西京赋》所描写的:“屋不呈材,墙不露形。”建筑彩画主要是“匠画”,以区别于文人画,有粉本(样稿)和画诀(口诀),师徒代代相传。苍南宫庙彩画模仿明清官方彩画和宗教彩画,主要传承苏式彩画,近年来模仿各地风格,结合宫庙内容和本土风俗及技法,形成地方特色。

图 1.2.5　陈靖姑宫庙壁画:水平山斗法

宫庙彩画包括壁画、墙画、天花画、藻井画、梁画、柱画、檐画、花板画、枋画、斗拱画、椽头画、柁头画、椎头画、花牙画等等。总之,在宫殿的任何一个平面、斜面或者团面上,都会有适当的彩画内容和方式。

宫庙彩画的内容主要有:(1)人物故事画;(2)龙、凤、夔、鹤、兽、鸟画;(3)福、寿、禄、卐、梵文文字画;(4)松、竹、梅、兰、牡丹、菊花、芍药等花草画;(5)宝瓶、宝珠、宝书、宝剑、宝鼎、宝琴等物件画;(6)灯花彩画;(7)旋子彩画;(8)海墁彩画等。

宫庙彩画的绘画方式主要有:(1)连环画式;(2)代塑像式;(3)旋子

式;(4)包袱式;(4)方心式;(5)吉祥草式等。

宫庙绘画由当地的民间画师传承,他们熟知封神、三国、隋唐、八仙等故事,娴熟表现为画幅,并且布置于宫庙合适的位置。除了永嘉县一座清代太阴宫的壁画为文人画之外,其余温州宫庙的壁画都为民间画,民国时期有一位苍南县陈家堡村的民间画师,曾为钱库镇会龙宫画天花板出名,后来成为摄影家。瑞安的民间画师一直是各地宫庙画的主要作者,在苍南的许多宫庙都可以看到他们的作品。其中平阳坑的金马玉画师,作品以古典小说的战争场面为主,情节生动、表情丰富、动感强烈、色彩浓重,给人深刻的印象。随着1990年代以来宫庙的大规模兴建,宫庙画风和绘画人员都发生较大改变。陈国号先生是一位民间宫庙绘画师,龙港镇江山社区周家车人,现年40岁,油漆工出身。因为常为宫庙油漆,自学成才,从油漆工转变为民间宫庙绘画师。在他为陈靖姑宫庙髹漆时,我现场采访了他。据他介绍,苍南宫庙建筑彩画以专业建筑画册为蓝本,区别于其他地区的特征就是热闹。他给我出示了何俊寿主编的,2006年天津大学出版社出版的《中国建筑彩画图集》。这是他工作时随身携带的书籍,放在摩托车的后备箱里,已经没有封面、扉页和封底,全书处在半脱线状态,各处沾上了油漆。依照图集模仿,使宫殿、佛寺、道院、礼堂的绘画图案集中到民间宫庙里,各种文化符号杂糅在民间宫庙身上,提高了地方宫庙的文化内涵,也导致了同质化现象。郑家守先生,福建省福鼎市人,45岁,受过油画专业培训,长期为佛寺绘画,第一次受邀画陈靖姑故事,画面人物形象丰满,色彩鲜艳,线条规整,完全没有一般宫庙壁画的漫画格调,受到信众的普遍好评。信众审美趣味的改变和匠人来源的多元化,都在改变民间宫庙的风格。

在闾山教的仪式中器物的象征化使用是最有想象力的。2016年7月19日在山水圣宫的一场"过运"仪式中,就运用了许多器物象征法。一

图 1.2.6 陈靖姑宫庙壁画：庐山学法

位 35 岁的妇女[①]因为体质欠佳要求“过运”，安排了一天的道场科仪。下午 5 点左右，仪式在激烈的锣鼓声中进入高潮，师公为其解厌。四位男子背插三角旗成为守坛将军，时而把守四方，时而绕坛巡察。一把贴上各种符咒的雨伞象征天，撑开荫护着女子。圆形的、用细篾编织的传统农具米筛象征天罗，顶在女子的头上。棕绑，南方乔木棕树上的一种棕色天然编织物[②]象征地网，由女子赤脚踩着。女子坐在神庙主法台前的凳子上，用一张草席围起来，草席代表铜墙铁壁。师公行罡步斗，口喷神水，用山上采下的青色茅草不断扫打妇女的前身后背，通过行科、颂唱、指印等程序，意念中将妇女身上驱赶下来的东西捆绑，送入阶下的“茅舟”——一个准备送走的沙桶。这个造型的寓意是用天罗地网将厄耗围困起来，再从人身上褫夺出去，送入茅舟由普庵祖师带走。

① 妇女为县城市民，打扮入时，不是传统认知上的农村愚昧无知者。
② 现在棕绑在苍南已经不常见，可以用纸代替。

图 1.2.7　门神彩绘师在工作

指诀造像是宗教活动中重要表现形式。皇君诀是利用手印进行神像造形。一双手掌结出的图像是：中间三指跷起，代表陈皇君、林皇君、李皇君三位坐像；两只跷起的大拇指代表守坛的汪、杨二将；后面的无名指代表走马灵通。师公科仪在礼见皇君、礼请皇君、唱颂皇君时都要使用皇君诀，是师公科仪中最常用的一个结指造像。玄天坐殿诀一双手掌结出的图像是：中指直树代表玄天上帝；中指后二指略斜，代表七星剑；大拇指微伏，代表龟；无名指前倾，代表蛇。

玄天出殿诀表现的是玄天大帝威武出殿的背影。

陈靖姑信仰还有宗教信物。太阴圣母镇宅符、太阴圣母三角旗都是拜经仪式后分赠信众的宗教信物。

3. 僮子与尪师

宗教的神职系统中，有两类人员在各种宗教形态中普遍存在，一种是将神明的意志传达给民众的人，一种是将民众的祈盼递送给神明的人。基督教把前者称为神甫，把后者称为祭司。苍南闾山教把前者称为僮子，把后者称为尪师。

传达神谕和递送表文在宗教活动中具有同等重要的地位，但由于分工不同，他们的存在价值和地位也就有所差异。僮子是神明选择的，一般在青壮年时期神明才会附身，神明借用了他/她的身体传达谕旨，所以称“僮身”。神明放弃了他/她，就成为普通的人。僮子一般不掌握宗教知识，也难以一生或世代为僮子。尪师一定掌握一整套的宗教知识，可以操持和控制整个仪式，知识可以世代相传，实际上是乡村的文化传承人。

3.1 僮子

在苍南宫庙的调查中，发现有许多僮子庙，僮子跳僮的现象非常活跃。全县僮身约有上千人。一般情况下，一座庙会有 1—3 位僮身，有时也会出现缺档。目前山区和半山区的宫庙都有跳僮现象，而城镇和河乡地区渐见式微。僮身没有世代相传的现象，一般在 20 岁前后自言被神明选中，开始跳僮，60岁前后体力下降，神明就会另择他人。僮身以男性居多，也有女性存在。僮身一般会是神明的信仰者，生性尚素。很多人不愿为僮身，有身不由己的境况。僮身作为神明的替身，是由神明自己选取的代言人，比尪师表现得更有能量。跳僮所传达出来的宫庙神明旨意，成为解释城乡许多生活现象的圭臬，串成前后因果，巨大地影响民众价值观的形成。

苍南跳僮历史的文献记载很少，只有晚清民国以来的一些跳僮故事还在口头流传。镇江全福宫僮身叶梅钦(1887—1952)非常有名，在步程半天的赤溪、南水头、中墩等渔港、集市范围内都知道他的跳僮事迹。他还与镇江赖二妞、安丰许阿坡等僮身拜结为异姓兄弟，活动于宜山镇(江南片中心区)到南港片的广大地区。1930年代，灵溪镇坑源的一位僮身也非常有名，屡试屡灵。雁头太阴宫僮身也有灵迹，至今在村落流传。①

业内根据僮身的资历，划分为青僮、新僮、老僮。青僮是指有僮身的培养素质的对象，他有神明上身的迹象，但往往还跳不起来，需要扶持，属于实验生。新僮是已经有神明附体的僮身，这类僮身在起僮、跳僮、下僮的过程中往往还需要吊灵符、请神咒、下神符，并且需要道士先生管控，以免意外。老僮也叫熟僮，是经验丰富的僮身，往往能够独自自如地上僮、下僮。

跳僮有“僮性”，主要受神明性格和僮身性格的双重影响。一般情况下，土地爷上僮最文静，与平常人一样。牧牛大王上僮喜欢讲笑话，很孩子气。文官神上僮正襟危坐，一板一眼。元帅神上僮天翻地覆，供桌几欲坐塌。外地神上僮不会说本地方言，只要给他喝一碗水，就能转口。有些僮身上僮流口水、吐白沫。有些抖动四肢，一直拿指节敲桌板。有些与平

① 见中篇：《主要宫庙调查报告》。

图 1.3.1　与莒溪刀轿非遗传承人座谈

常人完全一样。有些会拥有平时不具备的能力，如不会讲普通话的讲起了普通话，不会唱歌的唱起了歌，等等。有些女性上僮话多，还要用歌唱的形式叙事、暗示。一般地，平时老实的僮子上僮时话也少些。

跳僮的状况可以分为假僮、半僮、全僮三种现象。假僮是相对真僮而言的，就是神明没有上身，僮身为了完成问神人的请求、收取好处，假装上僮。《小二黑结婚》里三仙姑“米烂了”的笑话就属于这一现象。半僮是指僮身在上僮时自我意识较强，能够知道自己在说什么、做什么。老僮林克富先生介绍，他现在老了，上的基本是半僮。一般年纪较大的僮身都会有这种感觉。全僮是上僮时完全失去自我意识，退僮后对刚才发生的一切一无所知。僮子夏念针先生谈体验，说蝙蝠神、掠剽[1]神上身，会感觉一个很大、全红、很热的东西从头顶盖下来，很快失去知觉。元帅神上僮，手脚乱捶，砰砰作响，也很快失去知觉。有一个假跳僮的故事，发生在民国

① 掠剽即老鹰，温州地区的闽南语叫法。

时期的南港地区。说的是一位妇女被狐狸精迷住了，请陈靖姑僮子来收妖。僮子收妖时没有请到陈靖姑，就跳假僮了。跳到肚子饿了，错把主家板梯下的白灰粉当糯米粉，叫主家煮汤圆吃，被狐狸精识破了，要加害于他。陈靖姑闻讯及时赶到，附体僮身，杀了狐狸精，据说狐狸精被挖出来的肝还是三叶的呢。[①] 1978 年在江南地区也发生过一起假僮事件，为笔者早年听得。一名偷牛惯犯被公安追捕，深夜逃到白鹤仙师庙起僮。僮子说："弟子有难，这个坎过不去。"惯犯听后拿起墙边的门叉就打下来，僮身马上跪地求饶。凌晨惯犯被捕，村民又起僮问神："你当时如果是假僮，为什么说得这么准？如果是真僮，又为什么跪下求饶？"仙师说："僮身是肉体，本来不洁。神明附体，只在他头顶三尺，所谓举头三尺有神明是也。弟子用门叉打，我不能再严惩他，只好离去。神明离体，僮子醒来见状，当然求饶。"两个假僮故事，非常有逻辑地阐释了僮子与神明之间的关系。

僮身根据自身的条件和活动的方式分称文僮和武僮。文僮一般驻庙，只降神问事、看病，有相对固定的神明上僮，不串游；武僮串庙，习惯在巡游时坐刀轿、坐钉轿、打钉锤、站油桌、过火焰山，表演武术和法术。

苍南僮身依然保留的重要习俗是坐刀轿、坐钉轿、打钉锤、站油桌、过火焰山等表演，文化部门以"莒溪刀轿"申请列入了市级非物质文化遗产名录。坐刀轿是在一座木架椅子上，安置十二把刀，僮身穿一条短裤，坐在刀刃上，脚板上两把，臀部三把，背靠三把，手臂四把，手持利剑，抬着巡游。牧牛大王、马仙娘娘、盘古帝君、杨府侯王、齐天大圣、白马明王都喜欢坐刀轿，刀轿是苍南最盛的武僮表演。钉轿由 300 多枚钉子组成，钉尖

---

① 见林道姜口述、林祖爱记录：《白灰粉当糯米粉》。苍南县陈靖姑信俗文化交流协会主编：《陈靖姑信俗文化》第一期。第 46 页。内部会刊。

图 1.3.2　刀轿基地张贴的传承人林克富上刀轿照片

朝外。五显灵官喜欢坐钉轿，坐钉轿也是全身压在钉子上巡游。站油桌是在八仙桌面上涂上油脂，僮身赤脚站在桌面上巡游。陈皇君、李皇君、林皇君、通天大圣都喜欢站油桌。打钉锤是将八斤来重的铁锤甩起来，不断地打在自己的身上，铁锤上的钉子深深地刺入身体。过焰山是赤脚将身子纵入火堆，将其打散，分成东西南北中五垛。它不完全是表演，具有醮仪作用。坐刀轿、坐钉轿、打铁锤一般都是男性神明和男性僮身所为；站油桌一般为女性神明和女性僮身所为。根据僮身经验，站油桌的技巧要比坐刀轿难很多，甩钉锤的技巧要比过火焰山简单一些。

莒溪刀轿 2012 年举办了一次大型表演，会聚了 16 位僮子，具体名单如下：

林克富，男，68 岁，莒溪人，石洞管理人，非遗传承人，活动组织者。

雷大基，男，68 岁，莒溪人，站油桌。

林克长，男，62 岁，下垟村人，中贡宫宫主，陈皇君僮子。

林圣地，男，60 岁，莒溪人，站油桌。

夏念针，男，59 岁，莒溪人，杨府上圣僮子，坐刀轿。

洪永胜，男，60 岁，高山人，坐钉轿。

唐文庆，男，48 岁，桥墩富垟人，坐刀轿。

唐绍足，男，47岁，桥墩富垟人。

雷顺宝，男，40岁，藤垟珠山人。

陈德每，男，35岁，南水头状元内人，坐刀轿、站油桌。

赵圆圆，又名赵春燕，女，33岁，陈德每妻子，站油桌，观音佛僮子。

许则君，男，30岁，观美堂子岭人，坐刀轿。

王秋女，女，25岁，藤垟昆坪人，站油桌。

叶国娘，男，19岁，莒溪绍显人，站油桌。

雷成汉，男，住址不详。

陈某某，男，外地人。

从僮子的活动方式看，有坐宫和游宫两种。坐宫是长期以一座庙为基地，有事上僮，没事务农，过着稳定的生活。游宫是经常到各地游历，相互交流，有机会就上一僮。

夏念针，18岁起僮，业内称僮子王，没有属于自己的宫庙，以游宫为业，经常组织表演活动，并教习青僮和新僮。他是杨府上圣的僮子，坐刀轿时都是杨府上圣上身，平时游宫，会有不同的神明上身。他几乎在南港的每一个宫庙里都跳过僮，结识了许多僮身和户主。他自称眼神好，上僮可以看见一些东西。所谓"眼神好"，犹如《灵经大传》里说陈法清一样，属"铜铃眼"，可以看见一些肉眼看不见的东西。他口述道：

有一次，一对藻溪的夫妇到钱库问神，我没事跟着，主家觉得当地僮子讲不准，出来时看我像是这路人，就带我回家。我到他们家一上僮，居然看见他们26岁的儿子住在上海华山医院的哪个病房、哪个床位、哪个朝向，说清医生诊断的是肿瘤，血不通。家属不相信，叫上海的儿子发回微信，居然证实不误。然后我看到他家老厝窗下有一个瘸腿鬼，穿中山装。便要求主家请神搜检[1]。他们相信了，不久请我去缚扫，不久又请我去开药。后来他儿子的病也就好了。这是唯一一次我居然看得那么清晰。

莒溪坐刀轿，安排我扶牧牛大王，老婆不让跳，我安排了别人代替。临了，在家里就上僮了，赤膊赤脚，雪后天，一点不冷，巡游 2 公里，2 个多小时。

2013 年北港庙过火焰山，请我去，几百人围观，火炭用电风扇吹着，火堆过膝，我看了害怕。杨府爷上僮了，赤脚纵入火堆，打开火堆，来回跳三趟，沸喊盈天。

我上刀轿，脚一搭就知道刀有多快。我总是告诉新僮，心要静，脚搭在刀上要稳，不能移动，这样就不会割进去。

夏念针日前接到电话，要组织僮子队到武汉坐刀轿，这是去的最远的一次。应聘到各地坐刀轿，一天报酬 1000 元。

曾金莲介绍，坐刀轿的基本禁忌，要求僮身在日常生活中多吃素，少吃荤，注意服饰的净洁。坐刀轿前要独宿或庙宿 41 天，最好睡在神座上。要拉散屎[2] 21 天，避免污秽气。素食 5 天，临后 3 天吃饼干。出巡前也要到玉皇上帝御前领取玉旨，才可以上轿。

在刀轿出巡时，巡境猪栏要围起来，女性内衣不能挂在窗口、阳台上。路上不能遇到丧仪，如果遭遇死人，要有炼度回阳之功。闾山教有“宁度畜生不度人”的毒誓，但还是没有见死不救的行为。而僮身不一定能炼度，和如此修为，但可以“睽讳”，即半闭着眼睛，不深看，不远看，不往上

① 搜检，道士通过科仪，请神扫除或捕拿、消灭污秽物的仪式，下文的“缚扫”也是这个意思。这些仪式有时僮子也会做。

② 即不到茅坑或厕所大便，认为这些地方秽气重，污染身体。

看，不往下看，不往边上看，眼不见为净。不禁忌就精气神不足，会戕害自身；辐射力太强，会危及周边，给民众带来麻烦。在坐刀轿时因不自禁而导致割伤的事、或无法上轿的事屡有发生。关注太多，惩戒之举不断。一次杨府爷刀轿出巡，邻村一处路边猪栏不围，结果一百多斤重的猪仔从猪栏里跳了出来，一直乖乖地跟着巡游队伍2个多钟头，跟到庙里。

图 1.3.3　古田临水宫迎圣火现场的武僮

僮身上僮的步骤，分起手、放符官、请神咒、问佛奏事、退僮五个过程。起手就是念《净口咒》《净身咒》《安土地咒》《净天地咒》，做好净身、净环境的准备工作。内容如下：

僮身以讲为主，即为神明代言，他的身份其实是"讲僮"，所以"口业清净"最重要，要先念《净口咒》。《净口咒》为：

丹朱口神　破秽除氛　舌神正论　通命养神　罗千齿神　却邪卫真　喉神虎啧　气神永律　心神丹元　命我通真　思神炼液　道炁长存　急急如律令

净口之后是净身。净身以封眼为主，即把眼、鼻、耳、胸、足、手封存起来，以免人的肉身秽气冲犯神性。封眼的关键是垂下眼帘，以免神的视线直射人身和秽物。《净身咒》为：

太上台星　应变无停　驱邪缚魅　保命护身　智慧明净　心神安宁　三魂永以　魄无衷倾　吾以月洗　身如日炼　七仙童扶起　玉女随行　二十八宿　与吾合行　千邪万秽　逐水而清　仙师帝君　敕道奉行　灵宝天尊　安秽成形　弟子魂魄　五脏安宁　青龙白虎　对仗分玄　朱雀玄武　持卫我轩　凶秽消散　道炁长存　吾奉太上老君急急如律令

《土地咒》为：

此间土地　神祇最灵　升天达地　出幽入冥　为吾关奏　不得流停　开通大路　接引神贤　有功之日　名书上清　吾奉太上老君急急如律令

《净天地咒》为：

天地自然　秽炁分散　洞中玄虚　晃朗太元　八方威神　使我自然　灵宝符命　普告九天　乾罗独挪　洞罡太玄　斩妖缚邪　改秽万千　中山神咒　元始玉门　吾诵一遍　却鬼延年　按行五岳　八海知闻　魔王束手　持卫我轩　凶秽清荡　道炁长存　上清常净大天尊火急如律令

请神咒就是奉请神明附体。放符官请符使出发，送帖给神明。一般念《陈皇君咒》就可以，请不同的神都可以念《陈皇君咒》，念《陈皇君咒》也可以请到不同的神。夏念针先生认为，正身陈皇君一般不会上身。因为她在临水洞困守南蛇精时发誓："你千年不出洞，我万年不收兵。"所以她不能离开。严加猛先生的经验：一般都是李皇君上身，陈皇君很少来，罕见来了，说两句话就走，很忙的样子。而我们在石洞调查时，陈皇君附体欧阳鲲鹏先生近三个小时，做过关仪式。

《陈皇君咒》[①]为：

行罡作法陈夫人，统领军兵百万人。百花桥头度男女，鼓角飞来临水宫。父是陈家陈长者，母是西河葛夫人。甲寅元年正月半，寅时生下妈娘身。地下金盆来储水，香汤沐浴洗娘身。南海观音来助法，老君助法救万民。九洲海口神通显，能助水上作行兵。天上渺渺是娘法，地下茫茫是娘罡。乳名贞姑陈十四，就是观音第二身。年登十三去学法，连学十五返流转。二十四岁随师父，回到南岳五庙门。当初发愿救产难，大德原根救万民。救得朝中三皇后，生下太子甚分明。文武百官都钦仰，皇帝敕封娘谢恩。千处祷祈千处显，万家所请万家灵。州州架造娘宫殿，县县塑出娘金身。弟子焚香跪恳请，皇君娘妈亲降临。扶童速速起，火急如律令。

也可以念请神的《李皇君咒》《林皇君咒》等。

僮子一般都会使用道教的八大神咒，道教八大神咒为《净心神咒》《净口神咒》《净身神咒》《安土地神咒》《金光神咒》《净天地神咒》《祝香咒》《玄蕴咒》，是道士常用的咒语。僮子在上殿、行罡前，都会根据需要使用其中的咒语。

---

① 根据林克滂演唱录音记录。

扶僮上桌，就可以开始问佛奏事，一般要焚香跪拜而问。先通报乡都、名姓，再陈述事由。根据严加猛先生的上僮观察，一般程序是掐指壬算，指点迷津，有时根据需要还会到现场勘察，等待一段时间，最后作出处理意见。

事理处理完毕就退僮，各个僮身的退僮方式不尽相同，有的马上醒，有的要打手诀。有的神明不愿离去，还会唱山歌等娱乐一番。

夏念针先生和曾金莲女士谈了僮子的基本素养，可以总结为：一、做童子就是做佛公。既然佛公取你了，就要做好，为佛公好、为自己好、为儿孙好。有些地方人喜欢请僮子跳六合彩，六合彩是打赌，我们觉得不应该跳。二、学习做佛公的基本知识。1. 佛公都自己选庙址，童子要学堪舆，看风水，看得懂罗庚盘，说得出分金。木工、泥水工都看懂的，僮子不能不懂。桥墩车头宫，僮子牵红线定分金，对面山岗一条红，木工和泥水工都看傻了，这样的僮子能服人。2. 童子要学科仪。起土、打土，念咒、画符，这些都是佛公做的，你做不了，不行。如坐刀轿就是符法好，要一直画符催下去，靠自己画。有一位僮子鹤顶山坐刀轿，自己不会画，没符了，腿就被刀割了。3. 僮子要学仪范。罡步要会踏，剑要会比划，手印要会一些。那么多人看着，不能坐刀轿时挤来挤去，一点威仪也没有；不能拿着剑巡游时挑到人了；不能举止失范。多看京剧，但也不要像宁德一带办培训班一样教。4. 要学医药。要懂得青草药名和基本效能，配出一个方子。三、先学退僮，再学“观僮”。[①] 僮子要先学会保护自己，关键是要免受妖邪的侵袭，如果觉得上身的不对劲，就亮出左掌心写的“玉旨到”，让对方下跪、退却；但你不能让神明下跪，所以右手要写上“诸神免见”的字样，这是很

① 僮子的上僮过程，温州地区闽南语音“观僮”，不知应写成“观僮”或“功僮”或“讲僮”，莫衷一是。

重要的藏身术，称“铁练符”或“捆仙索”。火德星君、蝙蝠神、白鹤仙师，上僮很难退神，掠鄠神上僮退不了，可能会被带着飞走，所以没有调神咒的手底是很危险的。四、养成良好的生活习惯。生活习惯不好，佛公会惩罚。惩罚你，惩罚全家。要早晚上香，要保持居家、庙堂洁净，要谨言慎行，要素食静心。

3.2 尪师

闾山教属于中国东南地区具有巫术传统的道教，也属于正一盟威范畴。《灵经大传》演唱，陈靖姑闾山学法圆满下山，是要经过江西龙虎山向张天师领取度牒的。但是闾山教法坛与正一教道坛还是有所不同。正一教道坛供奉的祖师是张天师，而闾山教的法坛还要供奉陈靖姑。吊九楼时要同时敕建两个法坛。根据苍南县民族宗教局提供的权威资料统计，道士和从业人员有1000多位。其中闾山教法坛有20多座。

图 1.3.4　尪师在祈福法会上行罡舞

3. 僮子与庛师

苍南县闾山教的道学传统原来有两个。一个是陈靖姑传统，一个是黄九法师传统。根据道长张先生[①]的访谈，黄九法师，不知何处人氏，早年上闾山学法，相传是“开天门，过龙井”有缘而去。相传闾山门在水下，几十年或几百年开一次，随缘而开。闾山学法是可遇而不可求，讲究缘分。当时应该是发大水，洪水漩涡中出现空洞，这就是龙井、天门。从漩涡中进去，就是被闾山祖师许九郎招为学徒，进入闾山大法院。黄九法师学法归程，师父问他要骑龙还是骑虎。骑龙的寓意是选择水路，骑虎的寓意是选择山路。黄九选择骑龙。师父告诫骑龙要领：“脚踏青草开觉”。意即双脚踩到陆地上了，才能把眼睛睁开来。但黄九法师错记为：“眼见青草开觉”。途中眼见茫茫波涛以为就是青青草地，开觉而视。龙意识到危险，回头飞去，耽搁了行程。现在苍南县赤溪镇五岱凤村王家山还有黄九法师庙，据说僮子坐僮时表现很武猛。王家山还有一块三角石板，只有三个角垫稳，另一角悬空，是当年黄九法师为他母亲设置的洗衣板。当地还有一个传说，割“六月秋”(早稻)的时候，阳光灼热，黄九法师总是施法，拉一块白云到自己田地的上空遮阳。王家山好像是黄九法师生活的地方，但传说没有明确这一点。可能是因为黄九法师的法术过于刚烈，后学绝迹，现在的苍南已经没有该法脉的传承师公。苍南的闾山教流传下来的全部是陈靖姑体系。

黄氏法师的信仰和师传，闽南地区泉州市的永春、南安一带有，浙南地区的温州市永嘉、乐清一带也有，但是不能确定他们是同一个人物和法脉。

闾山教师公分文科和武科两种。师公在行科、五行、八卦、择日、罗盘分金、唱腔、武术、背科书、做相等方面都有严格的操作规范和知识素养。

① 道长张先生，自谦晚辈，不愿署名。

个人天赋、少年功夫是师公职业的基本要求。“十个尪褫九个痨”，师公易得职业性的哮喘病，一般职业生涯只有20年，从25岁到45岁，许多武科在法坛上，特别是翻九楼时，摔死或致残。

应妙坛，坛主张先生，奏名天柱，现年38岁，苍南县五凤乡新凤村人，现住观美社区鹤腾一街。1994年17岁时师从文教张凤眉先生学徒四年，1998年21岁时请正一派五位高功奏阅，职司中直大夫、监察使，开始职业生涯，并师从岳父王永缪先生边学边做武科六年。擅长缚魅[①]驱邪、祈安保运、过关过运等科仪，认为师公行业素质要求高、收入有限、体能心力消耗大、不能跟上现代生活节奏。未带学徒，也不打算传承给子女。

应化坛，坛主张凤眉，五凤茶场人，文教，师传张先生。

百福坛，坛主王永缪，五凤前垟(前隆)人，武教，师传女婿张先生。

玄机坛，坛主丁崇东，苍南县桥墩镇回民路(后隆村)人，52岁。早年师从分水关关帝庙师公学文、武二科。文科学二年，武科学三年。现关帝庙师父早已仙逝。

苍南县师公著名家传世家有梁、苏二家，其中梁月生为非遗传承人，许多学者已有相关访谈资料和研究成果，此处不多赘述。

以上是笔者调查到的苍南几个闾山教道坛，还有更多的道坛需要深入走访。张先生的业务范围达福鼎、前岐、金乡、龙港、灵溪、温州、石狮、建瓯。主要在观美、桥墩、灵溪为主。

闾山教的一个道场就像一场手术治疗。手术要经历检查诊断、治疗方案、手术和术后几个程序，道场也要经历问卦或跳僮诊断、神灵召请、尪师礼聘、法场科仪、招魂、送耗、安土等几个过程。

问卦或跳僮是咨询事件原由的方式，这一咨询往往给咨询者及其周

---

① 缚魅：用带子缚捆解送的意思。

围人群形成很大的心理、观念和行为影响；在操作层面上，它是一场法事的缘起。调查中我们获得一些卦书，记录了咨询的内容，为了尊重提供方的不刊出原件意愿，转述文本的内容如下：1. 记录上卦的时间和上卦人的住址；2. 详细记录上卦主事人及其至亲的称呼名讳、生辰八字；3. 描述请求事由，一般内容为病情症状描述；4. 神谕记录，是神明的分析性口吻，分析病情原由，一般归结为"阴乱""邪侵""犯冲"，要从《宗谱》《卦书》等内容查阅；5. 神谕处理意见记录，是神明指令性口吻：一般要做醮一天或三天，或立《阴嗣书》理顺阴嗣、或念《救苦经》超度夭亡、或焚《和释书》化解"古愿"、或结草船收扫化送。这些内容里充满净心、向善、睦族、尊祖、诚信、报应等意念，具有舒解、释放心理压力的重要功能。

图 1.3.5　尪师用手在圣火炉取火

这是一次法事的起因、程序和内容，一般由僮子在自己的庙里，聘请尪师为事主举办。完结后请普庵祖师伏土。普庵祖师是闾山教科仪中的重要神明，打土用普庵。根据《封神榜》，姜子牙封纣王的儿子殷郊为土王，并允许他每年有十八天的时间可以游行嬉戏，如 2016 年从阴历六月十七日至七月四日，黄历里称“土王用事”，动土要请普庵祖师安土。平时动土也要请普庵祖师“打平安土醮”。驱邪仪式中，将茅舟送走的神灵也是普庵祖师。产妇坐月子，血水容易渗入泥土，此为“冷土”，更要不得，要请普庵祖师“安土”。在苍南，宫庙塑像供奉普庵祖师很少，但法坛用得很多，所以多为祖师佛或厅头佛。普庵符俗称“青竹符”，与阴阳宅启土的方木符形成区别。青竹符的制作为用三尺三青色水竹筒，打通竹节，封上普庵符，当把收扫后的茅舟草船送到僻静水涯处时，在那里扦上青竹符，以示普庵祖师同意、监察。

明清时期各县有道会司管理道士，各法坛到龙虎山奏名，然后按照境辖范围在区域内承办法事，不得逾越，也没有人进犯抢生意。解放以后，特别是文革期间，法事转向地下，一切简化，许多道士转行。改革开放以后法事复兴，但境域观念淡薄；尤其是城镇化以后，庙境观念打破。道士也多迁居城镇人口集中地区，活动场所集中城镇郊区，道士的业务地理范围不复存在。

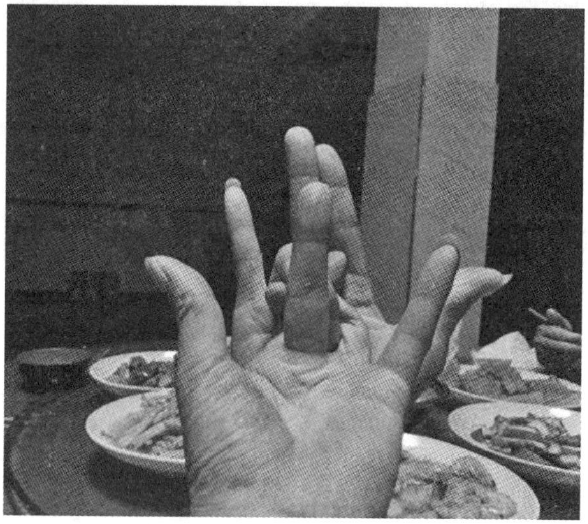

图 1.3.6　尪师召请三皇君手印

3. 僮子与尫师

随着社会的变化，闾山教法坛从家传向师传转移，科仪从师承向创新转移，法术从台上向地上转移，法事从红事向白事转移，法场从民居向宫庙转移，功酬从无偿向有偿转移。闾山法术原先强调的是有效性，现在随着社会的需求，逐渐向表演性发展。即民众越来越多地希望从表演性中获得满足，这就要求师公有所创新。有些表演性师出无门，需要自我摸索。张先生介绍，为了满足现代人的审美追求，自己经常模仿京剧表演，对镜自练，行科自检，提高水平。民间醮事中数量最大、费用最高的往往是白事。闾山教原先是不做白事的，为了生存只好承接白事业务。又由于闾山教科仪相对于正一教和做斋先生以及斋教佛堂的科仪具有更强的参与性和观赏性，往往为丧主所选择。传统的闾山教法场追求现场行法，即请神明在事发地"现场办公"。旱灾田头、虫灾园地、病人居室、丧亡现场就是建坛设醮的场所，尤其以民宅院落、正堂设醮居多，所以闾山教是深入民户的教派，浙南传统民居的三间、五间、七间、九间、十一间半开放式正堂中轴结构，非常适合于开展宗教醮仪和人生礼仪活动。1990 年代以来，人口集中到城镇，传统民居淘汰，转向现代西式套房，形成商品房房市经济。套房不具备筑坛建醮的场地空间，民众更多地把醮事安排到宫庙里举行，从而使现代宫庙在社区中承担了更多的民众传统文化生活活动，使法坛与宫庙的关系日益密切。师公为了能够从宫庙的宫主那里获得法事，并且能够在宫庙设坛，往往更多地求助于宫庙。宫里接事，一般在 7000 至 8000 元之间。师公的收入，每天工资 400 元，每个月可以做 20 天左右，月收入 8000 元。与周边人相比，混日子可以，干大事难。

僮子与尫师的关系是揭示宫庙生态的关键。

在许多法事场合，尫师与僮子必须是合作的，但尫师试佛，试的就是乩僮，所以尫师与僮子存在着一定的矛盾关系。灵溪大观雁头村有一个龙角窟，是陈十四娘娘宫前的水池。清朝中叶陈皇君选新宫，梁氏祖妈认为有碍祖屋风水，等陈皇君分香炉进殿时泼污秽物于水池边，不让陈皇君进殿。事出突然，捧炉首事突然起飞，越过水池进殿，引发惊叹。[①] 民国时期，坑源宫陈皇君僮子出坛到坑口村收蛇精。通过缚魅仪式将蛇精从病女身上收到瓮里之后，要立马送往荒野深埋。助坛村民试佛真假，故意将砻糠铺在河面上，引路香插在柚子皮上拉过河面。僮子抱瓮来到河边，居然从河面飞过。村民惊奇，送僮子一米斗的白银表示悔罪和酬谢。[②]《鸟枪打僮子》是最极端的试佛行为。1940 年代，坑源宫陈皇君僮子严某出坛到观美过港村刘家，救活了刚刚断气的刘奶奶长孙。邻居一个三十多岁的恶少不信，拿起鸟枪打僮子，看他会不会被打死。僮子无损，恶少却倒地身亡。佛公说："这是要命的行为，要用命来抵。"[③]而从另一个角度看，"试佛"的传说故事总是以神明灵验为主题，反而促进了神明信仰。

遇事请尪师还是请僮子，事主的选择影响着二者的生计。而在实际的神媒生态中，僮子建庙，尪师建坛；僮子雇尪师主法，尪师不能真正为神明代言；僮子上僮时可以直接说出神明的指令，尪师死后往往成神，配祀或单独建庙供奉。这些现象综合影响着僮子和尪师的关系。

---

① 口述人：陈庆转，男，51 岁，岩头太阴宫管委会主任。访谈地点：岩头太阴宫。时间：2016 年 8 月 18 日。访谈人：林亦修。

② 口述人：曾金莲，女，苍南县陈靖姑信俗文化交流会常务副会长，58 岁。访谈地点：坑源村山水圣宫。时间：2016 年 8 月 17 日。访谈人：郭重孟。

③ 口述人：曾金莲，女，苍南县陈靖姑信俗文化交流会常务副会长，58 岁。访谈地点：坑源村山水圣宫。时间：2016 年 8 月 17 日。访谈人：郭重孟、林亦修。

4. 闾山法与民众日常生活

闾山大法院不见于明代的《道藏》，但广泛出现于浙江、福建道坛上的榜文中。《道藏》之《道法会元》有上清天枢院、北极驱邪院、玉枢五雷院，还有功德院、九天普度院。显然，闾山大法院是模仿道教上述五院而提出的一个专门研习法术的机构。

闾山法都是闾山大法院教授的、与民众生产生活密切相关的法术。"生活之法"成为教派建设的中心内容，也使闾山教蕴含丰富的民俗色彩。有些超越了自然界的限制，如翻天覆地法、祈雨求晴法、拉云遮荫法，等等，表达了普通人驾驭和控制自然的强烈欲望；有些超越行为能力，如水里进、火里出、竹篮打水，等等，充满人类能力极限的想象；有些在生活环境中实施了心理上和行为上的防范，如缚魅、扫捡、逐疫，等等，构建着一个安全的生活空间；有些在身体上实施保护，如延生、过关、冲煞，等等，提供人生关键期的安全保障；有些在疾病治疗上采取措施，如抢魂、打汤、落霞，等等，在巫医之间采取与心理治疗相关的神秘医术；有些在生活紧急时刻化解难题，如止血符、化梗喉骨刺、咒贼术，等等，在生活的可能与不可能之间出现可能。闾山法主要是个人生活和群体生活中的世界存思、能力想象、防范知识和急救措施，法术里有很多药品，行业中有很多医药知识，是与民众的日常生活紧密相关的。

闾山法的计量单位为“藏”，一套法术为“一藏”，闾山法术很多，分类为“一藏一藏”。

苍南县道坛法事都用五雷令，宫庙男女神明大都为武神。二者之间应该存在必然的联系，是能够揭示问题本质的关键。

日本二阶堂善弘教授梳理了道教雷法的源流，大致是这样的一个过程：雷法是“以雷的力量来作为咒术的源泉”[①]的法术，源于民间的巫者，一直潜行于地下，在唐末五代的民间非常活跃。北宋末期温州道士林灵素创立神霄派，将这些隐蔽性妖术的辅助法提炼为“神霄雷法”，使之一跃而升于地面，脱胎换骨地成为光芒四射的公然正法，推行于全国范围。松本浩一认为：“这些咒术因北宋末期徽宗崇道和林灵素的受宠而登上了历史舞台。”刘枝万认为：“雷法经由林灵素之手整理而成，并迎来了其划时代的发展期。”[②]《道法会元》和《上清灵宝大法》成为宋代集大成者的咒法仪礼书，前者二百六十八卷，后者一百一十卷。在南宋时期，雷法受到了强势的正统派道士金允中们的非难，神霄运动被视为异端。徽宗朝著名的第三十代天师张继先为了对抗神霄的有害模式，利用了对方的武器，创立了“五雷法”，并且认为五雷法源于初代天师张道陵。王文卿和萨守坚对此后的神霄派发展起了重要的作用，《道法会元》卷六十七中所收录的两种“雷说”成为支撑雷法理论的重要文章。著名道士白玉蟾兼修雷法，开启了《玄珠歌注》融合内丹说与雷法的蓝图。元代莫月鼎继续提倡和发展雷法，使雷法完全被看作道教正统派的法术。他们都成为后世雷法的祖师。明代嘉靖皇帝崇道，陶仲文进一步发扬光大雷法。雷法在明代通俗小说中一再被视作“正统法术”。五雷天心正法、北帝派、净明道、三山

---

① [日]松本浩一：《宋代之雷法》。转引自二阶堂善弘《元帅神研究》。刘雄峰译，齐鲁书社2014年版，第82页。

② 刘枝万：《台湾的道教与民间信仰》。风响社1994年版，第68页。

符录道派、东华派等使雷法得以隆盛。清代雷法被关注的程度虽然有所下降，可在正一派的根据地龙虎山、苏州玄妙观等地，雷法继续盛行。

吊九楼是闾山法之一。吊九楼也称翻九楼，一般叠九张桌子。但根据法事内容各有不同。如收魂只要翻三界，抢魂要翻五界，祈雨要翻九界。

图 1.4.1 苍南闾山法中的吊九楼

过火焰山是一种重要的闾山法，一般使用于精神病治疗仪式，尤其是女性花癫治疗仪式。闾山教概括人的一生可能会犯冲一百零八硐的某些硐府。猴精硐是女性可能冲犯的硐府，表现形式就是花癫。猴精一般是指东岳大王、齐天大圣、通天大圣三圣派下还没有修成正果的弟子，有时会逃逸作怪。驱赶它们的方法就是用火烧，使它们燎毛而逃，像孙悟空过火焰山一样。这一救助仪式，也就要求师公能够赤脚踏过火堆。

此外，上刀梯、调天兵、过油锅、下碗篮都是闾山教法术，只是近年来一直没有使用而已。

常用闾山法术有天旱祈雨术、小孩收惊术、花会猜枚术、妇科落霞术、失魂招魂术、祛病拔魅术、伤破止血术、遇窃咒贼术等等，都是老百姓日常生活中遇到的，需要实际解决的、立竿见影的日常生活处理问题。下面重点介绍古今常用的几种法术。

4.1 祈雨术

祈雨是农耕时代经常会遇到的大事。传统农耕靠天吃饭，雨晴不均、泻储不善都会导致旱涝灾害，必须通过师公祈雨、僧人祈雨、官员祈雨等方式解决。师公祈雨而不得，常常发生在九台下点火焚烧的事件。烧九台的习俗起源于商周时期，主要目的是以死相逼，强烈要求神明下雨。

图 1.4.2 尫师法案上用法器摆设的闾山门

苍南有谚语取笑一位绰号“二两仙”的师公求雨不成。歌谣说：“二两仙二两仙，越求越晴天。”“二两”即轻，指师公掌握的法术不精、不全，难以完成祈雨的重大仪式。

民国刘绍宽《书杨理盛尊师碑阴》①记载道士杨理盛金乡狮山求雨灵验之事：

① 刘绍宽：《书杨理盛尊师碑阴》。民国二十七年（1938）刻。碑石质，高 97 厘米、宽 64 厘米、厚 8 厘米，文楷书阴刻 13 行、满行 23 字。现存金乡镇文化站。

民国三年旱，乡人请其求雨，应以往。甫建坛狮山上而微雨至，三日大雨，野田沾足。民欢呼，惊谓神。

官员被定性为“天子门生”，有资格向天祈雨，一般以县、府为单位，在社稷坛举行。僧人有护法法力，可以调动风神雷霆，可以祈雨。师公借助祖师驾驭风伯雨师，往往由乡、村邀请祈雨。

《灵经大传》开始于陈靖姑的父亲陈上元祈雨失败，陈靖姑的生命结束于福州祈雨遇长坑鬼暗算，祈雨是陈靖姑故事的重要情节。整个闾山教的科仪中，祈雨科仪占据重要地位，每坛科仪文本中都有祈雨文本，每位师公都要习得祈雨术。从自然环境看，山区小流域中，地势较高、储水量小的小平谷地域，一方面泄洪快，另一方面又完全依靠自然储水功能，十几天不下雨就造成干旱，导致祈雨在古代农耕生产中频繁举行。

师公祈雨的主要程式为请水、敕坛、竖楼、祈雨。请水要到深山、高山的岩坑、泉眼处请，这些清泉在瘟疫、干旱时期因洁净、不竭而著名，在地方社会里已经赋予过圣灵的含义，而且往往因清泉而建有庙宇。请水仪式中不仅要请到水，还要请到一些青蛙、蚯蚓、四脚蛇等“显圣”物，并用三阴三胜，甚至九阴九胜的高难度卜筊方式，来确定神明的意志。竖楼是在正一盟威的神坛敕建之后，再设一个陈靖姑的祖师坛，在祖师坛前用九张方桌叠竖“九楼”，师公爬上九楼步罡行斗，祈求降雨。

4.2 医疗术

信仰疗法是一直被有识之士诟病的迷信活动，但它流传至今，还没有被科学所完全否定，并且具有一定的市场。“医”的繁体字为“毉”，说明上古时期巫与医是合为一体的，并且是巫觋拥有医药之术。《山海经》记载，十巫上下大荒山采药，掌握百药。“有灵山，巫咸、巫即、巫朌、巫彭、巫姑、巫真、巫礼、巫抵、巫谢、巫罗十巫，从此升降，百药爰在。”[①]巫还从事着起死回生的工作：“开明东有巫彭、巫抵、巫阳、巫履、巫凡、巫相，夹窫窳之尸，皆操不死之药以距之。”[②]这些记载至少说明从上古到两汉《山海经》成书过程的整个时期，巫主导着医。宋代江南文明程度提高，严禁信巫不信医，培养医士，推广医疗，而实质上形成巫觋学医的局面，巫医结合以医的名义出现。明、清、民国时期广大乡村山区依然缺医少药，民间医疗在使用青草药经验的基础上，与信仰疗法结合，对民间疾病，特别是疫病，起着实质性的医疗作用。二十一世纪以来，随着工业污染的凸显和现代心理疾病的突发，绝症和怪病成为尖端医学技术无能为力的难关，民众重新从信仰疗法中寻找心灵慰藉，于是信仰疗法与青草药结合，成为地方民众二十一世纪的慰藉疗法。如此，我们可以将医疗的类型分为西医疗法、中医疗法、青草药疗法、信仰疗法。现代信仰疗法的兴起不是“信巫不信医”的沉渣泛起，而是科学治疗过程中依据民俗习惯而开展的信心树立、心灵慰藉、感情寄托，属于辅助疗法。

医疗术是闾山法的一个重要法术，也是与民众生活关系最紧密的法术。闾山法医疗术是在民间青草药治疗秘方的基础上发展起来的，具有一定的神秘色彩。这一信仰疗法在实际生活中可以分为两个时期，一个是缺医少药时代的重要疗法，二是医疗高度发达时代的辅助疗法。

(1) 缺医少药时代的重要疗法

传统的疾病类型为时令病、内伤杂病、虫兽伤、刀斧伤、关节病、皮肤

① 《山海经·大荒西经》，见郭郛《山海经注证》第 834—835 页，中国社会科学出版社 2004 年版。

② 《山海经·海内经》，见郭郛《山海经注证》第 704 页，中国社会科学出版社 2004 年版。

病、肝肾积水等。民众长期生活和工作在自然环境中，总结了一些巫医结合的治疗方法，有效地抵御了恶劣的自然环境。如涂烟油防止蚂蟥叮咬，喝姜汤防治淋暴雨后感冒，茶饮喝鱼腥草、积雪草、过路蜈蚣煎煮的汤防治夏月中暑，等等，常常是在一定的巫的氛围下实施的青草药治疗。

中毒：一般是内科的食物中毒，严重的话先用土产的海盐、明矾适量，煎沸灌服引吐，用三叶青根头、金竹油、姜制土半夏适量煎服。

中暑：(1)在野外紧急情况下，以鱼腥草、积雪草、过路蜈蚣鲜茎叶各适量，搓细咀嚼吞服；(2)在家里有条件的，以雷打柿、过路蜈蚣、樟籽煎服；(3)以刮痧、拽法治疗，尤以僮身、孕妇主施为佳；(4)绞肠痧用南瓜花蕊适量，研细吞服。

感冒：(1)用小青、老茶婆适量煎服；(2)鼻塞用葱根煎煮粉干食疗。

打摆子(疟疾)：(1)用红番冻煎服；(2)用吐沫树根(土常山)煎服。

水肿病：用地胆草、山猪仔、披地挂(山姜、水沉香)等煎服。

咳嗽：(1)满山白全草煎服；(2)金线吊葫芦(四方草)煎服。

发热不退：土柴胡、粗糠柴、淡竹叶根(陈竹米)、鱼腥草等煎服。

腹痛泻：矮脚丝、凤尾草、白脚狼草煎服。

吐泻症：绿豆、红米生姜粥服食。

胃脘痛：(1)土鸦片温水送服；(2)火药硝温水送服；(3)土瓜根、柚子皮煎服。

关节风湿痛痹：(1)土木香、白老鼠刺、百条根煎服；(2)穿山龙、南风藤、锁风枝、千里桔(金桔根)煎服。

蚂蟥叮咬：用力拍打拍击其体部致其退出皮层落下，用烟油外涂；伤口出血不止用旱烟油压之。

毛虫螫伤：用地苍根、茶子饼煎汤洗。

图 1.4.3　陈靖姑召请的神兵神将。收藏于美国哈佛大学，Meihui Yang 杨美惠教授提供

蜂螯伤：用烟油或盐卤外涂。

长虱子：(1)茶籽饼煎汤洗；(2)酸醋掺沸水洗。

疔疖疮疡：用飞天蜈蚣、野菊花、白犁头草煎服，取渣加雄黄外敷。

痈肿：取茶树蛀虫粉配药治疗。发颐肿痛用黄土捣蛋清，或加水脚针捣外敷。

疥疮：(1)用六厘草、土茯苓煎服；(2)用白毛陈、灯笼草煎服；(3)外用椿叶和茶油涂抹，可加蛋黄油、糠油、少许冰片。

下肢溃烂：用白过路蜈蚣捣桐油外涂。

漆疮发作：用溪虾捣烂外涂。

跌伤出血：(1)杉木碳研末外敷；(2)仙鹤草咬碎外敷；(3)草灰外敷；(3)嫩树叶芯咬碎外敷；(4)芒基草嫩叶咬碎外敷；(5)积雪草捣烂外敷；(6)碱茶树皮粉外敷。

跌扑伤：(1)还魂草、七层塔、乌桕嫩芯、穿山龙、黄栀子煎服；(2)酸浆草捣烂服；(3)松树、枫树二层皮吞服；(4)一粒珠、冷饭团、半炷香捣烂和蛋清外敷；(5)活水拍击伤处至浮肿消散，再用酒曲炖服。

竹尖刺伤化脓：(1)腌鸡油外敷；(2)蓖麻籽捣蛋清外敷。[①]

以上疗法，都是针对民众日常生活中遭遇的实际问题实施的日常疗法，其知识和记述在家庭和社区中由老人、巫者所掌握，并伴随一定的信仰仪式，具有“信不立则药无效”的神秘意念。

中国南方，香港、澳门、台湾、广东、福建、浙江、江苏等地，盛传吕祖、黄大仙、清水祖师、济癫僧、医灵神等治病奇效，往往有药签传世，其信仰疗法称仙方、神方、灵方、乩方。

(2) 医疗高度发达时代的辅助疗法

现代疾病与工业污染有很大的关系，肺癌、肝癌成为城乡人口死亡率最高的绝症，其次是淋巴癌、皮肤癌、乳腺癌、子宫癌、心血管病，等等；同时现代价值观偏歧、人际关系紧张、工作学习压力过大等所造成的心理问题，也成为许多怪病的病源。在科学治疗过程中和检查无解、医疗无望的情况下，人们也选择了信仰疗法。在温州、上海大医院治疗中和回绝后的病患者，往往接受信仰治疗；有些经由信仰治疗急救后被送往大医院。“做做心过”是患者家属对信仰疗法的普遍认识，“看看心过”是医生对绝症病人的常有医疗态度。访谈中一位著名医师说：“名医和名药，有时的最大功效，只是提振患者的信心。”从这个层面看，医学和宗教，有时对病痛者的功能具有相同性。

苍南县的一些宫庙在僮子的主持下开展辅助医疗活动，有的在民众中享有很高声誉。我们在信仰医疗的调查中发现，一般的医疗宫庙有几十种青草药，专门由神明指点为病痛者开方治疗。其形式为“乩赐药方”，可以称为“神方”或“乩方”。

---

① 林上卿、李声国：《在革命战争年代闽浙边游击队防治疾病的调查》。《福鼎文史资料》第3辑，1984年。

根据“乩赐药方”记录人郑乃龙①的访谈，神明“乩赐”青草药70多种，主要分为收毒、解毒、祛气、降压、利水、散风等，如苦槠根、田螺丕草、鸳鸯巢②等为收毒药，主要为肝、肺肿瘤病人开方时使用，旨在“归”，不使病毒扩散。犁头标草、马兰草、罗瓜根、土灯芯、乌芯根、半边兰花、罗汉果等具有清凉解毒、清肺等功效。蛇舌草、四方草、一枝黄花等具有解毒功效，主治肠胃病。蜈蚣草、火灯菇草、车前草、企兰、桔皮、乌樟根具有祛气功效。小青、陈竹米、笔须草、爬籽须等具有利水功效，专治小便。鸡屎藤、金银花藤、血藤、对面坐（白树络）、杜仲、杞子、红枣、鸡骨草具有补肾、补血的功效。鱼腥草、桑树根、桑树皮、百条根具有降血压等功效。浮瓜壳、野山姜、红根子具有散风功效。从以上分类看，信仰疗法的青草药主要用于肝、肺、血等现代绝症，与传统的疔、疥、疖、出血、昆虫叮咬伤、跌打内伤等的治疗有很大的迁移。宫庙依然传承水芹菜、本地景、金钱报、松树叶、溪榉叶、小桉树叶、雷公草、无头藤外敷秘制药8种，但不常用；也有三步擂治疥“单把药”、小桉树叶加明矾或海盐等外洗药，更是无用武之地。

乩方之清凉解毒方一帖为：

蛇舌草5钱　四方草3钱　蜈蚣草5钱　犁头标6钱　企兰4钱
半边兰花5钱　金桔根3钱　山姜2钱　鸡骨草4钱　青乌芯根6钱
土灯芯3钱　罗瓜根6钱　车前草6钱　6帖煎服

乩方之祛气解毒方一帖为：

---

① 郑乃龙，男，65岁，平阳县鳌江镇梅源社区人，曾当兵7年，在宫庙记录乩方已经5年。

② 山中一种类似黄蜂的昆虫所筑的巢。

图 1.4.4　招魂仪式

桑树根 5 钱　蛇舌草 5 钱　四方草 4 钱　金桔根 3 钱　马兰菜 4 钱　千斤皇 5 钱　犁头标 6 钱　罗瓜根 4 钱　黄草根 5 钱　企兰 4 钱　苦槠根 2 钱　半边兰花 3 钱　水沉香 3 钱　10 帖煎服

乩方之散风解毒方一帖为：

马兰菜 5 钱　千斤皇 5 钱　犁头标 4 钱　金桔根 3 钱　山姜 3 钱　百条根 2 钱　蜈蚣草 4 钱　企兰 3 钱　半边兰花 4 钱　桑树根 5 钱　苦槠根 4 钱　12 帖煎服

信仰疗法的青草药配伍问题，一直被中医专家认为“不成伍”，没有科学性。青草药来源和制作也具有简单、方便、廉价、神秘等特点，不为医药家所重视。信仰疗法的长期持续存在，清代徐大椿(1693—1773)《医学源流论·乩方论》解释道：“世有书符请仙而求方者，其所书之方，固有极浅极陋极不典，而不能治病且误人者。亦有极高极古极奇极稳，以之治病而神效者,其仙或托名吕纯阳、或托名张仲景,其方亦宛然吕纯阳、张仲景之遗法。此其事甚奇,然亦有理焉。夫乩者,机也,人心之感召,无所不通。既诚心于求治,则必有能治病之鬼神应之。虽非真纯阳、仲景,必先世之明于医理不遇于时而死者,其精灵一时不散,游行于天地之间,因感而至,以显其能。而其人病适当愈,则获遇之,此亦有其理也。其方未必尽效,然皆必有意义,反不如世之时医用相反之药以害人。"①光绪年间龚葆中在《孚佑帝君药签书后》解释道:"方而曰仙,用药自不拘于成格。不尚乎重剂,不贵乎珍品,不求其多味,降方济世愈人之病者末也,寓劝惩警人心者本也。自世人不察,所以疑信参半,疑者固非,信者也未当也。"②信仰疗法的关键是药引灵符,一定要在药汤里烧化灵符才有效,赋予其神秘性。有些宫庙仅用庙中清泉,以灵符烧引为药,为患者治病。宋哲宗母孟氏误吞银针,御医束手。茅山宗第25代宗师刘混康闻诏进京,用灵符治愈,是一个影响很大的灵符药引故事。而信仰疗法中的青草药方里,也有药引,俗称"药母",无头藤、金桔根、野山姜都是常用的药母。龚葆中从求生境况和愿望出发,进一步解释信仰疗法存在的理由:"困厄则呼天,疾病则呼父母。呼天必疾病,穷困之秋,其力弗克延医,不能购药于时,不求于冥冥,又何求耶?又谁为之拯耶?果有良医,为力足以延之,药赀虽贵,亦有所弗恤,人岂甘心舍昭昭而入冥冥耶?"

4.3 点花会

民间信仰与赌博有很大的关系。每逢庙会神诞,演戏酬神,宫庙就

---

① (清)徐大椿:《医学源流论》卷上。《中国医学大成》第九册。上海科学技术出版社 1990 年版,第 799 页。

② 转引自林国平:《药签与吕祖药签初探》。《道韵·钟吕信仰与文学艺术》第 2 辑,(台北)中华大道文化事业有限公司 1998 年版,第 259 页。

会设庄开赌牌九、麻将、纸牌、象棋等等，无所不有。最大的赌局，还是花会。

苍南宫庙传统庙会期间设花会传闻最多，以莒溪、桥墩为盛，但文字记载不多。永嘉县应界坑村是温州乱弹的传承基地，村口齐天大圣庙的碑文记载："大圣宫，乃齐天大圣之行宫，相传清末民初，鉴川信士梦大圣游张溪南正，遂备斋设案，前往迎领而至。继而大圣亲选正山龙虎穴地为基，且从澄田正点花会陈荣生，获取银元为建殿启动资金，于民国八年先祖麻公庆根等筹款建造四合院大殿。"该碑 2003 年建庙时立嵌于正殿墙体。文中所提澄田为村，在碧莲镇，二里远。相传点花会时，全村带红布袋去装运银元。这一传说类型在苍南多次访谈中听到。

莒溪石洞通天大圣，也是点花会著名的神明。民国初，天井设大花会坛，并敕坛请神将护坛，石洞通天大圣附僮亲临会坛，生生将出筒人不曾做的花名，用手指戳成筹码所押的花名。

齐天大圣、通天大圣、九天玄女、五显大帝、牧牛大王等神明都曾为押花会的信众所供奉。

现在设花会坛的机会越来越少，但六合彩比较流行。一些赌徒和信众依然在暗中祈祷神明，卜筊、问僮玩六合彩。

4.4 祭流霞

流霞也称落霞，意指妇女月经，实指妇女月经带来的妇科疾病以及生育等问题，是陈靖姑信俗中保护妇女的一个重要内容。祭流霞既指女孩的流霞关，也指妇女的流霞运。

根据女孩子的生辰八字，卦师、算命先生可以推算她是否命带流霞，而且可以推算出是正带流霞还是偏带流霞。作为预防性措施，在女孩未满十六岁之前，可以举行过关仪式，集体祭流霞。满过十六岁之后，尤其是生育临产之前，出现问题，祭流霞的仪式便要单独举行。

流霞分火霞、水霞、干霞、翻身霞四种，表现形式不同，严重程度各异。

妇女祭流霞要在怀孕九至十个月时间，临产之前举行。祭流霞要用虾，取“虾”“霞”谐音之意，也取虾的弹逝之势。以前用溪里的小白虾，现在都用小龙虾，要求活的，祭完还要放生水里。

永嘉一位师公将祭流霞用于妇女难产，特别是胎位不正甚至逆向的时候，他可以通过祭流霞使其顺产。

《闽都别记》第六六回至六八回，描述上界兜率山孩溪，“上接天根，下接人间，世人之胎息都由此溪之水所结。形质流至百花桥，分男女出世，自古至今无异。”其实就是暗喻女性的生殖系统和怀孕原理。孩溪有猪姆龙潜伏，“食人胎息，犹将两岸滚崩，水流散野”，指的正是女性易患的妇科病，科仪中隐名为“流霞”；沿溪五嫪、七娼补岸归水，“摄死几万孩童”，也是流霞导致的生育问题。小说用猪姆龙、五嫪、七娼的破坏，指出女性生育系统的脆弱，也说明陈靖姑信俗在保护妇女身心健康方面提出的警示和积累的防治经验，从而使祭流霞成为闾山法中独具特色的法术。

与“流霞”相对，另有一词，叫“碧霞”。中国的女性神，如华北地区的泰山之母，东南地区的陈靖姑等，都有一个“碧霞元君”的称号。看来“碧霞”是指最圣洁的母性身体，有待深入研究。

4.5 收惊术

儿童收惊是陈靖姑护幼保赤功能的重点体现，一般妇女和民众就会念收惊咒，为哭闹儿童收惊。1980 年代以前，民众还习惯将收惊咒用红纸写上，贴在茅坑里，让方便的男女念。

《陈皇君收惊咒》[1]：

天清清，地灵灵，行罡作法陈夫人，部领天兵万万人。百花桥头度男女，鼓角飞来临水宫。父是陈家陈长者，母是下渡葛桂英。甲寅年中正月半，寅时生下娘娘身。奉候金盆来储水，滚汤陪护洗娘身。四海龙王来操水，五龙吐水洗娘身。南海观音助你法，老君传法救万民。此女非是凡间女，乃是观音第二身。厝起福州龙虎殿，临水三村救万民。天上渺渺行娘法，地下茫茫度娘罡。初秋三载娘身上，下秋三载娘带经，秋秋三载学针指，又秋三载学法经。皇君长到十三岁，端午江边看龙船，太极星君云头过，芋莲（一说竹叶）变化白龙船。护送皇君就启档，封起闾山大龙门，年登十三去学法，十五十六返流转。二十四岁随师父，回到南海普陀山。当初发愿救产难，大德原根救万民。救得朝中三皇后，生下太子甚分明。文武百官都钦仰，万岁封伊陈神仙。赐伊封号并宝贝，御赐宝剑斩妖精。陈氏皇君神通显，处处香烟万家传。弟子焚香跪恳请，皇君娘妈亲降临。千处祷祈千处显，万家所请万家灵。敬请敬到，万请万灵。

《李皇君收惊咒》[2]：

天皇皇，地皇皇，李三皇君起行罡，天门行罡透地户，地户行罡通人门，人门行罡塞鬼路，鬼路行罡收三魂，三魂收来三路转，七魄收来七路回。收回小儿的魂魄，不招死鬼别人魂。若有江湖连海口，便有海口李三

① 《陈皇君收惊咒》根据丁振祝先生口述录音整理，经曾云贤先生口述补充四句。丁振祝，75岁，住苍南县桥墩镇回民路。访谈时间 2016 年 7 月 19 日。

② 《李皇君收惊咒》根据丁振祝先生口述录音整理，经曾云贤口述补充四句。丁振祝，75 岁，住苍南县桥墩镇回民路。访谈时间 2016 年 7 月 19 日。曾云贤，57 岁，礼生，住苍南县灵溪镇。访谈时间 2016 年 7 月 21 日。

娘。李三皇君神通显，万家所请万家传。今日所请皇君咒，皇君夫人请降临。安魂立魄。天皇皇，地皇皇，我家有个小儿郎，天惊收灵角，地惊收鬼丁，人惊三魂魄，三魂七魄守本身，三魂归身神康健，七魄护体体健康，魂归本身似猛虎，魄归本身似黄龙。法师面前助你胆，夜夜好睏大天光。

《林皇君收惊咒》[①]：

天灵灵，地灵灵，敬请福州古田县，林氏皇君显金身。吾是九天天宫女，亲身正身林夫人。上有天兵将，下有地下兵。天兵随我招，地兵随我行。天兵调来收活鬼，地兵调来收凶神，心念金木水火土，腾云驾雾到来临。临水祖殿宫宫出，夫人县县添金身。吾是福州古田县，号名叫做林夫人。弟子焚香双拜请，林氏皇君请降临。

在经常见到的路头、茅房，用红纸头写的《收惊咒》要简单一些，一般为：

天皇皇，地皇皇，我家有个夜哭郎，过往郎君念一遍，一觉睡到大天光。

收惊术是婴儿保护的重要传统手法，很多时候可以在没有神媒人员的主持下，由有经验的长辈举行，成为传统社会里家庭生活的常识。

① 《林皇君收惊咒》根据丁振祝先生口述录音整理，经曾云贤口述补充四句。丁振祝，75 岁，住苍南县桥墩镇回民路。访谈时间 2016 年 7 月 19 日。

4.6 过关术

过关是陈靖姑信俗中最重要的护幼保赤措施。民间认为，人的一生十六岁以前归皇君娘娘管，十六岁以后归天府管。各地的元辰殿都塑有南斗星君和北斗星君。南斗注生，北斗注死。联曰："南斗注长生之字，北斗书不老之年。"一个人出生之后，被认为在十六岁成年。成年之前根据儿童和青少年的生理特征和生活环境，可以总结为可能遭遇的三十六种危害或灾难，要依靠皇君娘娘保佑，仪式的方式就是过关。十六岁以后犯了这些危害或灾难，需要举行的仪式，不再是"过关"，而是"过运"，由天府，即北斗星君主管。

信俗中总结的三十六种危险或灾害，称三十六关，分别为：天罗关、地网关、埋儿关、无情关、夜啼关、深水关、雷公关、打脑关、金锁关、铁蛇关、四柱关、四季关、流霞关、捧命关、天狗关、短命关、弓箭关、天吊关、浴

图 1.4.5　尪师缚魅醮仪

盆关、汤火关、急脚关、断桥关、千日关、百日关、直难关、开锁关、鬼门关、水火关、五鬼关、白虎关、休庵关、和尚关、鸡飞关、落井关、阎王关、取命关。这些关根据每个人的生辰八字推算是否犯冲,然后采用预防性或现场抢救性的医疗仪式。

比如犯天吊关,它的病症表现是瞪白眼、咬牙关、吐白沫、握双拳、痉挛腿,原因为犯冲天吊神。救助仪式为通过醮仪,拜天吊神为契子,在住宅大厅左上方的第三根柱子弯拗处的支缝里吊一个香炉,供奉天吊神,直至生命结束。传说天吊神与某仙斗法失败,躲到这里,被两个戏耍的儿童识破并指认,从而有了天吊关。苍南将儿童不循规蹈矩的行为称为“天吊”“乞世”,所以“天吊关”提醒的可能是儿童的行为规范与生命安全的关系。

根据学者的估计,在中国传统社会,一个母亲一生的平均生育量在十二三个孩子,而平均成活率在五个左右。除溺婴外,儿童期各种非正常死亡的现象频发。

苍南地处浙闽交界的亚热带边缘,地气温热,常年无霜雪或少霜雪,

图 1.4.6　田野中的郭重孟

传统社区昆虫孳生，疫病长期潜伏，辗转传播。疫病主要有急性传染病和季节性传染病。鼠疫、霍乱、天花属急性传染病；脑脊髓膜炎、乙型脑炎、伤寒、痢疾、麻疹、疟疾属季节性传染病。疫病的流行时间，一般是正月二月，天花麻疹；三月四月，鼠疫蛮横；五月六月，霍乱来临；七八月有伤寒、乙型脑炎病；九十月疟疾病，十一二月，脑炎白喉症。病疫的季节性侵袭，需要民众形成一整套的应对措施。

闾山法术是从东南地区民众日常生活中提炼出来，进行系统化的仪式操作，并运用于民众日常生活和非常生活的人类智慧和经验结晶。正如李亦园所说的："所谓普化宗教又称为扩散的宗教，亦即其信仰、仪式及宗教活动都与日常生活密切混合，而扩散为日常生活的一部分，所以其教义也常与日常生活相结合，也就缺少有系统化的经典，更没有具体组织的教会系统。"①

---

① 李亦园：《文化的图像》下卷。台北允晨文化实业股份有限公司 1992 年版，第 180 页。

5. 女神陈靖姑颂唱

对神明的赞颂，是任何宗教生活的重要内容。赞颂神明既突出神明的榜样作用，又祈盼神明的保佑力量。正如王潞伟所认为的：通俗地讲，一些神庙在祭祀过程中往往将戏曲演出作为礼仪程序中重要的“祭品”，敬献神明，故多数庙宇都配制了固定的演出场所，成为神庙格局的一种礼制形态表现，并得以广泛推广。①

陈靖姑信俗与其他神明相比有一个很大的优势，就是有她生前和显灵事迹的故事演唱。这种演唱方式有陈靖姑道坛经仪《夫人经》《夫人醮》《夫人灯》《夫人咒》的演唱，有木偶戏《临水平妖传》闽南方言的演唱，有龙船儿《夫人传》的瓯语演唱，有温州鼓词《灵经大传》瓯语的演唱，有温州乱弹《南游》的舞台演出。在这些表演中，道坛经仪是基础，其他形式都是从经仪演化出来的。

作为道坛经仪的《陈皇君宝诰》，出自古田临水宫，是比较标准的经仪：

南海化身，古田降世。驱邪缚魅，传妙法于闾山。护国卫房，显灵踪于左海。龙潭角浮鸭姆，四野咸苏。七寸井镇蛇妖，万民称庆。凤旗招

① 王潞伟：《上党神庙剧场研究》。中国戏剧出版社 2016 年版。

展，五营兵马奋神威，龙角长鸣，二将雷霆施号令。垂髫世子，行仁尘海共扶童。高髻夫人，立愿房帏同保赤。銮封荣诰，红墙遗迹已千秋。玉貌庄严，碧洞肉身长不朽。大慈大愿，大孝大仁。临水三奶陈太后，惠忱慈量大天尊。

《陈皇君咒》《李皇君咒》《林皇君咒》都是颂唱三位女神故事的韵文，在日常的生活中可以像民歌一样吟唱，在生活事件处理中又作为咒语施法。我们比较上文的《收惊咒》，发现它们只有些微的变化。

《陈皇君咒》：

行罡作法陈夫人，部领天兵百万人。百花桥头度男女，鼓角飞来临水宫。父是陈家陈长者，母是西方葛夫人。甲寅年中正月半，寅时生下妈娘身。地下金盆来储水，五龙吐水洗娘身。南海观音来助法，老君助法救万民。九洲海口神通显，能助水上作行兵。天上渺渺是娘法，地下茫茫是娘罡。乳名贞姑陈十四，就是观音第二身。年登十三去学法，连学十五返流转。二十四岁随师父，回到南岳五庙门。当初发愿救产难，大德原根救万民。救得朝中三皇后，生下太子甚分明。文武百官都钦仰，皇帝敕封娘谢恩。千处祷祈千处显，万家所请万家灵。州州架造娘宫殿，县县塑出娘金身。弟子焚香跪恳请，皇君娘妈亲降临。

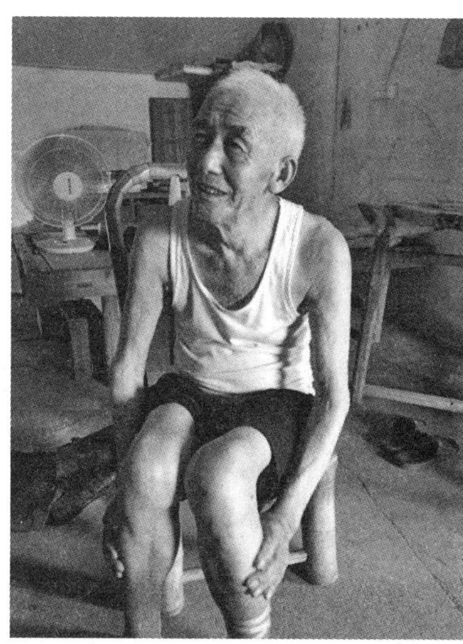

图 1.5.1　丁振祝先生在访谈中吟唱各种咒语

奶娘出世真康泰，除妖灭鬼救万民。一岁二岁娘伶俐，三岁四岁娘聪明。五岁六岁娘食素，七岁八岁娘看经。九岁十岁娘娘奉祀观音佛，十一十二看经文，娘娘这年十三岁，也去江边看龙船。观音菩萨来作法，蝴蝶化作白龙船。奶娘坐到龙船内，顺风顺水到闾山。闾山法主度我到殿上，问我何州哪方人？奶娘跪下亲口禀，法主在上听言因。家住福建古田县，临水三村陈夫人。

《李皇君咒》①：

天渺渺，地茫茫，李三皇君起行罡，天门行罡透地户，地户行罡通人门，人门行罡塞鬼路，鬼路行罡收三魂，三魂收来三路转，七魄收来七路回。若有江湖连海口，便有海口李三娘。李三皇君神通显，随时奉请保平安。若是产难宣娘咒，邪魔鬼怪化微尘。儿童关煞宣娘咒，破煞通关保太平。

《林皇君咒》②：

林夫人，林夫人，福州化身。吾乃上界天宫女，亲身正身林夫人。我有天兵百万将，随时提招随时临。吾有六丁六甲将，王杨护法随身行。赐骑宝马游天下，赐我宝剑斩妖精。林九皇君助弟子，能治厄难保太平。

---

① 《李皇君咒》根据曾云贤先生口述录音整理。曾云贤，57岁，礼生，住苍南县灵溪镇。访谈时间2016年7月21日。

② 《林皇君咒》根据曾云贤先生口述录音整理。曾云贤，57岁，礼生，住苍南县灵溪镇。访谈时间2016年7月21日。

龙船儿是温州颂唱陈靖姑故事的重要形式，现在已经很难见到。2009年在永嘉县上塘镇的一座师公庙里发现一副龙船担，显然是被闲置不用了的。2012年在瑞安圣井山许府真君庙的朝山步道凉亭里见过龙船儿，是一艘木制船型的基座，安置在方凳上。船型上有神龛，供奉陈靖姑造像，神龛前香炉供烧香。龙船儿的主人是一位民间说唱艺人，只打八仙，不唱陈靖姑故事。2015年前后在整条朝山路上出现了十几处龙船儿，供朝山香客烧香敬拜，不演唱，不久被清理整顿。2017年发现永嘉县卢时田先生挑着龙船担入户演唱，这是十几年来唯一一次看到的原生态龙船儿演唱。卢先生是一位宫主，也是一位乩僮，看来演唱龙船儿的人可以多种多样，乩僮、宫主、师公、曲艺表演者都可以。龙船担要挑在左肩上，不能转肩，神龛一直要在前头，而且神明塑像的面部朝前，神龛上香、烛要一直燃着。神龛边上有龙角、锣、鼓、铃刀、神符、照妖镜等法器。后担为香、纸、锦旗、日用品等。龙船儿入户，敲起锣鼓，开始《唱太平》，主妇出来烧香，神龛与房子朝向相同停放安位。卢先生唱陈靖姑故事，户主捐

图 1.5.2　十几年来田野调查中，唯一一次见到的入户龙船儿演唱

三元香火钱。卢先生唱完一个段落，起担移向另一户。

温州鼓词《灵经大传》是带有祭祀过程的颂唱活动，影响力最大，使温州鼓词成为全国少有的盈利曲艺之一，列入国家级非物质文化遗产名录。下面我们重点介绍温州鼓词《灵经大传》的演唱仪式。

一般的观点认为，温州鼓词演唱源于唐代的变文"俗讲"，形成于宋代，发展于明清。关于温州鼓词的文字记载从十九世纪初开始。1806年，瑞安士绅赵钧在《过来语》中写道："嘉庆、道光，有白门松最善唱词，到处皆悬灯结彩，倾动一时。"[①]白门松的脱颖而出，标志着鼓词代表人物的出现，标志着鼓词鼎盛时期的到来。光绪年间，温州鼓词出现文人词本，并出现伴奏乐器牛筋琴。首先是何银熙、袁庆全创作长篇鼓词《七虎图》（又名《七香缘》），其次是任职苏州学政的瑞安士绅黄体芳等人携带苏州评弹词本被移植为温州鼓词词本。[②] 在文人参与词场活动的同时，平阳鳌江镇词人郑昌牌创造了牛筋琴。文人的参与和乐器的改进，使鼓词在曲艺的商业化和审美化上迈出重要的步伐。当然，在文人词本出现以前，温州鼓词一直保留着口头传统；文人词本出现之后，温州鼓词仍然存在口头传统；现在词人在演唱时仍然延续即兴的口头创作表演传统。

二十世纪三四十年代，鼓词在坚持传统和改革创新中形成"南板"和"北板"之争，以1941年瞽目词人与明目词人对簿公堂为界线，标志着鼓词演唱者、演唱曲目、演唱音乐、演唱场所的重大改革。这些改革，形成了自成风格的众多名家。三十年代，词坛出现了名家"《西游》珍，《南游》坤"。陈月波，传称"白象珍"，以唱《西游》著名；王阿坤，以唱《南游》出色。

---

① （清）赵钧：《过来语》。温州图书馆古籍部手稿珍藏。
② 瑞安市文化局编：《瑞安鼓词史资料》12卷本，内部印刷。

四十年代，民间流传“林朝藩的劲，叶岳生的文，管华山的神，郑声淦的琴，阮世池的音”顺口溜，指出蜚声词坛艺人的杀手锏。解放以后，管华山、阮世池、丁凌生、陈志雄、方克多、郑声淦、郑明钦、项宗光 8 位词师更成为代表人物。据不完全统计，温州鼓词有 400 多部，鼓词艺人有 455 人，其中瑞安市 197 人、平阳县 39 人、苍南县 48 人。① 根据青田鼓词艺人万里云的估算，该县鼓词艺人当在 300 人左右。《灵经大传》是青词中的代表作，被演唱频率最高。

《灵经大传》也称《南游》《夫人词》《娘娘词》。完整的《灵经大传》演唱，一般由启篇、正篇、后篇三部分组成，演唱七天七夜，分下午和晚上共十四场。启篇为《香山传》，即妙善的传说，唱述妙善七世轮回，到兴林国投胎为第三公主，一心出世修行，来到白雀寺，冲破重重阻挠，最终被父亲妙庄王绞死，得道香山，称观世音菩萨。《香山传》与国内流行的《妙善传说》故事情节基本相同，在祭坛上唱一昼夜。正篇为《灵经》，唱述陈十四本生故事，情节大概为：1. 蔡襄三次造洛阳桥无功，观世音化美女江上招亲募银，被吕洞宾识破戏耍，白发化蛇到人间，卖菜小厮成婚愿。温州三人一目仙和众神人共造洛阳桥，蟠桃会上观世音指血投胎古田茅山教世家，诞生陈十四，旨在了却收白蛇妖和嫁卖菜小厮二项愿债。此为交代故事起源，唱一昼夜。2. 白蛇妖落脚温州大罗山，诱食卖绡客吴德。陈十四哥哥江南庙收白蛇妖，反被白蛇所食。此为故事引子，展现了温州农村生活情景和道士收妖仪式程序，唱一昼夜。3. 陈十四为救兄报仇上闾山学法，白蛇妖假扮陈十四先入师门。从此故事主角出场，展开正面较量，陈十四性格逐步得到塑造。唱一昼夜。4. 陈十四学成归来，从闾山到洪州、龙虎山、邓州、杭州、兰溪、金华、义乌、永康、丽水、青田、温州、白象、瑞安、

① 陈小萍编著：《温州鼓词》。浙江摄影出版社 2008 年版，第 69 页。

飞云、平阳、桐山，一路祈雨、收妖、治病、救死、惩恶、斗强、行孝、宣教、结盟、号宫基、巡境，直至回家。丽水鼓词添加丽水十县的许多故事，温州鼓词添加温州沿线的许多故事。这些故事展现地方社会的处世原则和生存智慧，唱一昼夜。5.陈十四与黄钦结婚，完成观世音洛阳江化银婚愿；陈十四江南庙斩蛇救兄，完成投胎灭妖和学法复仇誓愿。此为全曲高潮，体现善恶有报、言行有信、血亲有靠的主题，唱一昼夜。6.陈十四生子灵通，化子感应，暗示神娘的求嗣保赤护幼功能；陈十四法术平海寇有功，被诏进宫，一路下地狱救人、相府治病、皇宫灭蛇头救皇后，接受皇封，彰显神灵的正统合法地位。唱一昼夜。后篇为《陈十五接教收妖》，唱陈十四同姓义妹陈十五继承闾山教法，继续到山东收妖。后篇的演唱时间为一昼夜，在现在的祭坛颂唱中一般被省略了，民国时期的“北板”保留了这段唱本。

图 1.5.3　苍南籍词师缪秀霞在演唱《灵经大传》

《灵经大传》的词本大约出现于民国时期，这时《香山传》部分出现手抄本。《灵经大传》作为鼓词唱本被记录下来的，最早为金崇柳根据北板第五代词师赵连钦口述整理的《南游》，收入《永嘉曲艺志》，1993 年形成打字稿。[①] 该词本最能反映清代以来的传统唱法，体式完整、极具口头史诗程式。现代流行的《灵经大传》版本是在"南板"的基础上受小说、戏剧、电影影响发展而来的。"南板"是由鼓词艺人陈月波(1898—约 1993)在二十世纪三十年代根据"北板"大量增删的。从泰顺县的傀儡戏《临水平妖传》和遂昌的《夫人戏》[②]看，两个作品的人物设计和故事结构都与《灵经大传》相近，区别于闽东、闽北的《临水平妖传》和《奶娘传》，说明瓯江流域的陈十四本生故事有自己的传播系统和价值认知，即使不是采用鼓词形式，仍然维持浙江传统。

《灵经大传》是一种祭坛颂歌，必然涉及到祭祀仪轨。由于《灵经大传》的神圣性，村落集体或个人要组织祭祀演唱，一般会有一定的理由。比如新庙落成，可以连续唱三年；虫灾、非典、禽流感等流疫出现，可以演唱灵经；村民普遍觉得今年经营比别村顺利或不顺，可以演唱灵经；老人六十岁或八十岁寿诞，可以演唱灵经；年初曾在神前许愿，年尾还愿，可以唱灵经。在祭祀仪轨上正一派道士唱主角，择日选时、请神出位、明确忌讳、摆设香案、敕坛净坛、进表请神、迎神巡境、到坛设祭、斩蛇送耗、送纸船等都是道士的工作。经坛布置"庐山景"，全景分为海界、陆界、寺庙界、洞府界、天廷界等五境界，置精、妖、民、官、道、僧、仙、佛等各色人物 60 多人，用布景展示夫人故事，是布景师的工作。

词师早期为瞽目词人，后来多明目词人，现在多女性词人。除了正文演唱之外，他们词师在经坛还要完成两项常规性工作：一是通情旨，二是烧纸。通情旨就是将唱经缘由、首事年庚、捐资者名单、许愿者名单通报

---

① 金崇柳：《〈南游〉梗概和演唱仪式》。《浙江曲艺集成永嘉〈曲艺志〉之〈南游〉》，1993 年打印稿，第 1 页。

② 吴真：《大山里的风景线》，国际黄炎文化出版社 2006 年版。

给神明。这一工作要在每场鼓词开唱前进行，时间大约要半小时。词师在通情旨时总是换上长衫，立姿颂唱。在经坛的一侧，往往设有两个烧化炉，称内坛和外坛，专门给词文中来来往往的神佛、精怪、人物、鬼魂烧纸化钱、赠马捐衣。词师在经坛上要做师公所做的两种标志性动作，一是在收妖、祈雨时要进三步、退三步，左手指天、右手指地，作步罡踏斗舞；二是要吹龙角。步罡、吹号在唱经中可以理解为艺人的模仿表演。《灵经大传》的曲调有它的独特性，被称为大调，亦称“灵经大调”或“娘娘词窠”。大调就是充分利用鼓和锣，不断打击出雄壮、威严的乐声。《灵经大传》的演唱音乐是源于口头史诗，以“鼓”为核心乐器的音乐，它的所有发展都是对“鼓”这一乐器的分工处理和丰富提高。温州祭坛参龙音乐是保持鼓词音乐原始性的“遗留物”。

鼓词只是《灵经大传》选择的一种表现形式，唱龙船儿、唱山歌、演傀儡戏、演人班戏，都可以演述《灵经大传》，到现在已经创建的演述形式达十多种。温州保留至今的祭坛参龙，是一种极其简单的即兴击鼓演

图 1.5.4　唱《灵经大传》过程中根据情节演示的斩蛇仪式

唱，可能就是《灵经大传》的演唱原型。鼓的使用，使灵经与鼓词慢慢走到一起。语言选择、音乐设计、祭祀仪轨，使鼓词成为《灵经大传》的完美包装。

《灵经大传》在内容上以陈靖姑故事为主线，以劝善为主题，不断融入温州地区新的生活现象，成为“生长的故事”，观照着温州人的生活，可以说是“温州人的圣经”。

6. 古代地方官的民间信仰管理

温州自古崇尚神鬼信仰，至今依然是全国民间信仰非常发达的地区。2013年经国家宗教局审批，成为中国民间信仰事务管理实验区，为全国继福建省、湖南省之后，唯一以地市级单位立项的地区。

早在西汉时期，温州所在的东瓯国国君就以信奉鬼神，被记载于史册。《史记·孝武本纪》《史记·封禅书》《汉书》卷二十五下《郊祀志》都记载："昔东瓯王敬鬼，寿百六十岁。后世怠慢，故衰耗。"似乎敬鬼会长寿，需要提倡。而明清以来，对东瓯王敬鬼的态度就没有《史记》《汉书》的赞叹了。《弘治温州府志》曰："汉东瓯王敬鬼，而瓯俗多信鬼，乐巫祠，是其为俗尚未变也。"《永嘉县志》卷六《风土志》曰："始东瓯王信鬼，故瓯俗多敬鬼乐祠。"态度明显中立。其实从唐陆龟蒙开始，"淫祠"这个属于迷信的词已经扣在温州的头上，朱元璋为了温州祠庙神画的非正统性，抓画师流放北方。温州知府文林、何文渊更是拆祠毁像，用士子崇信儒教内容来改变民间信仰的性质。在苍南，即原来的平阳县，明代及其以前的民间信仰管理，文献少见，无以窥豹。清代平阳县县令何子祥和汤肇熙，都曾严厉打击民间信仰，移风易俗。

何子祥（1707—1771），字象宣，号蓉林，平和（今福建云霄县）人。清乾隆十六年（1751）进士，三十年由浦江知县调任平阳知县。他在任职期间修建书院，崇奉魁星、文昌信仰；亲自主持城隍庙祈雨活动，不提倡城关和金乡卫的城隍庙会活动；抵制陈府爷等民间宫庙的建造和焚香聚会；反对划龙舟；践行移风易俗。事见其著作《蓉林笔钞》。

汤肇熙(1830—1910)，江西万载人，道光二十六年中举人，同治二年中进士，同治十二年选任开化知县，光绪七年调任平阳知县，在平阳任职六年。他考察平阳民间信仰陋习如下：

一曰龙舟。忠臣孝女，吊古之意，戏犹近礼，今则实为乱阶。无赖辈于四月朔日击庙鼓，名曰“开殿门”，藉以纠人钱米，不与则移庙中香火于其家。及端午聚舟数十，名曰“斗龙舟”，又曰“赏花红”。实则两边护船，均储军器，平日积有睚眦，藉图泄忿。始则争先，继则口角，终则斗狠，刀伤棍击，落水纷纷。如江南乡之舥艚河、钱库河、仪山河、马鞭山河、小南乡之鹳巢河、万全乡之东门河、钧连桥河，恶俗皆所有焉。

一曰棍徒聚党。江南、南港、北港各村镇，往往结党数十人，集神庙，饮香灰酒，遇事，有一人摧势，馀党齐来帮助。宜晓以律例，俾知有治罪明文。

一曰传染邪教。愚民惑于茹素拜斋，而狡猾僧尼从中渔利，即造香头之名，雇船，自作船主，率众男女航海进香。又有名为经会，或逢三而拜《血盘经》，或逢六而拜《大乘经》，或逢甲子而拜“甲子会”。尤奇者，邀集四十八人，经行四十八寺，谓之“四十八愿”，为来生广结因缘。甚而流入二祖、三祖邪教，男女老幼同居一室，相与捉阴魂、摸因缘或为开道，丑不可言。

一曰假托鬼神。瓯越好事鬼，陆鲁望曾已言之。愚民以为操祸福之权者，无过于此。因而弋利之徒，男有卦坛之设，谬称断自神明；女有灵姑之名，诳言由于鬼祟，有疾者问之，不事医方，则致误生死；失物者卜之，故为隐语，则惹生是非。至于改阴宅，易阳基，种种妄言，皆属害人不浅，宜同左道之诛。

一曰花会。赌有骨牌、棋牌、纸牌、三灵、活宝诸名，其流毒久矣。近更有设太平、银玉等三十四名，为三十四签，总名花会。其为首者，名花会司，于地保，公差皆有费用。其例：立一花会神，花会司日出一签，藏之筒中，悬之高处，或于市会所，名曰花会坛。其有名走班者，至人家，令大小男妇出钱点单。盖各手持一单，开就三十四名，某名下注钱若干文，所谓"捺花会"也。其又有名收花会引者，人家不遑自送至坛，遂捺于花会引处，听花会引信息，以知输赢。赢者，每钱偿三十二文。输者，男女夜赴社庙，呼号妖鬼灵神求胜。再赌，不应则肆行诋毁。甚有开棺取死人头骨，用火炙之，藏于身以求胜者。忍心至此，尤为罪不容诛。

此外如古鳌头之龙灯，金舟乡之抬阁，均宜禁戒华靡，使知物力艰难，毋庸作无益而害有益。

就江南一乡而论，闻戏台不下八百之多。以一戏台演戏，需费十千计之，合一乡每年费八千缗。此八千缗，试想正用耶？抑妄用耶？况夫有戏场，必有赌场。有聚赌，必有聚贼。本县每讯窃贼，多供称趁演戏赛会，足为证明。①

他任职期间，禁添造神庙，毁灭齐天大圣像，禁划龙舟，禁拜经，禁结党饮香灰酒，禁古鳌头龙灯，禁金舟乡抬阁，在他的《出山草谱》里保留了这些禁令告示。

谕禁添造神庙示

为出示晓谕，以醒乡愚，以弭讼衅事：前据四十七都民人温和兴等控

---

① (清)汤肇熙：《出山草谱》。陈仲光、周干点校。中州古籍出版社 2013 年版。第 88—103 页，根据《计严禁共二十款》和《到任后禀地方情形》摘选。

称,该地向有二神庙,突出地师胡诸皆与胡诸沙、郑怀鹏等谋新创杨府庙,有碍族居风水,恳请禁止等情,除业经谕保查禁外,合再明白开导,尔乡民其咸听之。

古圣人以神道设教,列在祀典者,皆聪明正直之神,其人或为忠孝节义,或有功德在民,后世立庙奉祀,以示尊崇而伸报答之诚。凡不在祀典者,概谓之淫祀。《传》曰:"淫祀无福。"乃今人求福者,不论所祀何神,亦不知其神为淫祀,愚夫愚妇相率日拜跪于土木偶之前,谓可托神灵庇佑。此等风气,所在有之,然要未有如平人之怪诞不经也。他处淫祀之神,大都出于演义小说,而平人之神,则其名更闻所未闻。他处淫祀之神,大、小犹是庙宇,而平人之神,则树悬一龛,墙穴一像,不必其皆庙宇。他处淫祀之神,不过岁时赛会、演戏、张灯以为神欢、人乐,而平人之神,则无赖藉此勒诈钱米,捧炉而至,则家听其罚;拈灰而饮,则党助其强,故地方多一庙,即地方多一患。尤奇者,本不正之神,又必行以不正之事,造作邪说,谓神由窃得者方灵,是以神为窃赃,甚属可笑。此皆由乡曲少明理之人,故多妄为之举,相沿日久,初不自知其非也。即如今年,本县因禁龙舟,毁齐天大圣像一事,在知者以为正道,不知者且骇异以为慢神。本县读书为官,岂肯以慢神而得罪于神?神果能福民,本县岂不愿民之邀福于神?本县看得明理,知此并非是神,不能为人祸福,愚民于理不明,奉以为神,则但见有祸而无福。今即已验之,故为尔等明告,便可悟矣。

本县署钱塘时,有瓶窑一案,其案即尔平阳人,其神即所谓杨府也。平阳客民因行路碰争,被河南客民殴死,此不过寻常命案,听官办理而已,乃不即报验,各聚其众,平民首祸者卜吉于杨府神,哄然而斗,致伤毙不可数计。焚掠无所不至,酿成巨狱,遍地株连,而首祸者供出情由,亦自悔恨。向使无此神,无此卜,则亦必无此斗,无此祸。总因愚民无知,以神为可恃,而不料转为神所祸,实亦非神之祸人,特自祸耳。平人最敬祀杨府神，岂真有事神哉？假使有神，神岂有不予人福，而予人祸者哉？

然自本县言之，尔等终未必信之，请又以平邑旧事而论。前明知县王公约者，平之好官也，毁寺庙三十六处，悉改为社学，当时弦诵盈野，称极盛事。乾隆间知县何公子祥，尤平之好官也，乡人因庙事争殴毙命，诣验，取神像投之水，今百馀年，父老犹能谈其事。其神名陈府，平人敬祀，与杨府无异。以本县视王、何二公之贤不及万一，而二公举动如此，可见二公亦非慢神，皆由看得理明之故。可见官于百姓，非故违众好，无非欲以教化移浇俗之心也。况淫祀宜禁，律有明文。同治年间，东南肃清，御史王公书瑞奏：淫祠被毁者，请趁此申明例禁，不得建庙塑像。得旨，遵行在案。可见凡不当祀而祀之神，非独有关世风，亦且显违功令。今该处向有神庙，而无故又议立杨府庙，风水之说，本属渺茫，无论与温姓住屋有碍与否？而事经到官，断不能准。

本县为尔等反复开导，破其沉迷，试思尔等立庙之意，亦求福于神之意耳。不知人惟做好人，安本分，有钱早完国课，勿费无益之钱。无事，莫入公门，勿作有害之事。此便是求福，不待求于神，神自必降以福。其审思之，毋负告诫焉，可也。特示。①

毁灭齐天大圣像，晓谕居民改祀正神示

为惩治地恶，晓谕乡愚事：照得平邑恶俗，往往藉划龙舟各带军器，以致动辄争斗，酿成人命。本县严切示禁，并反复开导，不惜苦口苦心。尔百姓具有天良，应亦思本县为何而禁，原因安靖地方，保全民命起见，乃竟不仰体本县之意，故违抗本县之禁。查的十二都有王秉耀、丁沛元、丁

① (清)汤肇熙著：《出山草谱》。陈仲光、周干点校，中州古籍出版社 2013 年版，第 117—119 页。

光寿、周得郎等，地保往阻不依，胆敢倡众持庙内香炉入舟，连日开划。闻神名齐天大圣，庙在金竹园河岸。查齐天大圣出于《西游演义》荒唐之说，岂可奉以为神？神为猴像，尔等朝夕拜跪于猴之前，直是敬猴，并非敬神。事属奇闻，情殊诞妄，在奸民假托神道，捏保太平，藉以强派钱米，所失不过钱米，受累犹小。风闻近来有结党饮香灰酒情事，干犯律例，傥被株连，受害尤大。尔地方百姓不知利害，不明道理。本县为尔等绝其祸根，改邪从正，是以因公便道，将庙内猴像毁灭，令地保传谕，改祀本地土谷之神，名正言顺，有福无害。嗣后切勿再为邪言所祸，仍奉齐天大圣。如或阳奉阴违，一经查觉，定行照例办理。至王秉耀等显非安分之徒，目无王法，情难宽恕，除再按名勒提严拿外，合行谕知。谕到，其各懔遵，毋贻自累。特示。[①]

禁端午龙舟示

为严禁事：照得龙舟竞渡，或以为吊屈原忠臣，或以为吊曹娥孝女，事虽游戏，犹古遗风。乃本县访闻，有等无赖之徒，每年四月朔日，神庙击鼓，名曰“开殿门”，藉以纠人钱米，不与则移庙中香火于其家，一唱百应，肆意要挟。及至端午，聚舟数十，名曰“斗龙舟”，夺标贺采，名曰“赏花红”，实则彼此均有护船，各诸军器，平日或有嫌怨，藉图泄忿，始而争胜，继而口角，终而斗狠，刀斫棍击，落水纷纷。如江南乡之舥艚河、钱库河、仪山河、马鞭山河、小南乡之鹳巢河、万全乡之钩连桥河等处，皆不免有此恶俗。除届时饬役巡查外，合先示禁，以期安靖地方。

为此示仰各处人等知悉：尔等须知作此无益之事，人多纷扰，则恐践踏田禾。赌胜争先，亦恐失跌坠水。至于睚眦相向，报复相寻，则害有不

① (清)汤肇熙著：《出山草谱》。陈仲光、周干点校，中州古籍出版社 2013 年版，第 86—87 页。

可胜言。讼狱株连，贫富波累，则悔亦恐已无及。自示之后，一律禁止。傥有好事棍徒仍敢倡议敛财，谓事不举行，难保乡里清泰，造言生端，必将严拿重究，以昭儆戒。其各懔遵，毋违。特示。[①]

再谕禁龙舟示

为再示谕禁，以警愚顽事：照得争划龙舟，动辄滋事酿祸，历经前县示禁，而恶俗相沿，阳奉阴违，未能遽改。本县剀切示禁，并严饬地保传谕，不啻三令五申，乃昨日十一都乡民尚敢由六都买来龙舟，经过浦南。讯由林阿雪为首倡议，业将龙舟截留毁弃，并即签差提究。此外各都闻仍有击鼓纠钱，倡划情事，饬差认真查拿。据差禀称，虽遵谕禁，而乡民尚有欲于端午划舟一日，为地方保太平，免瘟疫等语。言之可笑，情亦可恨，合再出示晓谕，为尔等明白言之。

龙舟为嬉戏之事，果使无害地方，而并可祈福，本县亦何必为此不情之禁？本县之禁，正为地方保太平，而不禁，则必不保太平也。尔等试思，一有争斗，酿成人命，贻害身家，株连乡里，此岂神之保太平耶？瘟疫流行，时令使然，岂龙舟所能祈保？尔等往年划龙舟之处，果遂从无瘟疫耶？此皆倡首之人捏造谣言，假鬼神煽惑，以遂其强纠钱米之计，而愚民无知，即以为恐得罪鬼神，乐于从事。试思尔等恐得罪鬼神，何独不恐得罪官长？不划而受鬼神之阴谴，事属无凭。划之而抗官长之禁令，身已犯法，本县按名提到，重则以抗官法办，轻亦必枷责严惩。太平未保，吃苦已见，尔等亦真愚矣。尔等不划龙舟，断无不保太平之理，就使鬼神果能为祸，而禁由本县，祸亦本县任之，于尔等尚何过虑，而必划此端午一日，以违本县之禁耶？

---

① (清)汤肇熙著:《出山草谱》。陈仲光、周干点校，中州古籍出版社2013年版，第84页。

总之，愚民由犯法于不知，奸民故造言以生事，本县决意禁绝，言无反汗。经此再谕之后，尔等执谜不明，仍蹈故辙，为本县之百姓，不听本县教训，不遵本县约束，是顽民也。本县身任地方，移风易俗，责无可辞，亦惟以顽民治之而已。特示。①

禁拜经示

为严禁事：照得愚民惑于邪说，吃斋拜经。本县之初，即经列款谕禁在案。乃每次因公下乡，路过万全、江南、小南各处，凡属神庙、佛堂，辄见有聚众拜经，男女混乱，不避嫌疑，不成事体。虽经即时喝散，未即查明究办，诚恐政宽民玩，不足昭儆戒而挽浇漓，亟宜申明禁令。为此示仰境内军民各色人等知悉：尔等须知茹素拜斋，多是邪教流传，并非好事。念经忏罪，托名诚心修善，实非好人。试思拜斋果系好事，何以官府到处访拿，必称曰斋匪？念经果皆好人，何以自古神道惑众，必指为妖民？世间男耕女织，各有常业，所谓好事者，不外忠孝节义数端而已。所谓好人者，无非忠臣孝子、义夫节妇之属而已。其人其事，正大光明，岂如尔等拜斋念经，行踪诡秘，唯恐人知者乎？在尔等愚夫、愚妇无甚识见，不明道理，只因受人欺哄，诱以修来世之说，耸以祈冥福之言，骗尔米钱，而尔甘心；败尔名节，而尔不悟；陷入邪途，而尔不觉；触犯国法，而尔不明，尔亦可谓执迷之甚矣！夫圣贤千言万语，无不痛恶异端，此即异端之一节。妇女入庙烧香，尚且有干律例，此尤律例所不容。

本县留心访察，有等刁黠之徒，藉为利图，邀设经会，有拜《血盘经》，有拜《大乘经》，有拜甲子会，又有立四十八愿、万人缘、普佛会、结缘会诸名目，其会首称为“拜佛老阿爷”。某地逢三，某地逢五，一月之中，几无虚

---

① （清）汤肇熙著：《出山草谱》。陈仲光、周干点校，中州古籍出版社 2013 年版，第 85—86 页。

日。甚至假清净道场，为奸淫秽地，名为捉阴魂，摸因缘，廉耻道丧，至此已极。

本县于人心世教所关，不惮反复告诫，冀尔民改邪从正，为良善，而获保全。自后务各痛悟前非，毋狃积习。倘犹阳奉阴违，责成该处地保随时禀明，必将倡首何人、与会何人逐一确查，分别照律重办。如该地保瞻徇隐匿，并提革究。其拜斋念经之神庙、佛堂，并即封闭，将财产悉数入官。令出惟行，决无宽宥，懔遵。切切。特示。①

禁结党饮香灰酒示

为再示严禁，切实开导，以儆愚顽事：照得本县自到任及今半年，凡所行事，无非以安全地方，爱惜百姓为心，谅我民皆能共谅。惟是除暴乃能安良，秕莠不去，则嘉禾不生，乡曲有一二恶人，则受害何止数十百人？或有访闻，或被告发，本县断不稍存姑息，致长刁风。但以按之法律，尚可从宽，则亦仅笞枷示惩，予其自新之路，冀有悔过之时。

乃查闻近来风气，各村镇有等刁棍，招引多人，设立名目，在神庙饮香灰酒，遇事滋闹，挟制扛帮。在若辈违例妄为，即治罪，亦所应得。而愚民被诱入党，其犯法实由不明，若非亟解散而醒迷途，将来恐酿巨患。如先年金钱会匪，事皆由此而起，其后焚剿诛灭，财产入公，株连之祸，前车可鉴。

本县身任地方，不能不防微杜渐。为民父母，又不忍不教而诛，一片苦心，谆谆告诫。除已列款刊示晓谕外，合再出示严禁，仰待本邑军民各色人等知悉：尔等试思，幸为升平百姓，不欠粮，不犯案，安所乐生，何等

① (清)汤肇熙著:《出山草谱》。陈仲光、周干点校，中州古籍出版社 2013 年版，第 137—139 页。

快活！若其身陷法网，则家室不得保全，彼时悔亦何及？查例载凶恶棍徒，治以军罪，今结党饮香灰酒，藉事鱼肉乡民，无论异日难免倡乱，如会匪之终必诛灭，即论目前行为，亦当照例以凶恶棍徒科罪。本县嫉恶如仇，执法如山，断不能以稍从宽假，致滋效尤。尔等其各洗心涤虑，痛改前非。凡有误入其党者，速即回头，勿以饮香灰酒为设誓神前，神果有灵，无不许人改恶从善之理。勿以党羽多，为藉可保身，身之不保，且恐累及家人父子之亲。

本县与此事，业经禀明各大宪，请从严办，以期挽回恶习。第念良莠虽有不等，究皆子民，民即愚顽无知，当力开导。经此一再示谕，傥犹敢置若罔闻，在本县既已尽心，在尔等无可归咎，三尺具在，决不容奸。一面责成地保，各都如有结党饮香灰酒之人，必须随时据实禀办。本县仍留心访察，见闻确切，按名签差密拿。倘有滋事，移营会办。“祸福无门，惟人所召”。其个详思。特示。[①]

申禁花会示

为晓谕恪遵事：照得花会为害地方，早经本县示禁，不啻三令五申。乃有等棍徒，犹敢横行无忌者，皆由乡里素无公禁，绅士但有旁观，地保因得乖而庇徇，票役以私贿而卖放，而暗地串通线索，则尤恃有本都承管，以为内外一气，不妨张胆明目。为之官亦无如何，法所不足畏也。即如前日江南乡，闻有花会多处，业将十一、十五两都地保传案责革，并革去承管。而查得二十五都承管竟寄信该都花会首，有“待官晋省，不防再开”之语，胆大如此，虽毙之杖下，亦罪所应得。除将该承管押办外，合行一体谕知：

① (清)汤肇熙著：《出山草谱》。陈仲光、周干点校，中州古籍出版社 2013 年版，第 107—109 页。

本县于禁绝花会一事，志在必行，自后无论何都，但有开设花会，访查姓名确实，签差拿办，非到案不准销差，非销差不得承票。其匿不禀报之地保、承管，一概重责革役，乃枷号一月示众。此等奸民蠹役，既屡训不悛，敢于玩法，本县即以法治之而已。言无反汗，其各懔遵。特示。[①]

就苍南地域民间信仰的事实而言，从历史以来确实存在着许多问题，造成一些恶性事件；就民间信仰的传统治理而言，也是投入巨大，收效甚微。何子祥、汤肇熙都取得了堪称政绩的民间信仰整治，今天看来只是溢过河床的一道波浪而已。

① (清)汤肇熙著：《出山草谱》。陈仲光、周千点校，中州古籍出版社 2013 年版，第 173 页。

中篇

苍南县陈靖姑宫庙重点调查

在上篇中我们论述了神明和宫庙的神明结构、围绕宫庙的社会组织、宫庙的演变和宫庙建筑、从事神媒工作的人员及其传承、民众日常生活对信仰及其法术的依赖、神明传说及其颂唱方式、历史上地方政府对民间信仰的管理及其成效。毫无疑问,这些元素综合作用于地方社会,形成一个地方社会的文化特质。

在以上的诸多元素中,宫庙是民间信仰中最重要的元素之一。宫庙是民间信仰的物质形态,作为民间信仰的场所,以空间形式显性存在,展示着神明形象,汇聚了神媒人员,集中了民众活动,形成了地方社会组织。宫庙在地方社会中实际上成为了地方历史的展示馆、区域文化的凝聚物、民众心灵的舒解器、官民互动的交接点。

如何从现有的具体宫庙出发,既探索宫庙的历史,又揭示宫庙的现状,是本篇的目标。一个宫庙的选址考量,往往就是民众面对自然环境时抵御什么或者吸取什么的条件反射;一个宫庙的供奉选择,既有历史的因素,也有功能的因素;一个宫庙的建废或形态变迁,相伴随的是生产生活方式、生活群体、经济和文化条件的变迁;一个宫庙的境社组织方式,与一定时期的社会形势密切相关;一个宫庙的节庆活动,展示了民众物质生活、制度生活和精神生活的全部内容;一个宫庙所占有的土地、管辖的土地,是个人、群体、国家所共同关注的财富。从宫庙看社会,是我们的研究旨归。

在苍南县,陈靖姑宫庙和供奉的普遍存在,无疑是我们展开宫庙研究的最好材料。我们选择的三十六个宫庙,作为重点调查的样本,既从"三十六”在中国传统文化、特别是道教文化的数字美学出发考虑，也从各种宫庙类型和问题发现考虑。这些宫庙在某种程度上都承载着地方历史信息、现实需求信息、未来发展信息，是具有文化资源价值、社会利用价值和未来规划价值的。

我们把宫庙境社所涉及到的问题和现象，归结到苍南陈靖姑各个宫庙来谈，通过宫庙的历史、现状、特点，选出一个主题来，让读者去思考和关注这一民俗事象。我们也希望读者把这些宫庙的调查作为一个整体来看，从过去、现状和未来，思考宫庙境社在文化建设、行为塑造、社会组织中的意义、资源和利用。

1. 社会转型期民间信仰的调适
——灵溪镇山水圣宫调查

灵溪镇山水圣宫坐落于苍南县县城西郊浦尾山的山腰，俯瞰整个灵溪县城的街市楼宇、万家灯火，高铁线和高速公路从其左侧的山脚下穿过。仿古建筑隐现于翠竹松荫之间，成就现代繁华都市的一块净土，俨然慈母注视戏婴的善眼。喧嚣和宁静在这里交汇，现代和传统在这里共融。

所谓调适(accommodation)，是协调的意思，语出《淮南子·诠言训》："阳气起于东北，尽于西南；阴气起于西南，尽于东北。阴阳之始，皆调适相似。"[①]生理学上调适是指人的眼睛焦点自某一点移动到另一点的改变过程；人类学的调适概念是指有机体在其环境方面造成的变化与环境在有机体内造成的变化之间的互动过程；社会学的调适概念指的是在社会转型中对冲突情境加以适应的状态或过程；在文化学上就是指文化潜移(acculturation)，个人或群体通过直接接触和相互作用而获得其他个人或群体的文化特征的过程，引起文化冲突和适应。从社会的观点来看，文化迁移是指特定的价值观念、技术和制度的传播及其在不同条件下的改变。[②]

---

① (汉)刘安:《淮南子》。见《淮南子集释》，中华书局1998年版。

② 参阅：G. A. Devos：《对变迁的反应》(Response to Chage：Soceity，Culture and Personality，1961)。

1. 社会转型期民间信仰的调适

在从农耕社会向工商社会转型的过程中，民间信仰如何进行自我调适，适应社会转型的需要，适应社会分化的需要，适应城镇化生活的需要，适应高危心理的需要，山水圣宫的运作是一个案例。

图 2.1.1 彩虹中的山水圣宫

改革开放近 40 年来，由于劳动关联的重构，职业性劳动特殊角色的彻底分化，决定性地形成了社会的分化。它"造成了一个合理地建立起来的社会系统的彻底分化，并由此同时造成了一个隶属于这一系统的环境的彻底分化。它以社会的多样性，同时也以包含着社会性之物的，即其他社会的环境为开端。今天，它已经实现了一个世界的社会系统。这个系统开始根据完全非社会化的环境来确定自己的结构取向。一切象征性的社会、环境和世界取向的传统形式都必须由此而重新得到反思。"①显然，社会演化导致民间信仰新的结构取向。

山水圣宫的第一项调适，是作为苍南县民间文化对外交流的基地，在

① [德]卢曼：《宗教教义与社会演化》，刘峰、李秋零译，中国人民大学出版社 2009 年版，第 159—160 页。

图 2.1.2 皇君殿前的天然间山景

苍南与台湾之间、苍南与澳门之间、苍南与香港之间、苍南与福建之间，为配合政府的文化展示、文化交流、经贸合作工作，作出了不懈的努力。以福建为中心，温州、台湾、澳门、香港都是陈靖姑信仰的重要传播地区，以陈靖姑信俗为平台，配合开展相关地区的文化交流和经贸合作，成为政府工作的一大选项。2011 年 5 月，苍南县被确立为浙江省首个对台经贸合作平台，设立了浙台(苍南)经贸合作区，出台了一系列台商投资优惠政策，在良好的传统合作交流基础上迎来了新的发展高峰。三年来引进日月潭农庄、太阳人海西国际幼儿园、汝森-民惠健康医院、海西文化创意园等 28 个台资项目，项目总投资 33.48 亿元，合同利用台资 20.21 亿元，实际利用台资 3.08 亿元。[①] 苍南与台湾地理相近、人缘相亲、习俗相似，语言相通。尤其在陈靖姑信俗上，秉承着相同的传统。省、市、县领导高度重视，在打造“全方位对台合作战略”上，2013 年以山水圣宫为基地，邀请了 50 多位台湾同胞和海内外的同胞，举办了以“弘扬信俗文化、促进两岸交流”为文化主题的第一届浙台(苍南)陈靖姑文化节，展示了富有苍南地

①《对台合作现“苍南样本”，三年来引进台资项目 28 个》。《温州商报》2015 年 10 月 19 日。

方特色的闾山教文化。2014 年第二届浙台(苍南)陈靖姑文化节继续在山水圣宫举办,邀请了 40 多位台湾同胞与会,使浙台民间文化交流进入常态化。同时海内外各地学者纷纷奔赴苍南开展地方史、社会史、民俗宗教的田野调查。2016 年 11 月,第三届浙台(苍南)陈靖姑文化节继续在山水圣宫举办,台湾同胞依然是文化节的嘉宾。通过文化节,苍南民间文化不仅与台湾,而且与福建、澳门、香港展开了更加频繁的交流。山水圣宫参与了国家级非物质文化遗产——陈靖姑信俗——在福建省古田县临水宫的各项学术和文化活动;连续三届参与澳门临水夫人陈靖姑文化节和国际学术研讨会;参与香港的相关文化活动。苍南文化活动与先进、前沿地区展开了良好的互动交流,得风气之先。山水圣宫之所以能承担起这一历史使命,依赖于其可信赖的历史传承、独特的地理区位和文化建设、适应现代社会需要的调适机制。

图 2.1.3　2016 年第三届浙台陈靖姑文化节通告

山水圣宫的第二项调适是成为苍南县陈靖姑信俗文化交流协会的办公场所。2013 年山水圣宫基建初步完成,正值苍南县陈靖姑信俗文化交流协会成立,山水圣宫以县城郊区的地理优势和积极的参与态度,赢得社团和政府相关部门的支持,成为协会的办公场所。为了适应协会工作需要,文化建设逐步提升。著名书法家、县文史名家萧耘春先生题写了"山水圣宫”庙额；原平阳县志主编、文史学家郑立宇先生撰写了《中兴山水圣宫碑记》，林森森副县长篆额，李祥书丹；民俗学者林子周先生制作展牌介绍信俗文化；温州市博物馆领导、非物质文化遗产专家杨思好先生多次参与策划。一批文人和书画家为宫庙撰写对联匾额、设计图案、绘制壁画。省、市、县主管部门领导多次莅临考察、指导，提出了一些建设性的意见，给予了充分的肯定。使山水圣宫逐步发展为规范化的民间信仰样板场所。

山水圣宫的第三项调适是打破固化的村庙运作机制，形成网络化的信众组织。村庙是苍南农耕文明时期，特别是明清时期建立的地方共同体组织机制，从而使村庙成为苍南城乡民间信仰场所的主要建筑。随着城乡建设的重新规划，乡村一体化的日渐瓦解，人口的迁徙，信仰文化的多元化，社会阶层的分化，村庙的空置率越来越高，固化的祭祀组织无法达成灵活的运作机制。只有将固化的组织“松散化”，才是适应现代社会特征的组织方式。山水圣宫原来也是坑源村的重要宫庙之一，村庙组织在管理上严重制约了宫庙适应县城市民生活的需要。2011 年宫庙开始建设，从旧宫传承神明资源，在宫庙规格和组织方式上脱离村庙体系，又与旧宫组织保持良好的关系，形成个体运作的模式。主要表现在：1. 集聚神明资源，扩展神缘。山水圣宫以浦尾山旧宫神明供奉为依托，广泛搜请小庙、圮宫的神明供奉，最远的香炉奉请远至苍南县藻溪镇和福建省的柘荣县，自觉组建联合庙，达成聚圣的目的，扩展了神缘从而扩展了人缘。2. 个体运作，形成信仰网络。个体运作打破了村庙的祭祀圈和信仰圈，信仰网络符合分化的社会现实，面向更开阔的社会群体组织具有“趣缘”特征的松散结构。主要的社会网络建设表现在：(1)建立与神明奉请地的信众网络。神明奉请地由于各种原因无法建庙，才将神明恭送到山水圣宫，因神缘而与山水圣宫建立了不肯割舍的关系，苍南藻溪、苍南矾山、平阳桃源、福建福鼎等地都由于这种关系形成与山水圣宫的固定交往。(2)建立与灵溪社区相关社群的固定交往。县城信众的热心者成为“福首”，组织相对稳定的“福脚”，成为非整体地缘特征的松散信仰群。(3)私营企业家网络。他们抱着报恩、慈善、救助、顺利、平安、休闲等综合心态，为宫庙建设和活动慷慨解囊。(4)病患群体信仰网络。一个以绝症和疑难怪病病患者为主的家属群体，以信仰疗法为慰藉，在医院和宫庙之间寻找希望。3. 利用神诞，组织大型活动。山水圣宫以正月十四日陈皇君神诞、三月十五日白马爷取乩童日、八月初三盘古帝王神诞日、十月廿七李十三皇君神诞日，分春、夏、秋、冬“四季福”①，举办年例固定的宫庆活动，召请“十方善信”参与法会，共享神恩。

以 2016 年八月十三日盘古帝王神诞醮会为例，可以了解网络化信众组织的松散化特点。盘古帝王神诞福酒会共 700 多“福脚”参加，由 60 多位福首组织。福首是上次神诞福酒会“神选”的。即在上次的福酒会上，拿一个碗盛一个侧面嵌红的五颗蚕豆，由意愿任福首的人左手抓甩，出现全红者为“神选”成功，出任福首，被登记下来。盘古会前，电话通知提醒各福首组织“福脚”，报告到会人数。当年经济低迷，生意不好做，参加福酒会的人员减少了三成。一位谢姓福首在电话中说：“今年没钱赚，我一直在杭州没有回家，这次不能参会了。等明年陈皇君保佑我赚钱了，我一定赶回去。你帮我多通旨、通旨②，我下次拜庙再给她上香。”一位李氏企业家曾来庙里烧香，结果催讨几千万的欠债成功，要求参与福酒会为福脚，提出将皇君殿的四根水泥立柱更换为雕龙石柱。福首、福脚是可以根

① “四季福”的选定，是以重要和适量为原则。如七月七日田都元帅神诞非常重要，但考虑到时间问题未被列人。林九娘皇君神诞日也没有列人。取乩童日是庙中乩童严加猛被确认为乩童的时间，这一天对这个庙来说非常重要。李十三皇君被认为是坐宫神明，地位就凸显出来了。

② 通旨，全称“通神旨”，即向神明进香或打醮时，本人或请人向神明告知祈祷者的身份、事由、进香来意和目的，以待获得保佑。

据自己的情况自由选择参与与否，没有组织强制现象。福酒会现场，来宾超出了预定人数，又临时加席。笔者访谈时对各福首的身份、家庭地址和神缘起因感兴趣，但宫主只有来宾登记的电话号码，只知道他们县市乡镇所在地，知道他们来自苍南县的十二个镇，平阳县的鳌江、梅源、水头，泰顺县，乐清市，台州的玉环县，福建的福鼎市、柘荣县，还有杭州、南京等地，没有可回访的地址。梅源一个村就有 100 多人参加，主要是有 3 位癌症病人治愈，带动了鳌江、水头等地的平阳信众。福首与宫庙之间并没有建立密切的联系，福首与福首之间没有联系，这是松散化的特点。约定俗成地，每位福首出资 1000 元，每位福脚出资 50 元，一次福酒会的收入大约是成本的七成，其余部分由宫庙补贴，或企业家赞助。德国社会学家卢曼认为：社会演化存在着“同时者的非同时性”，演化在系统的层面上要求一种我们称之为“松散结合”的东西，“即某种东西处在运动中，因为其他东西保持着稳定。”[①]因社会区分而出现的网络化信众组织，正是松散结合中运动的东西。

山水圣宫的第四项调适是序化神明资源，传承神明功能，挖掘文化意义。

山水圣宫共有神明 36 尊，分别为陈靖姑娘娘、李十三娘娘、林九娘娘、送宝娘娘、送子娘娘、蔡妈娘娘、通天大王、赵元帅、白马圣王、红脸白马圣王、黑脸白马圣王、田都元帅、文昌圣君、盘古帝王、齐天大圣、五显大帝、杨府上圣、铁路将军、牧牛大王、观音大士、金童、玉女、过海八仙、三尊福德正神、判官、符使等。根据神谕，山水圣宫建观音阁，从普陀山分香，尊观音大士为上位神，并供奉过海八仙，统辖全庙神明。中殿主祀白马圣王等男性神明和元帅神，其中白马三圣和田都元帅等都是闽南移民神，拥

---

① ［德］卢曼：《宗教教义与社会演化》，刘峰、李秋零译，中国人民大学出版社 2009 年版，第 159 页。

有丰富的闽南移民文化信息；齐天大圣、五显大帝是苍南各地普遍供奉的神明；牧牛大王是当地的畜牧神，反映了半山区的农牧业生产信息；杨府上圣是当地最重要的地方本土神。这些神明，有的原来被供奉在旧宫里，有的被供奉在各地小庙里，有的供奉在老民居的厅头，现在集中供奉在中殿，解决了村落小庙林立、危房散处的问题，与政府撤并低、小、散庙宇的政策导向不谋而合。前殿主要供奉列位女神。从福建古田县临水宫分香，恭请陈靖姑皇君香炉供奉，古田县临水宫确认山水圣宫为分香庙，分香庙与祖庭建立了广泛的信俗文化交流；奉神谕从宁德地区圮废庙宇收请临水夫人香炉供奉。从苍南县藻溪镇圮废的龙井宫恭请蔡妈娘娘供奉。

卢曼认为："我们必须把追溯和区分区分开来。"①追溯这些神明的来历，旨在寻找神明及其关系的出发点，探讨规制和秩序的基础，责成进行特定的区分。

图 2.1.4　盘古帝王神诞醮会福酒

① [德]卢曼：《宗教教义与社会演化》，刘峰、李秋零译，中国人民大学出版社 2009 年版，第 211 页。

三殿神明在上位神观音菩萨的统辖下序化，建立符合本庙实际的神明座次。在列位神明中，又根据行宫坐宫视事、出勤状况，排列神明等差。其中陈靖姑娘娘是规训乩僮、企划宫事的主脑，虽然百事缠身、来去匆匆，依然是宫庙的主神；白马圣王作为闽南人的移民主神、提点乩僮的护佑神，端坐中殿主位；李十三娘娘经常坐宫行事，成为宫里每事必请的主事神；田都元帅原为戏神，而药灵符验、有添元加寿的能力，在庙里的地位很重。因此，由神明灵验程度序化出陈靖姑、白马圣王、李十三、田都元帅四位重要神明。

神明志向在于树立山水圣宫大神和主庙地位，序化周边宫庙、驯化作乱精怪。苍南民间流传，精怪在南港片活动频繁，有北港派、沪山硐派、鲤鱼浃派等三派小神，常常为争夺宫址、选点乩僮、占享牺牲而发生纠纷，从而引发男女癫疯事件。山水圣宫神明经常需要为解决这些纠纷而出坛周边各地，评判是非，序化神际秩序。神谕乩僮，要检点言行，精诚修炼，惩、训、诫、示具下，培养正庙风范。因此，不洁游僮来此不敢跳僮，小庙乩僮来此无法扶乩。小庙小神乩僮经常来庙上香，祈求护佑。癫疯男女经常送到庙里缚魅，作乱精怪得到安抚或训诫。

山水圣宫在社区传统中以缚魅收妖、治病救人而闻名，保留着苍南地区传统的巫术文化、青草药文化和道教闾山派文化。山水圣宫保留着 70 多种苍南民间青草药，为病患者提供“乩方”，并开展信仰疗法，具有重要的抚慰功能。在工业化的高污染期，也即肿瘤绝症和各种怪病高发期，医学和宗教就像人体左右支撑的两条腿，受到社会的调节，根据疲劳的程度在不断地转移重心，轮换支撑。信仰疗法为社会提供了医院治疗之外的另一个救助渠道，缓解了社会危机。

在保留传统民间文化底色的基础上，为现代转型调适，山水圣宫从民间信仰的自发状态转向了自觉状态。数字时代的特征是“与拟人共存”“去所有权”“去使用权”，实现“融与资源”等。[1] 山水圣宫的民间信仰调适在某种程度上与数字时代的精神对接，形成了更加灵活的运作机制。

---

① 于扬在2016年世界温州人大会上的演讲。

2. 随着城镇繁荣扩大而兴盛的民间信仰
——苍南县城齐天大圣宫调查

经济繁荣带来民间信仰兴盛，人口集聚推动宫庙扩建，多彩生活呼唤民俗庆典，这是我国改革开放以来出现的社会现象，也是日本、韩国和台湾、香港等国家或地区现代化过程中出现的普遍规律。当农业文明向工商业文明转化的时候，作为城乡生活转化第一阵线的县城，尤其明显地感受到这一点。福鼎市县城出现了环城宫庙寺院带，平阳县县城出现了西马路信仰一条街，都是县城经济繁荣、人口集聚的结果。灵溪镇齐天大圣宫，从 1981 年苍南县从平阳县析出建县，置县城于灵溪镇之后，出现了日渐兴盛的景象，印证了这一事实。按照古代的县城建设规制，一个城镇必然要建一座城隍庙镇守城池，成为中心信仰场所。现代一个新县城的建设是否需要一个县级的民间信仰场所成为中心？新县城灵溪镇齐天大圣宫的发展，也许可以帮助我们认识和思考如何设置一个新都市的传统民间文化象征体系。

齐天大圣宫地处灵溪镇会龙门社区，是苍南县城老街区的片区庙，也是香火最为旺盛的民间信仰场所。齐天大圣宫最早建于明代，原为灵溪山西麓一座小庙，后来废弃；清同治六年(1867)，在老灵溪街大桥头与祥云寺同步重建，主殿五间，木制结构；民国初期庙舍被南港区署占用，成为政府办公场所，宫庙迁到灵溪镇演出场，即下街大操场；1945 年首事黄年相、陈昌灶、许启庄、黄美奏等筹资建新宫于山子尾；1949 年政府没收宫产为粮食仓库，1952 年又被水利局借用办公，十余年寄奉神牌、香炉于大门宫；1978 年复建新宫于山前，1979 年因建县邮电大楼而拆迁；1981 年苍南建县，遵照县城建设规划，首事陈维趁、许启苏、黄岑孝、潘欣辉、吴继松等集资建新宫于滨河西路 113—122 号灵溪山北麓龟山要域。1996 年扩建，大殿竣工；1997 年魁星阁建成。1999 年，复建成前殿。灵溪山是灵溪镇的地理龙骨，分隔了横阳支江和灵溪内河，在避水害为水利上，起了关键性的作用，现辟为公园，也是苍南县民间文化活动的主场地。齐天大圣宫三百多年来 5 次废而建，绕灵溪山迁址一周，被解读为依然安镇灵域，守望一城。

图 2.2.1　齐天大圣宫登记证

齐天大圣作为宫庙主祀神灵，其最初原型为“石猴”。相传，宋代福建一名兑糖客[①]经常肩挑石猴压担，来苍南灵溪以土糖兑换贝壳、蚌壳、头

① 兑糖客：以土糖沿门叫卖，换取鸡毛、鸡肫皮、破铜烂铁等的行贩，也就是义乌人所谓的“鸡毛换糖”。

发、鸡胗皮等。一位村民认为石猴有灵,要求兑下,供奉在灵溪山石垒的小龛中。日久龛废,有人在乘凉时发现草丛中的石猴,便捡来给儿童玩耍。恰逢灵溪大旱,儿童将石猴放在椅子上,模仿道士玩起求雨的游戏,结果大雨突降。此后灵溪村民开始祭拜石猴,遂有齐天大圣宫。

石猴信仰源自印度,与佛教有很大的关系。神迹传说吸纳了齐天大圣孙悟空原型“石猴”的故事元素,强调了石猴来源于福建的故事事实。宫殿正龛两侧对联“菩树花开八九玄功传妙法,提娑成果七二变化授真机”,意在说明齐天大圣宫供奉主祀神灵为齐天大圣孙悟空,而不是精怪神猴“丹霞大圣”或“通天大圣”,具有佛教文化的源流。庙碑《齐天大圣传略》记载:“东胜神洲大海中有一傲来国,国中有一座仙山,名曰花果山。山顶有一仙石,内孕仙胎,生一名石猴,石猴被菩提老祖收为徒弟。”此石猴为“石生猴”,而齐天大圣宫石猴原型为石刻猴子,宫观传说与其显灵传说相关。

在齐天大圣宫正殿中,齐天大圣、天蓬元帅、卷帘大将构成主祀神灵体系,这种神灵体系塑造应源于《西游记》小说的人物原型:孙悟空、猪悟能与沙悟净。三个小说人物均因犯天条、戴罪修行,经观音菩萨点化,结成了保佑唐三藏西天求取真经的降妖除魔团队。“悟”字,通常是佛教用语,孙悟空点化前为道教敕封的齐天大圣;猪悟能为道教掌管天河的天蓬元帅;沙悟净为道教敕封的卷帘大将。在道教神灵体系中,三大神灵神职权限较为明确,甚至互不相识;在佛教神灵体系中,孙悟空、猪悟能与沙悟净作为唐三藏三个弟子,结成了师缘关系,因除妖取经,结成了业缘关系。那么,齐天大圣宫的正殿神灵体系,应是民众对《西游记》小说人物原型的释、道属性进行筛选的结果,也是释、道融合观念在民间信仰中的深刻反映。

民国《平阳县志·神教志》记载:“猿神庙,一云齐天大圣,在十四都凰浦,祷雨屡应。清同治元年里人姜蒋熊等募建,他处多有,不备载。

新纂。"[①]清光绪七年(1881),平阳知县汤肇熙移风易俗,出《毁灭齐天大圣神像,晓谕居民改祀正神示》:"查齐天大圣出于《西游演义》荒唐之说,岂可奉以为神?"[②]这位堪称好官的知县,与温州地区所有不喜欢温州习俗的官员一样,他们所采取的许多措施最后都没有取得成效!齐天大圣出自《西游记》和更早的戏曲文本,但在温州以至全国都有广泛和悠久的信仰基础和历史,并且有道教文化和佛教文化的双重背景,如何就成了"荒唐"呢?齐天大圣的信仰现象,多教融合、传说与信仰结合,正是民间信仰三教合一、服务社会的本质特征。它历经几百年屡毁不灭的生命力正是正当性的表现。

县城的建立汇聚了更多的人才,扩大和提升了宫庙管理人员的精英化。在历史流变中,齐天大圣宫先后在大桥头、山子尾、大门宫、山前、龟山五个地方重建宫庙或寄放神尊,明末清初以来因迁徙而不断扩大的闽南移民杂姓村共同体自治组织,宫庙首事、管理小组的人员也在发生变化,参与者地位不断提升。民国时期,宫庙首事会有4—10人;解放后,宫庙理事会增加到30人,祭祀圈包括山前居民区、加堡村、上街居民区、柴街居民区、中街居民区、黄宅和会龙门居民区,而这七个村落和居民区大多又是苍南建县后的县城居民区行政编制;1997年大圣宫的民俗活动引起各级政府和媒体的重视,成立了宫庙管理小组,成员共7人,由企事业单位退休人员和信众组成。企事业单位退休人员,是民间社会管理中的社会精英,可以将原有的社会资源注入宫庙的建设和发展,自觉将宫庙部分资源投入社会慈善事业,提升宫庙文化品位,发展旅游事业,正确引导民间信仰场所积极向上发展。

---

① 民国《平阳县志·神教志》。苍南县文化广电新闻出版局据民国十四年影印本影印,第一册,第1805页。
② (清)汤肇熙:《出山草谱》。陈仲光、周干点校,中州古籍出版社2013年版,第86页。

图 2.2.2　齐天大圣宫的龙柱石雕

县城城镇空间的扩大，发展和提升了宫庙的神明体系。旧宫庙的废弃和新生活的需要，齐天大圣宫作为县城的神明“行署”，专职神明不断增加，职责岗位逐渐完善，神职功能体系日益健全。山前庙毁弃后，林泗大帝并入供奉，这位苍南县本籍的地主神、商业神、航运神，为县城的商业发展提供了象征符号，特别为批发市场聚集的县城商户所敬拜；家堡村一座五显爷庙规划为新民居楼后，民众便从原庙分香在大圣宫立炉，十几年敬奉有加；鲸头杨府爷祖庙在温州地区最负盛名，为使县城居民就近祈拜，大圣宫便从鲸头分香奉请，继续壮大了神明的队伍。显然县城的文教事业已经今非昔比，于是魁星星君与文昌帝君被请进庙来，护佑县城学子的全部学业。齐天大圣宫正殿分为五个神龛，中间神龛供奉齐天大圣、天蓬元帅、卷帘大将；左边两个神龛分别供奉五显大帝、劝善大师、杨府圣王，和土地尊神；右边两个神龛分别供奉林泗大帝、郝五相公、水陆大王，和陈十四娘娘、林九娘、李十三三位皇君；符使、判官分列两侧。厢廊上层分左右两个神龛，分别供奉魁星星君与文昌帝君。这种神明体系的神职功能，可以满足县城各种职业人员或角色群体的心理诉求。

齐天大圣宫肩负起全县城民众信仰生活的需要，成为县城最为兴盛的民间信仰场所。建县前的齐天大圣宫在境社中主要起巡境、求雨、福会等集体作用，建县后齐天大圣宫不再跳僮、出巡、划龙舟，在县城民众生活中为多元社会的民众个体服务增多。其一，为现代都市心理困惑的民众提供静心、祈祷场所，每天可看到衣着时尚的青壮年在巨大的心理压力下，焚香静跪于庙堂舒解压力。宫庙利用的日常性赋予民间信仰场所更大的现实意义。其二，为回乡过节的亲人和认同境社的乡亲提供地方朝圣的场所，为现代人抒发乡愁和地缘认同提供了文化滋养。其三，为做醮家庭提供场所。苍南县是一个做醮很盛的地方，而现代民居无论是落地房还是套房都丧失了做醮的空间。近 40 万居民的延生、往生、招魂、普渡等各类醮事只能依赖宫庙空间举办，大圣宫成为县城居民的仪式空间。根据对庙管会的访谈①："不完全统计，普通日子齐天大圣庙香客在 10 人上下，每月初一、十五香客都有 2000 名；除夕、正月初一每天香客达 20000 余人；每年全县来此做醮 60—70 场，南港片区居民为多；也有商客来此做醮。"

宫庙取之于民，用之于民，发展慈善事业。平均每年向社会捐助 50 万元人民币，主要捐向贫困学生、病困家庭、重大灾区、养老事业、地方公益工程。曾为沪山两位贫困大学生提供四年的全部学费，为沪山社区建造敬老院捐资，为汶川地震捐资，为五水共治工程捐资。历年来被各级政府和机构评为慈善先进单位，获荣誉 50 多项。

宫庙从来是民间工艺的集萃之所，为了提升大圣宫的文化层次，大圣

① 被访谈人：XQS，男，76 岁，齐天大圣宫庙管会主任，退休职工。XWS，男，63 岁，齐天大圣宫庙管会副主任，退休职工。

图 2.2.3　齐天大圣宫的蟠龙神龛木雕

宫以石雕和木雕工艺凸显大庙地位，汇聚民间文化遗产。1996 年经县园林古建公司黄子继先生精心设计，两年建成正殿九间，左右二层楼阁，前殿戏台一座，且整个宫庙构造精湛新颖，画梁雕栋，金碧辉煌，壮观大方，成为县城一个景观。在齐天大圣宫观中，屋檐翘角、梁柱、斗拱、门窗、榫卯处、走廊栏杆、神明塑像等处，均可见到石雕、木雕作品，千姿百态，栩栩如生。石雕聘请福建省泉州市崇武县石匠主凿，木雕聘请本县云岩乡鲸头郑上票师傅主刀。宫门口两尊石麒麟、四根双龙蟠龙柱、宫殿内部八根蟠龙柱，走廊两侧神龙梁柱，以圆雕、浮雕和镂空雕等手法，制作出花鸟虫鱼、飞禽走兽、山水人物等具有实在体积的艺术形象，立体造型，可以从四周观赏。两侧走廊墙壁的石板花板雕刻，选择龙凤的形象、植物或动植物搭配形式，宜于正面观赏，如喜鹊与梅花构成“喜上眉梢”，池塘与荷叶搭配成“小叶荷塘”等等，大都是民间传统的吉祥物，或者具有美好寓意的生活场景。木雕与石雕艺术一样，是我国具有民族传统和高度成就的雕刻艺术之一。“木雕材料因地制宜，一般有黄杨木、红木、龙眼木、樟木等。苍南县木雕工匠多选择杉木、樟木或槐木为材料，运用形状、大小不一的雕刻刀和凿子、钢丝锯等工具，以圆雕、浮雕、镂空雕等手法，制作出人物、花鸟、山水等艺术形象。”①整个宫殿构造为木质结构，体现了木雕工艺在宫庙建筑艺术雕刻中占有重要地位。齐天大圣宫殿、戏台的顶部藻井，榫卯交错，典雅精致，技艺精湛；在柱栋头和斗拱上雕有人物、花鸟、山水、云头等形象，富于装饰性；宫殿门窗，采用木雕窗格，简约大方，质朴典雅，古典韵味十足。这些均是属于花板雕刻，题材元素来源与石雕花板雕刻相同。当然，木雕工艺在宫庙中也有圆雕艺术的体现。“雀替”作为圆雕工艺一种，“在民间称为‘牛腿’，是一种安置于梁或阑额与柱交接处承托梁枋的木构件，用以缩短梁枋的净跨距离，也用在柱间的落挂处，作为纯装饰性构件。”②在大圣宫中，随处可见雀替的身影，多以历史人物形象或神灵形象进行刻画，生动逼真。戏台作为大圣宫木雕工艺精华的积聚，两侧对联写道“百花齐放喜看文坛群星灿烂，推陈出新欢呼艺苑一片繁荣”，不仅是喜看民间戏曲的发展繁荣，更是通过戏曲演唱让民众充分了解木雕工艺技术的精湛之处，进而呼唤处于没落境地的木雕工艺的繁荣。

此外还有米塑、纸扎工艺品在民间祭祀活动中广泛应用，是民众祈神求福，消灾解厄的重要载体。米塑，苍南民间流传久远，颇具地域特色的捏塑艺术，人物走兽，花果草木，形象逼真，独具神韵。因其取材于用粳米做成的馍糍而名曰米塑。它主要用于婴孩“百廿日”“周岁”、老人做寿、神诞等等民俗活动。用纸造船，塑造三十六神殇搜检瘟疫场景，是温州民间纸扎工艺在宫庙仪式中应用的集中体现。纸船作为民间纸扎，因其结构

---

① 政协浙江省苍南县委员会文史资料委员会编。苍南文史资料二十二辑：《苍南风土》，2006年版，第286页。

② 郭重孟：《瑞安木雕“雀替”的传承现状研究》，见《青年文学家》2014年第11期，第168页。

图 2.2.4　齐天大圣宫的门楼装饰工艺

较为复杂,制作时间较长,成为纸扎中的精品。“王船,特别是太平龙船,仿官船的建造结构,一般都造设头桅、中桅、尾桅,通常是一般的帆船外形,四周绘上龙虎凤凰等,船内细分官厅、阿班厅、圣人龛、舵公舱、总铺舱、中舱、头二舱、灶厨等设施”①,还要“将五位王爷和中军府请上王船‘安座’”②,“凡百器用皆备,陈鼓乐、仪仗、百戏,送水次焚之”③。鲸头陈思省先生的纸扎太平龙船,是集龙、鸡、船为一体的复杂纸扎工艺。八月瘟疫盛行,称“八月泻”,各境社庙宇要做醮送王船。“八月泻,也叫八月扫,王爷船来收,大圣爷宫做太平醮,纸船送沪山,潮水已经退了,无法烧化。大圣爷显灵,沪山陡门潮水重新涨回来,顺顺利利完成了送耗。”④这是民国时期大圣宫大圣爷显灵送耗的传说。

① 毛伟:《闽台王爷信仰的人类学解读》。见《宗教学研究》,2010 年第 2 期,第 161 页。

② 姜守诚:《明代〈武陵竞渡略〉检视闽台“送王船”习俗的历史传统》. 见《世界宗教研究》,2011 年第 4 期,第 78 页。

③ 姜守诚:《明代〈武陵竞渡略〉检视闽台“送王船”习俗的历史传统》。见《世界宗教研究》,2011 年第 4 期,第 76 页。

④ 被访谈人:XWQ,男,63 岁,齐天大圣宫庙管会副主任,退休职工。

2. 随着城镇繁荣扩大而兴盛的民间信仰

图 2.2.5　政府授予的荣誉榜

1997 年 10 月，中央电视台东方时空新闻评论部编导记者采访灵溪齐天大圣宫，并做了专题报告，认为灵溪齐天大圣宫现象“全国少有”“很有意义”；1998 年苍南县府(98)182 号文件批复灵溪齐天大圣宫为民间信仰保留场所，同时县宗教局颁发关于民间信仰登记册；2000 年，灵溪镇政府发布《关于组建灵溪齐天大圣宫管理小组的通知》。2012 年，中国市场产品质量管理委员会、中国产品质量安全评价中心在联合开展的年度市场调查活动中，根据第三方用户满意度测评结果，苍南县齐天大圣宫被评为全国 4A 级诚信优秀旅游点。

1981 年 10 月 10 日，中共苍南县委、苍南县人民政府根据国务院和浙江省人民政府《关于平阳县划分为平阳、苍南县的通知》正式成立，建县后苍南确定每年的 10 月 10 日为县城的物资交流日，即传统集镇的会市日，这一天也被赋予现代县城的“城庆节”内涵。齐天大圣宫延续传统会市即庙会的习俗，在宫中演戏，招引信众，增添城庆节的民俗文化色彩。

灵溪镇齐天大圣宫作为苍南县城的民间信仰场所，作为灵溪镇的文化三大古迹之一，在苍南县的民间信仰中具有中心地位。随着社会精英的参与、神明体系的完善、宫庙文化的提升、服务民众的具体化，它的综合价值将日益提高。

3. 六扇三十六地方的境社组织与社会功能

——龙港镇孙店太阴宫调查

孙店太阴宫坐落于苍南县龙港镇孙店村，是一个以六扇三十六地方共建的、境社规模巨大的片区庙。其样本在研究苍南传统社会地方共同体建设上具有非常重要的历史意义，在龙港镇作为“全国小城镇综合改革试点镇”和联合国开发计划署“可持续发展的中国小城镇”试点项目的实践中具有现实意义。

孙店太阴宫境社位于古镇宜山的东部片区，现在龙港镇的南部片区。建国后的宜东乡、白沙乡、海城乡（曾称和平乡）、平等乡、仙居乡、东社乡、江山乡的绝大部分和部分地区属于其范围，清朝、民国时期主体属平阳县白沙里，慕贤东、西乡的十都和十一都、十五都。该地区后唐时期（923—936）已经形成海积平原，北宋时渐有白色海沙在虹桥塘堤附近随地势堆积出自象冈至缪家桥的十里沙岗，称“玉沙”，又名“白沙”。唐宋开始垦殖，以江南垟内河主渠白沙河为中心，形成水网密布的内河塘浃储水灌溉和航运系统，滋育着江南垟四十多万亩的水稻良田。“白沙十湫”是指内河水流向鳌江口海面的众多水道。境社地势西北高、东南低，平均海拔5.7米左右，地理面貌呈现为河网水田、村庄沙岗堤塘水闸、盐碱旱园、降碱鱼塘、芦苇蒲地、盐田滩涂、江海浅水区等层次清晰的网格结构。该区的滩涂涨幅较大、较快，潮间带的地貌网格不断向东南移动，成为境社地理的动态景观。水田产出稻米，涂园产出瓜豆，水塘养殖鱼虾，盐田晒煮海盐，滩涂捞采海错、渔场捕钓鱼鲜。缪家桥的甲簹鱼、东庄的弹涂鱼、内塘的蛏子非常著名，涂滩收入可观。尤其是水利建设、海盗防御、海盐生产、滩涂分界等事务，促进了境社共同体的建设。

白沙河是江南垟地区几十万人口水路必经之道，清乾隆《平阳县志》记载有白沙村，又名白沙市。说明以白沙为中心的一个地缘集市已经形成。民国《平阳县志》称白沙里，包括十都的刘店、方梁（良）、章梁（良）、二河、缪家桥，和十一都的虹桥、孙店等处。根据境社建构的范围，孙店太阴宫堪称"都宫"。但十都的刘店并没有进入境社组织，而十都、十一都之外的许多村落又加入了境社组织。我们在这里发现境社组织与传统的行政区划并不完全吻合，这给我们研究宫庙的境社设置提供了一个难点和重点。

图 2.3.1　孙店太阴宫和管委会成员

目前太阴宫境社是一个涉及现在6个乡镇20多个行政村的联合自治组织，这一组织按传统共分六扇，列三十六分支单位“地方”，分别为：

第一扇：(1)孙店；(2)施良的下屋陈；(3)施良的施家；(4)施良的李家；(5)东庄；(6)虹桥；(7)黄处。

第二扇：(8)章良；(9)方良；(10)二河，分桥头、前岸、后岸。

第三扇：(11)余家墓的余南；(12)余家墓的余北；(13)王继母；(14)陈家垟；(15)严处；(16)吴兰楼；(17)林官仓。

第四扇：(18)林梁的西垟；(19)林梁的石井；(20)李家垟头；(21)湖广店；(22)神宫桥；(23)上黄；(24)下黄；(25)朱处。

第五扇：(26)朱家岛；(27)翁处；(28)玉沙庙。

第六扇：(29)缪家桥的朝北屋村；(30)缪家桥的海下村；(31)缪家桥的海头村；(32)缪家桥的河尾村；(33)缪家桥的后岸村；(34)缪家桥的前岸村；(35)缪家桥的民主村；(36)缪家桥的新垟村。①

当地习惯将“扇”写作“厍”，是方言“村庄”的意思，在苍南县专门指宫庙组成的境社单位。一个庙由若干个“村庄”共建，往往组成若干扇，这里的“村庄”往往是指自然村，也称“地方”。“地方”在使用上常常指一个民间信仰组织的地理空间，而不是一个宗族共同体的生活空间，也不是政府行政管辖的区域空间，虽然这三种空间经常会出现重叠。每个地方出资建庙的份额可以不同，出资较多的地方可以拥有较多的“扇”，扇也指宫庙建造的出资份额和祭祀权拥有率、香火钱收益分红比例，所以上文中各扇的村庄数量并不均衡。“扇”的序号甚至表示神诞日吃福酒时各“地方”在

① 根据第二次访谈，三十六地方为二河、章良、方良、翁处、朱家岛、神宫桥、湖广店、黄良、陈家巷、直井、朱处、严处、陈华垟、吴兰楼、林官仓、王继母、孙店、李家垟头、黄处、虹桥、东庄、下屋陈、施家、李家巷(可能就是李家)24个地方，和缪家桥海头、海下、朝北处、旗杆底、河尾、后岸、前岸、前垟、路角、大浃头、泰顺11个地方。孙店太阴宫管委会提供。

庙里拥有的摆放祭桌的空间和排序，从而区分出“地方”的尊卑等级。如第一扇的桌子可以摆放在大殿正厅的左扇门内一排，第六扇可能只可以摆放在右厢房的右扇门内一排。

孙店太阴宫三十六地方的移民定居时间并不统一，来源多样，境况各异，如何形成一个境社共同体是一个非常复杂的问题。

白沙乡方良村在后晋天福元年(936)有周氏筑楼而居，肇名“周门楼”。方氏于宋淳佑癸卯(1243)居此，明初方子深任礼部郎中，建“贤良坊”，更名方良。民国《平阳县志》作“方梁”。

海城乡自宋代以来一直属于白沙乡，1949 年分出。缪家桥是一个有上万人口的自然村，也是杂姓村。缪氏始迁祖缪铜(912—995)于五代后唐清泰二年(935)由闽东长溪县赤岸迁居平阳县江南睦程十六都麟头(现苍南县江山镇麟头村)，第十二世孙缪稷(1210—1278)约于南宋绍定至嘉熙年间肇基缪家桥。村在内河主航道方艚线上，建有四座古石桥。主产水稻、海盐和滩涂海产。明朝后期就有缪氏抗盐税打死盐役，受缉捕潜居江山乡章家楼村、门楼底村等村的事件发生。清嘉庆年间缪家桥人缪文秀、缪家鎏随提督李长庚征讨海盗蔡牵有功，擢武职。清同治年间缪文澜为江南团练局董事之一，金钱会时倡议派壮丁巡江，称为守卫大计。1927 年有吴信植、方理存、庄鹤生等青年组织盐民协会，烧盐仓、抗盐税，开展革命活动。全村原有 12 个地方，现分 8 个行政村，朝北处村，309 户，1565 人，建有整源宫，奉祀地方神陈府爷。海头村原称盐敖村，195 户，883 人，建有盐敖亭，奉祀陈十四娘娘。海下村建有都天庙，奉祀都天元帅。河尾村 1949 年原称平等村，133 户，540 人。前岸村位于内河南岸，183 户，482 人。后岸村 1949 年原称公平村，221 户，975 人。民主村 1949 年原称欢乐村，327 户，1426 人，村中灵泉庙祀地主爷，招贤庙祀赵匡胤。新垟村在宋朝时就有居民，辖新垟、大浃头，105 户，558 人，村中建有杨府庙、陈府庙。除了缪家桥特大自然村之外，章良村是一个宋代始建古村，原称岑浦村，始迁祖章焘（1088—?），甘肃武都人，北宋政和年间宦游，定居金舟乡咸通里，继迁岑浦，更名章良，民国《平阳县志》作“章梁”。景定三年（1262）进士章廷俊、淳熙元年（1265）武科进士章宗元居此。847户，3682人。村中义桥庙祀地主爷，岑浦宫祀五显爷，东方殿祀东方爷。下东庄村陈氏，明建文年间由上东庄迁此。二河村原名第二河，即十湫的第二湫。陈氏聚居，始迁祖陈魁祥，南宋咸淳十年（1274）进士，宋末由永嘉县迁居二河。河沿大路为古道“白沙路”，宋大观二年（1108）建有颍川石桥。村中白沙宫祀林泗爷，白马殿祀白马爷。

图 2.3.2　孙店太阴宫的旗杆石

宜山镇范围的境社村旧属平等乡、十都，严处村严氏于明万历戊子年（1588）迁此定居，村中有三官亭、蔡三侯王庙。清同治元年粤匪寇温、郑得标以武童率团勇随军攻复瑞安、马屿、金谷山等处。朱处村朱氏明崇祯壬午年(1642)迁居,村中地主庙祀林泗大帝。黄良村因人口达3000多人,中华人民共和国成立后分上黄、下黄二行政村。上黄黄氏始迁祖黄孟一(1522—1592)约于明嘉靖年间由福建长溪赤岸迁居平阳县荪湖(现苍南县望里镇)乌岩岭,后转迁黄良,建有林泗庙。下黄黄氏始迁祖黄孟珂(1558—1621)约于明万历年间由福建南安县入迁黄良。民国时期有人物黄培春,字秋士,为孙中山秘书。林梁村多林、梁二姓而名,辖陈家巷和石井。陈家巷陈氏清康熙壬寅(1662)始居,肇名陈家旺,谐音陈家巷,后他迁,林氏入居。石井50户,253人。村中建有陈八大王殿。

平等乡清属十都。林官仓村宋元丰乙丑年(1085)建有石桥,明万历年间达官林氏筑粮仓于此,故名林官仓,村建林泗殿。陈华垟村辖彩楼桥村,70户,350人。陈氏明崇祯十五年(1642)迁居。吴兰楼村建有宋元佑丁卯年(1087)古桥,清顺治五年(1648)吴氏筑楼定居。吴氏始迁祖吴思德、吴思权兄弟顺治十四年(1645)为避"耿贼"之乱(应为康熙十三年,即1674年)由平阳县南雁荡吴山迁此定居,村建林泗殿。根据余家墓村余作栋先生描述,因明朝嘉靖年间倭患荒芜,万历年间平阳知县郭以隆下令招垦,万历甲戌年(1574)余姓由福建古田杉垟迁入,繁衍后分为一房、二房、三房,村因河网共计有八大块土地,以河为界,分余南、余北两个行政村。余南村包括南岸底、南河、门前岸、上尾头四个地方,余北村包括下底垟、队后、桥头边、底头岸四个地方。清康熙甲辰年(1664)余氏于水浃心,土名满园底,建筑祖墓,称余家墓。宗祠建于桥头边的榕树下,与宜东小学相连。[①] 余北村建有林泗庙。施良村辖施良、下河陈、虹桥三村。施良村130户、547人。下河陈村陈氏明万历迁此,于施氏庐舍下首筑宅而

① 余作栋:《深情解读余家墓》。温州网703804风情栏。2016年改写。

居，称下屋陈，谐音为下河陈。虹桥村 70 户，276 人。施良村玉沙庙祀普济圣王。孙店村相传孙氏始居，设有小店。当地《傅氏宗谱》记载，唐光启年间(885—888)有其名，万历《平阳县志》记载建有“泉涌观音院”，俗称观音寺，今废。王继母也作“皇继母”，属张东村，继母殿祀林泗大帝。

江山乡东庄村辖东庄村、木弄村、后宅村、下连村、何处村五个自然村。东庄村建有宋淳熙甲午年(994)古桥，明建文元年(1398)为陈弘道员外东庄。木弄村 55 户，222 人。后宅村 43 户，202 人。下连村 33 户，145 人。何处村 66 户，256 人。龙港江山东庄村红宫殿祀陈府侯王。

钱库镇仙居乡西北接宜山镇、平等乡、白沙乡，清属十一都，民国时归芦蒲乡，中华人民共和国成立后归宜东乡，1952 年建仙居乡，归属钱库区。朱家岛村，标准名朱家斗村，四周环河，有二小岛。宋建炎丁未年(1127)朱氏迁此，360 户，1772 人。江南垟主航线方金运河经此，村建白马殿。黄处村属朱家岛行政村，60 户，316 人。李家垟头村李氏明季由福建省明昌县迁此九龙湾之头部定居，名村李家垟头，134 户，822 人。1949 年属南萍乡，1955 年南萍乡并入新安乡，1963 年划入仙居公社，村建三圣殿祀林泗大帝。湖广店村相传湖广人明万历三十九年(1161)来此开店，248 户，1224 人，行政区划归属如李家垟头。翁处村翁氏清康熙癸丑年(1673)由福建省兴化县迁此，方艚运河经村东。平阳南监场乾隆设灶开煎以来币商程恒升、恒泰创苛例勒派，拘抑盐价，短斤少两。鲍天兆，翁处农民，嘉庆初冒死集里民再三上诉，解里民以盐事苦累垂三十年。里民立祠里中，曰鲍公祠。民国《平阳县志》有传。翁处 1949 年属仙居乡雅店村，1955 年属芦蒲乡，1958 年属雅后大队，1961 年从雅后大队分出成立翁处大队，1963 年复归仙居公社。村建福礼明王殿、三官庙。芦蒲乡多祀福礼明王，清代杨诗《重修南监神庙记》曰：“我乡旧有神庙祀福礼明王，相传即五显之别名。志史略而未详，原址在古芦蒲城之东门外，杨氏宗祠左偏。自宋迄今，祀典不废。”[①]神宫桥村杨氏明嘉靖年间（1522—1566）迁此，因庙前建桥而得名。557 户，2596 人。行政归属变迁如李家垟。

孙店太阴宫六扇三十六地方境社表

<table>
<tr><th>序号</th><th>地方</th><th>始居</th><th>地方庙</th><th>扇</th><th>清时隶属</th><th>民国隶属</th><th>1949年后隶属</th><th>建县隶属</th><th>现属</th></tr>
<tr><td>1</td><td>孙店</td><td>孙/唐</td><td></td><td>1</td><td rowspan="4">白沙里</td><td>十一都</td><td rowspan="17">宜山镇</td><td rowspan="4">平等乡</td><td rowspan="17">龙港镇</td></tr>
<tr><td>2</td><td>下屋陈</td><td>陈/明</td><td></td><td>1</td><td></td></tr>
<tr><td>3</td><td>施家</td><td>清</td><td>玉沙庙</td><td>1</td><td></td></tr>
<tr><td>4</td><td>李家</td><td>清</td><td></td><td>1</td><td></td></tr>
<tr><td>5</td><td>东庄</td><td>陈/明</td><td>红宫殿</td><td>1</td><td>陈营里</td><td>十五都</td><td>江山乡</td></tr>
<tr><td>6</td><td>虹桥</td><td>清</td><td></td><td>1</td><td rowspan="5">白沙里</td><td rowspan="2">十一都</td><td></td></tr>
<tr><td>7</td><td>黄处</td><td>清</td><td></td><td>1</td><td>宜山镇</td></tr>
<tr><td>8</td><td>章良</td><td>章/北宋</td><td>义桥庙
岑浦宫
东方殿</td><td>2</td><td rowspan="3">十都</td><td>海城乡</td></tr>
<tr><td>9</td><td>方良</td><td>周/后晋</td><td></td><td>2</td><td>白沙乡</td></tr>
<tr><td>10</td><td>二河</td><td>陈/南宋</td><td>白沙宫
白马殿</td><td>2</td><td>海城乡</td></tr>
<tr><td>11</td><td>余南</td><td>余/清</td><td></td><td>3</td><td></td><td></td><td rowspan="7">平等乡</td></tr>
<tr><td>12</td><td>余北</td><td>余/清</td><td>林泗庙</td><td>3</td><td></td><td></td></tr>
<tr><td>13</td><td>王继母</td><td></td><td>继母殿</td><td>3</td><td></td><td></td></tr>
<tr><td>14</td><td>陈家垟</td><td>陈/清</td><td></td><td>3</td><td></td><td></td></tr>
<tr><td>15</td><td>严处</td><td>严/明</td><td>三官亭
蔡三庙</td><td>3</td><td>陈营里</td><td>十五都</td></tr>
<tr><td>16</td><td>吴兰楼</td><td>吴/清</td><td>林泗殿</td><td>3</td><td></td><td></td></tr>
<tr><td>17</td><td>林官仓</td><td>林/明</td><td>林泗殿</td><td>3</td><td></td><td></td></tr>
</table>

① 杨思好主编：《苍南金石志》。浙江古籍出版社 2011 年版，第 235 页。

续 表

序号	地方	始居	地方庙	扇	清时隶属	民国隶属	1949年后隶属	建县隶属	现属
18	西垟	清		4					
19	石井	清	陈八殿	4					
20	李家垟头	李/明	三圣殿	4	十一都	芦蒲乡	南萍乡	仙居乡	钱库镇
21	湖广店	明		4	十一都	芦蒲乡	南萍乡		
22	神宫桥	杨/明		4	十一都	芦蒲乡	南萍乡		
23	上黄	黄/明	林泗庙	4			宜东乡	宜山镇	宜山镇
24	下黄	黄/明		4					
25	朱处	朱/明	地主庙	4					
26	朱家岛	朱/南宋	白马殿	5	十一都		宜东乡	仙居乡	龙港镇
27	翁处	翁/清	福礼明王殿 三官庙		十一都	十一都			钱库镇
28	玉沙庙		玉沙庙						龙港镇
29	朝北屋	缪/南宋	整源宫	6	白沙里	十都	海城乡	海城乡	
30	海下村	清	都天庙						
31	海头村	清	盐敖亭						
32	河尾村	清							
33	后岸村	清							
34	前东村	清							
35	民主村	清	灵泉庙 招贤庙						
36	新垟村	宋	杨府庙 陈府庙						

庙管会成员根据2010年的建庙碑文介绍了“六扇三十六地方”的具体名称。庙碑碑文有提到“六扇三十六地方”，也有如上的大部分“地方”的名录。但事实上没有达到“三十六”这个数目，只有31个名录出现在碑文上，是在笔者的点数下，庙管会成员才回忆增补的。同时他们也认为增补的内容也有问题，如余南、余北，是1949年以后的说法，民国时期没有这样说；还有缪家桥的许多自然村成村时间较迟，什么时候才加入“三十六地方”呢？这里就涉及两个问题：一是“六扇三十六地方”什么时候提出？二是“三十六地方”是否实数？

根据上表，太阴宫庙境涉及清代民国时期的十都、十一都、十五都，该三都分属江南镇的慕贤东乡和慕贤西乡。但不包括三个都的全部，甚至不包括三个都中的主要村落。三个都中的刘店、张家堡、东门杨[垟]、仙居、柘园、陈家堡、李家阳[垟]、薛家桥等都是主姓村，大村大族，形成于宋代。他们没有加入庙境组织，一方面说明这些村落已经自成体系，另一方

民国《平阳县志》十、十一、十五都村落与太阴宫庙境对照表①

江南镇慕贤东乡十都	在县南三十里	陈家宅　下涝　象冈　**章梁**　**方梁**　江口　邱步　河北庙　刘店　张家堡　儒家庄　**第二河**　**缪家桥**
江南镇慕贤东乡十一都	在县南四十里	东门杨　仙居　柘园　芦蒲　陈家堡　三石桥　下点桥　**孙店**　**虹桥**　**黄梁**　**神功桥**　十二岱　黄车堡　**翁处**　监后阳　石路　半河
江南镇慕贤西乡十五都	在县西南五十里	新陡门　吴桥　河前　郭家宕　杨家宅　双桂坊　洪宫　李家阳　水门　**东庄**　斋堂　九板桥　周家楼　薛家桥　西河边　都口　鹏桥　香林寺　直浃河　蔡楼桥　**严处**
孙店太阴宫庙境		章梁　方梁　第二河　缪家桥　孙店　虹桥　黄梁　神功桥　翁处　东庄　严处

① 民国《平阳县志·建置志》。苍南县文化广电新闻出版局据民国十四年影印本影印，第一册，第156—158页。

面也说明孙店太阴宫是滨海散居杂姓村落的一种相对于宗族而言比较松散的联盟。根据宜山许府真君庙五扇六庄的布局，孙店太阴宫中的严处、东店、湖广店、黄良四个地方也属于其庙境范围，出现了庙境的重叠现象。

孙店太阴宫境社可能是以南宋时期的村社为基础，在清代逐渐形成的。根据2010年的庙碑记载，孙店太阴宫始建于南宋时期，但没有更多的证据来证明这一记载的可靠性。该区域的最早村落为孙店、章良、缪家桥、二河等，在南宋时期已经定居，建设石桥，疏浚河道，当时可能会有“社”的组织形式，促进村落姓氏之间的联盟，促进地方水利和交通建设，但不会有陈靖姑庙。社是有信仰组织的经济单位，以社仓为组织保障。隋开皇中，劝诸州军民当社立义仓，又为社仓。这是社的传统形式。宋朱熹奏拨常平米建社仓，其法加详，后世遂遵用之。元初立义仓于乡社。陈靖姑信仰的形成，目前最早的史料记载为元末明初时期，不可能在南宋的苍南县地方出现庙宇。明朝中后期更多的福建移民进入该地区，村落不断增加，境社的组织也会进一步完善。明史《食货志》记载，嘉靖八年令各抚按设社仓，令民二三十家为一社，择家殷实而有行义者一人为社首，处事公平者为社正，能书算者为社副。但是清初迁界中止了这一进程。顺治十八年(1661)清政府为了阻止沿海居民接济盘踞台湾的郑成功，强制浙闽沿海居民迁界十里，插木为界。白沙里接海，首当其冲，村社俱毁。清康熙九年(1670)展界复井，重建社会。孙店太阴宫应该是在展界以后重建的境社组织。根据民国《平阳县志》，“顺治十八年迁徙弃置逃亡人丁四万三千二百二十四丁七分八厘，实存丁口四万三千五百五十四丁。康熙九年展界，加各年招回各项人丁五百二十五丁六分六厘九毫零，实在丁口四万四千七丁九又九分六厘六毫八丝八忽。”“十八年迁徙，各则田地园弃置过半，所有图里十仅有四。”十都、十一都明代分别为十图、十三图，康熙二庄、四庄，雍正改十三庄、廿一庄，民国达廿一庄、廿九庄。[①] 清自康熙六十一年至乾隆二十年还略可考见社仓储数。这一组织有过去的传统基础，但是太阴宫的命名、龙舟殇官邱卢的供奉，都是清代的事情。因为太阴圣母的称谓、邱卢故事的编制都是清代《灵经大传》传唱的结果。孙店太阴宫境社从集镇宜山的东部黄良一直延伸到滨海渔村的缪家桥和章良，呈扇形展开，村落形态和产业分布的结合就很有特点，把渔业、盐业、瓜菜业、水稻种植业和集市商贸业链接成一个金字塔结构。宫庙管委会主任傅广阔介绍："孙店太阴宫建了一条路直通宜山镇，横跨陈家屋河道的石板桥就命名为太阴桥。"[②]清时太阴宫有祭田几十亩，1949 年后土改没收。孙店太阴宫 1953 年至 1957 年借用为宜山区宜东乡政府办公场所，1958 年改为大食堂，大办钢铁时遭受火灾，烧毁。1960 年重建为宜东片区中心小学，三十六个地方子弟都来此就学，一直延续到 1970 年代。也就是说，延续到 1970 年代，孙店一直作为宜山东片区域至白沙、海城的中心区域存在，"宜山东片区"的地理概念可能沿袭自清代、民国时期的"江南镇慕贤东乡"，其中心的象征体就是太阴宫。"三十六"个地方可能是受道教三十六洞天、三十六天罡、三十六殇官的术数影响而刻意添划的，不是地方的自然数量。

孙店太阴宫的神明系统区别于其他村庙和片区庙，这一区别体现了神明专职机构和合署办公机构的差异。孙店太阴宫主祀陈十四娘娘，全宫神明有陈十四娘娘、马九娘娘、黄卿大夫、陈法通、陈法清、魁星神君、文昌帝君、灵通、感应、送宝娘娘、送子娘娘、葛氏夫人、威灵相公、福德尊神、

---

① 民国《平阳县志 · 食货志》。苍南县文化广电新闻出版局据民国十四年影印本影印，第二册，第 426 页、第 429 页。

② 傅广阔，男，68 岁，孙店村人，孙店太阴宫管委会主任。访谈时间 2016 年 9 月 18 日。地址：孙店太阴宫。采访人：林亦修。

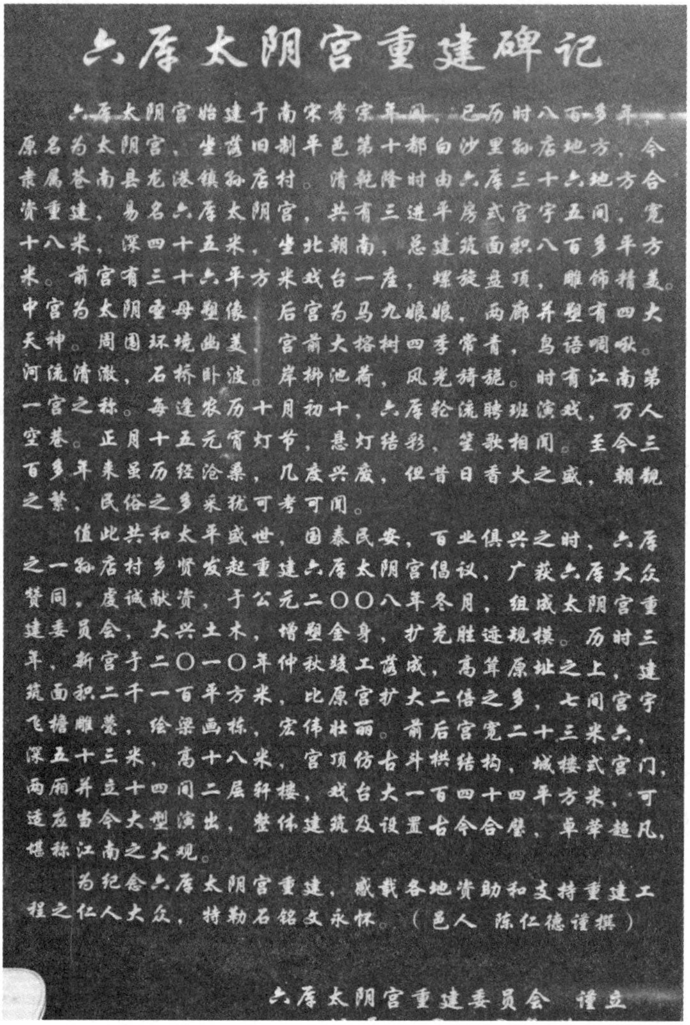

图 2.3.3　太阴宫重建碑

汪文、邱卢、杨武、高斌，判官、符使。除了主管文运的魁星神君和文昌帝君之外，再排除宫庙必设的福德尊神、送宝娘娘、送子娘娘、判官、符使，其余神明都是陈靖姑谱系神明，包括眷属神威灵相公（陈父）、葛氏夫人、黄卿大夫（丈夫）、陈法通、陈法清、灵通、感应；结拜神马九娘娘（马仙）；部属神汪文、邱卢、杨武、高斌。邱卢就是《陈靖姑平阳县城斗玄坛》故事中被黑虎咬死的偷吃牲品男孩，在该庙里又被赋予了端午节划龙舟时跳僮附体的殇官身份。苍南县陈靖姑宫庙以眷属神和部属神为主体设置的很少，孙店太阴宫是具有代表意义的陈靖姑眷属庙。这一眷属庙以瑞安鼓词《灵经大传》演唱内容的人物设置神明，又区别于古田临水宫和福州地区的眷属庙。孙店属瓯方言区，“太阴宫”明显区别于灵溪镇等闽南话方言区“皇君殿”的特点。神明系统的专属性赋予该庙的专职功能，起着“代天巡牧”的机构作用，对境社内部的合署办公性村庙，如玉沙庙、红宫殿、义桥庙、岑浦宫、东方殿、白沙宫、白马殿、林泗庙、继母殿、蔡三庙、林泗殿、陈八殿、三圣殿、地主庙、福礼明王殿、玉沙庙、整源宫、都天庙、盐敖亭、灵泉庙、招贤庙、杨府庙、陈府庙等具有监察和统辖的权力。主要表现在：一、孙店太阴宫正月十五闹灯、十月初十做福时，可以借邀请各个宫殿神明前来观灯、看戏的机会，举办神明会，以团结神的名义团结人；也可以以巡境的名义拜访各个庙宇，由庙宇设拦路供放帖邀请太阴圣母驾临补运。二、设置龙舟专门殇官邱卢，以端午节划龙舟为契机，先开鼓、后收殇，不参与斗龙，时常驯化出事龙舟，树立区域首善地位。

立社为公，是谓公社。孙店太阴宫境社组织的形成和存在与当地的水利、交通、垦殖有很大的关系。水利建设说明自然环境迫使地方建立利益共同体；交通建设说明地方联合才能产生共同利益；垦殖管理说明地方需要公益组织来协调利益分红、解决纠纷；发展教育事业，课读境社子弟。宫庙的境社组织提供了满足上述需要的民间机构。

境社水利建设是塘堤、陡门、湫渠的体系建设。杨诗《东魁陡门记》：“自十湫雍塞，白沙之涂田渐涨而土肥，土肥而岁熟。然往往有水旱之患，何也？识者曰：白沙隄至南监塘达阴均陡，虽为江南保障，而外御咸潮，内蓄淡水，仅以阴均一陡为关键，使溢不能速泄，禾屡浸为水患；泄不敢多潴，晴易竭为旱患。”[①]因此，清吕弘诰《重筑钱仓鹅颈埭记》认为：“夫埭非陡门，无以通其流；陡门非埭，无以固其址；众川非湫，无以杀其势。”[②]境社水利的第一项工程是凿湫浚河排洪。县志记载：“自缪嘉桥以北至木桥头有旧时十湫遗址。一河自缪嘉桥东行达第一湫，一河自第二河东行达第二湫，一河自章梁三河桥东行达第三湫，一河自章梁里仁桥东行达第四湫，一河自方梁东行达第五湫，一河自刘店东行达第六湫，一河自第七河东行达第七湫，一河自象冈东行达第八湫，一河自河北庙东行迳浦后达第九湫，一河自木桥头东行迳邱家步达第十湫。”[③]“白沙十湫”的主体在庙境之内，开凿、疏浚、水务管理自然需要境社组织的统一调度。水利建设的第二大工程是塘堤建设。县令赵巚《南监海塘记》论述堤塘的重要性，道：“昆阳东带沧溟，西连闽峤，膏腴沃壤纵横百里，往往有潮汐之变，欲其蓄泄以时，水旱无患，则堤堰之修急矣。”[④]白沙海塘始建于唐宋，屡毁屡修。由于海涂不断淤积、延伸和围垦，塘线多次外移，屡修屡展。至今有白沙内塘、东塘、中塘、外塘、新塘五道塘堤。内塘 3 公里，始建无考，清乾隆三年(1738)重修，今废。东塘自下埠(即上文的邱家步)起，经象冈、七河、刘店、黄良、方良、章良、二河、民主、海下、儒桥头、监后垟、石路、林家院，至舥艚平安水闸，长 10.4 公里，南宋庆元二年(1196)秋海溢后温州知州曾炎修，元大德元年(1297)、大德九年(1306)、延佑五年(1318)、至正年间(1341—1368)、明永乐二年(1404)多次重修。中塘自龙江牛肩头水闸

① 民国《平阳县志·建置志》。苍南县文化广电新闻出版局据民国十四年影印本影印，第一册，第 271 页。

② 民国《平阳县志·建置志》。苍南县文化广电新闻出版局据民国十四年影印本影印，第一册，第 237 页。

③ 民国《平阳县志·舆地志》。苍南县文化广电新闻出版局据民国十四年影印本影印，第一册，第 138—139 页。

④ 民国《平阳县志·建置志》。苍南县文化广电新闻出版局据民国十四年影印本影印，第一册，第 254 页。

至舥艚孔家湾，长 12.3 公里，清乾隆二年(1737)七月海溢冲毁东塘后修建，亦经多次修筑。外塘自龙江新美洲水闸至舥艚阴均水闸，长 14.9 公里，1959 年建成。新塘自江口至舥艚，长 14.9 公里，1986 年建成，多次遭台风和强潮毁坏重修。① 此外，流域范围内的水闸、水库等建设，不管官修、民修，都需要出工、出资，共同参与。水利管理包括制止"侵占塘土填塞沟渠，而私垦田园、暨煎丁开设盐坛，而争相渔利者"。②

境社传统交通建设主要为陆路官道和内河航线。在白沙里，白沙路和白沙河都是繁忙的交通线路。白沙路属横阳古道，为古代苍南县境两条官道之一，自平阳县万全镇仙口至苍南县马站镇蒲门，入福建省。途经庙境的方良、章良、二河、缪家桥。沿途设公馆、铺司，主要的建设项目是众多的桥梁和全程的石板路。境社石桥有翁家桥、江申桥、新洋桥、缪嘉桥、回澜桥、颍川桥、汇川桥、义桥、荷厦桥、道观桥、启图桥等。古道建设导致白沙路成为十里白沙街，白沙街一面临河，一面店屋，藉交通之便发展商贸，出现农村集市化现象。更有意思的是，农民集旅客大小便之利，建十里茅坑，出现"白沙路粪坑"的沿河口口相连景观。内河航运主要有金乡卫至江口埠的"金方航线"和舥艚镇至江口埠的"舥方航线"必经白沙河，几乎囊括了整个江南垟的客流量和货运量，沿河埠头建设促进了人员和物资交流。只是到了二十一世纪后，现代交通运输业主要为公路交通，塘堤公路和城市交通大道基本取代了传统的石板路和内河运输，同时远洋的码头货物运输得到长足发展，而孙店已经成为全国第一座农民城龙港镇的一部分。

孙店太阴宫庙境面向南涂，海涂面积 13000 多亩。这里是淤积土地、

---

① 参见萧耘春主编：《苍南县志 · 水利》。浙江人民出版社 1997 年版，第 299 页。

② 民国《平阳县志 · 建置志四》。苍南县文化广电新闻出版局据民国十四年影印本影印，第一册，第 253 页。

出产海盐、生产瓜豆、养殖海产、捕捞海鲜的地方。十湫外泄，不断淤积土地，民国《平阳县志》记载："旧志东海下有小茄次，在江口之下。案即象冈，今东境海涨甚广，其滨海处为涂厂。及白沙外塘之东涂。"[①]土地的增长是境社最大的红利，也容易引起村落之间的纠纷，合理分配、调解纠纷是境社组织的重要功能。境社滨海是古代著名的天富南监盐场，历史上从方良到缪家桥建有十个盐场，缪家桥的海头村因建有盐廒曾命名盐廒村。民国《平阳县志》记载："天富南监场盐课司先在东乡石渠里，宋乾道间徙十一都，元初复旧址。至元间迁市南河西，明洪武八年徙芦浦。百夫长叶叔大立廨廒四十二间，二十五年始置官吏。成化二十三年令王岳重修，弘治间令王约建预备仓贮盐，徙罪谷以济贫灶。"[②]1955 年沿海产盐的村落还有张良、二河、东庄、缪家桥等。滩涂产出甲簏鱼、弹涂鱼、蛸蠓、蛏子、花蛤、血蛤、潮蟹、油蚌等，畅销苍南、平阳各地。现在成为海水养殖场所和苍南县工业开发区。

孙店太阴宫继承境社办学传统，教育地方子弟，弘扬士子信仰。白沙里明代有白沙社学，清代有观海书院，奉祀魁星星君和文昌大帝。根据乾隆二十七年(1765)平阳县令何子祥《白沙里观海阁社学记》和民国《平阳县志》记载，明代"白沙社学，旧周家桥，里人方元尚舍基为之，在十都。……令王约奉例改庵立师以训乡之子弟者。旧志。"王约为明朝弘治年间平阳县令，有政声。乡绅方继学先生讲学其地。[③] 根据《学政全书》，清代的义务教育普及到乡社，培养子弟到二十岁。清顺治九年题准每乡

① 民国《平阳县志・舆地志四》。苍南县文化广电新闻出版局据民国十四年影印本影印，第一册，第 91 页。

② 民国《平阳县志・建置志二》。苍南县文化广电新闻出版局据民国十四年影印本影印，第一册，第 199—200 页。

③ 民国《平阳县志・教育志》。苍南县文化广电新闻出版局据民国十四年影印本影印，第二册，第 365 页。

置社学一区，择生员学优行端者补充社师，免其差役，量给廪饩。雍正元年又议准，凡近乡子弟年十二以上二十以内有志学文者，俱令入学肄业，亦名义学，以成就无力读书之士。清代“观海社学，在十都方梁，旧名周家桥，即明白沙社学旧址，清乾隆十六年里人建观海阁为子弟读书处。邑令何子祥易其名，拨田十亩以资膏火，并手谕劝捐以足之。今圮”。士子余若川、刘永清、施宏远、章正肃董其事。何子祥记述：“今十都白沙里有观海阁，里人建之以奉文昌武帝，其廊庑为乡子弟肄业之所。……是阁三面绕河，……东观大海，……闽浙半幅海图，如在眉睫。片航东上，若外夷日本、琉球诸国，皆堪意指。”[①]民国社学圮废后，孙店太阴宫继承魁星星君和文昌大帝的供奉；1949 年后舍宫址开办宜东片区中心小学；现在新建太阴宫依然供奉魁星星君和文昌大帝，体现了对境社文脉的传承。

最后回到太阴宫前的石旗杆座上，石旗杆座是建新庙时建的新石旗杆座，但是根据传统的样式建的。就为什么庙前有石旗杆座展开访谈，村民没有人能说出一二。考察苍南县各宫庙，都没有庙前立旗杆的现象，温州各地也没有注意到。旗杆是宗祠的标识物，只有裔孙有功名的宗祠，才可以立旗杆，其余不见。那宫庙立旗杆依据什么呢？2016 年 8 月，笔者在澳门考察庙宇时，发现澳门妈阁庙、莲峰庙、土地庙前，都有石旗杆座，石旗杆座表示这里在一定的时候需要升旗，具有官方地位。妈阁庙、莲峰庙、康公庙、沙梨头土地庙、路环天后宫在庙前天阶上还建有四方亭，莲峰庙四方亭上还悬一“心”字。四方亭也称“拜亭”，是祭天的地方，是接旨和宣布朝廷重要指示的地方，也是官员举行各类仪式、审理案件、接待民众、举行谈判的地方。石旗杆座和四方亭是宫庙拥有官方地位的象征。这类

① 民国《平阳县志·教育志》。苍南县文化广电新闻出版局据民国十四年影印本影印，第二册，第 371—372 页。

庙宇一般由官方发起或出资协助修建。妈阁庙横梁刻有明代万历年间“钦差总督广东珠池市舶税务兼管盐法太监李凤建”铭文，说明妈阁庙是官方主持、出资建造。莲峰庙在清代雍正、乾隆、嘉庆年间，多次由官方出资修建。普济禅院清咸丰八年重修，有官员 11 位捐资。沙梨头土地庙《新建永福古社亭序》认为：“尝闻社居五祀之一，固国家之所尊崇，亦乡党之所隆祀者也。”因此修建庙宇时“合澳宰官、十方男女咸相乐助”，乾隆五十四年“两广部堂钦命粤海关澳门总口、大马澳口、南湾口、妈阁口”等征税口岸捐资建庙，可谓“朝廷功德”的地方财政拨款；根据《重修澳门沙梨头社稷神坛碑记》，嘉庆年间重修庙宇，还有香山县左堂加五级记录五次吴、香山县协镇左营副总司马冯昌盛、澳门盐埠等军政官员和税务部门参与捐助，官员以薪俸参与庙宇修建。同时官方会将庙宇作为临时公务活动场所。莲峰庙清嘉庆二十三年(1818)石碑记述：“澳处关内莲峰庙，系会澳门奉祀香火，又为各大宪按临住节公所。”道光十九年(1839)钦差大臣林则徐在莲峰庙接见葡人“夷目”，颁布禁令；道光二十一年(1841)居澳葡人与大清地方官员举行“莲峰庙会议”，为技巧地处理中英关系进言；道光二十四年(1844)钦差大臣耆英居莲峰庙，在普济禅院四方亭与美国代表顾盛签订《望厦条约》；道光二十四年(1844)耆英又与法国公使拉厄尼在莲峰庙行辕就《中法黄埔条约》内容会谈。如果澳门的调查经验可以推论孙店太阴宫“官庙”地位成立的话，那它应该在当地盐务管理和江防工作中充当过非常重要的角色，可能在历史上是从盐税中拨款兴建或协助建造的，地方官员和巡视大臣曾在这里驻节办公。孙店太阴宫是目前发现的苍南县以致温州地区唯一的一座官庙。

独特的自然条件赋予区域群体独特的物质生活基础，耕读、做海、制盐、商贸、御寇、抗租等生产和社会活动，造就区域文化胸怀广大、积极进取、勇于抗争、勤俭聪慧的特质。随着城镇化的推进，政府对社会管理的加强，境社组织的观念日益淡去。目前孙店太阴宫庙境主体并入龙港镇，在近十万境社人口的信仰组织机构中，每年十月初十做戏吃福酒的也就500—600人，参与者仅占总人口的百分之一不足。宫庙虽然建有三层五间，气势宏伟，门前竖旗杆、立石狮、左右还有二对麒麟，而实际上仅以孙店村星光老人之家、平等社区居家养老服务照料中心的虚名保留着历史的记忆。宫庙由三十六地方的老年和中年代表傅宗报、傅广阔、黄成典、陈圣珊、章成安、朱德初、缪立各、王茂贵、章林全、杨家培、张荣针、傅广绿12位成员组成，经济基础好，管理到位，但传统意义上的乡绅和士子参与度底，文化底蕴的挖掘不深，在地方社会生活中所起的作用相对压缩，组织价值正在日益丧失。而中国城镇化建设，缺少的又正是这种社会组织肌理的生成，文化底色的擦洗，这正是需要深刻思考的问题。

4. 村居融合的城镇化信仰场所

——灵溪镇大门宫调查

大门宫，地处苍南县灵溪镇大门村，始建于明崇祯二年(1629)，清乾隆十四年(1749)重建，是原大门村祈福纳祥、消灾解厄、祈求平安、教忠教孝的文化活动场所。1998年，因县城规划建设的需要，重建新庙，面阔七间，雄伟壮观，现为大门村、厅基村、山前居、城中居、莲花居五个村居的民间信仰场所，为城镇化传承传统村落文化、新居民融入和享有传统民俗生活作出了尝试。

大门宫位于灵溪镇学士路249号，系苍南县城从灵溪老街区发展出来后的中心区、繁华商业街。该地历史上是一块横阳支江涂涨地，最初称涂园村。《苍南县地名志》记述："大门路，位于橄榄河以东，从滨江东路至河滨东路，以村得名。"地理环境揭示该村原先是潮间带的滩涂区域。大门宫主祀神的产生便与潮水联系起来："五显大帝来源的传说与涨潮有关。当海水涨潮的时候，有一个神像从海洋中漂到涂园村，而此神像正是五显大帝，从此涂园村民开始供奉五显大帝。"[①]在闽浙沿海地区，类似神

① 访谈资料。被访谈人许文钞，81岁；蒋招夏，63岁。大门宫管理委员会负责人。访谈人林亦修、郭重孟，时间：2016年7月24日。地点：大门宫。

像漂流至村落，便以此构建神明信仰的传说比比皆是。在很早以前，大门村村民应该是过着与海洋密切相关的一种生活方式。五显大帝神像漂流至此的传说，应是水生的神性表现，也是原始渔业信仰的遗留。清乾隆年间涂园村改称道门村，已经形成四姓共祀五显爷的杂姓村落。宫后有墩，墩淤沙涨，生出土地，村民视该墩为风水墩。墩前二浃，左为脸盆浃，右为脚盆浃，地理环境天然地提供了“祭如在”的晨昏奉侍神明的设置，成为供奉圣地。滩涂出浃水，比周边地区更快更好地淡化了盐碱土地，自然给村民带来神奇感。宫基土软，水溢沙涨，水退沙陷，村民称该土为“蛤蟆肉”，在风水上视为“宝穴”。浃水纯净，冬暖夏凉，成为生财、祈雨、保健的天然崇拜物。果然 400 年过去，荒滩变街市，沙土产黄金，风生水起。目前宫庙主体建筑面积 237.7 平方米，用地面积 1296 平方米。

图 2.4.1　五显灵官大帝供案、神龛

宫庙正殿，由主祀神龛与配祀神龛构成，主祀神龛中间供奉五显大帝，左右分别供奉杨府上圣、齐天大圣；配祀神龛，左右各为三个，右三神龛供奉郝五相公、水陆大王，右二神龛供奉陈氏娘娘，右一神龛供奉劝善大师，僧侣装扮；左三神龛供奉卷帘大将、天蓬元帅；左二神龛供奉玄天上帝、许府真君；左一神龛为土地尊神。正殿两侧分别供奉千里眼与顺风耳。端坐神尊如五显大帝、齐天大圣、杨府上圣、许府真君、陈氏娘娘均有敕封神牌，五显大帝神位牌写“通天都府五显灵官大帝圣位”，其余皆为“敕封护国佑民XXX圣位”。宫庙两侧建筑，上下两层结构。上层左右两侧为魁星阁与财神殿。魁星阁中供奉魁星星君，塑像蓝色，脚踏鳌头，手指上天；财神殿中供奉文财神，主福禄，两侧童子一个手执玉如意，一个手拿“招财进宝”横幅。考察神明谱系，五显爷为原庙神，陈十四娘娘随后供奉，齐天大帝、杨府侯王都是1949年以后，因他庙圮废或村落生活需要以及“看像”[①]邻村宫庙而设置的，也是一种联合庙的整合过程。

大门宫整体布局，神灵配祀与灵溪镇齐天大圣宫极为相似。大门宫新庙重建于1998年，比大圣宫落成时间晚了一年，建筑格局应有借鉴的成分。在解放初期，大圣宫被水利局使用，大圣宫神尊全部供奉于大门宫，大圣宫重建，请回本宫神尊。在这段历史渊源中，大圣宫与大门宫的神明经历了短暂的重组过程，形成了两宫神灵体系的基本格局。经历了宋代闽浙造神运动的高潮期和二十一世纪前后闽浙宫庙的重建高潮期，苍南县民间信仰呈现出神灵体系、宫庙结构同质化的现象。如果说神明体系同质化，是为了保持祖庙分香的同源性，那么，宫庙建筑同质化可以说是一个类城镇化的过程。

大门村形成于明末清初，定居者主要为闽南移民，为许、苏、萧、郑等姓氏。明嘉靖至万历年间，平阳倭乱，县令简继芳、万民华、郭以隆等先后下令向福建召垦。清初迁复界和福建耿精忠之乱，也导致区域大移民。

---

① 看像：学样的意思，闽南话、蛮话都有该俗语。

苏氏始迁祖明末由泉州府安溪县衡阳入迁苍南地方,后裔析居大门。许氏始迁祖许天宇明隆庆年间(1567—1572)由福建晋江县石龟迁居大门。萧氏始迁祖萧士侃于明末崇祯年间由福建泉州安溪县高山乡崇信里迁居二十五都山前,后裔析居于此。郑氏始迁祖郑魁德、郑魁秀兄弟约于清康熙年间由福建南安县入迁平阳县北港南湖,转迁大门。四姓组织为境社,合建大门宫。清初大门宫重建大梁标写:“乾隆十四年　苏、许、萧、郑四姓”字样,正是大门、厅基境社共同体形成和存在的证据。

嘉庆十二年(1807)发生了平阳县清代三大案之一的“大门打官事件”。平阳知县徐映台与温州知府杨大鹤私自将钦定田赋每亩二角三分增至三角三分,违背了康熙“永不加赋”的遗训,并派兵捉拿上呈告发的生员庄以莅。大门拳师许鸿志闻讯赶到解救,率民众追殴官兵,打伤知县。知府禀报督抚文称“纠众数千人,夺犯殴官,居然民变”,下令处决。涉事监生林钟英上京投诉,朝廷下旨刑部和军机处四位官员赴温州集审,历时六月,讨回公道。民间艺人至今以《林钟英告御状》传唱。打官事件及其故事传播对提高社会共同体的凝聚力和自信力具有不可估量的价值。

村庙,是村落群体进行民间信仰活动的信仰空间。在历史上,大门宫归属大门村,属于典型的村庙。1981 年苍南建县,由于县城规划缘故,1984 年大门村析为大门村、厅基村、山前居委会三个单位,吸纳许多在政府机关、企事业单位工作的新住户,尤其是商业街的形成,大量批发商和零售商成为新居民。1995 年至 1996 年在大门宫的境社空间内,大门社区、城中居委会、莲池居委会成立,出现了“二村四居”并存的现象,而人口来源的多样化、宗教信仰的多元化同时产生。

村庙境社是稳定的同质社会组织,很少接纳外来者和后来者;城镇化是异质多元社会,很难形成犹如村庙的境社组织,在共同神明信仰的昭示下以祭祀仪式建立认同和秩序,同荣辱共进退。中国现代城市潜在的最大危机是放弃了传统的社会组织，又没有形成现代的社会组织，城市社区只在物业公司的服务下维持最低的共同卫生和安全的组织形式，市民呈现为原子化的“漠邻”状态。大门原有人口1000多人，“二村四居”现有人口30000多人，外来人口是当地原居民的30多倍，人数急剧增加，是外地群体搬迁至此定居的结果。新居民迁自苍南县各地和浙南闽东地区，大多为机关事业单位干部职工、工商业私营者、山垟致富入城农民，自身素质和社会地位也高于驻地村民。外来群体作为迁入群体，因风俗习惯的不同，一般很难融入村居共同体。如何以村庙形式组织、接纳新居民，又如何让新居民产生村庙的庇护感，是大门宫建立“二村四居”共同体的主要难题。为了组建新的宫庙共同体，大门宫采取了以下措施：

一、建庙写缘开放化

1996年大门宫重建时，提出“宫是天下宫”①的概念，不只是以二村村民为境社对象，而是以二村四居的全体居民为境社对象。当时宫庙重建需资金240多万，除了政府退赔费外，其余都通过二村四居居民的自愿捐献“写缘”筹集。在大门宫的重建功德碑上，除了原来的许、苏、萧、郑姓氏外，出现了柯、韩、洪、阮、罗、谢、黄、徐、林、余、梅、李、陈、吴、张、周、杨、岳、鲍、叶、庄、应、蔡、高、章、赵、潘、宋、倪、曾、董、白等30多姓氏2000多名字的捐资人，捐献资金从8000元至100元人民币不等。这种不以大门村传统组织为限制的建庙筹资方式，表面上是收了新居民的钱，实质上是奉献了地方传统的神明信仰文化资源为地方共同文化资源，与当地的外来居民和后来居民共享。全体民众捐资建庙行为是民众神明信仰同质

① 大门宫管委会负责人许文钞语。

化、神职功能认同性的重要表现，是信仰共同体构建的开始。当然，这种共同体是地方族群内部构建的表现。在宫庙合并的过程中，我们平时总是关注神明谱系和宫庙数量的合并，建立联合庙，其实最根本的联合实质上是不同祭祀共同体之间的联合，这一联合才能建立更大的社会。大门宫由“村庙”向“联合庙”的转变，是村庙信仰空间之外群体不断融入的过程。这个融入包括地方族群内部之间与外部族群向内部群体转化的过程，并以大门宫为信仰载体，实现信仰共同体的不断重构。

二、提供居民的信仰仪式生活和活动场所

大门宫按年岁时节举行祭祀神明的仪式，为村居民众提供共同信仰生活。居民根据自己的信仰选择和时间安排，自愿参加共同体举行的做醮祈福活动，每次自愿捐献 100—200 元作为仪式费用，请回一幅门符，有时是布质的，有时是纸质的，贴挂在自家的门楣上，作为镇宅符，保佑一家平安，建立了平等赐福的信众关系。每月初一、十五来到大门宫点香的信众较多，宫庙管理小组成员出于全员参与管理体验的考虑，制定了“全村各户”点香轮值服务的规约。这种信仰规约是不成文的，属口头约定的形式，起到了更好融合的作用，从而为宫庙维护、功德捐献、出境巡游组织提供更大的民众关注度。

大门村各姓宗族没有自己的宗祠，一些宗族祭祀、宗族活动均在大门宫中进行。这为“庙门”组织内的“祠堂门”组织提供了方便，也使地方民间组织达到环环相生的效果。

苍南人习惯在人生的各个阶段和人生的各种境遇中举行祛病、招魂、添寿、超阴、度冥、解结、谢土、献供等与精怪、祖灵、神明相交往的打醮仪式，这些仪式往往以大家庭的形式组织，利用一天到三天的时间，占用

200多平方米的建筑场地。大门宫周边街道纵横，店铺林立，居民楼成片。城镇民居空间与传统民居空间有很大的不同，已经完全是世俗生活的世界，没有神明和祖先奉祀的空间，更无举行信仰仪式活动的场所。大门宫成为了二村四居民众举行信仰仪式的首选场地。

三、神圣空间向公共文化空间的转型

“眼光向下”是大门宫神圣空间逐渐走向世俗化的重要表现。在二村四居共同体中，大门宫承担着公共文化生活空间的主要功能。这里已经成为老人们娱乐、打牌、休闲生活的主要场所。

大门宫作为村庙，原先具有宗族教化与信仰凝聚的功能，具备血缘与神缘两种属性，在村落生活中形塑神圣空间的地位，一般的娱乐活动不许侵占。在城镇化进程中，传统村落向城市社区转变，原本传统民居可扮演的村落生活公共活动空间的角色，在住房改造过程中逐渐丧失，慢慢由宫观寺庙所承担。尤其是村庙，一般被视为集体的公共财产，被村民视为有权力利用的对象。大门宫随着被村民利用率的不断提高，“神圣空间”不断向“世俗空间”转变，走向公共文化空间的地位，有利于都市群体公共生活场所的构建，增强聚落群体的凝聚力，同时也是村庙应对城镇化进程做出社会功能变化的调试行为。

民间信仰是民间社会“约定成俗”的信仰方式，因其崇拜神灵多元化，满足民众不同心理诉求而表现神职功能多元化的信仰形式。“约定成俗”是指民间信仰活动在历史流变过程中祭祀活动时空的稳定性。一般来说，每月初一、十五成为民间日常生活的祭祀时间；每逢神诞时间，民间社会在宫庙中举办特殊祭祀活动，恒定不变。神明祭祀活动是民间信仰中最为核心的部分，是维系村落（居）民众关系，构建村落（居）共同体的重要

图 2.4.2 闹市区的庙宇殿堂，显得特别静谧安宁

方式。大门宫是民间信仰活动举办的重要载体，在民间社会变迁中，由村庙向联合社区庙的演变，其实是村居信仰共同体重新构建过程的体现。

大门宫成为“二村四居”共同体民众的信仰象征，本身有一个磨合的过程。其始建或每次重建，均是外来群体聚成村落或不同宗族群体构建社区共同体的标志。最早许姓家族在此繁衍，形成聚落，始建大门宫作为宗族开展祭祖或神明祈福活动的场所。清乾隆年间，大门宫重建，宫殿梁柱上标识的“苏、许、萧、郑”四姓宗族说明，当时道门村已经形成在村落不同宗族中构建信仰共同体的传统。但所有共同体的形成并非都能顺利走向成功。解放初期，齐天大圣宫神尊曾短暂安放大门宫，应是大门居、会龙门居许姓后裔血缘同源性带来的缘分，而“神灵不合”说法，最终没有达成大门宫和大圣宫的合并。这是两个杂姓村落在神明体系重构过程中信仰观念差异、信仰空间共同体构建中无法调试的结果。大门村析出三个村落，因神缘关系同源性，大门宫依然成为三个村落共同的信仰空间，体现出生产生活单位的分化不一定导致信仰共同体的分化。尤其艰难的是，在改革开放之后，新居民居然很快融入到信仰共同体之中，形成地缘宫庙境社认同，这是中国城镇化过程中出现的少有现象，具有值得关注和总结的地方。都市新居民如何主动融入地方民俗生活，地方宫庙组织如何开放地吸纳新居民，应该成为中国现代城市社会建设的一大课题。大门宫“二村四居”信仰活动公共空间的形成，是具有启发意义和实验价值的尝试。

总之，大门宫的历史变迁，是信仰空间逐渐扩布与村落共同体不断重构的过程，是民间社会村落宗族变迁与民间信仰构建社会村落关系的真实反映。这里也有村落宗族权威的衰落与民间社会心态开放的因素影响。估计在农耕社会向工商社会的转型中，大门宫依然可以以民间信仰的力量，发挥积极的作用。

5. 宫庙神明世界的建构方式
——基于观美镇太祖庙的调查

一般地，我们习惯以道教宫观和佛教寺院的供奉方式作为基本常识来衡量民间信仰场所的神明供奉结构，常常发现村落宫庙并没有完全按照道教或佛教的供奉秩序来安排神明序列，因此视之为“乱码”。其实，民间信仰是按照民间生活的需要和序列因地制宜地安排宫庙神明，并非按照神尊功法或教界地位依次排序，这正是民间信仰充满创造力的所在，也是民间信仰区别于道教和佛教而独立存在的重要理由之一。

苍南县观美镇六亩内太祖庙，主神供奉宋太祖赵匡胤，这是很少有的现象，在苍南的所有宫庙中，还有龙港镇缪家桥的一座庙宇供奉赵匡胤。赵匡胤是历史人物，开国帝王，很少发现有神化的供奉。观美镇太祖庙的出现，一定有它自己的缘由。

六亩内是一个山坳里的自然村，地处浙南闽东的交界地带。宫主洪先生世代务农，间为闽浙间商贩，洪先生从小便在闽浙间走动，年纪轻轻积累了丰富的民间文化知识。1989 年宋太祖神托梦，洪先生从福建太姥山龙虎洞岩崖间迎请刻有“宋太祖”字号的石香炉，抱回老厝供奉。六亩内原有一座山庙，建于明朝洪武九年(1376)，供奉陈靖姑、牧牛大王、土地尊神，后圮废。洪先生便请来山庙神明合祀。以太姥山宋太祖炉和陈十

图 2.5.1　宋太祖庙

四圮庙为基础，一座新的太祖庙应运而生。

1993 年广大信众乐助缘金，洪先生拆祖宅危房为庙基，建成一座五开间神庙。2006 年秋再次筹资重建，庙额“太祖庙”。主殿二层五楹，设前后殿，左厢房七间二层，上层留宿、办公，下层设醮坛。目前还有一个观音阁在筹备之中。

图 2.5.2　宋太祖庙神明牌位

5. 宫庙神明世界的建构方式

宫庙现供奉神明35尊，排列于主殿五龛和前殿左右二龛。根据洪先生口述，考察35尊神佛的属性，可以分为五类。第一类是宋太祖君臣神谱。宋王赵太祖，列为宫庙的主神，太祖庙以此命名；苗仙师，宋太祖的军师；圣府侯王，平番大将军，因功劳太大，赐府第为"圣"；蔡府侯王，属外番皇帝，与宋太祖结拜；邱府侯王，兵部尚书；通都元帅，举子，与宋太祖在一起；铁府将军，总制官职，把守边关；铜府将军，与铁府结拜；陈府将军，做官，山东人，扛铁扁担；白石大王，做官，山东人，人很高，扛铁扁担；宋府元帅，将军，福建平潭人。第二类是闾山教神谱。通天圣母，即陈十四娘娘；马仙娘娘，传说中救助过陈靖姑的闽浙重要女神；杨九法师，一说黄九法师，传说闾山学法归来，从苍南县赤溪镇龙井冒出来，成为苍南闾山教供奉神明，三十多年间曾来坐坛三四次，红面，拿刀和龙角；闾山法王，黑面，曾来坐坛，不是许九真君，可能是闽南张慈观张法主公，上僮时没有详细告知身份；明山法主，福鼎太姥山人，采草药普济，闾山教尪师修成；李清元帅，与陈十四在一起；境母娘娘，接生婆；张仙娘娘，在闽王宫里的娘娘。第三类为仙班道神。周公文王，起卦；赵府元帅，即赵公明，有两尊金身，一尊在南天门做府王，另一尊为财神；八部将军，道教护法神；红仙老祖，道教神；太阳小姐，添福寿的神明。第四类为佛教菩萨。观音菩萨；泗洲文佛，和尚修炼而成。第五类为地方神，陈府侯王、杨府侯王、齐天大圣、陈八大王、陈喜大王（畜牧神）、郝五相公、福德正神。根据洪先生的口述，神明的名讳和身份由托梦而来，所以难以详细和精确。

从供奉规制看，35尊五类神明的供奉，是既有规范，又有特色的处理，同时满足宗教需求、地方需求、民生需求和宫庙需求。温州地区的宫庙基本上都有上位神的供奉，上位神的选择一般为观音菩萨、三官大帝、玄天大帝、叶监察等，这些层阶很高的神佛，并不会供奉在宫庙主位，而是采用后排位、上阶位、边位、另龛、左堂的方式供奉，既突出他们的地位，又

图 2.5.3　宋太祖庙观音炉发炉

暗示他们不是该庙的主神。太祖庙选择观音菩萨为供奉对象，是温州地区最普遍的上位神选择，也是陈靖姑宫庙最普遍的选择。主神是一个民间庙宇存在的条件，也承载民众供奉的理由。宋代开国君臣的存在成就了太祖庙，具有道教背景的军师苗光义和一批具有元帅神特点的将军得到了供奉，而平潭人“宋府元帅”的出现，就产生了国家奉祀出现在地方供奉的理由。我们可以说太祖君臣神谱本于历史小说《赵匡胤演义》，而君臣人物的选择和神化依然有宫庙自身的考量。闾山教神谱的存在更多考虑了宫庙的历史起源和醮仪的神明功能，缺少这些神明，驱邪缚魅、治病救人就失去主角。再从预测和护法的角度出发，选择仙班道神，就可以完善宫庙问神解厄的整个过程。这个过程必须有地方本土神明的邀请和参与，陈杨二府等地方神成为必然的地方需求。观美太祖庙五类神明的供奉，正是民间宫庙神明结构的民俗展示。

从供奉功能看，正如上一段分析的，闾山教神谱和仙班道神是民生需求中最重要的对象。每一位患者的祈求，首先从问神开始，神灵的诊断和处方可以书写成《卦书》，周公起卦，没有这位神明就无法排出解决问题的方案。第二类神明是方案的执行者，闾山教神明以专业的才能过关、抢魂、缚魅、炼度，满足民生的生民需求。红仙老祖、太阳小姐等再为民众的请表提供批文。第一类和第五类是必须邀请的“十方”，公正地维护这一方案的执行。在儒释道和三界咸集的法坛，需要一位权威震慑于上位，观音菩萨众望所归地被拥立而上。

图 2.5.4　洪先生在超阴道场

六亩内是观美镇凤鹤行政村下辖的一个自然村。凤鹤村距县城 4.8 公里，是一个三面环山、岙谷深邃、峰奇、林茂、水美的小平原，明嘉靖年间闽南人以董姓为主，始来定居。六亩内洪氏系明万历年间福建永春县汉口镇达坡村洪志平迁入苍南县渡龙村，后裔再迁而来。1980 年代还只有 34 户、148 人。[①] 1990 年代这里不通公路，田埂窄小坎坷。自有太祖庙后，慕名而来的病患者络绎不绝，每个月治愈者弃置的竹床、躺椅、拐杖都要装载几板车拉走。

我们也可以这样理解：这五类谱系的神明组合，是民众长期积累的知识体系，也是宫主智慧的化用。他们认为，所有这些知识的力量，可以解救人间的困苦。

学者们一致认为，明清小说是推动中国民间信仰神灵塑造的一大动力，这一般指的是神魔小说，所以大家把研究精力集中在《封神榜》《西游记》身上。没有引起重视的是，历史演义居然也是造神的重要素材，除《三国演义》之外，太祖庙就是利用描述北宋君臣的历史演义选择神明谱系。

创造宫庙自己的节日也是文化建设的内容。太祖庙确立神诞日举行庙会，每年的五月十三、十四、十五三天设醮庆贺宋太祖圣诞，这样的节日已经延续二十六年的历史，“吃福酒”的信众每次可达数千。庙会选择传统的恶月，具有预警的功能，更好地维护着新老香客与神庙的关系，而这种庙会已经与农时无关，也与赶圩集市无关，完全成为信众之间的一种“趣缘”。

苍南县供奉宋太祖的宫庙很少，这样组合神明的现象也不多见。为什么是太祖庙？我们多次用这一问题请教当地的业内人士，一个好的答案是，如此建庙和建构神明体系不可复制，不是任何庙想香火旺盛就可以请一尊宋太祖神像供奉的，因此被抄袭的可能性很小。

① 根据苍南县地名办公室编：《苍南地名志》，1986 年打印稿。

6. 官民共建的鳌江第一渡口千年信仰

——龙港镇江口太阴宫调查

古代的地方社会，凡津关渡口、坝堤埭闸所在，大都建有宫庙。龙港镇江口村平安渡的太阴宫，就是这一类型的文化古迹。

传统的平阳县域以鳌江为界分隔南北，全县的政治、经贸和文化中心集中在北部的昆阳镇、钱仓镇和鳌江镇，军事中心分布在南部的金乡卫、蒲壮所、分水关。作为平阳“粮仓”的江南垟四十万亩良田呈半岛状延伸入海，孤悬一方，所产的稻米、海盐、鱼脯、明矾等大宗物资都要麇集江口输出。江口每天待渡的旅客川流不息，拥堵不堪，地方谚语“舻艚头上岸”成为人群最为拥挤的代名词。鳌江江口平安渡，历史上以物流和人流的密集，成为全县南北陆路交通和东西水路交通及出海的枢纽。渡口信仰文化成为官民共建的公益象征符号。

江口村平安渡，坐落于龙港镇城南鳌江南岸江口，为鳌江下游第一渡口。历史上鳌江下游“自横阳江溯流而上至直浃河为渡六”，分别为平安渡、安澜渡、新渡、殿后渡、平澜渡、三洋渡。[1] 实地勘察六渡遗址，相距仅

---

① 民国《平阳县志·建置志四》。苍南县文化广电新闻出版局据民国十四年影印本影印，第一册，第292页。

六七里之间，它们的先后出现或间叠存在，说明这一区位是过江的必由之路。作为陆路交通要道的横阳古道，是平阳县南北交通的两条官道之一。横阳古道北接瑞安，南出福建，从平阳县万全仙口至蒲门长150里，途经头沙、二沙、三沙、四沙、墨城到江口北岸，渡鳌江，上江口南岸经白沙路，达金乡卫，越梅岭、过赤溪，入蒲壮城，经沿浦出省界。[①] 它形成于三国，定型于两宋，元明时期成为海防的军事要道，清朝、民国和中华人民共和国成立后日益繁荣，随着1990年代以来公路交通的发达和过江桥梁的建设，才逐渐淡出历史的舞台。

作为温州地区的三大流域之一，鳌江水运物流自古繁忙。宋末漕运使童环定居江南童桥、郑成功三次江口征饷，都说明自宋至清鳌江流域形成了自己独立的水运线路。1877年温州开埠后十年的瓯海关报告记载，鳌江流域的物资运输都没有经过瓯海关，全部由当地的渔船自行组织。[②] 江口渡上接南、北港，下通海，通航泉州、福州、宁波各地。河——江——海形成水运网络，内河通过水闸与江通，候潮而开；江流感潮而运，候风驶向大海。出口的传统物资有大米、明矾、木棍、木炭、靛青、鸦片、蛎灰等，进口的传统物资主要有南洋苏木、潮汕蜜饯、泉厦果脯、闽福山珍、宁波洋布等，统称南北货。江口渡成为航运停泊埠和物资集散地。

作为人流和物流的枢纽，也就必然成为海防、治安和税务的驻地。元代之前，江口就以重要津渡引起官方和民间的重视，但是史料无考。元大德十年(1306)，提控滕天骥捐修平安渡石道。根据《元史・百官志》，“提控”为元朝开始设置的州府地方官名，“提领一员，从七品；大使一员，从八

---

① 参考张立福编著：《龙港话古今》。香港银河出版社2004年版，第5页。以及《苍南交通志》。

② 见赵肖为译编：《近代温州社会经济发展概况——瓯海关贸易报告和十年报告》。上海三联书店2014年版。

图 2.6.1　龙港镇江口太阴宫

品”。有“提控文牍”的说法，当为军事和治安的文职人员。延佑四年(1317)郡守重修，都是府级政府工程。明朝县级政府主管，名家作记。清朝兵民共建，守汛把总、总戎、乡绅成为主角。

关于平安渡，民国《平阳县志》记载[①]：

平安渡，即横阳江口。元大德十年提控滕天骥因两岸石道倾圮捐修，北岸长一百二十丈，南岸倍之，高广各七尺。两岸各为石门，额曰平安渡。延佑四年，郡守赵凤仪重修。旧志。明洪武十六年，县丞彭尚贤于修筑江

① 民国《平阳县志·建置志四》。苍南县文化广电新闻出版局据民国十四年影印本影印，第一册，第 292—294 页。

口陡门后，复修北岸马道百二十五丈。苏伯衡《江口陡门记》。弘治四年令王约重筑。清顺治十八年迁弃，马道又倾，南岸尤甚。康熙十七年，守汛把总胡大倡捐，及兵民乐助，重砌南岸马道五十余丈，俱用长石。又重建天妃宫于渡旁。旧志。厥后，潘廷发募修北岸马道。乾隆四十三年，耆民尤益元再修，总戎周公、邑令汪增谦捐俸以助其成。道光甲申，吴冠昆倡捐，重筑南岸马道。《江南路塘碑记》。光绪二十四年，孝廉黄庆澄复募，筑北岸马道，旋即涨陷。宣统元年，张培庆再修，拆毁旧址，移筑于迤西数百步，今仍汙涨不便往来。《改筑江口马道碑》及访册。渡旁有隘渡亭，在北岸。乾隆三十一年海关帮收税务官、孝感赵献廷创建。见《蓉林笔钞》。又有平安亭一，在北岸，道光三十年重建，光绪六年叶昌伦等再建。一在南岸，董正发等重建，又有岸登亭，在南岸，乾隆三十二年陈淑兰等建，设厢房六间，床榻俱备，名便民房。见《蓉林笔钞》。后里人林正銮等重修，光绪三十三年颜万成等募捐再修。又有观海亭，在南岸，邑令李公建，乡绅吴履阶重修，均砌以石。见《江口路塘碑》。民国三年颜万成等再修。

案，此渡明弘治四年，令王约置官船，倩渡夫四名，给以工食。清顺治十八年迁弃，乾隆初有义渡船二只，渡夫二名，近江等村春秋二季量给食谷，往来不需钱文。距江稍远不出谷者，均人给一文。见《旧志》。惟渡夫非久雇不能常驻，民人每以内河小舟渡江，时遭覆没。见《蓉林笔钞》。二十四年十二月溺毙五十余人。见《静观楼诗集》。令何子祥置大船四艘，分泊两岸，设渡夫四名，改为常雇，领工食外，另给田四亩，每亩纳银四钱，并燕窝埭租银存当生息，以为修船之资。见《蓉林笔钞》。搭客仍定人给一文。见何子祥《平安渡碑》。咸丰间职员郑观岳复舍船二只。见《郑谱》。嗣后行客加给二文至四文，犹多留难需索。光绪三十年鲍铭书等禀准勒石，定每渡船价，日间三十五文，夜间七十文；搭客日间八文，夜间十文。添设舢板一只，渡夫八名。见《石刻碑记》。

苏伯衡，字平仲，苏轼九世孙，金华人，生活于元末明初，生卒年不详，著有《苏平仲集》，保留了当时关于平阳县的大量资料。其《平阳县重修江口斗门记》记载，江口陡门早在宋端平丙申(1236)就以条石建造，元至元二十四年(1287)、至正辛丑(1361)乡绅率社群缮理，洪武十七年(1384)重修江口陡门，并修江口平安渡。这一年正是金乡卫开始修建之年，横阳古道作为官道和军事交通线路变得重要，陡门水闸和平安渡进入了繁忙状态。

平阳之江口旧尝因海隄中断之，犍石为两厓，深广各三丈，内外贴石为左右翼，又敷石坛于前后，中涯植石，楹析于双门，锲坎陷板以为扃。每门板十有二层，时水盈缩而闭纵之，覆以屋五间，号江口斗门。宋端平丙申，县令林公宜孙始作之，元至元二十四年，里之义士郑君存耕尝率众缮理之。继存耕而致力焉者，则其族人前福州路闽清县尹礼前松江府华亭县尉公谊，其岁至正辛丑也。后二十三年，国朝洪武八年，水暴溢，风激海潮相辅为害，厓崩屋仆，而门亦圮，今且九年矣。为县者更防，入而视之恬然，厥民虽欲起废，夫孰为之倡哉？十六年夏，南康彭君尚贤来为丞，是秋以公事过其地，目击之，愀然不宁，亟谋兴作防。主簿新安吴君榲中摄令还自瑞安，典史成都杨君孝忠进册至自浙江，议以克合，责成于水利所及之乡，大家之役于官者，其人咸不劝而趍。以谓浮屠一宁犹能出力裒众施完砂塘、阴均两斗门，今在位者兴无穷之利，吾属顾不能劾勤劳乎？或输以财，或荐以力，协谋并智以任其事者九人，以公谊尝致力于斯也，练历而老成，惟使督役焉。于是市石与木，揆日庀徒，以畚、以筑、以绳、以削，隄涯门扃以至于屋悉复其旧，而敛甃坚致，视昔过之，足支久远。又以其余

图 2.6.2　太阴宫女门神

力修平安渡马道百二十五丈，以免入于淖。始事于九月庚申，而讫功于乙酉，皆欲刻石纪成，而因谢君复元属笔于余。

盖江口在县之东南二十五里，左江而右山，潮汐之所上下，诸山谷水凡三十六支，皆径此而入江。初斗门之未作也，众流既莫之遏，而海卤水亦得入以害稼，民交以为病。自作斗门，然后溢不患，溺干有所仰，而惠利及于二乡五都之人，溉田六万五千三百余亩，则其所系岂轻也哉？欧阳子有云：作者未始不欲长存，而继者常至于殆废。使其继者恒如作者之心，则天下岂有遗利？江口之有斗门，蓄泄有恃，水旱无虞，历百四十八年犹一日，岂不以补而缉之者有其人乎？坏于暴水而中废者九年，不有诸君子以兴起为已任，将遂隳前人之功，失一方之利？然则是役也，虽曰修废举坠，其功盖与刱始等矣。于戏，使凡为县者皆能职思其忧，若诸君子则门之复，当不待今日，民之防利其可以世计哉！故为之书，使来者尚有考而用其心也。

何子祥（1707—1770）字象宣，号蓉林，福建漳州平和人，乾隆辛未（1751）进士，乾隆乙酉（1765）出任平阳县令，卒于职。在任四次为江口平安渡撰文，分别为《隘渡亭序记》《新建江南岸登亭记》《设江口渡等处渡船，并给渡夫田亩记》和《平安渡碑记》。

《隲渡亭序记》[1]：

江口有庙三楹，以供大士观音。前为卷蓬，然颇坍毁。楚人孝感赵献廷，在关帮收税务，以是庙临江，波涛壮涌，江南北过渡之人卒遇风雨，往往无所遮蔽，募众捐资，造二室以夹庙，添两厢房于卷蓬，而安床榻几凳其中，以为暮夜行旅歇宿之所。令住庙人为之主，而并修葺旧庙，令焕然一新，来请记于予。

予谓人苟存心爱物，随处可以积功立果。况是亭为渡江要处，其阴骘岂有限哉？因以"骘渡"额于楣，不没其一片慈心，且令后人知所自，而时修造，令勿毁也。

《新建江南岸登亭记》[2]：

江南岸，有庙二毗连，悉向江中。亦有亭，亭边搭盖草寮，卖杂货。予配以涂涨二亩，如北岸，令垦熟，升科为修亭费。顾亭小甚，人从亭中过，宽不能六尺，每遇风雨，或人马杂踏，互相挨挤，民甚病之。北岸凉亭既已添造，南岸人望之而羡。予欲劝好善者，仿北岸别创一亭，以供困乏，令南北一例得所，而虑重扰。

有善人蔡廷亮，慨然以课地归公，并有陈淑澜、陈士德等，首先出金，设簿倡建，请予为序。乡士庶咸踊跃捐施，共得金钱若干数。因卸旧亭为广道，另建亭五楹，柱皆用石，而贯以长板为凳，外砌墙以蔽飓风。另设厢房六间，床榻备，名曰"便民房"，以便民昏夜止宿。其余地，租人取税，冬

① (清)何子祥：《蓉林笔钞》，李成廉、张奋点校，中州古籍出版社 2013 年版，第 160 页。
② (清)何子祥：《蓉林笔钞》，李成廉、张奋点校，中州古籍出版社 2013 年版，第 164—165 页。

施汤而夏施茶，并修庙。其制不但视旧亭霄壤，而于北岸更觉壮丽。请予堪示，予甚伟之，而额以“岸登”二字。吾闻佛家有此岸彼岸之说，谓去爱河，脱苦海，一切咸空，而无罣碍，犹在彼岸而登此岸也，究无益人世。若吾儒，则不然，己欲立而立人，己欲达而达人，步步实地，而无飘渺恍惚之见。《诗》不云乎“诞先登于岸”？圣人先登，凡夫可免，而总期于物有济也。

是亭成，江南北渡者、行者、憩者，霜雪风雨，咸有藉以庇，而有如归之乐。而乡父老曳杖携幼于兹，负暄而临风，时与过往人相慰劳，而诲以人生在勤，勤则不匮之谊，熙熙然化日舒长、含哺鼓腹景象。各董事之功，其可忘哉？而各捐户之向义，咸可嘉。爰记其由，泐之碑阴，以垂永久云。

《设江口渡等出渡船，并给渡夫田亩记》①：

平，地势之辽阔，民庶之殷实，无如江以南者。从坡南内河登小舟，至江口换渡舡，以达于金乡、蒲门、赤溪、松洋等处，环山绕海，为程数百里，故江口渡为平邑第一要区。然民人往往从坡南雇小舟，抬过岸渡江，又抬而放于南河，以达于金乡。自金乡等处来邑者，亦如之，名为长雇。江口渡比瑞之飞云稍狭，飞云渡安，而江口渡往往覆舟溺人者，则以南、北港诸水尽于此入海，势猛流急，不比飞云有山为护。渡舡既无定数，渡夫或时有无，故人以长雇为便。至江中，卒遇怒潮挟飓风而至，与江水相冲击，声震雷霆。望江面，舟如落叶滚波浪中，顷刻十许里，并小舟不见，两岸人惟有咨嗟而已。葬鱼腹者，每岁不知凡几。予甚伤之，爰倡建大舡四只，分

① (清)何子祥：《蓉林笔钞》，李成廉、张奋点校，中州古籍出版社2013年版，第173—174页。

泊两岸，轮流装渡。渡夫四名，领工食外，另给充公田四亩，每亩纳银四钱，并燕窝埭租银交于质当生息，以为修舡之资，而泐碑于江边。所有内河长雇小舟，永行绝禁，有私渡者，惟埠头是问，有碑记另叙于左。并为修葺南、北岸渡亭，以歇行人。令渡夫视天色放渡，是则江口一定之章程也。

由坡南内河从右逆上，则为钱仓江，浮钱仓江起岸，再过渡而达于闽省，则为萧家渡。其江虽比江口稍窄，然往往亦以小舟漂溺，仍各为设渡舡二只，渡夫二名，其配给田亩，如江口三渡处。纪纲一定，庶乎渡江者如履平地，不至以性命供波臣口吻也。舡皆众建也，非必尽倾有司之囊，且沾手涂体以为事也。悲悯之怀，人有同心，不过提纲挈领，与绅庶之向义者兴利去害而已。乃青浦徐公捐拨产舰外，余无闻。呜呼！隔膜视焉。细旃广厦，自谓风波无虞，时或经过，先期拘大舰，选长年，非风日晴美，临涯而返。彼又乌知细民朝出暮归，营生计，迫无奈，而冒险至此也？有告溺者，反咎若辈狎玩所致，死无足怪，或代为委之于命。

呜呼！州县官不过七品，而为民父母，一切兴利除害，得以自主，顾熟视倾危如无睹，又安用是父母为哉？虽然，此亦治标焉耳。渡田租息尚少，舟楫之损坏不时，藉手绅衿，或旷时日。所望后来诸君子，忧深己溺，才展济川，增产添额，有需立资。俾吾民永庆安澜者，更不禁伫予望之而敬拜下风矣。渡田额数，另有册，不赘。

碑记

南北小舟，永禁私渡。大舡四只，轮载勿误。分泊两岸，不离旦暮。一人一文，担亦如数。暴雨狂风，亭子留步。渡夫刁难，资革另募。章程迄遵，江平如路。

根据以上史料，梳理江口宫的历史，大致可以从自然环境、宫庙设置、境社组织、秩序建立几方面入手。

图 2.6.3　太阴宫戏台

江口宫为鳌江水陆交通津关，江流湍急，大风、海溢，常有湮没、漂溺，建庙镇江，是为本意。民国《平阳县志》记载："(康熙)五十七年戊戌十二月十八日申刻，江口渡大风，覆舟溺死五十余人。"①"乾隆二年丁巳自七月至八月十五日，飓风大雨七次，海溢，田禾尽没。江口南岸海塘悉坏。……六年辛酉，海溢，江口钞关冲去，沿江田亩俱没。"②所以庙门面向江流，而且是逆流而向。如今的江口太阴宫依然保留坐南向北，神摄"江臣"的态势，正是依据地理形势而定址分金的。泰顺廊桥、各地风雨桥的神龛设置，都逆向流水，原理是相同的，目的都在于"镇煞"。高危的地方产生信仰，是理解民众因恐惧而求助超自然力量的心理定式，这一定式与人类相始终，现代文明无法抹去这一精神轨迹。宫的前身或为坛，或为

① 民国《平阳县志·杂事志》。苍南县文化广电新闻出版局据民国十四年影印本影印，第六册，第 2273 页。

② 民国《平阳县志·杂事志》。苍南县文化广电新闻出版局据民国十四年影印本影印，第六册，第 2274 页。

亭，或坛、亭、宫兼存，即是信仰场所，也是休憩、市贸、避难场所，龙港农民城的产生，从这一场所里找到了胚芽。

庙神的供奉，有一个复杂的演变过程。江口宫可据的文献，最早供奉观音大士，只是一间小庙。后来出现两个庙，其中一个供奉海神妈祖。现在的江口没有妈祖庙，江口太阴宫供奉神明有太阴圣母、李十三娘娘、林九娘、送子张仙、总管元帅、文昌帝君、魁星大帝、关圣帝君、三官大帝、汪元帅、杨元帅、邱元帅、高元帅、土地公、土地婆、符使、判官。这一神谱结构出现与当地各太阴宫神谱同化的现象。从奉祀观音菩萨、海神妈祖、太阴圣母看，都不矛盾，宗旨皆在海不扬波、江不作浪。如今主祀陈靖姑，更让人想起《灵经大传》中洛阳桥的故事。蔡襄造洛阳桥，改洛阳渡为桥，观音大士化美女劝捐，由此引化出陈靖姑的故事，都是关于渡口的故事。变渡为桥，体现的是在超自然力量的护佑下，民众自身如何更好依靠社会群体力量化解危机，发挥自主自觉的精神。江口渡在历史上恐怕难以产生变渡为桥的念想，但一直存在着变“听天由命”为“江平如路”的人力努力。这一心向与建洛阳桥是共同的；洛阳桥的故事在苍南广泛流传，甚至在春节的咏春活动和婚礼的宴席上呈现为唱洛阳桥和用筷子搭洛阳桥的民俗行为，其故事生命力便灌注到江口渡中，同时在逻辑上使神明供奉转为主祀陈靖姑拥有理据。

官方的努力在文献中体现得特别清晰，从宋到清，林宜孙、滕天骥、彭尚贤、赵献廷、何子祥都是代表，有江口巡检司、河泊所设置，[①]府、县倡导和主持立渡建庙不必多述。乡绅的贡献也有记载，除上文提到的郑存耕、郑公谊、蔡廷亮、陈淑澜、陈士德外，还有刘松圃等：“国学生松圃刘君墓

---

① 民国《平阳县志・建置志一》。苍南县文化广电新闻出版局据民国十四年影印本影印，第一册，第200页。

志。君讳有清，字孔德，松圃其号也。世为平阳慕贤东乡之白沙里人，……横阳江口流急，造巨舟以济人。”①但是何子祥看到“此亦治标焉耳”，官府和乡绅不能根本解决问题，提供了资源，制定了章程，谁去执行呢？“惟埠头是问”。

何谓“埠头”？江口的大众组织为埠头，依据江口太阴宫组成境社。没有埠头宫庙的境社组织去执行，物不为用，规难以循。江口太阴宫境社由十三扇组成，分别为江口、河底高、黄家蓬、下埠、河北庙、浦后、木桥头、方岩、金钗河、朝西屋、瓦窑头、东一、东二。江口扇为江口村，地处鳌江之口而得名，有平安渡渡口，元大德十年（1306）因两岸石道倾圮，提控滕天骥发起捐修，延佑四年（1317）郡守赵凤仪重修。明洪武十六年（1383）县丞彭尚贤复修。昔为戍守要地，洪武二十年（1387）设江口水寨，以防海上倭盗。江口村扇更细分为码头扇、岱头扇、底大屋扇、汇头扇、上厂扇、蔡家扇。河底高扇，为河底高村，陈氏筑宅于新安河之下端，始名河底陈。陈氏它迁，高氏明崇祯癸未年（1643）定居，改河底高。下埠扇为下埠村，平安渡之后，曾另辟渡口，为下埠。方岩扇为方岩下村，明永乐年间乡举林约仲在此立兴贤坊，故名，平安渡之后，该地成为鳌江主渡口。这一境社可以追溯到元代社会的村社制。元代社的户数，率以五十家为准，超过五十家者，待增至一百家，添设一社长。不满五十家，则与附近村落相并为一社。亦允许三村、五村合并为一社。这种合并的社会组织后来只有宫庙境社可以承担，宗族组织无法胜任。后来自然集市的形成，以至龙港农民城的形成，都依赖于这一传统。

江渡溺人，既为天灾，也为人祸。官方熟视倾危如无睹、旅客长雇小

① 民国《平阳县志・金石志》记载：“江口巡检司康熙二年裁久圮。河泊所在江口后徙九都久圮。”苍南县文化广电新闻出版局据民国十四年影印本影印，第六册，第2241—2242页。

舟私渡、渡夫刁难、挑夫勒索都是人祸的因素。清嘉庆四年(1799)浙江分巡温处李某、道光十五年(1835)温州正堂刘煜为埠夫勒索加价事，勒碑永禁，规定自藻溪、金乡等地至郡城各渡口、路段挑夫价格，明示“舻艚头过坝每担六文，花古加贰文。”[①]码头利益需要有一个组织的约束，这是十三扇境社拥建一座江口宫、并延续如今的主要原因。

江口太阴宫坐落于龙港镇江口路 296 号，古码头边，主祀陈十四娘娘，据康熙《平阳县志》记载，此庙始建于元大德十年(1306)，原址在下垟。明正统五年(1411)移至江口。康熙十七年(1678)又重建天妃宫。庙碑记载清同治年间建，1981 年重建，1992 年重建，1997 年重建，2013 年第四次重建。七开间，占地面积 850 平方米，建筑面积 800 平方米。宫庙管理委员会联系人徐上豹。宫庙每年正月十四日吃福酒，有 150 多桌，农历九月九日做戏，请唱娘娘词 3 年。抬佛 4 天，巡游一天，请徐家庄徐先生参龙。

目前，历史记忆和文化象征是它存在的主要意义。

① 清道光十五年《奉宪勒碑永禁》。见杨思好主编《苍南金石志》，浙江古籍出版社 2011 年版，第 206 页、第 227 页。

7. 元帅神的民间信仰

——基于灵溪镇恩护宫的调查

在上篇中我们强调,陈靖姑信仰与民众日常生活关系最为密切的元素是法术,法术的有效性可以解决民众生活中的实际困难,如干旱、虫害、瘟疫、病痛、难产等。而特定的法术是与神将相联系的,一般由神将拥有或执行,所以元帅神信仰成为民间信仰中的重要信仰。陈靖姑之所以成为浙南闽东地区最重要的信仰对象之一,不仅在于她拥有为民解困救难的法术,还在于她可以利用五雷法,调遣、驱役大量的神兵神将,即元帅神,实施法术。

灵溪镇浦亭社区护恩宫建皇君殿、玉銮殿、玉皇护法殿、杨府殿,最具特色的是设置陈氏皇君护恩宫元帅部、玉皇护法部,供奉三十六部元帅、玉皇护法大神、赵元帅、总部将军、总兵大神、通天大神、闾山法主、杨府上圣、五显灵官大帝,以强大的"军事力量"驻扎在福建进入浙南地区趋向鳌江流域中上游的南北港古道上。

根据日本学者二阶堂善弘的研究,元帅神信仰开始于五代到宋代之间。从六朝到唐代并没有元帅神的信仰,元帅神的出现可能受印度密教的神灵形象影响,附有大量的陀罗尼系咒语、造型为明王以及愤怒的菩萨之相,勇武并携带特定武器,以哪吒太子为典型代表。随着五代到宋代之间神霄派、天心派等的发展，五雷天心正法成为道教武神摆脱人欲、呼风唤雨的修习之路，元帅神慢慢被吸收进来，构建了以清微派为中心法术的神明体系。在《道法会元》中这一体系还是混杂的，到《法海遗珠》这一体系就被整理为标准的体系，普遍流传于从台湾到四川的道教和民间宗教祭祀仪礼中。从元代到明代，民间的元帅神发展出一条新的路径，《三教搜神大全》《西游记》《封神演义》中的元帅神故事，与道教类经典及《搜神广记》中的元帅神故事就有很大的不同，所以民间宫庙供奉的元帅神与道教类经典中的说法有时会不尽相同。①

元帅神是佛教、道教、巫师、武将的术法混合发展起来的神明，有元帅、将军、灵官、天君等体系，分属于上清天枢院天将天兵、北极驱邪院神将神兵、五雷院雷将雷兵、功德院阴将阴兵的不同系统。

上清天枢院的天君系统，有邓天君、辛天君、张天君、陶天君四将；有邓、辛、张、陶、庞、刘、苟、毕、岳、温、殷、朱十二天君；有《封神演义》的邓天君忠、辛天君环、张天君节、陶天君荣、庞天君洪、刘天君甫、苟天君章、毕天君环、秦天君完、赵天君江、董天君全、袁天君角、李天君德、孙天君良、柏天君礼、王天君变、姚天君宾、张天君绍、黄天君庚、金天君素、吉天君立、余天君庆、闪电神（金光圣母）、助风神（菡芝仙）二十四天君。② 天君也是道教宫观和民间信仰庙宇的护法系统的传统塑像，一般归于三清殿或玉皇殿。护恩宫玉銮殿的玉皇护法部，应该是天君系统的护法元帅，包括玉皇护法大神、总部将军、总兵大神等。宫主接受陈皇君的神谕，塑造本属玉皇大帝神殿之下的玉皇护法部元帅殿，但“天机不可泄露”，玉皇护法部并没有以清晰、准确的建制呈现，维护了信仰的神秘性。

---

① 参见［日］二阶堂善弘：《元帅神研究》。刘雄峰译，齐鲁书社 2014 年版，第 257—262 页。

②《三教搜神大全》关于天君的名讳、故事与《封神演义》不尽相同，进一步说明道教与民间信仰的差异，请相互参照。

图 2.7.1　护恩宫关元帅造像

玄天上帝是中国东南地区正一道派和民间信仰系统中非常重要的神明，供奉宫殿遍及都市乡村，其治下北极驱邪院配置的元帅神，自然在信仰中占据重要地位。现在供奉的玄天上帝神明，大致经历了玄武——真武——玄天上帝三个阶段。1. 早在西周时期，就有玄武的北方星神信仰，战国时期的秦国祭祀包括玄武的二十八宿，楚国以玄武为天神。《唐六典》记载玄武门内有玄武神的专祠玄武观。此为北方之神的"玄武"称号时期，纳入北极紫微大帝神系。2. 到了宋真宗，为了避北宋圣祖"赵玄朗"名讳[①]，改"玄武"为"真武"，由龟蛇合体，为真君、将军级别的神灵，发挥伏魔驱邪的功效，百鬼不敢为害，为民众广泛供奉。有《元始天尊说北方

① 赵玄朗是宋真宗做梦梦见的祖宗，九位人皇之一，赵氏始祖。宋真宗模仿唐初皇帝追封老子李耳的庙号为"圣祖"的方法，追封赵玄朗为"宋圣祖"。赵玄朗即赵公明。

真武妙经》《太上玄天大圣真武本传神咒妙经》流传。此为驱邪“真武”时期。3.《元史》记载，大德七年(1303)，“加封真武为元圣仁威玄天上帝”，《绘图三教源流搜神大全(外二种)》记载：“玄帝乃元始化身，太极别体”，至黄帝时下降为玄天上帝，经净乐国王善胜夫人怀孕十四个月，三月三日脱胎化生，十五岁上武当山，修道四十二年，白日升天。明永乐年间筑北京城，龟、蛇现于高粱河上，明成祖诏建大昭应宫祭祀玄天上帝，按照自己居住的北京“紫禁城”，建武当山“紫金城”，作为真武大帝居住的“玉京”，玄天上帝信仰兴盛致极，延续至今为“玄天上帝”时期。玄天上帝手下有龟、蛇二将，五大神龙，《西游记》六十六回中曾借给孙悟空使唤。他掌管神将密集的北极驱邪院。白玉蟾《海琼白真人语录》卷一认为：“北极驱邪院本祇有崔、卢、邓、窦四将，今却增四名。”后来更是不断增补。祠山张大帝是玄天上帝配下的著名水部神灵。根据《三教搜神大全》，“祠山圣烈真君，姓张，讳渤，字伯奇，武陵龙阳人也。”西汉时人，深知水火之道，祈雨灵验，是《道法会元》“北真水部飞火击雷大法”和“石匣水府起风云致雨法”的法术中心，下属帅将有左卫大将军丁圣者旷、右卫大将军壬圣者游、先锋报应大将军方通，还有夫人李氏、九弟、五子、八孙的封号，在宋代的江苏、安徽一带兴盛，以祈雨为主。随着祈雨活动的式微，张大帝信仰逐渐淡化，而玄天上帝依然是闽浙台的重要神明。

雷部神将有三十六元帅，多指九天雷声普化天尊配下的三十六元帅，还包含本来属于火部、水部之神马元帅、关元帅、王元帅。先天雷部，有邓、辛、张、庞、刘、苟、毕七大天君。天枢院的十二天君，也在雷部元帅中出现。温、关、马、赵四元帅也被作为雷部之神。根据《道法会元》，“雷部有欻火大神，姓邓，名伯温”，从前曾跟从黄帝战败蚩尤。辛汉臣、张元伯等天君都是起源于上古神话，而传承复杂的雷部元帅。根据《绘图三教源流搜神大全(外二种)》，毕田华，女娲补天时助木火之精，霹碎玄精之石髓；黄帝战蚩尤时炼五色火雹风雷阵击死蚩尤，“玉帝封以雷门毕元帅之职，敕掌十二雷霆，辅玄天上帝，诛瘟疫鬼。”辛兴，“天帝感其孝也，迎而封之为雷门苟元帅。”《三教搜神大全》中朱元帅朱彦明，为“雷府管打不信道法大将军”。雷部神将主要在醮仪活动中被召请。

图 2.7.2　玉皇护法大神

地祇法由第三十代天师张虚靖传授，经王宗敬、吴道显、柳伯奇传承，江浙闽蜀湖广嗣法者众。丰都系法术，白玉蟾《海琼白真人语录》卷一认为，“古无丰都法。唐末有大圆吴先生始传此法于世，以考召鬼神。”《道法会元》卷三十六，“地祇上将阴雷大法”以温元帅为中心，神名有：地祇上将亢金昭武显德元帅温琼；铁、毕、黑、方四雄上将；薛、徐、许、郝四大猛将；刘、张、赵、史、周五雷使者；听令郎君小亭侯张元帅；传令直符张使者。

还有以关元帅为中心、殷元帅为中心、康元帅为中心的上清紫微派法术。地祇神系往往由武将——厉鬼——怨灵演化而成，生化十太保、十二太保、十三太保、十四太保等太保神系，并且在各地的太保庙供奉。十太保为温、李、铁、刘、杨、张、康、岳、孟、韦诸元帅，《道法会元》卷二百五十四有以温元帅为主的"东岳温太保考召秘法"，和以卷二百五十七张元帅为主的"东平张元帅秘法"。在这里东岳神系与丰都神系的关系有待于另文论述。温元帅在上篇中已经介绍，不再赘述。张元帅即唐安史之乱中的睢阳令张巡，负孤城，前后三百余战，百战百胜，后来被称"捉鬼忠靖王"。有趣的是，平阳县（含苍南）是温元帅的故乡，而平阳则以张元帅的信仰为盛。丽水地区的请神科仪中，请张巡时念的是"平阳张元帅"。

护恩宫元帅殿塑造了元帅神赵公明神像，将其作为主要神明供奉。赵公明是温、关、马、赵四大元帅之一，是影响巨大、信众广泛、历史悠久的神灵。吕宗力《中国民间诸神》研究发现，早在六朝时期的《搜神记》《真诰》中，都能看到他的名字。后来成为"五瘟使者"的"秋瘟"，与春瘟张元伯、夏瘟刘元达、冬瘟钟仕贵、中瘟史文业并立。① 从瘟神到元帅神，主要是《道法会元》卷二百三十二记载的"被玉帝旨召为神霄副帅"。《三教搜神大全》认为他的乾位、服色、黑脸、兵器、坐骑都是"金水合气之象"，"故有龙虎玄坛，实赏罚之一司。"统领的部下及其意义在于"部下有八王猛将者，以应八卦也。有六毒大神者，以应天煞、地煞、年煞、月煞、日煞、时煞也。五方雷神、五方猖兵，以应五行。二十八将，以应二十八宿。天和地合二将，所以象天门地户之合辟。水火二营将，所以象春生秋煞之往来。驱雷役电，唤雨呼风，除瘟剪疟，保病禳灾，元帅之功莫大焉。"其元帅权职为："故上天圣号为高上神霄玉府大都督、五方之巡察使、九州社令都大提

① 《绘图三教源流搜神大全（外二种）》，上海古籍出版社 1990 年版，第 157 页。

点、直殿大将军、主领雷霆副元帅、北极侍御史、三界大都督、应元昭烈侯、掌士定命设帐使、二十八宿都总管、上清正一玄坛飞虎金轮执法赵元帅。”同时，其神格的公平性，使他成为贸易活动中的武财神。

根据二阶堂善弘先生的研究，唐、葛、周三将军作为道教正统体系的神将，来历比其他元帅神久远，在许多道教经典都有记载。在宋代就有姓无名。《道法会元》卷一百八十一记载他们是守护天门的三将军，出现上元将军唐宏、中元将军葛雍、下元将军周武的名讳。金允中《上清灵宝大法》有三元唐、葛、周三将军的记载。①《三教搜神大全》卷二记载三元将军是周厉王时期的大臣，被称为“吴客三真君”：“昔周厉王有三谏官，唐、葛、周也。”屡谏不听，南游到吴国，助吴降楚，称“吴客三真君”。周宣王执政时回国有功，加封侯号：唐宏，字文明，孚灵侯；葛雍，字文度，威灵侯；周武，字文刚，浃灵侯。祥符元年，宋真宗封祭泰山，三仙奉天命到天门护驾，帝封上元道化真君、中元护正真君、下元定志真君，同判太岳冥司。“唐葛周氏，天地水神”。民众观念中很少将唐、葛、周联系上天、地、水三官，在请十方时总会作为神将请到，但很少有更进一步的了解。

从以上的材料看，元帅神主要来自女娲补天、黄帝战蚩尤、武王伐纣王、刘备战曹操、安史之乱、宋金战争等非常时期的智勇武将，也有如赵公明独自修行而成的人物，也有像钟馗、温琼等由秀才突变而来的武者。这些武将到岳飞为止，在宋元时期逐渐形成元帅神体系，出现崇尚武力、法术的民众信仰，在道教和民间信仰神系中起护法作用。它是道教典籍与上古神话、神魔小说、历史演义共同影响的产物。考察发现，晚清民国时期，许多天师殿改为太保庙，说明元帅神信仰被重视的程度，高过了民众对高阶位神灵的供奉。这些元帅神虽然有归属和阶位的差异，除中心神

① [日]二阶堂善弘：《元帅神研究》。刘雄峰译，齐鲁书社 2014 年版，第 241 页。

之外，其余也是通用于天枢院、北极院、雷部、冥司和其他系统的。

陈靖姑被认为是“统领百万将兵”的神明，辖下有汪、杨二将及闾山神兵神将，林、李、高、邹四大神娘及所辖百万将兵。其请神科仪写道：“当方传奏日值功曹，使者檄文到刻，诸将奉行，香气蓬蓬，遍奏虚空，上达九天、九州，下通万国之神，上闻三界之三清，下达九泉、九地十方诸圣尽来临。千神万圣普同供养。”根据保境、缚魅、过关、祭霞、、炼度等科仪的性质不同，可以召请不同的将兵到坛。

在闾山教陈靖姑的科仪法坛上，五营将兵守坛是很重要的卫戍部署。五营为中营三秦军、北营五狄军、东营九夷军、南营八蛮军、西营六戎军。在温州的科仪实践中，统领五营的元帅有各种说法，一般为中坛紫微大帝统领天蓬元帅、天猷元帅、翊圣君、玄武君分司领治，或辛、池、康、张、赵元帅，或马、洪、赵、蒋、李元帅，或林、徐、马、庞、石元帅，或张、萧、刘、连、李

图 2.7.3　三十六部元帅

元帅，等等，有的时候也确定为五方、五帝元帅。

灵溪镇浦亭社区燕头村地处闽东通往浙南的钱王古道的北端，其中一支由桥墩进入北港的闹村，是明末清初闽南移民的重要路线。燕头村是一个拥有500多亩土地、200多户人口的村庄，西北负山，地形向东南倾斜。山似燕头，故名燕头村。先民在岙地建村，山环水绕，村前有湖浃，倒映山色，蔚然成景。燕头为刘、黄主姓村，分居燕头、樟岙两个自然村。刘氏居樟岙，始迁祖刘伯基，号国祚，其祖父福建泉州府安溪县人，于清康熙年间入迁苍南县南宋垟定居，至刘伯基转迁樟岙定居，育五子，分仁、义、礼、智、信五房。黄氏居燕头，始迁祖黄文好(1655—1732)、黄文雨(1658—1707)兄弟约于清康熙年间由福建泉州府安溪县龙智入迁定居。燕头村为闽南语方言区，保留了闽南文化的传统习俗。

恩护宫系地方宫庙，神明称境主，为村居保障而设。《恩护宫简介》碑如下：

原夫神道垂庥，赫赫之威灵丕显；人心祀奉，绵绵之香火兴隆；虽陟降而有严，必闻声而有感；则凭依之所在，须降格而昭灵。

燕头地方俗敦风清，自然景美；本宫始建于清朝光绪年间，素奉陈氏皇君、杨府上圣、赵元帅、护法大神等合殿神明，圣德无私，永作村坊保障；神威有赫，长为黎庶凭依；历来灵应入昭，士女咸叨其呵护；神威显著，村庄全赖其匡扶；由是旧庙年湮，风雨消沉；星霜侵袭，宫殿朽颓；然而年代虽新，民情好古；故乡父老，不忘历史之遗留；继起后生，亦切敬神之意念；谨于公元1993年在三间瓦房原址上，由刘其泼发动信众改建为前后两座各五间砖房、左右各五间厢房，占地面积2200平方米，取名恩护宫。

其人也少学儒书，深知爱国爱教，身缠佛性。略识崇圣崇神，所蓄之资，均用于礼香等道教活动，所到之处，少不了他的慷慨解囊。于1999年三十岁时，赖陈十四娘娘眷顾，化作火树银花投入其身。其间或坐刀轿、或过火焰山、或治瘫痪而步履如飞、或治疯癫而精神矍铄、或治食欲、或治骨痛，闻名浙闽，远近皆知；或求财求子、或判阴判阳、或求运途、或求创业、或求读书、或求功名，无求不应，有祷皆从，远境近邻，户户香捻境主；乾坤男女，岁岁酒饮社公；同人询谋，捐资建成；聚沙成塔，集腋成裘；则恩护宫堂皇庄严，完善落成；佛像聿新，香火兴盛。现已在苍、平两县以及福建等地广为传播并尊崇。

8. 乡村宫庙的养老尝试

——浮云乡田水宫调查

现今五六十岁的60后一代，一般经历了青年时代以不高的学历进城谋生，随改革开放打拼了三十多年，开始思考选择养老和归宿的问题。而养老和归宿的选择，会与他/她的自身素质、经济基础、人生经历、心性取向有密切的关系。

在都市的霓虹灯和村庙的长明灯之间，有一些人选择了后者，放弃了前者。因为前者的闪耀伴随着变幻、动荡、浮躁；后者的黯淡守护着安全、宁静、舒放。乡愁的疗效大抵如此，回归的意向拍打所有现代人的心海。现代作家郁达夫早就说过，小时候放摇篮的地方，是最好的墓地。

浮云田水宫位于苍南县霞关镇三星村田洋地方，有石宝香炉镌刻："昔建于元大德己亥年(1299)；清道光癸未年(1823)重建，蔡亦宝、陈必荣立。"这尊石香炉的存在，将田水宫的历史推拉到717年前，同时将近200年前的继承者业绩呈现在我们眼前；如今，一位即将老去的妇女守护着。有一种观念经常在我的脑海里浮现，我愿意与大家分享：文化遗产的价值不完全在于文化部门鉴定它是否属于文物，因而考虑保护，而在于它给我们的人生带来的历史记忆、信念保证、文化自信和生活正能量。守护七百年历史遗物的人，内心会更加细腻和安定。

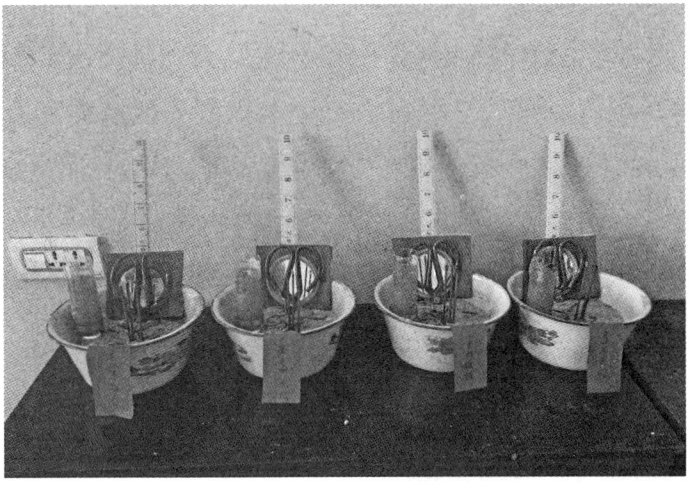

图 2.8.1　田水宫的斗灯

陈诚清道姑如今就是一位追求内心体验和心灵安定的人。在年轻时候，她跟随丈夫在外地打工，积攒钱财先后在温州市区、灵溪老车站、新车站等地购置了不少房产，养育了两个儿女长大成人，可以说都市的霓虹灯曾经拉长了她的影子。但婚姻的变故严重影响了她的尊严感和心理安全感，从利害争夺的人际关系中走出来，使她对生命中经历过的长久的事物产生依恋。少年相伴的村庙石香炉，就是长久的象征。

受到父亲信奉道教神明的熏陶，陈道姑从 21 岁时开始吃素，至今已坚持 34 年，道教文化的生活元素早已根植于内心深处。其实，吃素食，很容易让人达到一种修身养性、清净无为的生活状态，是行为入道的主要表现。在征得儿子、兄弟姐妹同意的情况下，陈道姑开始参与家乡宗教活动，成为传统宗教文化传播的主要角色，2008 年正式获批道士证。2010 年，开始出售城镇全部房产，重建浮云田水宫。如今，浮云田水宫占地面积 1480 平方米，建筑面积 395 平方米，已经成为道姑修行的主要场所，当然，这也是她未来的养老之处。

图 2.8.2　证明建于元代大德年间的清光绪石香炉刻字

田水宫是浮云垟中的一座宫庙，顾名思义，应该是浮云这块苍南县第三大水稻产区淡水灌溉的保障庙。庙中原先供奉陈、林、李三皇君，三官大帝，天后妈祖，现在添加供奉盘古帝王、玄天上帝、陈法通、陈法清、福德正神、判官、符使等神尊。只要风调雨顺、海不扬波、祈阳祈雨顺利，靠天吃饭的稻作生产就可以确保丰收。庙宇守望着农田七百多年，迎来了生产方式的转型和时代的变革。这个时代因为自身的华丽，希望它成为一个缀饰，而不是一个补丁。于是就把一个关于“是生存，还是消亡”的问题扔给了宫庙自身去思考。

陈道姑是希望民间信仰给她提供一个心理安全的保证。人类的本能追求是自身安全，宗教的存在意义就是提供安全保证。但民间信仰的现实处境是不知所从的尴尬状态，正如汤玛斯・霍布斯（Thomas Hobbes）在《巨灵论》里所说的：“只要获得他人的认同，就会被冠以‘宗教’之名，但只要遭到否认，就会被贴上‘迷信’的标签。”民间信仰自身也没有安全保证。

陈女士为了村庙的安全，自己奏名为道姑，将村庙的正殿取名为玉清道观，主祀神龛为太微玉清宫，供奉两排道教神明，前排中间玉皇大帝，左右两侧分别为雷声普化天尊、太乙救若天尊、邱大真人祖师、文昌梓童帝君，后排供奉玉清元始天尊、上清灵宝天尊、太清道德天尊；后面供奉观音菩萨，金童、玉女。将田水宫建成一座道教、佛教、民间信仰相交融的信仰

2.8.3　神座的摆设

场所。我们看到一位追求心理安全的女子如何努力地在追求村庙——一种传统文化的安全。

自身安全之外，村庙还是要面向社会的。田水宫每年有两次大型的做醮活动。第一次为祈福活动，每年正月初八至初九举行；第二次为道教的北斗醮活动，每年八月初三至初五举行，主要祭祀灶君、北斗、五雷将军等，大约会有 100 人左右参加。除此之外，还有不少“还小愿”活动，主要为渔民求航海平安、丰收、健康等，这些活动都是请其他道士来进行。当然，在主祀神殿左右两侧各有一排“斗灯”。这些“斗灯”是由香烛、镜子、剪刀、直尺、年庚帖、小铁盆构成，红纸上写着：“居士陈某某”“儿童庄某某”“信士林某某”“学生邱某某”等身份名字，主要是出于大人保平安、儿童顺利过关的目的。履行保境安民的义务，才是村庙的原有职责。自身并不安全的神明们，在保护弟子们的安全。

陈道姑非常诚恳地与我们交流她的人生经历、建庙过程、村邻态度、内心体验,感觉她是一个保护良心的人。浮现在她脸上的,永远是没敢绽放的笑容。没敢绽放的笑容积淀了女性的羞涩和人生的尴尬,有一种收起来担心闷死、放开来担心飞走的无从拿捏感,是深怕失去的喜悦拥有,是担心被否定的肯定体验。一人,一庙,一心愿,一社会……安全如同随时可能失手的玻璃杯。能够提供幸福感的,是安全,不是财富。

民间信仰,何时能够绽放笑容呢?

图 2.8.4 守候神明的陈道姑

9. 传统疫区的信仰建构
——镇江村福全宫调查

镇江位处横阳支江的中游，以前叫楼石，民国时期改为镇江。是一个每年会发生水灾的地方，解放前也是经常发生瘟疫的地方。水涝导致次生灾害瘟疫，是自然环境极端恶劣的结果。

苍南文史学者萧耘春写道：

横阳支江上游千山万壑，水源众多，而下游平原则“渠狭小，蓄水不多”。[①] 渡龙、楼石、皮刀、港陈、潘家诸江曲折壅滞，入江山水很难排出。因而，“一遇暴雨，则四望汪洋，田禾受害。”[②]“庐舍漂流，人畜蔽江而下。”[③]“旬日不雨，则涸竭无以灌溉”。不仅如此，每年夏秋间，横阳支江的洪潮又经常侵入内河，使河水成为“咸卤不可荫苗”，[④]沿江人民，备受水害。横阳支江下游人民，为抗御旱涝灾害早就合力筑埭以御海潮。埭旁另设湫陡十多处以宣泻群山山水。但自宋以来，屡筑屡圮（北宋太宗端

① 民国《平阳县志·建置志四·南港河》。
② 民国《平阳县志·建置志四·南港河》。
③ 乾隆《平阳县志·水利·塘埭》。
④ 刘绍宽：《重筑凰浦陡门记》。

拱间筑于三峰寺前，南宋宁宗嘉定间移筑于凰浦），明朝末年埭毁，其旁湫陡亦渐湮没。这样，潮涨时，横阳支江的咸水仍随潮入内河，潮落时，河水依旧随潮尽入江海，使两岸农田无水可资灌溉，作物歉收。清光绪前虽曾“筑埭以御咸潮，蓄淡水”，但每逢台风季节，山洪爆发，大水盈野时，又不得不自动掘埭排水。掘了埭，水固然可以较迅速地排出，然河水尽泄与洪潮入侵之害又无法制止。光绪间，当地人民再度集资重行筑埭，但工程未毕，又因资金已完而中止。这样，两岸膏腴之地，又尽成斥卤。因此，很早以来，在江西垟一带就流传这样一首民谣：

“母亲娘，养女不要嫁江西垟，

未晴三日无水吃，未落三天水漂垟。”①

苍南县位于鳌江南岸，鳌江出萧江以上分南港和北港。横阳支江为南港主水道，主流长 60.5 公里，分莒溪、灵溪、渡龙江、凤江四段，有三十六个水源，“莒溪、平水，由福鼎、泰顺而来，并纳玉苍山、松山、溪岭、藻溪、盛陶诸山水。”②“上游之水三十六源注于是江”。③ 上游千山万壑，下游渠狭壅滞，“一遇暴雨，则四望汪洋，田禾受害。”④“庐舍漂流，人畜蔽江而下。”“旬月不雨，则涸竭无以灌溉。”⑤明季筑沪山陡门横截洛溪，蓄淡而成内河，称沪山内河。内河主流全长 21.7 公里，河床比降约 4‰，上游属山区半山区，覆盖层多为泥砂，流域地势低洼，易受洪涝灾害；下游属于南

① 萧耘春：《周仲祥与南港水利》。《苍南县文史资料精选》，中国文史出版社 2008 年版，第 312—313 页。

② 民国《平阳县志・建置志四・南港河》。苍南县文化广电新闻出版局据民国十四年影印本影印，第一册第 117 页。

③ 刘绍宽：《重筑凤浦陡门记》。

④ 民国《平阳县志・建置志四・南港河》。苍南县文化广电新闻出版局据民国十四年影印本影印，第一册第 117 页。

⑤ 刘绍宽：《重筑凤浦陡门记》。

图 2.9.1　易涝易疫的横阳支江中段

港平原，河道弯曲狭小，泥砂淤积，也易成涝。

民国《平阳县志》记载："（南港）港水既纳藻溪，向北曲折行，循马鞍山、张家山东麓出济南桥，迳三峰至港陈约六里许，港水作一小曲，流不甚畅，水势盛时每患冲溢。"①

镇江村隶属于渎浦社区。"渎浦"这一地名很能体现它的自然环境。其南部为横阳支江和大龙江，北部为沪山内河，境内原先有大片的沼泽地，无法种植水稻，任其生长龙须草。渎浦 18 个村的主业是生产和销售草席。

洪水的灾害带来持续的社会群体矛盾，清朝、民国时期的南港塘堤案，总在这里发生。民国《平阳县志》记载："南港沿江下流诸地，每因患潦，村自为塘，塘内诸水设闸，启闭以资蓄洩，皆名陡门。如北奥陡门、斗山陡门之类，不可胜纪，其实皆闸也。以无关全乡水利，不悉载。"②光绪

① 民国《平阳县志·舆地志四》。苍南县文化广电新闻出版局据民国十四年影印本影印，第一册，第 284 页。

② 民国《平阳县志·建置四》。苍南县文化广电新闻出版局据民国十四年影印本影印，第一册，第 117 页。

二十九年(1903)八月,台风暴雨,繁枝乡内成了一片泽国,繁枝村武师陈维厅带领众乡民到镇江决堤排水,渡龙人反对,造成闻名全县的南港塘堤案。[①] 记载光绪三十一年(1906)至三十三年(1908)平阳县名宦胡寿海知县四大事迹的《堕泪碑》写道:"南港沙淤,频遭水患,筑塘捍水。南乡苦潴,众议毁塘,西乡弗从,互伤多命,行省檄剿,公不忍,遽亲临劝和,保全甚众。"[②]处理好这类问题成为地方社会评价县官政绩的主要指标,胡寿海因此成为建县历史上121个县令中30个写入《名宦传》的人物。民国初年塘堤案再度发生,藻溪镇盛陶村人陈毅甫(1878—1939),县议员和参事,出面公平合理调解纠纷,才制止了一场流血争斗。[③]

明清以来关于洪水泛滥、引起时疫的准确记载,可以在民国《平阳县志》中找到很多。如:"武宗正德十三年戊寅风潮,南北二港水暴涨,庐舍漂流,人畜蔽江而下,江南一乡,江口、径头、淋头、钱家浦、尖刀尾各埭皆崩,水逾月不下,田禾尽淹,人食腐米。旧志。水利。黄浦埭下。"[④]"文宗咸丰四年秋,大疫。采访册。……同治二年丙子六月十一日飓风大雨,平地水深数尺。江南乡西塘坏,南港水灌入稻田,浸至七八日。岁收大歉,采访册。……四年戊寅六月大疫。采访册。……德宗光绪二十八年壬寅夏秋,大疫。采访册。"[⑤]

洪水的次生灾害,首先是瘟疫。镇江处平原洼地,水源本来就难于清

---

① 陈后强主编:《苍南县陈姓通览》。杭州出版社2006年版,第397页。

② 胡寿海,字东清,江苏清和县人,以举人"大挑"出仕,卒于平阳县任。《胡寿海堕泪碑》或为宋恕撰,孙诒泽书,原立于平阳县署内,现移存平阳县文物馆。文见葛巾《〈胡寿海堕泪碑〉余话》,《苍南县文史资料精选》,中国文史出版社2008年版,第309—311页。

③ 陈后强主编:《苍南县陈姓通览》。杭州出版社2006年版,第401页。

④ 民国《平阳县志·杂事志》。苍南县文化广电新闻出版局据民国十四年影印本影印,第六册,第2269页。

⑤ 民国《平阳县志·杂事志》。苍南县文化广电新闻出版局据民国十四年影印本影印,第六册,第2278页。

澈、卫生，死鼠、死蛇、死畜、死人漂浮而来，滞留于水面、树丛、草丛、石缝、淤滩，无法清理，饮水源污染严重，积尸成疫，是历史上瘟疫发生的重灾区。

疫病多属温热性质，故称为瘟(温)疫。传统疫区的主要流行病有鼠疫、霍乱、天花、麻疹、脑膜炎、回归热、伤寒、疟疾等。鼠疫、霍乱、天花是三大烈性传染病。

图 2.9.2 福全宫正堂

鼠疫是一种自然疫源烈性传染病，由鼠疫杆菌通过跳蚤为媒介而传染于人，发病率和死亡率都很高，在 78%左右，成为社会公害。鼠疫本来是老鼠本身的疾病，由于它身上跳蚤吮吸它带疫菌的血，再去咬人，就传染给了人类。鼠疫也称“粒仔症”，明弘治十三年(1500)至 1949 年的 450 年间时有发生。清康熙五十九年(1718)就在漳州流行。光绪十四年(1888)在南平发生，光绪二十年(1894)在香港爆发，波及厦门，六年后侵入泉州、福州，沿海地区都由海轮传播，沿水路交通而蔓延。内河运载粮食的货船，携带有细菌的老鼠和跳蚤等，将鼠疫扩散到各地，年年循环流行不绝。1919年3月、1928年、1941年7月、1942年3月、1943年7月、1946年是大流行时期，1956年除四害后消失。鼠疫流行时间从农历二月至八月。有时疫情蔓延时间拖至一二个月。其传染之速、死亡之众令人目不忍睹，耳不忍闻。“早上是好人，中午是病人，晚上是死人。”“今天抬别人，明天被人抬。”都是对鼠疫惨状的形容。鼠疫的发作，往往从家鼠的暴毙开始。白天老鼠成群结队叽叽乱叫，死鼠、死猫、死猪、死鸭遍地，死于疫者有的头栽水缸，有的身浸水棉，有的呲牙咧嘴。鼠疫分腺性鼠疫、肺性鼠疫和败血性鼠疫三种，以腺性鼠疫病例居多。腺性鼠疫传染人的症状为先发冷，继即发高烧、口渴、胸闷、昏迷、腋下或大腿与小腹间的淋巴腺结炎。当时称为“勃核”症。肺性鼠疫又称“唾红沫”，由疫菌再经过血流进入肺部，或有肺鼠疫病人的痰沫分泌物而传染得病。分泌物有带血丝，可以由空气传染给人，一般多在流行末期发生，故传染面更广，死亡更快，死亡的病人因全身呈黑色，故又称“黑死病”。

防疫的方法之一是提高卫生保健条件，“水沟不清”等门头卦的提醒虽然从风水角度来谈，其实是防疫的一种措施；撒石灰，洒苏打水；喝“烧酒”、抽鸦片烟都是防疫办法。另一种措施是夜撒绿豆。绿豆清凉解毒，夜间将其抛撒于地，老鼠吃了可以减少死亡，控制疫情；烧樟木避瘟气。第三种是隔离病人，将病人送到水涯、山坳、破庙里，不准进村，不准家属探望。第四种是专人殡殓，不允许亲人到场。

中医治疗鼠疫，一般根据《温病条辨》病理进行辨证疗治处方用药，多以西藏红花、羚羊、犀角等为主，一剂药要十多块银元，一般民众无法承担。福建罗源县1943年配制过“达原饮”，用槟榔、厚朴、草果、知母、芍药、黄芩、甘草几味组成。药材易购、药价低廉、治防兼用。但没有疗效总结。[①] 1942

① 游承鹤：《旧社会罗源的病民三害：鼠疫、停棺、花会》。《罗源文史资料》第1辑。1985年。

图 2.9.3　福全宫女门神

年开始，才有西医治疗鼠疫的两种药品，一种是片剂“大健凤”，另一种是德国拜耳厂出品的注射剂“百浪多息”，但西药奇缺。

霍乱译名“虎列拉”，也称真性霍乱，即古典型霍乱，民间俗称“拉吐泻”，也称“麻痧病”，是由饮食物含有霍乱菌进入肠胃道而发生的，一般流行于夏秋季节，尤其从七月半至中秋节。传播极快，死亡率高。病起极骤，先泻后吐。泻时腹不痛，泻出物为黄色、米泔色等水样。吐时至腹中无容物后，即为米泔水样，次数都是逐渐增加，转而呼吸浅促，四肢寒冷而脱水死亡。往往是早上得病，隔日死亡。1912 年至 1952 年流行。

天花，民间俗称“出珠”，也称“稗”，又名“疹痘”“出丹仔”，是严重危害儿童生命安全的烈性传染病，每隔七八年流行一次。它是呼吸道传染病，由空气传染。发病多在春季，患者小孩居多，开始头痛发冷，恶心高热，心神烦躁，两天后手、脚、脸开始发疹，继而发展到全身。不久，结痂留下“麻点”。这个小孩的病虽然痊愈，但病菌却迅速地传染给别的小孩，以致周围几个乡村流行起来。在未种痘前，每个儿童难过此关。谚语：“生儿只当生一半，得了天花方保全。”患者家属多向瘟神庙求“符丹”，并许愿“装看马”，才能躲过此劫。其后遗症为脸部斑点（麻脸），天花是由病毒引发而感染，民间传统有“种牛痘”。1904 年至 1952 年间多发生天花病例。

还有恙虫病，症状为发热、全身红疹、淋巴结肿痛、皮肤溃疡点等四大特征，流行甚广，死亡率甚高。

社区将所有的病疫来袭，归结到蛇精身上。座谈会上村民口述：民国做大花会，村民去求神问签，求来的是蟒蛇精，两只蛇脚露出来被看见，大家一哄而散。沪山口出蛇精，三十年前出来，从塘沽脚翻身而上，很多人看见。民国时流石村端午划龙舟，陈十四娘娘托梦乩僮说有问题，乩僮赶快回去制止，赶到时龙舟已经沉没了，溺亡十几人。观美西山霍乱，族头到古田求陈十四，就太平了。村民讲述的这些故事，都是历史上泛化的灾疫事件，已经慢慢地淡出人们的记忆。

福全宫的境社分为三扇，上扇、中扇和下扇，年例祭祀卜筊轮值。镇江是一个明末清初闽南移民的杂姓村，340 多户，共有 18 个姓，分别为陈、赖、章、张、钱、黄、叶、施、王、林、郑、刘、白、卢、颜、朱、洪、罗。陈姓分属七个祠堂，并不同宗。陈、赖、张、钱、施建有祠堂。黄氏系明朝隆庆四年(1570)黄朝昌自苍南县钱库镇西堡迁居渎浦陡门头定居后，后裔就近分析而来。福全宫建于 1827 年，一直到 1850 年，都称为老宫。1961 年发生火灾，1967 年拆建于堂基，1990 年迁建于现址，2010 年至 2014 年于现址隆建。

福全宫一直保持着前宫后堂的格局，即神宫的后面是佛堂。这可能为瘟疫而死的人做普度的习俗有关，形成了防疫、治疫、超度的系统化服务。我们在做调查的时候正值七月半前夕，堂里有 200 多妇女、老人在折银纸，拜忏做普度。

福全宫主祀陈十四娘娘，配祀杨府上圣、正五显大帝、蓝衣五显、白衣五显、青衣五显、红衣五显、林泗大帝、徐氏加王、铁甲大王、周仙大王、牧牛李大王、劝善大师、福德正神、判官、符使、陈十四手下四大将。

一个经常发生瘟疫的地方，必然出现防疫的精神领袖。陈十四娘娘作为收妖斩蛇的神明，在村民的眼里是活龙活现的。庙管会主任陈道远口述：陈十四在我们宫里那是全活的。八月歹头势，王爷船来收扫，停在前墓墩，陈十四从宫里执剑飞出，一脚踢走花船，花船离埠去对岸，对岸死了 3 个人，本境倒落了的几个感染者马上醒过来。[①] 八月是瘟疫开始流行的季节，当地人称“歹头势”，是闽南语的“形势不好”，瘟疫从海上水路来，所以说“王爷船来收扫”。村落的墓墩成为病染源，因此被想象成停王爷船的地方。关于王爷的研究，可以阅读汉学家康豹先生的专著。[②] 神明中周仙大王的出现，更是加强防疫工作的表现。据说周仙大王主司看病，称呼陈十四娘娘为姑婆，这是其他庙宇没有听说的神明。

在总是紧张的危机生活中，必然产生传奇人物，僮身叶梅钦就是沟通神明与村民的被信赖者。叶梅钦(1887—1959)，镇江村人。根据其长女叶娇莲[③]口述，1907 年父亲到矾山矾矿当会计，陈奶娘托梦给他，要他回村当僮子，教他看病。因为跳僮不世传，所以全家人反对，但神命如此，难以更改。他当僮子，赤溪、南水头、中墩、宜山、麻步等一天步程内的地方都有名气，南港片当时第一。还结拜了镇江赖二妞、安丰许阿坡，三个僮子为盟兄弟，许阿坡前年才去世。江南宜山跳僮，请他去过火焰山。火焰山难过，他去天底下求神明保佑后，赤膊赤脚，没用盐茶压制火势，也没有铺草席垫脚，什么也没有，就纵身跳入火堆，破开火堆为太极图，身体分毫无损。说我妈寿元 76 岁，她真活了 76 岁，准兮准。流石划龙船，陈皇君托梦说有难，他在外地拼命赶回来，还是来不及，沉船了，死了十几条人命。每年王爷船来收扫，都是他执剑驱赶，所以境社历年平安。赖敏会，今年还在的话 100 多岁了，从镇江搬到沿浦定居，蟒蛇精上身，请娘娘妈过去治。娘娘妈到坎门岭头，就与蟒蛇精斗起来。僮身跳起来，癫人也跳

---

① 陈道远：男，42 岁，村干部，福全宫管委会主任。访谈时间：2016 年 8 月 15 日，地点：福全宫。

② [美]康豹：《台湾的王爷信仰》。台北市商鼎文化出品 1997 年版。

③ 叶娇莲：女，87 岁，叶梅钦大女儿，2016 年 8 月 15 日特意请她回娘家口述父亲当僮子的历史。地址：福全宫，记录人：林亦修。

起来。红兵追,乌兵退。乌兵追,红兵退。最后红兵围住乌兵。问,要化大还是要化小。蟒蛇化大如饭桶粗,化小如小指细,斩后鲜血流一地,最后收入瓮罐带走。

图 2.9.4　福全宫藻井

也许瘟疫的时代过去了,传奇的僮子也不再产生。三十年来,福全宫很想培育一个自己的僮子,灵符烧了一佃箩,就是扶不起一个僮子。

镇江属于瓯方言区,村民也会使用闽南语。他们的醮仪传统使用闽南语,说唱传统使用瓯语。按照境社惯习,今年正在筹划演唱温州鼓词《灵经大传》,词师延请温州著名女艺人陈春兰。唱《灵经大传》是一种保合境平安的颂唱陈靖姑仪式,唱七天七夜,要给每一个祭户挂红。挂红要挂两个月,提前半个月去挂,起挂、结花到最后的谢红都有讲究,他们已经开始忙碌起来,现在有的祭户,特别是女儿户,散居很远,都是必须走到的。这也成了境社记忆的最后一条相互牵连的红线了。

10. 一位神选代言人的life history
——金山妈祖庙宫主调查

民俗学关于个人生活史的调查研究早在1920年代随着都市民俗的发展已经出现，第二次世界大战后至1960年代一度低迷。国内关于个人生活史的研究一直不够兴盛，近年来随着口述史研究的兴起和城市化的发展有所觉醒。从课题内容和研究角度的必要性和多样性考虑出发，我们关注了神选代言人的个人生活史。

我们遵循日本个人生活史研究先驱中野卓的观点，认为："个人史，是本人回想、叙述自己的现实生活的life story，重视本人内心对现实的主体把握，而研究者则将其对照近现代社会史给予定位、添加注解而完成life history。"①神选代言人个人生活史是具有历史传统、现实境遇的一类人的生活，因此我们用实证主义的手法，通过假设求证，以归纳推论来解释个别人的叙述，演绎故事。

正如犹太人被认为是"神选的民族"一样，在中国的民间信仰中，乩僮也认为是"被神明选中的代言人"。同样地，富有优越感的，总是少

---

① [日]中野纪和：《民俗学研究个人生活史的课题和意义——从祭礼研究的角度论起》，陈晓晞译。见王晓葵、何彬编：《现代日本民俗学的理论与方法》，学苑出版社2010年版，第361页。

数;少数就可能成为非主流;非主流一旦失去优越感,就可能成为现实中不被关注的边缘。乩僮的遭遇史与犹太人的遭遇史有相似之处,在忘记神的现代,人们也逐渐忘记了乩僮。我们把这一点理解为社会的定位。

颜女士作为神选代言人,我们可以视之为“行为者”。“我今年58岁,马站桥头人,从小就与神明结缘。6岁那年,给弥勒佛做了契子,就跟着进庙烧香。那时候,家里供奉皇君妈,也学着大人,割完猪草就回家拜拜,不清楚神明是怎么回事,也不懂干什么烧香。当然,作为一个普通的女性,要生活、要婚姻还是非常重要的。嫁到了金山村,就被神明选中了。起先不愿意,被折磨得死去活来,这是考验。后来就心甘情愿地侍候神明了。”大凡女性神选代言人,都经历了这样的过程。民众把这样的过程,叫做“坐身”,经常听到的关于这类事件的问候语是“她坐身了吗?”就如母鸡费尽周折,终于找到和营造一个安心孵蛋的窝一样,神明经历长期的考察和考验,终于能够每次顺利、自然地降临到代言人身上,并开始工作,就是“坐身”了。神选过程是约定俗成的,如颜女士的家庭供奉、青壮年龄、测试考验,都是代言人的一般行为特征,民众也依此评判和接受一位神选的代言人,认为你的行为是“这么回事”。布尔迪厄所说的行为者(agent),“是作为反映习惯或规范的个人存在”。①

“时代不同了。那时候的年轻伙伴都外出挣钱了,有的下广东,有的到县城,回乡带着的都是新玩意,谈论的都是新鲜的话题。马站毕竟是一个小地方,我与她们不合,疏远了。”非主流的生活,让颜女士感到无趣、孤立、落伍。

---

① [日]中野纪和:《民俗学研究个人生活史的课题和意义——从祭礼研究的角度论起》,陈晓晞译。见王晓葵、何彬编:《现代日本民俗学的理论与方法》,学苑出版社2010年版,第359页。

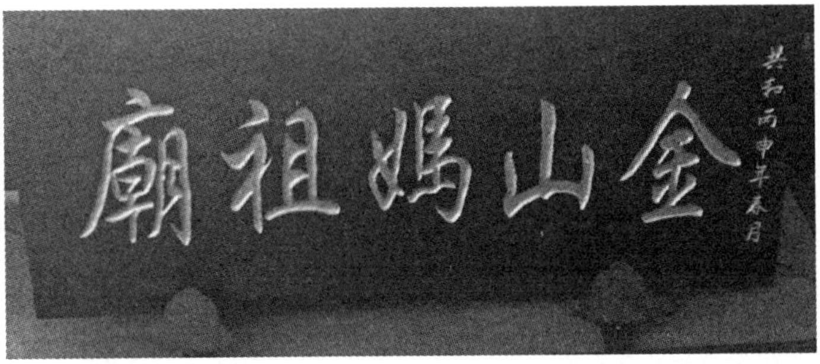

图 2. 10. 1　金山妈祖庙额

“我跟随丈夫一起在马站镇卖馃。卖馃一天也可以赚 100 元，但佛公强调自己的身份高，不允许我卖馃。我本来的叫卖声是‘卖馃啦，卖馃啦’，可嘴巴里喊出的是：‘馃没人买，馃没人买……’（略）生意没法做了，只好呆在家里。（略）家里也呆不下去，无法安心，最后搬到庙里住。（略）这一住就是 20 多年，离开了家庭，离开了丈夫，离开了孩子。”她自从驻庙后，感觉身心非常舒爽顺畅。乩僮是神明选择的对象，需要经历一次重大的磨难，如癫狂、得病等，才获得资格。一旦成为乩僮，必须从事跳僮活动，而无法从事其他行业。这是所有乩僮的共性，自然这些群体就会形成“跳僮”行业。但这种行业是一种公益性较强的行业，并非以盈利为目的而开展的商业性活动。显然，以上叙述在逐渐构造一个神选代言人的“自我内在”。

“大家看不起我，躲着我，尽量在路上避免碰到我，要打招呼。家里也不看向我了，反正帮不上什么忙。我静下来，做我自己。不管别人怎么看了。我没有文化，滑倒不识一个‘爬’字，供奉神明只会念‘阿弥陀佛’。（略）立了一个妈祖堂，很小，里面供奉祖公妈（妈祖）、皇君妈两位神明。后来改建为单间的金山妈祖庙，供奉妈祖、林皇君、马仙娘娘、南天门土地、马氏将军，还有四大天王，未塑金身。”在犹豫、矛盾、压力之下，行为者逐渐坚定了自己的行为。

图 2.10.2　妈祖庙供奉的神明

“菩萨是救苦救难的，还是有人需要。从前友好的邻居、朋友还是找上我，问读书、买房、看病、做生意。家里人和亲戚更觉得我应该为他们服务。佛公都满足了他们。”颜女士举了两个例子，印证她终于重新融入社会群体的关键：“丁峰有个女的，煤气中毒，病得不轻。看病一年花费 11 万，都没有看好。来我这里，服了三色炉丹（香灰），有感应，就好了。”她顿一顿，看了我们一眼，继续说：“山前有一个小孩，肝脏得了一个肿瘤，怎么看都没好，到我这里坐一次（跳僮），过两天就有力气，可以捧红砖了。”现在来金山妈祖庙许愿、还愿的信众还是不少的，每月约有 100 名信女来点香，信众范围扩布至沙七王、马站、前岐、灵溪等地，形成了一个较为宽广的信仰网络。这些信女都成了颜女士的朋友。

出于人脉维护和信仰习俗的考虑，金山妈祖庙每年会有三场神诞祈福活动，第一场是正月十四日陈皇君神诞活动；第二场是三月十五日林皇君神诞活动；第三场是六月十九日观世音神诞活动。整个场面还是比较隆重的，有道士专门主持祈福仪式，有七八桌相对固定的“福脚”按时来吃“福酒”。

八月的下旬自然炎热，晚风吹拂下人们习惯选择户外。金山妈祖庙坐落于马站镇的西郊，背靠山坳，紧邻街区，一条溪水伴一条道路从庙前

图 2.10.3 接受访谈的颜女士

穿过，三三五五的居民悠闲地从庙前走过。现在四开间的庙堂依然简陋、狭窄，无法很好地坐下来，颜女士便摆出桌凳在庙前的道坦上，一边与过往的行人寒暄，一边与我们交谈。她端出一大脸盆的上好葡萄，说是姐妹们（信女）家里种的，特意送来，请我们吃，还有让我们带走的。马站是浙江省唯一可以种植亚热带植物的地方，水果种植是传统行业，现在更是盛兴。随着旅游业在当地的发展，对好水果的追捧、尝新成为时尚，颜女士显然可以得风气之先了。她将头发挽一个髻，绾在脑后，一袭棉麻的无领汗衫和宽松的裤子，素白淡雅，点缀着白色串珠的项链和紫色手链，再加一双仿芒鞋的布鞋和念佛袋子，俨然一个道姑的打扮，也是当下流行的民族风。从她行为的自信、相处的从容和言词的诚恳，可以感觉到行为者构造的外在化。

与一些根据需要，采用不同讲述策略的叙述者不同，颜女士没有“伪造传说”来给我们提供一个新的研究视角。她的叙述反映了现代社会依然需要神明的存在和护佑，需要安定人心、解决难题的精神和意志。与过去的二十年相比，近二十年来社会上的这种需要更加明确起来，显露出来了。这种需求提供了民间文化再构造的机会，她还想改造她的庙宇。

11. 从祀神的人间咨询工作坊

——从浦亭释桂殿的调查出发

当我们从事宫庙调查时，总是较多地关注观音菩萨、陈十四娘娘、齐天大圣、五显大帝等主祀神，往往忽略了主祀神边上或偏龛里供奉的从祀神。许多宫庙是因为从祀神的存在而兴建的，正是从祀神形成了其信仰特色。一个宫庙作为神明的办公场所，主祀神常常没有时间接待居民的咨询，总是从祀神代理具体的事务，于是从祀神就与居民形成经常交往的关系。观音菩萨手下的九天玄女，陈十四娘娘手下的花粉娘娘、红花娘娘、白花娘娘、灵通太子，齐天大圣手下的孙小武，五显大帝手下的李七大王，等等，就成为境社民众经常召请、求告的对象，它们像衙门吏役一样，充当起事务执行者的角色。

境社民众的求告无非问阳、问阴两类，问阳包括灾异、病困等阳间各类事务，问阴主要是对往生灵魂的慰问，舒解在世亲人的心结。前者作为信仰活动被称为“观僮”，后者在宋代以来的道教典籍里被称为“观落阴”，苍南民间俗称为“问灵姑”。观僮和问灵姑基本保持着男觋、女巫的固有业态。

在全书的内容安排上我们较多地涉及了“观僮”习俗，没有谈到“问灵姑”现象。“问灵姑”在苍南各地普遍存在，在温州以及全国各地也普遍存在，是一种值得关注的民俗事象。在苍南大概两三个村就有一位灵姑僮，把工作间设在宫庙的右厢房里，由从祀神附体探灵，接受信众的咨询。笔者从释桂殿的调查出发，综合整个温州市的调查成果，集中讨论这种传统心理咨询的习俗及其价值和问题。由于其问题在一定的时代背景里被过于夸大，社会上由"污名"而比较轻率地提早定性，灵姑僮缺乏职业自信和文化自信，给调查和写作带来阻力。笔者再三考量这种信仰活动的性质，将其命名为"从祀神的人间咨询工作坊"。

应该不是所有的从祀神都拥有落阴探灵的资格，这是落阴活动受到一定限制的原因。总体上看，只有主祀神游过地狱的，其从祀神才能落阴。观音菩萨、陈十四娘娘在她们的传说故事里都游过地狱，她们的从祀神才可以到地狱里寻找亡灵，把亡灵带到咨询工作坊与生者交流。陈十四游地狱、破血湖、救李十三的故事在闽浙台地区脍炙人口，陈十四下属神落阴探灵的风气也就特别兴盛。释桂殿的从祀神红娘娘和白娘娘，就是皈依于陈十四娘娘的两位从祀神，前者由白猴修炼得道，专事问阳；后者由三岁夭童修炼得道，专事问阴。各地问阴的陈靖姑下属神多种多样，上文提到的花粉娘娘，以及金花娘娘、银花娘娘，都是问阴的神明。

民众选择农历每月的三、六、九日的上午问灵姑。即每月的初三、初六、初九、十三、十六、十九、廿三、廿六、廿九这九天日子。这种时间观念的形成，可能与阴阳协调相关。人们认为探慰亡灵阴气太重，要以阳日相配，所以选择三、六、九，而且强调在上午阳气上升的时候。九月九日的早晨6点钟，僻静的宫庙门口就有小车停下来，车内人进庙，烧香，静静地等候神明"上班"。7点之前，来了8拨人，庙前停着满满的车，不到30平方米的咨询室挨次坐满了妇女，座次有排队等候的意思，男人们大都站在外边抽烟或看风景。第8拨个子清秀、读书人模样的眼镜先生点了点人数，找庙祝问什么时间到达可以排第一个探灵，决定放弃今天排次第八的机

图 2.11.1　释桂殿大堂

会，另择日子再来。而庙外有新的车子进来，开始用喇叭提醒行人规避。这时灵姑僮还没有到来。

灵姑僮坐到办公桌前的椅子上，寒暄今天的蕾丝衬衣领子太紧，扎着了脖子不舒服，有人应答上淘宝购物假货太多。不一会，轻微的念咒打诀，喉咙发出打嗝的声音，全场静下来，灵姑僮开始吟唱："我属闾山陈十四，花粉娘娘到来临……"神明自报身份后，作照镜、梳发、挽髻、画眉、擦粉、贴脸、整装科，环视周遭，开始问有什么事咨询。当事人趋前，报上亡灵的年岁、忌辰、亡故地址、体貌特征，神明便进入地狱寻找。寻找需要一段时间，灵姑僮便回到现实世界，与大家继续聊天，还抽空换了一件衬衣。亡灵找到，灵姑僮继续吟唱，开始以亡灵的身份招认亲人、描述家庭、倾诉境遇、评价孝悌、谈论墓地风水、教训子女、交代后续。由于是"代言"，灵姑僮在吟唱中会不时停下来，反问事实经过"是不是这样"？由于是"吟唱"，没有口述白话来得清晰明白，灵姑僮在关键处会停下来问"听懂了没有"？亡灵招认亲人后，所有的家属都围坐到办公桌前，其余的人都在观礼，助手坐在"亡灵"的后面，不停地给亡灵折叠冥纸，咨询结束时烧化给亡灵。咨询结束，观礼团自然组成，开始议论，当事人退出，到神殿拜谢神明后离去。整个过程大致在半小时到一小时之间。

家属对灵姑的工作一般采取不配合的方式。当事人首先不会就近到相熟的工作坊问灵，而是到不可能获得家庭信息的较远的陌生庙宇咨询。咨询中，有的故意报错亡灵信息，导致地狱中找不到或找错对象；有的躲在小车里不露面，给招认亲人的环节增加困难；有的故意否认基本事实，测试灵姑的态度。灵姑顺利通过了这些考验，才会被信众认可，否则将被淘汰。一个陌生人来讲述咨询者内心最清楚的家务事，其困难本来就可想而知，而“准不准”是民众衡量咨询工作的标尺。

一位 80 多岁的母亲[①]带领子女探望亡故一周年的夫君亡灵，子女都是有文化的人，多次阻止，最后才在这个有纪念意义的时间点上成行。两次从冥界寻找，才找到亡灵。旁观者有的议论探灵太早，应该再过一段时间等亡灵安定再来；家属回应父亲生前喜欢游走，现在可能出去散步了，耐心找找。亡灵到来，在人群中指认了三男二女及儿媳，母亲早哭成了泪人儿。亡灵倾诉本来期望再吃三年饭，无奈病情凶恶，撒手人寰。便与老伴、子女共同回忆生离死别的那段岁月，将亲人抱成一团促膝而谈。亡灵描述自己在他界一切安好，你们的供奉也都收到；遗憾自己只有外曾孙、未有内曾孙，嘱托子孙繁衍、富贵之道；交代住宅、墓地、生业、人事的安排，预言未来的愿景和注意的事项；特别强调母亲肠胃不好、腿脚关节炎症严重，要注意调养；最后劝慰生死轮回本是人间常态，不要过于哀伤，大家要以事业为重，以后不要再来探望。问灵结束，观礼团便议论探访时间之长久、家庭气氛之和睦、亡灵言论之中肯、以往某次问灵之经历，等等。

① 为了不影响调查对象，这里和以下的采访人、采访地址、采访时间不一一交代，敬请读者谅解。

其中的长子接受了我们的访谈，他谈两点感受：一、我自认为很关心母亲，尤其是在父亲走后，但是不知道母亲有关节炎，她也一直熬着没说。二、父亲临终前我一直守候，他没有交代我一句话，我一直纳闷，以为他对我有意见，今天他说出了原因，我打开了心结。

一位50岁上下的丈夫带着一子一女探望亡妻，他的妻子因病去世已经两年。亡灵上来，泣不成声，丈夫、子女平静等待其情绪平稳，开始交流。亡灵描述女儿的学业和儿子的职业，交代注意事项；评论子女后妈的性格和行为，认为是一位很好的“妹妹”①；关心丈夫的身体和生意，叮嘱改变不好意思向欠款人讨债的“陋习”。事后观礼团满室讨论后妈问题，赞誉这位亡妻“明理”。我们访谈丈夫对这次问灵的感受，他觉得灵姑在问灵过程中有许多试探性的语言，试探成功了才会描述事实；上灵时的哭泣，只是一种套路，借助哀伤瓦解当事人的抵御心理。他期待找更“准”的灵姑再问。

图2.11.2　苍南某宫庙花粉娘娘的咨询工作室

① 按照当地习俗，男子亡妻后再娶，第二任妻子要拜亡妻之母为“契母”，认亡妻为姐姐，完成仪式后以“娘家人”的身份嫁过来。

一位50多岁的妈妈在自己妹妹的陪同下探访儿子的亡灵。这位妈妈原先生育了两个女儿，在“只生一胎”的计划生育政策下加入了“超生游击队”，盼来的第三胎正是男孩，但患有先天性疾病，12岁夭亡，算起来今年已经33岁。亡灵上来，一脸愤怒，哭骂不断，指责妈妈为何现在才来找他，他在那边苦不堪言。主要问题有二：一、亡灵生前患有软骨症，到12岁依然不能站立行走，死后要通过炼度仪式才能让他站起来。妈妈不懂这一习俗，一直没有操办这一法事，导致夭童一直在他界行动不便。妈妈提议在家里补办炼度仪式，亡灵坚持这种仪式一定要在庙里才能完成。二、妈妈后来给夭童操办了冥婚，但只画了女方的砖符过来。亡灵诉说女方嫌弃自己残疾，不肯合婚；又由于没有骨殖迁葬同茔，女方常年不落家；再者妈妈从来没有到女方父母家里走动，“亲戚”之间没有感情。探灵结束，观礼团的妇女们热烈讨论，普及炼度和冥婚的民俗知识，许多讲究一下子让我们豁然开朗。我们理解妈妈的心情，不敢对她提出访谈。问灵的对象大致可以分为年老寿终、中年殇亡、少年夭折三种类型，根据类型进行情境设计，进入语言交流，其中的“真不真”“准不准”都与灵姑僮的素质和投入有一定的关系。令人不解的是，其中的一些细节披露让人惊讶，因为只有经历者知道其中的一些隐秘细节。

只要灵魂不灭的观念依然在民众中存在，问灵就有存在的理由。问灵其实是一出“穿越剧”，在灵姑的带领下穿越了世界、神界和冥界。配合灵姑穿越应该比抵御灵姑引导更能符合问灵的目的，因为在无法跨越阴阳两界的普通人世界里，只有依靠灵姑来实现“上穷碧落下黄泉，两处茫茫一魂现”的阴阳会。我们过多地关注了作为咨询工作者的灵姑这一个人的行为，而较少关注灵姑所扮演的神明和亡灵这两个角色的力量。

之所以问灵，是因为有情感需要宣泄。这种情感已经处于无法道白的状态，非常迫切地需要问灵仪式的阴阳相对。观察发现，许多夫妻情感

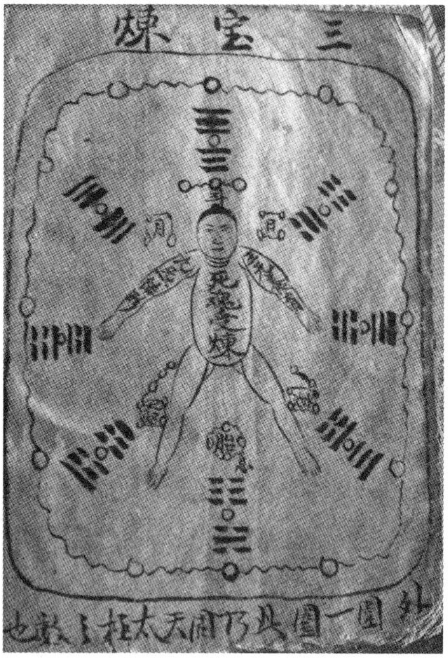

图 2.11.3　师公科仪书上的炼度图

融洽的老人会在老伴过世后的一二年时间里离去，个中除了独自一人生活习惯无法适应等因素外，内心情感无法宣泄是重要因素。问灵是传统文化中心理咨询的重要手段，还有广泛的社会需求，灵姑在这种意义上可以理解为传统心理咨询师。一次问灵仪式让生者抒发了情感、净化了心灵、舒放了郁结，就算完成了宣泄情感的目的。问灵的关键在于求善，不在于求真。

问灵仪式上有许多劝善的内容，是家庭教育和社会教育的重要手段。各种宗教之所以创造地狱和冥司，就是为现实人生设置一个监察和监督机制，通过神判和报应观念展示一个赏罚分明的虚拟世界，朱元璋通过城隍庙体系充分利用了宗教的这一手段治理国家和社会。咨询工作坊里观礼团的议论，触景生情，有感而发，都是社会的热点问题，以传统文化的价值观念形成观点，积少成多可以形成巨大的舆论力量，引导着社会向善；问灵仪式以活生生的个体灵魂遭遇，自己最亲近人的盖棺定论，规劝现世行为，赎买和消除恶业。

自古以来，关于祭祀的标准都有量力而行的原则，不会要求将家庭收入的百分之十以上用于供奉。这就要求灵姑在把问灵作为谋生手段的时候，要有职业自律，不得借他人的悲哀敛财，耗散当事人的聚生之本。其实，习俗在规范着灵姑的行为，问灵人的抵御措施也在规范着灵姑的行为。调查发现，灵姑在处理收费问题上也是自有分寸，有的设功德箱让信众自愿捐献，有的根据喜悲状况分类收费。最关键的是，不滥设问灵后的醮事，根据信众的经济实力和心理需求自主决定善后事宜，才是灵姑职业自律的要点。

释桂殿坐落于灵溪镇浦亭社区灵浦村峰底地方，岗丘环绕，谷沟深远，各抱地势，自成小局。一条村道沿溪贯通，村口建正桂殿，村尾建释桂殿，两殿神明供奉大同小异，保障境社平安。释桂殿是峰底的旧宫，文革时被拆毁，文革后建前殿三间，2014 年重建，占地 2 亩。奉祀白娘娘、妈祖娘娘、皇君娘娘、红娘娘、彩新娘娘、玄天上帝、五谷仙公、李忠元帅、南天门土地、通庭元帅、领日将军、判官、符使。白娘娘专职医疗，红娘娘专职落阴。林先生，赤溪人，包工头，因家人健康求助白娘娘。事成，2014 年捐资修建释桂殿，其族亲及广大信众协捐，如今释桂殿宽敞轩昂，髹绘精美，神威人逸。

12. 盛开在传说之花上的信仰

——金家楼金九侯王殿调查

传说与神明存在着不可分割的关系。大部分的传说都是关于神明的传说;没有传说孕育的神明很快就会在民众信仰中消亡。

苍南县灵溪镇的金家楼,既不是一个行政村,也不是一个自然村,而是二十九都一个由庙境形成的地名。与“祠堂门”一样,“庙门”也是温州人地缘认同的一种方式,但是人们对于庙境的划界和认同意识日渐模糊。在公路交通和城镇化使村界的意识都很淡薄的今天,居然有这样一个地方还以庙境命名,还是有一定遗产价值的。

金家楼属于华山行政村。华山村位于横阳支江以西的江西垟水网平原,水稻耕地面积 1350 亩,辖金家楼、门楼底、三山三部分。根据当地《赵氏宗谱》记载,金家楼因明天启年间(1621—1627)金氏始居而得名。后金氏零落,赵、梁、罗、林、杨、凌、洪七姓于明末清初迁入,繁衍至今人口 4000 多人,共祀金九侯王,形成庙门共同体。

赵氏为南宋迁居温州乐清市的皇室赵匡美后裔,明季再迁此地,现在人口最多。梁氏始祖梁显德(1637—1677)于清顺治年间从军,由福建安南县官桥溪边村迁居浙江苍南县浦亭小亭,康熙年间徙来定居。罗氏从附近的渎浦张家山迁来,系明万历年间福建南靖县移民后裔中析入。杨氏最强势时有十八担书笼，文武兼盛。洪氏始迁祖洪志平明万历年间由福建永春县汉口镇达坡村迁入苍南县渡龙村，后裔再迁而来。闽南移民和本地移民构成了境社共同体的主体。

金九侯王殿，地处苍南县灵溪镇华山村，其始建与金九侯王托梦金家楼七姓宗族有关。据说：金家楼赵、梁、罗、林、洪、凌、杨七姓族长同时梦到金九侯王要来此地驻宫。于是，清嘉庆四年(1799)大兴土木，兴建金家楼金九侯王殿。大殿建成五间两廊，十分气派，大摆香案，恭请金九侯王归神位。至文革期间，庙宇被毁坏，改为华山小学。2008 年议迁小学，建庙宇。2009 年九侯王庙建成。金九侯王殿，上下结构，由正殿、戏台、厢房和办公室构成。正殿是祭拜神灵神圣性最强的区域，面阔五间，中间神龛供奉金九侯王，右边两个宫殿分别供奉陈林李皇君、土地婆，左边两个宫殿分别供奉杨府上圣、土地公，左右两侧神龛为判官、符使，赵、马、温、康四大元帅。

图 2.12.1　作为市、县先进场所的金九侯王殿

金九侯王殿老庙原先供奉金九侯王、陈林李三皇君、福德正神。2009 年大殿建成以后，七姓族人从鲸头杨府爷祖庙分香杨府上圣而来；同时塑立土地婆神像。至于缘何塑立，至今无法得知，可能是当地宫庙普遍供奉杨府上圣的趋同心理使然。在金九侯王庙右侧墙上挂着金九侯王传略的牌匾，金九侯王的传说如下：

金九侯王，原籍金华兰溪城，一家兄弟十个，个个文武双全，武艺高强，特别是老九，还当过三军统帅，曾多次救过汉王刘秀的性命。东汉初年，王莽篡位，西汉结束后，当时王莽一直追杀刘秀至兰溪城，被金员外（侯王的父亲）救走。满门兄弟扶助皇帝一路南征北战，保驾护航，在平阳钱仓登基。钱仓城被王莽部队攻破，才由流石、云遮，一路逃往金乡海口方向，并出现“流石渡王”“牛卧龙”等皇帝逃难的故事。当时，老九就在其中。三五年过去，刘秀斩王莽于长安，重新组建汉王朝，是为东汉。金家十兄弟都被册封为侯王，时老九被任命为福建总督。为了开辟浙福两地山路通商，金九侯王不分昼夜，日夜开路，因辛劳过度，仙逝于桥墩镇。金九深受闽浙两地人民爱戴与敬仰。汉王刘秀念其有功，追封为金九侯王，并立庙香火纪念。

金九侯王生平，以及仙逝于桥墩镇、立庙供奉的传说，于史无考。但桥墩镇金山头村确实有金氏神明的传说和供奉。《苍南县地名志》记述：“金山头村，位于县城西 8.4 公里。古老相传，明嘉靖五年（1526 年），其地筑有一庙，奉祀金七、金八诸神，立名金山庙，遂名村为金山头。”①金山头村，确有金山庙，但金山庙中供奉金七、金八诸神，相传为金九侯王的兄长。金家楼金九侯王殿管委会还专程到金山头查证金九侯王的诞辰时间。金山头村因金山庙而得名，金家楼地名因何而得，还是有争论的。《苍南县地名志》记述：“金家楼据《赵氏宗谱》记载，明天启年间（1621—1627），盖金氏始居，故名。后金氏零落无存，赵氏迁于此，仍沿袭旧名。”②金家楼地名到底是因为金九侯王庙还是金氏始居而得名，产生了

① 《苍南县地名志》，1985 年内部打印稿，第 386 页。
② 《苍南县地名志》，1985 年内部打印稿，第 55 页。

不同说法。从金七、八、九侯王关系来看，金九侯王的神迹传说应该在桥墩镇金山庙信仰区域广为流传。那么，以神迹传说向外传播俗神信仰，可能是导致金九侯王显灵于桥墩镇传说误解为仙逝于桥墩镇的原因。

图 2. 12. 2　金九侯王庙额

神明十兄弟，在苍南宫庙神谱里普遍存在，如杨府侯王十兄弟、陈府侯王十兄弟等等，但很多兄弟神明没有一个完整的谱系。杨府以杨三、杨七著名，其余兄弟留名；牧牛大王李氏以李三、李七著名，其余兄弟不见；詹氏元帅以詹一、詹二、詹三存名，未见后续排行；杜氏侯王以杜一、杜二、杜三存名，也未见后续排行；戴氏以戴一、戴二、戴三存名，也未见后续排行；陈府以陈八、陈九、陈十著名，有不同说法。现在的金府也以金七、金八、金九侯王存名，未见前面排行。“十”是后来拼凑的数，还是地方史上真实存在过这样强大的家族或结盟势力？是时间淘洗了不够灵验的神明，还是历史本来就没有纪念无功于民的亲属？金九侯王的信仰，在神明传说中依然是“兄弟威猛”类型中的一种，是古代“人多力量大”家族人口红利的一种信念。

陈十四娘娘，作为浙、闽、粤、港、澳、台等地信奉神明，具有护幼保赤的神职功能。作为金九侯王庙延续的祭祀神明，“祈求多子多福，母婴平安健康”，依然是金家楼民众最为重要的心理诉求。自 2010 年起，金家楼连续三年演唱温州鼓词《灵经大传》，并举行神像巡游、坐刀轿、站油桌、坐钉轿等活动。温州鼓词《灵经大传》唱经活动，伴随着神圣祭祀仪式，是陈

图 2. 12. 3　庙内光绪九年《奉县示禁》碑

十四娘娘降临金家楼斩妖除魔，保境安民神职行为的生活化表现。在这个过程中，陈十四娘娘，作为配祀神明，神职地位上升至主祀神明的地位，这是民间社会根据生活诉求对神明主配祀地位进行的场域化调适。

金九侯王殿俗信活动主要由以唱灵经为核心的神像出巡、坐刀轿、站油桌、坐钉轿活动，农历四月廿日祈福会活动，每年冬月演戏活动等构成。其中，祈福会活动最为隆重。

坐刀轿、站油桌、坐钉轿活动是浙江省非物质文化遗产“莒溪刀轿”文化活动的传承与展演。在某种程度上，坐刀轿是跳僮仪式的另外一种表现形式，需要僮子通过请神附体的方式，长时间处于脚踩刀尖或者屁股坐钉尖状态。在访谈中，看庙人告知：“跳僮是迷信活动，不允许进入金九侯王庙。有僮子想进来，我们均都拒绝了。”很显然，这里对跳僮活动的认识呈现两种态度：单独的跳僮问神，是迷信活动，是被禁止的；作为非物质文化遗产“坐刀轿”的一部分，是被提倡的。那么，跳僮活动，是否要视为迷信活动，应根据区域特色而定。在苍南县，跳僮活动的延续具有维系社会群体、构建社会关系的重要作用，是巫术文化遗留的印证。

在以前，每年有两次祈福活动：一为正月十五的祈福活动；二为农历四月二十日金九侯王诞辰祈福活动。随着时间流逝，正月十五祈福活动已经消失，保留侯王诞辰活动。金九侯王的诞辰活动，是整年最为隆重的神明祈福活动。今年的神诞活动，持续三天，共有祈福餐宴 78 桌，约有

800 人参加。在祈福过程中，要请道士做科仪，请神，与信众共同看戏。一般来说，演戏多为京剧、越剧等戏曲形式。当然，在祈福当天，会有信众立长烛灯，以求神明庇佑，多为身体健康、生意兴隆、金榜题名等心理诉求。相比以前，金九侯王的神职功能发生了一定变化。华山村人口 4000 人，良田 1400 亩，是苍南县城较为知名的蔬菜、瓜果种植基地。由于现代科技的进步，农业丰歉已经脱离靠天决定的时代，以农业为中心的天神祭祀已经削弱，金九侯王农业庇护的神职功能随之式微，这是金九侯王神职宫庙逐渐调适民间社会心理诉求的结果。

冬月演戏活动，也称范冬戏，是一年之中最后一个俗信活动。以前，这个活动由杨姓举办，需要多人担 18 担书笼。后来杨姓族人逐渐减少，赵姓族人逐渐增多，现为赵姓族人冬月举办的演戏活动。

图 2.12.4　渡刘秀过江的龟状“流石”

金九侯王神迹传说包括刘秀逃难、敕封福建、与师公试法三大传说故事，但苍南民间故事传说中所涉及相关传说故事元素却不相同。刘秀逃难的故事原型为流石传说；敕封福建传说为王审知三兄弟入主福建的历史事实;师公测验金九侯王的灵验传说原型为白马庙的传说。金九侯王的神迹传说是当地民众将金九侯王植入民间故事,更换故事元素所形成的故事体系,这是民间社会较为普遍的在地化现象。至于,金九侯王如何成为植入民间故事,或者民间故事是如何成为金九侯王传说一个部分,接下来将一一论述。

金九侯王神迹传说中最为重要的部分便是刘秀逃难的故事,“流石、云遮”是刘秀成功逃难的核心情节。“流石”指渡刘秀过江脱离追兵的龟石,“云遮”是指刘秀向南逃的地方被云遮起来看不到踪影。该传说故事是苍南区域流传广泛的民间故事,全面叙述了刘秀成功逃难的整个过程。其正文如下:

流石是个小地方,却有个奇怪的地名。传说,西汉末年,有个叫刘秀的人,参加了农民起义的“绿林军”,做了个蛮大的将军。一次,军队在一座小城内被王莽的军队包围。只有他一个人突围逃出,被王莽的军队到处搜捉。

一天,他逃到一个地方,名叫镇江,被一条大江挡住了去路。眼看后面追兵就要来了,附近也没有藏身的地方,他脸色都吓白了,站在岸边,眼巴巴地瞪着江水。忽然,他发现岸边草丛中有一块石头,乌龟一样伏在那里。他就跳下马来,三脚两步跑上这石龟的背,他想,如果我有做皇帝的命,这石龟也一定听我的话。就小声祷告说:“神龟呀神龟,救救刘秀,驮我到对岸去,修你百年德行。”话刚说完,刘秀差点儿跌到江中,吓出一身冷汗。原来那石龟真的动起来了,真的把他驮到对岸。

刘秀过江,从龟背上岸后却又放心不下。他怕石龟又过江去驮追兵,便抽出腰间的宝剑,往石龟身上用力劈去,把石龟砍成四分五裂,这才放心地向云遮方向逃走了。

此事一传开，人人都知道了。就把这镇江边的一带地方取名“流石”，那石龟的尸体到现在还在江边，不过已经杂草丛生，看得不太分明了。

在这里，流石传说是突出地名来历与刘秀逃难传说之间的关联性；石龟显灵是刘秀成功逃难的主要方式。相比金九侯王的神迹传说，虽然保留了“流石、云遮”情节，但流石中神龟显灵的情节并没有凸显，相反将金家视为刘秀逃难的恩人，放置在较高的社会地位。这是民间社会所用的情节根植策略，即在原有民间故事的基础上，侧重于某人或某事的重要性，而进行的故事元素或情节的筛选与重构。当然，金九侯王与流石传说中刘秀逃难的故事，仅是传说而已，不符合东汉皇帝逃难的历史事实。但从宋代与明代历史来看，国家政治中心经历了向南迁徙的过程，皇帝向南逃离，是为了摆脱北方强敌或人民起义暴乱的威胁。宋高宗如此，南宋末期宋端宗赵昰、宋末帝赵昺、明初建文帝朱允炆、明末抗清势力无不如此。这个历史事实是刘秀逃难至温州、福建传说形成的真实背景。那么，民间故事就具有了指向性、隐蔽性、前塑性特点。其中，前塑性是基于历史事实将金九侯王神迹传说追溯至东汉刘秀时期的重要特性。而金九侯王与刘秀逃难传说的关联，是民间社会为了给金九侯王死后成神寻找一种皇帝敕封的合理化说法。

金九侯王神迹传说为敕封福建，打通闽浙经商通道的情节。这个情节是根据苍南县桥墩镇地理区位与唐末五代王审知兄弟入主福建的历史事实进行的在地化改变。桥墩镇，为苍南县“南大门”，是浙闽互通的唯一区域，地位位置非常重要。王审知兄弟入主福建，经营福建，对福建的经济、政治、文化的发展都具有重要作用。特别是在处理闽浙问题上，采取互不侵犯、各守疆土、互相合作的政治策略，对于闽浙通商通道的建设是有利的。王审知三兄弟死后，被民众视为白马三兄弟进行供奉。但王氏

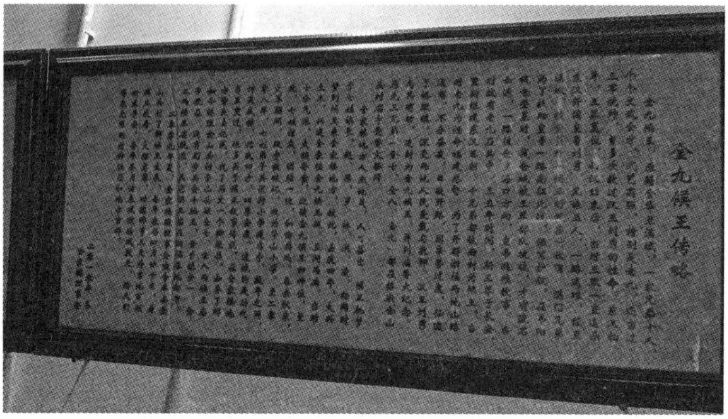

图 2. 12. 5　金九侯王传略

后裔争权，特别是王曦内乱，福建大家族纷纷从霞浦赤岸向浙江逃难。吴越钱氏集团势力南侵，一度统治福州三十年，勘山开道自桥墩分水关至霞浦杨家溪，称钱王古道，成为唐末五代 100 多年的闽浙主要通道，也为宋代的主要通道。吴越王钱镠派遣宗亲至戚管理温福，桥墩为边关重镇，至今保留钱王古墓。钱镠的哥哥钱弘儇任职温州 12 年，也是福州的第一任节度使，宽政、节俭、易俗，具有“随使百姓”效应。953 年三月“王以兄弘儇为温州刺史。”[①]“癸卯王兄知福州彰武军使宏儇卒。”《吴越备史》卷四附传，全文如下：

儇，字智仁，文穆王第二子也。本名宏偁，起家上直副兵马检校尚书右仆射，二十余年为东府安抚使。洞晓政术，吏不敢欺。文穆王嘉之，赐金酒器一副，因命兼领新定。性简俭，善骑射，能书，有立而自诲。福州初归我，将校有仇憾者，率多相诬。谓左右曰：“人各有憾，如一启之，诬构交生，人相疑惧，岂国家推心怀远之道也?”因悉不问。闽人莫不感悦。寻镇永嘉，愈事清。率所蓄声伎悉放之。每食不过鲍鱼菘菜而已。显德中

① 钱俨：《吴越备史》，中华书局 1991 年版，第 255 页。

(954—960),尝因入觐,温人谓其将代,乃卧辙阻之。偡乃复伺夜出,人皆宿于城门诘。旦侍妾以篮舆先出,众以偡在其中,遽拥而回。官吏具闻,王命示归期,人始从焉。温人旧苦徭役,偡乃置簿书以均之,民感其惠,多为偡醮本命。又俗尚淫祀,偡皆锁其祠宇,器玩以充公用。及移镇无诸(即福州),温人有携家以从者,谓之随使百姓。偡出城日皆行啼巷哭,曰"愿公早回"。至是以神柩由温江归会稽,三郡之民为之啼踊。凡两镇无诸、会稽,一镇永嘉,通任二十余年,承制累授检校太尉,拜丞相。终年五十有四,谥曰节惠。[①]

可以说,金九侯王敕封福建,勤劳为民,死后成神的过程,是王审知三兄弟生前事迹与死后成神事迹的重新构建,也是钱弘偡的任职影子,从民俗学的原理看,神明传说体现的是历史记忆的真实。

白马爷庙作为苍南县民间故事传说,在金九侯王神迹传说中也有情节的置换。其正文如下:

从前,将军这个地方五谷丰登,每户人家都过着平安富足的日子。一天下午,人们正在晒谷,突然刮起一阵狂风,顿时乌云满天,雷雨哗啦哗啦倒下来。就在这时,现出一头雪白雪白的马。这马慢慢变成一个将军,吼道:"你们听着,我要把你们全部吃掉,一个个把你们吃掉,哈哈……"说着就不见了。

这一来,将军这个地方,不是东家的女儿被抢走,就是西家的儿子被吃掉。整个村子被弄得鸡飞狗叫。人们没有办法,只好在将军桥头建成一座白马爷庙,天天烧香祭祀,这害人的白马才答应不再抢人,但要村里

① 钱俨:《吴越备史》,中华书局1991年版,第276—277页。

经常送孩子、牲畜给它吃。

在白马爷庙的隔岸，有个后生，名叫师云，看到白马残害百姓非常气愤，决心杀死白马，为民除害。一天，他带着刀，向白马爷庙走去。刚进庙门，看到白马在吃孩子，师云大怒，扑了过去和白马爷打在一起，打得天昏地暗，日月无光。他们斗了三天三夜，师云一不小心，被白马砍伤了肩膀，只好忍着痛逃了。

师云一直逃到了庐山，躺在石头边睡着了。一觉醒来，看见身边坐着一个胡须雪白、红光满面的老人。啊！这不是仙翁吗？师云连忙跪在仙翁面前，说："师父，师父收下我作徒弟吧！"仙翁把他扶起来说："孩子，你有什么事就说吧！"师云把白马爷如何残害百姓，自己为民除害却差点性命难保的经过，讲给仙翁听。仙翁听了，说道："好吧！孩子，我收下你。"

三年后，师云把师父的法术都学会了，他刚回到将军村，就向白马爷庙走去，凑巧，白马爷不在，师云把庙里的东西打得稀烂，回去了。再说白马爷回到庙里，掐指一算，知道是师云回来了，他摇身一变，变成一头白发的老人，来到将军桥头，坐在栏杆上吸水烟。这时，师云的妹妹听说哥哥回来了，烧了一只蹄膀，送给师云吃，正好经过桥头，白马爷就走去和她搭话。趁她不注意，把砒霜放进了蹄髈里。

师云把妹妹送来的蹄髈吃了下去，过了不久，肚子疼得不得了，师云一算，知道中毒了。他把家里人叫到面前说："我中了白马爷的毒药，已经无药可治了，只好剖腹洗肠；洗肠时只能独自在场，要一个人在门外守住，不许闲人进入。如果被人冲了，我的肚皮就再也缝不拢了。"他搬来一个大鼓放在房中，说："一定要听到鼓声后再进来。"说完就开始剖腹洗肠。

白马爷知道了这事，便变成一只老鼠，爬到屋顶偷看，它见师云已洗好了肠子，正在缝拢，就向大鼓跳了下去。"咚"地一声，外面的人听见鼓声就闯了进来，师云的肚子再也缝不拢了。他对大家说："我又中了白马爷的毒计,现在死定了。我死后,要把烧红的火炭放在我的嘴里,用犁头套在我脚上当鞋,把墓建在河边,对准白马爷庙。"说完就死了,家里人就把尸体葬在白马爷庙的对面。刚葬下去,对面的白马爷庙,顿时起火,被犁犁得平平的。白马爷强迫人们重建一座庙,可是刚建好,又被一场大火烧了,同样被犁犁得平平的。白马爷这才知是师云作怪,于是想出一个办法,把庙建成三角形,师云的犁头是尖的,不管怎样总会滑到一边。

图 2.12.6　金九侯王殿全貌

师云与白马爷斗法呈现三个阶段的交锋:第一阶段以平凡之躯斗法;第二阶段学道归来以师公之躯斗法;第三阶段死后以鬼魂之躯斗法。在金九侯王神迹传说体系中,重塑金九侯王神灵,且师云斗法的故事情节进行植入的处理方式,是民间社会普遍的试神行为。师云斗法的三个阶段,恰好对应多数神明由人至神的转变过程,也可以说是在陈靖姑、妈祖等神迹传说的基础上进行了相关故事情节的改变。而民间试神行为是民众对神明信奉的根本,适用于不同宗教性质的神明。在民间社会生活中,民间试神行为包括普通民众试神、师公试神和佛公试神行为，这是苍南县民间信仰较为旺盛的核心所在。民众试神，一般通过师公与佛公的仪式活动验证神明的威力；佛公与师公依靠民众祈求愿望的实现来验证神明功能。那么，神明神迹传说与神职功能的生成是民间社会群体试神行为灵验不断积聚的结果；神明体系的构建也应是民众在对不同神灵进行祈求活动中根据神明灵验行为相同性而进行神明类型的划分。

金九侯王，作为社会村落的保护神，源于神迹传说在民众思维观念中的不断聚集。金九侯王神迹传说由不同类型的民间传说相互聚合与重构的结果，再现了民间社会如何造神或重塑神明传说的过程。从历史的角度来说，陈靖姑信仰与妈祖信仰活动是由神迹传说不断向外扩布，形成了范围较广的信仰区域，金九侯王信仰也在经历着相同的过程，只不过由于所处时代的差异性与陈靖姑信仰文化的融入，金九侯王也只能是村落民众的信奉神明，无法构成较大的祭祀信仰圈。但从神迹传说到神明奉祀再到主祀宫庙的建设过程来看，神迹传说的不断重构促进了这一切行为的形成。

13. 库官信仰与劁猪村的专营权保护
——基于横河村库官殿的考察

诸如劁猪之类的传统手工艺，都不是很有难度的行当，在传统社会中何以产生专利形式的营运，成为不被模仿或盗用的品牌？本文基于温州苍南县横河村——劁猪村的考察发现，其主要手段是从消费者和生产者的信仰观念角度，抓住特种行业的专营心理入手，提供了传统手工艺背后的一种隐性服务。该案例对民间信仰的利用，或者对专营权的隐性保护，具有参考意义。

一、成为行当的劁猪

比对猪和牛在稻作农耕社会的影响力发现，猪更有作用。一是猪在农户中的养殖率远远大于牛，几乎是100%和5%的差别；二是猪制造的栏肥比牛提供的劳力更能满足农业生产的需要，具有无可替代性；三是猪将农业生产的副产品如藤禾、菜梗之类和农户的生活垃圾如泔水、糠菜之类合理消耗，变废为利，积攒财富，完全融入了农耕生活的生产链和食物链之中；四是猪的养殖周期比牛短，不费牧养劳力，不占耕种空间，基本上一年时间就可以产出，完全吻合农耕社会生活的时间节奏。这些猪被家家户户普遍养殖的理由，为劁猪成为行当提供了充足的条件。

牛、马、羊、豕、鸡、犬，习称六畜，“六畜兴旺”成为流传至今的生产祝愿。牲畜去势，都是割除睾丸、卵巢等性发育器官，促其长膘。去势术南方习称“海棠活”、北方习称“圈子活”，在三十六行中属“搓捻行”。海棠、圈子都是“搓捻行”的行话，分别指母猪和马的去势。“搓捻行”就是禽畜或者人的阉割行业，其中，“搓”是捶阉法，即将雄性牲畜睾丸及其附睾用木锤实质捶碎，并用手掌搓成粥状，术后睾丸逐渐吸收，雄性特征也随之消失；“捻”是捻转法，即在睾丸上方紧靠腹壁处用手指或钳子固定精索或输卵管，从左到右、由慢渐快地捻转，直至捻断为止，不可强力拉断。民众用非常准确的词汇描述禽畜去势的内涵，并指称这一行业。骆驼、马、骡去势，习称“骟”，是针对大型牲畜的去势称谓和手术；猪、羊、狗等体形较小的牲畜去势，习称“劁”；鸡、鸭、鹅等家禽去势，习称“阉”。所以，骟马、劁猪、阉鸡形成了表述和技艺的不同。禽畜阉割术被认为是中国的一项世界性重要发明。

图 2. 13. 1　库官庙大堂陈设

阉割术随着畜牧业的发展而发展，广泛流行于古代的埃及、巴比伦、罗马、印度和中国等畜牧地区。中国南方农耕社会有“富不离书，穷不离猪”的生活生产习俗，肉猪养殖的普遍性使“劁猪”成为行当的专用名词。在《周易》的《大畜》卦中，有“豶豕之牙，吉”之句。一般解释“豶豕”为“被阉割的公猪”①。这说明中国很早就掌握了猪的去势术。猪去势之后，就显得温顺、肥美、细嫩。《礼记》中的《曲礼》提到，在最好的祭品名称里，有“豕曰刚鬣，豚曰腯肥”②。从中已经区分了“豕”与“豚”的不同，其中的“豚”，被理解为去势的猪。刚鬣指猪的鬃毛硬长，是没有去势的猪；腯肥指猪的皮肉肥嫩，为去势的猪。据调查发现，民众首先把猪崽分为“加”和“毹”两种：“加”指雄性小猪，出生后 40 天去势，去势手术称为“结”，“结”就是切断总鞘膜和精索的切扎法；“毹”指雌性小猪，出生后 4 个月内去势，去势手术称为“劁”。去势后而未长成熟的猪，一律称为“豚”，与《礼记》中的称谓相同。将猪养至一年至一年半时间，称卖而议价的肉猪为生猪或毛猪。

阉割术的失败或者低劣，会导致牲畜术后出血、体温升高、破伤风、腹腔内容物脱出等问题，10 天内无法恢复生存常态的，将影响其健康和生长。

虽然阉割术在商周时期就已经形成，而阉割术的技术崇拜来自华佗。“搓捻行”认为华佗的外科手术技术形成了“搓捻行”，因而供奉华佗为祖师爷。

二、劁猪村的行业传承

苍南县横河村的杨氏，系福建泉州府南安县南门内武营坡杨氏后裔。

---

①《周易》，刘登阁注释，大连出版社 1998 年版，第 67 页。

②《礼记》，艾钟、郭文举注释，大连出版社 1998 年版，第 23 页。

武营坡杨训约于明朝天启年间(1621—1627 年)迁出,至清康熙年间(1661—1722 年)经三世在浙江南部瑞安县、平阳县的转迁,最终有杨振贤肇基于现在苍南县的横河。横河位于浙江三大水系之一鳌江流域的横阳支江中部,闽浙古道之上的平原洼地,步程行商活动区域范围,辐射苍南和平阳县全境及福建省福鼎市、霞浦县、柘荣县一带,为劁猪业的发展提供了地理优势。

横河村杨氏至今繁衍 15 代,共有 300 多户,900 多人。肇基祖杨振贤生有二子,长子杨启柱生有三子,分别为杨文宝、杨文珍、杨文璧,被后裔尊为房祖,分为横河孟、仲、季三个房派。[①] 杨氏祖屋一栋,选址在东西走向的两条小河之间,并被认为是双龙抢珠的风水宝地,该村因所居之河而命名,1915 年编纂的民国《平阳县志》才开始增纂抄录其村名。因杨氏人口繁衍,人地关系日益紧张,清末民初外出谋生者日多,从 10 世代开始,人口外迁不断,迁居地为苍南、平阳、青田、玉环、福鼎、霞浦等浙南闽东各县,农商兼有。

横河村是一个主姓村,杨氏人口居多,另有其他姓氏。主产水稻,兼产水竹,物产资源贫乏,水涝灾害频发。劁猪业开始于何世不详,访谈中有人认为从始祖杨振贤开始,世代相传。据庙中新建文化礼堂的横河村村史宣传资料记载:"杨氏始迁祖振贤公梦领仙界指教结猪(阉猪)手艺……并嘱咐后裔只传儿子不传女儿和其他姓族的诺言。见仁里河水滐环、四畔环洋,遂营窟为舍。晨早醒来说明了杨氏始祖是受仙人托梦,来此定居,始祖取名横河。"到清嘉庆年间(1796—1820),劁猪业已经成为该村里主要副业、宗族行当,这在宗族建设中属罕见现象。民国时期杨氏劁匠达百人以上,全村杨氏青壮劳力的 90%以上农余时间都从事劁猪业;

① 杨慕良主编:《苍南杨氏通志》,西泠印社出版社 2008 年版,第 294 页。

到了"大力发展毛猪生产"的1970年,各地兽医站虽普遍建立,而该村的杨氏劁匠依然保留有150—180人。

图2.13.2 库官庙庙额

横河村的劁匠行商自成体系。劁匠自备箫、小刀、钩、油烟四种工具,身穿长衫、肩挂褡裢,腰佩小刀,口吹竹箫,左手腕挂一把雨伞,在相对固定的经营范围内走村串巷,兜揽生意。与北方的骟匠用红巾络做幌子揽活不同,横河村劁匠以箫管吹奏行业号子代替费体力的吆喝,显得轻松而优雅。箫管由芦竹制成。据《乾隆平阳县志》记载:"芦竹,失载。按《竹谱》云:东瓯诸邑缘海所生,肌理匀净,筠色润贞,凡今之篪,非兹不鸣。"[①]一般的箫由村落河岸生长的水竹尾部自制。箫管二三寸见长,中间挖两个洞,可以通过控制音的长、短、顿、扬四个调门,吹出七个音符,成为一种独特的劁猪行业广告音乐。养猪户只要听到箫声,就招呼劁匠过去,价格约定俗成,一头约银元一角。小刀需要由劁匠根据使用需要设计为三四寸长,由打铁师傅专门定制,利钝由自己磨打,其斜面刃口特别锋利,市面无从购买。结猪时,劁匠双手提着猪后腿,再用两腿夹稳猪的躯体,捏紧裆下卵子,劁猪刀轻轻划过包皮,卵子露出,用捋断精索法去掉睾丸。劁猪时,劁匠因势利导,将猪侧翻在地,头朝下,用脚按住,即左侧卧保定,从右后腿和第二颗乳头之间划开

① 乾隆《平阳县志》卷二十《县志补遗》,苍南县地方志编纂委员会办公室影印本,乾隆二十五年(1760年)刊本。

2厘米的口子，用食指勾出输卵管，捻捋至断。钩，铁制，有个手指长的把，末端带个弯钩，如问号。有的刀、钩同体，分置两端，重约2两。经过“先下指、后下钩”的顺序，勾出小猪的睾丸或卵巢。小猪被切除生殖器后，需要油烟抹擦消炎。油烟主要是用烟囱里的灰，加一点菜油拌匀，切除术结束后抹在伤口上，后来经常不用，直接留着伤口也很好愈合。通过卵巢切除术改变猪的内分泌状态，使肉质柔嫩、体重增加。整个切除术过程差不多1—5分钟。与其他工匠相比，劁匠是用最简单的工具谋生，用快、狠、准的个体操作完成作业。

横河村杨氏劁猪的业务范围，涵盖苍南（苍南县1981年从平阳县析出）、平阳二县，并辐射温州、丽水、台州地区和福建、江西、安徽等省。苍南、平阳二县，分江西垟、江南垟、小南、万全、北港、桥墩、蒲门等地域。宣统三年（1911），苍南、平阳二县有正户52753户，附户43227户；民国九年（1920），有户数167815户[①]；到了养猪依然很盛的1970年有113918户[②]。按照户户养猪的概数计算，每位劁匠有1000户以上的消费服务对象，平均每年劁猪1000头，平均每天约劁猪3头。劁匠按片区划分经营范围，与客户建立熟悉的供销关系，其余时间到外县或者外省服务，每户每年因劁猪可以比邻村他姓增收银元二三百元。

有些养猪户会自己结猪，即使劁猪也不是一项难以模仿和领会的本领。横河村杨氏劁匠世代相传，独家经营，垄断地方行业近二百年，在苍南、平阳两县享有很高的声誉，并产生“猪得横河人劁”的消费者谚谣。难道这一专营权的获得，都来自技术的高超吗？

---

① 民国《平阳县志·食货志》，符璋、刘绍宽编纂，苍南县文化广电新闻出版局根据民国十四年影印本影印，第427页。

② 1993年编纂：《平阳县志》，郑立于主编，汉语大词典出版社1993年版，第132页。

三、阉割术与生命伦理

骟、劁、阉虽然在技术上存在不同，但在生命观上存在一致的问题。民众把这种一致性用一个“改”字统一起来，因而骟马、劁猪、阉鸡又简单而深刻地称为改马、改猪、改鸡。“改”字将民俗技艺观发展为民俗生命观，本质性地揭示了阉割术是一种改变动物个体生命状态的技术。

中国道家和道教强调天性的自然成长。庄子《齐物篇》提出“万物与我为一”的物种平等观，并对牛鼻穿孔、伯乐治马提出了批评。佛教把“不杀生”列为五戒之首，从动物属“有情众生”和六道轮回的畜生道两方面论述善待动物的必要性。明太祖朱元璋曾经为金陵劁匠写过一副春联，为“双手劈开生死路，一刀割断是非根。”(陈云瞻《簪云楼杂记》)这一对联基本展示了融合道释观念的官方态度。英国法理学家杰里米·边沁(Jeremy Bentham, 1748—1832)《道德与立法原理导论》指出：“一个行为的正确与错误取决于它带来的快乐和痛苦的多少；动物能够感受苦乐，因此在判断人的行为的对错时，必须把动物的苦乐也考虑进去。”[①]法国著名哲学家、基督教神学家阿尔贝特·史怀泽(Albert Schweitzer, 1875—1965)《敬畏生命》认为：“由于受制于神秘的残酷的命运，我们大家都处于这样的境地：为了保持我们的生命，必须以牺牲其他生命为代价，即由于伤害、毁灭生命而不断犯下罪过。”[②]民众生活的实质是，“我们一直处于毁灭和伤害生命的必然性之中”[③]。而敬畏生命要求“我们不仅与人，而

① 杰里米·边沁：《道德与立法原理》，时殷弘译，商务印书馆2000年版，第1页。

② 阿尔贝特·史怀泽：《敬畏生命》，汉斯·瓦尔特·贝尔编，陈泽环译，上海社会科学院出版社1996年版，第9页。

③ 阿尔贝特·史怀泽：《敬畏生命》，汉斯·瓦尔特·贝尔编，陈泽环译，上海社会科学院出版社1996年版，第16页。

且与一切存在于我们范围之内的生物发生了联系。关心它们的命运，在力所能及的范围内，避免伤害它们，在危难中救助它们。”①“善是保持生命，促进生命，使可发展的生命实现其最高的价值。恶则是毁灭生命，伤害生命，压制生命的发展。这是必然的、普遍的、绝对的伦理原理。”②开创现代动物权益保护运动的澳大利亚和美国著名伦理学家彼得·辛格(Peter Singer, 1946—)在物种平等的思想基础上认为：“在考虑生命个体的利益时，不管这些利益是什么，按平等原则必须把基本要素扩大到所有的生命个体，无论是黑人或白人，男人或女人，还是人或非人类动物。”③

基于道教、佛教、基督教的宗教伦理学观点，民俗伦理同样认为猪等禽畜是有感知的生灵，是上天排定的生命个体，拥有自己的生命权利、自由生活权利和生育权利，同时认为对禽畜的同情可以转化为对他人的爱。由此可以判断，改猪是一种不人道的行为，是禽畜养殖中破坏动物天然本性最严重的一种。一是劁猪制造了猪的创痛。猪是有感受能力的有情生物，一切非医疗的身体伤害都是一种虐待，是不人道的行为。二是劁猪是为了改变猪的性格，便于圈养。圈养剥夺了猪的自由生活，限制了猪的活动空间，禁止了猪参与同伴社会互动的权利，猪的生命过程处在被禁锢之中。三是劁猪养膘，改变了猪生存的目的。猪的存在本身不是为了人类提供食物，而养猪成了人类专门用来提供食物的手段，更由于它被养目的的明确性，限制了猪的存在价值，人们心安理得地形成了它的被杀就是它存在意义的生命观。四是劁猪对生殖系统的人为破坏，湮没了生命个体的交配和繁衍权利。

---

① 阿尔贝特·史怀泽：《敬畏生命》，汉斯·瓦尔特·贝尔编，陈泽环译，上海社会科学出版社1996年版，第8页。

② 阿尔贝特·史怀泽：《敬畏生命》，汉斯·瓦尔特·贝尔编，陈泽环译，上海社会科学出版社1996年版，第9页。

③ 彼得·辛格：《动物解放》，祖述宪译，青岛出版社2004年版，第6页。

改猪处在自然律和道德律的分裂之中，一种敬畏生命的简单仪式还是在阉猪过程中被举行。据调查发现，阉匠在切除性腺之后，都会双脚并立，双手将切除器官抛向屋顶。阉猪过程中的生命仪式，可以理解为为戕损天体和杜绝生命的违背天道行为的一种忏悆，是向生命观念的致歉。

四、库官信仰和解厄仪式

阉猪村杨氏在行业生活中面临着两个问题：一是如何让阉猪业成为区域独家专营的行业，并世代传承下去。温州是一个善于模仿的地区，历史上经常发生一个行当因一哄而上而迅速败落的现象。二是如何在经营者和消费者的生命观念上弥补伦理的缺憾，即解除忏悆，慰藉伤损，预防报应。温州是一个民间信仰氛围浓厚的地区，精神上绕不过去的东西会阻滞行动，不能让民众长期生活在悔罪的心理重压中；而且禳灾和招财必须通过一项举措而永久性地同时解决。于是民众从冥界信仰中获得灵感，借助库官信仰实现禳灾和招财并举的目的。

横河村库官大使殿，又称横河殿，始建于康熙五十二年(1704 年)，重建于 2011 年。宫庙中央神龛供奉库官大使、东岳大帝、冥司大使，左侧神龛供奉杨府上圣、福德正神，右侧神龛供奉太阴圣母、劝善大师，符使、判官分别位于主殿左右两侧。左偏殿为三虎殿，供奉青衣大元帅、青衣大神、三虎将军、五位神功、福德正神、黄衣土地。在苍南村落，很少见到以东岳冥司作为主神奉祀的村庙，横河殿的库官信仰可以说是一个特例。因阉猪而奉祀冥司库官大使，成为解释的重要理由。

建筑一座庙宇，奉祀一位神明，是古代社区村落的大事，需要村落共同体观念的认同和资金的筹集，个体完成不了，条件不充分也完成不了。横河村周、吴等姓认同库官信仰，集资与杨氏共同建筑库官殿。现在横河殿与杨氏宗族祠堂紧密相连，左侧为杨氏宗祠，右侧为横河殿，左祠右庙的格局与当地的左庙右祠、以庙为尊的习俗相反，也体现了建庙历史和行业形成的特殊性。

一般村庙很少主祀冥界神明，因为超阴不是日常的需求。横河村除地方神外，主要供奉冥界神的意义在于，通过冥界神的供奉，可以护佑劁匠开展的日常工作顺利、平安，超度和慰藉因劁而残的猪魂，以及因劁未生的亡灵。这对饲养户和匠户都是一种安慰，同时也化解劁匠们改写生命形态、生死寿元的罪衍。东岳冥界就是泰山。“泰山一曰天孙，言为天帝之孙也。主召人魂。”（张华《博物志》）泰山为东方万物发祥之地，主管世间一切生物出生大权，主生主死，鬼魂之统。阉割人为地摧残了猪的生命体，剥夺了猪的生育权，扼杀了六道轮回中一些生命的转世、诞生，由此必须祈告，以合天意。

然而，横河殿又不主祀东岳大帝，成为东岳庙，而是主祀其下属库官大使，主要原因是库官神通过阴阳二库的钱帛调济，既能补偿杀生之债，又能转换阳间财富，完全符合劁匠和养猪户为杀生赎罪、以劁业/饲养谋生的双重需求。民间观念认为，每个人分别有阴、阳两个财库，补阴库、开阳库是库官奉祀的主要目的。人人都要还清阴中财库，补阴库主要是帮先人、家人和自己还清前生所欠之债，没有冤亲债主讨债，殁者安，存者顺；人人都要打开阳中财库，开阳库就是开源节支，财源滚滚，只进不出。东岳大帝主管七十二司，下辖十二库官，分别为杜、李、袁、阮、柳、朱、雷、许、成、纪、曲、田十二姓氏，分别负责十二生肖不同人等的管理。横河殿库官大使，就是十二姓氏神的总称。

横河库官大使殿每年举行8次神诞庆典，包括正月十四太阴圣母诞、二月初二福德正神诞、二月十八劝善大师诞、三月十八三虎将军诞、三月廿八东岳大帝诞、五月十八杨府侯王诞、七月初六（田野调查时间为初三，因为初三日子好，冥司大使诞提前举行）冥司大使诞、十月初六库官大使诞。这些神诞醮仪序列和仪程显然不再完全按照传统的库官祭祀进行，而是 2011 年建庙后的重构。如建庙后，村民认为村中多为杨姓，杨府侯王是“祖公佛”，供奉杨姓神有敬祖、特佑之意，便到附近著名的鲸头杨府庙分香。三虎将军原是全村各姓共同奉祀的村树树神，主管花会赌博，树倒庙圮后附建于此，因而除杨氏外，周、吴等姓也捐资参与庙事活动。2016 年七月初三正是笔者田野调查之时，横河库官大使殿正为冥司库官大使诞念《过去、现在、未来三千佛忏全部》，为时一天，很有解结愆罪的色彩。建庙后三年连唱的《灵经大传》醮仪，保留了完整录像，其出巡点将军令的过程，弥漫驱煞逐疫的氛围。每年中元节库官殿都会举行普渡仪式，超度孤魂野鬼，完全配合横河村的劁猪业的特点。

从内容上看，库官大使祭礼既有化纸超度的内容，又有招财进宝的寓意。道士《情旨书》写道：“醮为劁阉生业，伤损生灵、有违天理事……”指出打醮的缘由。《库官咒》描述：“伏为求偏财法事，专禀阴间洞天福地，阴曹库官，特申以冥府通宝，替换阳间金银财宝……”揭示祈求的目的。此外，还有《库官换宝秘咒》《祈求库官示财咒》《补财库咒》《开财库咒》等，为生业求财打开精神通道。

劁猪破坏了动物发育生长、繁衍后代的自然规律，杨氏宗族选择主祀库官大使、东岳大帝、冥司大使，通过焚烧冥纸、做法事的形式，为劁匠和养猪户提供心理补偿。从横河殿与杨氏宗族互动关系看，劁猪技术在给杨氏宗族带来财富的同时，也使杨氏宗族对猪的自然生理状态的破坏产生了负罪感。这种补偿性心理行为，是人通过祭祀三个冥界神灵、神灵出巡活动而实现的。可以说，横河殿建构了一个以劁猪技术为核心的补偿性神灵信仰体系。

结语

综上所述，库官信仰提升了劁猪村的文化软实力，保护了劁匠们的区域专营权，在消费群体中形成了“猪得横河人劁”的消费观念。从专营保护的形式看，阉割术是一种公有技术，库官信仰也是一种公有信仰，而将阉割术和库官信仰结合成一个有机体，则是个体的创造，成为了“私有”的财富。正是这种私有财富的公用，才产生了效益。劁猪村这一案例带给我们的启示，正如阿尔贝特·史怀泽所言：“信任属于精神，它只能产生于精神之中。”[①]“我们的精神生活似乎不仅没有超过过去的时代，而且还依赖前人的某些成就；更有甚者，其中有些遗产经过我们的手而逐渐消失了。”[②]

民俗手工艺的专营权保护，自古以来就是生产者非常关注的问题。到了加强非物质文化遗产保护和知识产权保护的今天，专营权作为现代流行词汇进入商业领域。如何保护专营权，现代人推出了商标，形成了立法，提升为品牌，发展了广告。但二三十年的实践证明，品牌的寿命都不太长，商标的运用总被侵权，广告的支出有的还超出生产的成本。这些现象不禁让我们回顾立法之前的专营权保护，手工时代匠人们世代专营权的形成。横河村阉割术的保护，并没有专门的保护技术专利，恰恰走出了一条更好为消费者服务的道路，尤其为消费者精神需求提供服务，从而二百多年来自始至终保护了自己的专营权。

---

① 阿尔贝特·史怀泽：《敬畏生命》，汉斯·瓦尔特·贝尔编，陈泽环译，上海社会科学院出版社1996年版，第18页。

② 阿尔贝特·史怀泽：《敬畏生命》，汉斯·瓦尔特·贝尔编，陈泽环译，上海社会科学院出版社1996年版，第4页。

14. 村庙是村落共同体文化的核心阵地

——灵溪镇平水桥宫调查

村落调查的经验告诉我们，一个村落只有非常有限的几处区位空间可以承载村落共同体文化，在多元文化并存的状况下，拥有核心阵地的文化才能在村落共同体中占据核心地位。比如，一个村落有许多座宫庙供奉不同的神明，只有被村民称为“大宫”的那座，才是民众最认可的共同信仰。

在埃及旅游时发现，有几座著名的古埃及神殿，后来曾经变为基督教堂，现存遗迹的墙面上还可以看到多种信仰更替遗存的画像，说明欧洲人进入埃及，不是要建新的教堂，而是要占据埃及人的神殿为教堂。在山西运城的新绛县，发现县城中轴线的顶端钟楼，自宋元明清以来，不同时期曾经分属于佛教、城楼、明代王爷府、天主教堂等，说明在古代的绛州，拥有核心阵地价值的区位在钟楼，钟楼归属于那方，那方就拥有最高文化地位。苍南的燕窠洞，现在是道教宫观，而在宫观的岩壁上，还刻着“南无阿弥陀佛”的字样，证明它一度是佛教寺院。十九世纪英国传教士苏慧廉在温州传教，租赁了不少永嘉的宗祠作为礼拜场所。这些现象都说明在相对独立的聚落空间里，文化核心阵地的区位是不变的，可以变的是内容。

在任何区域，可以展示共同体文化的区位资源非常有限，地方政府选择村庙共建代表国家意志和社会主义核心价值观的“文化礼堂”，是村落文化核心阵地拥有权意识的觉醒。平水桥宫就是传统文化宫庙和文化礼堂共建的新旧交融场所。

平水桥村下辖老厝底、上河头、下服店、垟心厝、自塘河五个自然村。平水桥村黄姓宗族人数居多，当地《黄氏宗谱》记载：“明季间，黄氏由高黎转迁于此，其地有平水石桥，遂为村名。东北面小河蜿蜒，四周沃野，地形平坦，属水网平原。”《苍南百家姓》记载：“渎浦平水桥黄姓，始迁祖黄希图，系黄守恭次子黄纪支派，高黎黄阳后裔。约于清顺治年间率子黄承专由萧江高黎入迁来此定居。繁衍成族，后裔分居江西、辽宁、鞍山、上海等地。”①

平水桥宫始建于民国年间，占地面积 2100 平方米，建筑面积 500 平方米。由于年代长久，老宫房屋朽漏，后经村委会及老人协会共同努力，于 1976 年向民间集资重建。现与平水桥祠堂并立在金塘河，成为平水桥村文化礼堂开展文化活动的主要场所。平水桥宫主祀神龛供奉白衣丞相、通天教主、五雷元帅、福德正神、劝善大师，右侧神龛供奉天仙娘娘，左侧神龛供奉马童将军、杨府上圣，判官大神、符使大神分别位于宫殿左右两边。

在空间分布上，平水桥宫与黄氏宗祠紧密相挨，黄氏宗祠在右侧，平水桥宫在左侧，与古代“左祠右社”的建置布局相反。平水桥宫因为有戏台、场地开阔，处于村民活动的中心区位，村委会以此申报村文化礼堂。文化礼堂建设花费了 100 多万，其中政府支持 40 多万，剩下的由村民集资。2011 年平水桥村文化礼堂获浙江省政府审批、验收，走在了浙江省文化礼堂建设的前列。

---

① 郑维国主编：《苍南百家姓》。当代中国出版社 2008 年版，第 111 页。

图 2.14.1　平水桥宫文化礼堂

平水桥宫主祀的“白衣丞相”，是一位历史人物，唐朝宰相李泌。李泌在平叛安史之乱期间，以“绝粒无家”的客卿身份，经常穿白衣与唐肃宗同车进出。《新唐书·李泌传》记载：“肃宗即位灵武，物色求访，会泌亦自至。已谒见，陈天下所以成败事。帝悦，欲授以官，固辞，愿以客从。入议国事，出陪舆辇，众指曰：‘著黄者圣人，著白者山人。’”宋恭帝德佑元年(1275)封李泌为中极殿白衣丞相。南宋徐钧诗赞：“衣白山人再造唐，谋家议国虑深长。功成拂袖还归去，高节依稀汉子房。”①

李泌(722—789)，字长源，京兆(今陕西西安)人，唐朝中期著名道家学者、政治家、谋臣，历仕玄宗、肃宗、代宗、德宗四朝。主要成就为谋划平定安史之乱、相辅德宗。李泌称誉神童，七岁乡荐。《三字经》曰：“莹八岁，能咏诗，泌七岁，能赋棋。彼颖悟，人称奇，尔幼学，当效之。”李泌赋棋故事在南宋时期就进入了中国的蒙学教材。成年李泌博学尚道，精研易学，安禄山叛乱，以客位召启参谋军事。他布置围剿战略，收复两京。他

① 徐钧，字秉国，号见心，浙江兰溪人，宋度宗咸淳年间在世，著史咏以前五百三十首，今存《史咏集》二卷，引自《徐钧诗选》，文献网。

规劝李亨不要让位给玄宗，王夫之认为："此长源返极重之势、塞溃败之源、默挽人心、挂危定倾之大用，以身为鹄，而收复之功所自基也。"[①]《中国军事史》第二卷高度评价他的平叛之谋。唐代宗时出任杭州刺史。苏辙评价："杭本江海之地，水泉咸苦，居民稀少。唐刺史李泌始引西湖水作六井，民足于水，故井邑日富。"[②]建中四年(783)泾原兵变后，被任命为陕虢观察使。他挖山开路，以便饷漕，极大地改善了京师的粮食供应。贞元三年(787)回到朝廷为相，贞元五年(789)卒，赠太子太傅，封邺县侯，世称李邺侯。

南宋罗大经评价："自古隐士出山，第一个是伊尹，第二个是傅说，第三个是太公，第四个是严陵，第五个是孔明，第六个是李泌，皆为世间做得些事。"《新唐书·李泌传》曰："德宗晚好神鬼事，乃获用，盖以怪自置而为之助也。"[③]《资治通鉴》卷二百三十三卷评价李泌："泌有谋略而好谈神仙诡诞，故为世所轻。"

图2.14.2　平水桥宫殿堂

① 《读通鉴论》卷二十五《肃宗》，国学导航。

② (宋)苏辙：《亡兄子瞻端明墓志铭》，《栾城后集》卷二十二，汉典古籍。

③ (宋)罗大经：《鹤林玉露》丙编，卷二，国学导航。

李泌是中国历史上的智慧型人物，也是道教界人物，所以成为民众所供奉的神明。最早纪念李泌的建筑物是南岳市的南岳书院，由随州刺史李繁在唐元和至长庆年间(806—824)创建。南宋初胡安国父子来此讲授《春秋》之学，掀起南宋理学家来此讲学之风，形成湖湘学派，盛极一时。南宋宝庆年间(1225—1227)书院迁建集贤峰下，更名邺侯书院。苍南县供奉白衣丞相的宫庙有灵溪镇平水桥村平水宫、灵溪镇蔡宅村蔡宅宫 2 座，温州地区还有泰顺县三魁镇夹屿双峰尖仙翁宫①、平阳县鳌江镇下厂滨海土地堂、鳌江镇积谷山大圣殿②、文成县大峃镇里川村白衣丞相殿、村头村洞背白衣丞相地主殿、瑞安市塘下镇前池片二坦前丰村白衣丞相殿、陶山镇洲渎村马坦桥丞相殿、湖岭镇雅村雅村堂、高楼镇大梅村毛园光明院、温州市瓯海区梧田街道塘西村后岸土地庙、鹿城区仰义街道文武后山园双屿交界双义亭、永嘉县南城街道观下村六垅山脚本山硐主庙、黄屿朝阳殿、桥头白衣硐主庙、西前白衣硐主庙、前一白衣硐主庙、东城街道林村岩庵横路八公庙、枫林镇湖西村湖西新殿、岩头镇季家山村佛殿③、杏岙村双岩宫、岩坦镇叶坑村白衣丞相庙、霄岭村云岩新宫、乐清市乐城街道秦垟南白衣大王庙④、芙蓉镇黄坦村洞坑宫⑤等，总计 24 处。

李泌一生勤政清廉，无欲无求。《邺侯外传》记载：李泌曰："臣绝粒无家，禄位与茅土皆非所欲。"南宋湘湖学派又以他的纪念堂作为理学阵地。在强调社会主义核心价值观与中国优秀传统文化相融合的今天，在供奉李泌的村庙里建设文化礼堂，这是古今融合的一种尝试。在平水桥宫内部，我们可以看到文化礼堂宣扬的现代观念，如正殿前方写着"务实、

① 该宫主祀标写为："白衣仙翁"。
② 该宫主祀标写为："白衣大圣"。
③ 该七庙主祀都标写为："白衣硐主"。
④ 该庙主祀标写为："白衣大王"。
⑤ 该庙主祀标写为："白衣硐主"。

守信、崇学、向善”，绘着国旗；古戏台上部增添了一个红色五角星，左侧绘有文化礼堂的背景图，已被改造成为平水桥村文化礼堂演出活动的主要场地。在平水桥宫两侧挂有文化礼堂“德、礼、孝、忠、仁”宣传牌，向村民展示新时代精神文化对传统文化的传承与创新。平水桥宫继续以传统的方式每年农历六月二十三日至二十九日，邀请道士或和尚主持拜普渡经活动，依然根据年例举行划龙船、做佛头、唱灵经活动，这些都是宫庙的传统仪式。作为文化礼堂，增加了村民的歌舞活动、武术健身活动、廉政讲座、养生知识讲座等。以民间信仰场所为核心建设文化礼堂，是平水桥宫的场所利用和转型特色。

15. 萃取忠孝教义的祖神庙
——桥墩镇官南村许真君庙

民间信仰中有一种现象，就是选择自己的祖先神供奉。比如陈姓的村落选择陈靖姑建庙供奉，尊其为“姑婆神”，林姓的村落选择林泗大帝建庙供奉，尊其为“祖公佛”，同样地，杨氏选择杨府上圣，许氏选择许府真君，李氏选择李真人。这种现象不是非常普遍，但在一定数量上存在，他们认为祖先神更加亲近，应该能够更好地保佑同姓人。显然，这是宗族文化影响下的民间信仰现象。

温州地区的许真君庙，一般都是自然地理环境中的片区大庙，以祈雨、驱瘟、圆梦为信仰形式，非常开放地面向广大的香客。官南村许府真君庙以许氏族裔为组织纽带，将净明道的忠孝教义与宗族文化的孝悌观念直接结合起来，形成独具特色的“祖神庙”，在组织形式和教义倡导上区别于其他宫庙。

许真君庙位于苍南县桥墩镇黄坛社区官南村，是桥墩镇民间信仰工作联络组所在地。始建于清乾隆年间，1950 年在许氏宗族祠堂后面重建宫观；1960 年因桥墩水库出险，宫观被毁；1991 年迁现址重建；2006 年超强台风桑美袭击，宫观再度被毁；2008 年许日森先生带动族众捐资重建，为官南村主庙。

官南村，原名官埭头，许氏宗族于明代嘉靖年间来此定居。《许氏宗谱》记载，黄檀官埭头许氏，始迁祖许永锡，原籍福建漳州府南靖县二图马坪。其祖父许习东于明嘉靖年间由南靖县马坪入迁苍南县观美乡桃湖村，生二子许心求和许心环，孙许永锡由桃湖转迁至桥墩镇官埭头定居，生四子，次子许文宪留居本地，许文亮于清康熙年间徙居福鼎县前岐王臣，许文周迁居福鼎县乌岩，许文盛迁居平阳县万全乡。许永锡的弟弟许永聘，生子三，长子许文郷由桃湖转迁黄檀南峰寺；次子许文宗、三子许文进留居桃湖。这样，一个许氏血缘家族就在浙南闽东的苍南县、平阳县和福鼎市撒开网络。

图 2. 15. 1　万寿宫额

康熙年间家族网络撒开之后，乾隆年间收族联络的活动便成为宗族建设的重点。许氏在宗族建设上区别于其他姓氏的一个特殊亮点，就是利用东南地区普遍信仰的许逊信仰作为祖神崇拜，为家族组织和族训家规建设服务。

官南村许真君庙正殿为万寿宫。万寿宫为江西南昌西山许逊庙的祖庭庙号，这里采用祖庭庙号，说明官南村许真君庙的建庙意图在于传承净明道祖庭教义，而与温州地区的其他许逊庙形成一定的区别。正殿面阔三间，中间神龛供奉关圣帝君、许府真君、鲁班先师，左判官、右符使；左侧神龛供奉五显大帝、福德正神；右侧神龛供奉地主尊神、董二相公。神明序列和布局又说明该庙不是完全按照西山万寿宫的格局设置，而是根据村落的生产、生活的习俗和信仰调整的，从而使村庙在很大程度上发挥了反映村落社会史的功能。

该庙对许府真君的塑像、碑介、对联、匾铭等内容，都体现了地方精英对这位祖神的定位。

庙外左侧墙壁碑文这样介绍许逊：

许逊(239—374)，东晋著名道士，字敬之，南昌人。吴赤乌二年(239)，母感风珠随腹而生。生而聪颖，姿容秀伟。及长，尝曾射猎一鹿，鹿子随后，鹿母犹回顾舐之，因悟，随弃弓矢，刻意为学。博通经史，明天文地理，历律五行，谶纬之书。尤嗜神仙修炼之术，初即颇臻其妙。又闻西安吴猛得至人丁义神方，乃往师事。丁公悉传其秘。

晋太康元年(280)，尝为旌阳县令，为政清廉，治法简易，吏民悦服拥戴。后知晋室将乱，乃弃官东归，遨迹江湖，寻求至道。史传曾斩蛟为民除灾，东晋宁康二年(374)，许逊已一百三十六岁。八月望日，举家四十二口，同日从豫章西山拔宅升天，鸡犬随之。

宋徽宗敕封：至道玄应神功妙济真君，赐额《玉隆万寿宫》，证位为天枢使相，为天府四相之一。后人将其尊称为净明道始祖，著有《天上灵宝净明飞仙度人经法》、《灵剑子》、《石幽记》、《玉匣记》等书。

碑文介绍了许府真君的生平事迹、拔宅升天成神及皇帝敕封神位的过程。宋徽宗敕封许逊为“至道玄应神功妙济真君”，而正殿许府真君神牌位上写的是“敕封忠孝成仙许府真君”，二者的微妙差异，体现了作为道教神灵与宗族祖神之间的取向不同，庙牌神位更多地强调了儒家社会伦理的“忠孝”观念。这种元素在宫庙重要位置均有体现。正殿中间牌匾“规矩诲人”是老庙的遗留物，作为庙训祖传下来，也是少有的现象，说明“规矩”在教育后人中的重要作用。宫殿外左侧墙壁写有“忠孝传家宝，仁慈处世长;忍慎行之本,勤俭百业兴。”更是具有村落宗族的族规、族训性质的对联;宫殿门外两侧对联“金开渡出一家拔升神仙眷,玉润颁来万古长青忠孝全”,也是彰显许逊忠孝事迹的教义宣传。

图 2. 15. 2　规矩诲人匾

东晋许逊作为宋代道教净明道尊奉的始祖,在道教文化中提倡忠孝观念,与儒教文化实现完美的结合。道教忠孝观念的产生,与最早的孝悌王有关。《铁树记》记载:

孝悌王曰:“始炁为大道于日中,是为孝仙王。元炁为至道于月中,是为孝道明王。玄炁为孝道于斗中,是为孝悌王。夫孝至于天,日月为之明。孝至于地,万物为之生。孝至于民,王道为之成。是故大舜至孝,凤凰鸣于虞廷。姬文至孝,凤凰仪于岐山。姜诗至孝,鲤鱼出之舍傍。王祥至孝,黄雀入于幕内,即此论之,上自天子,下至庶人,孝道所至,异类皆应,孝之义大矣哉!先生修养三世,行满功成,当得元炁于月中,而为孝道明王。四百年后,晋代有一真仙许逊出世,传吾孝道之宗,是为众仙之长,得始炁于日中,而为孝仙王也。”自是孝悌王悉将仙家妙诀及金丹宝鉴、铜符铁券,并上清灵草、飞步斩邪之法,一一传授与兰公。又嘱兰公曰:“此道不可误传,惟丹阳黄堂者,有一女真谌母,德性纯全,汝可将此道传之,可令谌母复将此道传授与晋代学仙童子许逊,使许逊得传吴猛诸徒,则渊源有自、超凡而入圣者，不患其无门路也。”孝悌王言罢辞去，兰公远送孝悌王，乃口占一词赠云。①

道教净明派“忠孝”观念是经过孝悌王传给兰期、谌母，再传给许逊，再传给吴猛等道教神灵的过程，且《许太史真君图传》记载：

许逊归隐，与群弟子讲究真诠，精修至道，作《八宝训》：“忠、孝、廉、慎、宽、裕、容、忍。忠则不欺，孝则不悖，廉而罔贪，慎乃无失，宽则得众，裕然有余，容而翕受，忍则安舒。乡里化之，皆迁善远罪，孝悌兴行。”

由此，许府真君庙中处处忠孝思想的呈现，是由许府真君信仰崇拜中宣扬“八宝训”的社会伦理观念决定的。始迁祖许习东从事教育工作，尤其重视家族的思想教育，因此借鉴祖神的教义为家族文化建设的宗旨。宗祠对联特意写道：欲高门第须为善，要好儿孙必读书。

宗族是以血缘关系构建的社会成员共同体，宗族祠堂是宗族成员进行社会伦理道教教化的重要场所。许府真君庙宣扬忠孝观念，恰好是宗族宗祠进行社会教化功能的重要途径。在实地调查中发现，许府真君庙境范围为许姓宗族建构的社会村落，且许氏宗祠位于庙宇不远处。两者应通过许氏宗族搭建了较为密切的关系，通过宗族族规凝聚宗族成员，营建许府真君庙的较为真实的。在 2008 年重建许府真君庙捐资名单中，捐资人由官南村、南风寺、后隆山脚、高寮、梅溪、百盛等村许姓成员与少数别姓成员构成。那么，许氏宗族应是许府真君庙重建的核心宗族，其宗族族规对于许真君庙忠孝观念特色的影响较大。

---

① (明)邓志谟：《铁树记》，中国古代文献集库。

在实地调查中，许氏宗祠不仅是官南村许姓宗祠，而是浙南、福建北部等 13 个村落的许姓宗祠。宗祠大门前后对联写道："分支衍派闽浙毓人文，推本溯源箕山遗祖德""闽徙瓯榆乡望重祖耀宗祭，同为姓孙裔瓞绵枝繁叶茂"。正殿前部高挂"高阳郡"、后面悬挂"伦恩堂"，高阳郡公许椽为肇基始祖，许庚千公为始祖，其余神位记录了许姓各支派始祖详细情况：

桥墩官埭头　南峰寺　桃湖　叠石　万全　乌严供奉始祖讳栋泉公后隆山脚明戒公

桥墩大玉沙支派供奉始祖讳世德号初期

岭头仔　菰寮支派供奉始祖讳金普公

选城岭头　路湾　大坪支派供奉始祖讳有明公

分水关　王家岭支派供奉始祖讳庭富公

雅中　白琳支派供奉始祖讳君亮公

居柘荣坑头支派供奉始祖讳士彩公

桥墩五星　大路湾　许高姓　军营　桃源　溪底供奉始祖讳徐泉徐可公

福鼎梅溪支派供奉始祖讳进元号榆庭

八亩　霞浦　萧江支派供奉始祖定惠公

福鼎前岐　山景头小兰　后处姚家屿　石龟头支派供奉始祖振山公、二世祖渭南

文洋大路脚　桐山岙底大贡脚支派供奉始祖讳智敏公

福鼎　百胜　宫贡支派供奉始祖讳国量公

关于许氏宗祠选址与十三个许姓肇基始祖灵位共同奉祀的缘由，《许氏宗谱》中《宗祠记》这样记述：

许氏先祖习东，明季离漳入温，随带祖上灵牌香火祈求庇佑，卜得盛桃，建住宅于桃湖，为安身之所。草创初安，大堂奉祀，数世后，于清道光间，由许府妙济真君指挥，名师选址，位于官溪清流之上文星璀璨、松山桥墩之下永发光芒的宝地，营造许氏宗祠。此地状似大胡琴，宏亮琴声长发其祥，时刻佑我后人。经全族嗣孙努力，初建单进五间简陋平房，周边石墙环绕，定于每年春秋二次入祠告虔拜祭，遂之本地邻里许氏，始祖世德、徐可等十余支派肇基灵牌香炉融入本祠，有福德尊神、地司、社令等获佑，诸事顺昌，普降吉祥。

《宗祠记》揭示了三个问题，其一是建庙时间早于建祠时间，许逊庙建于乾隆年间，许氏宗祠建于道光年间。其实许多村落或姓氏还存在着有村庙无宗祠的状况。这说明地方社会的观念中境社宫庙的供奉重要于祖先的供奉。地方社会是地缘共同体的观念深入人心。其二是一个宗祠的建造不一定是一个肇基祖下的供奉，而是存在着不同肇基祖联合供奉的现象，“远亲不如近邻”，所以远徙的裔孙不一定共同奉祀；附近的同姓不一定同宗，但可以本着“千枝万派，一本同源”而同祠，建联合祠。许多宗祠组织是地缘共同体中建立的“地缘宗族共同体”，许氏宗祠就是联络附近十三个许姓“地缘宗族共同体”。三是许府真君显灵指挥名师选择的风水宝地，展示了庙神护佑宗族的神明与祖先的结构关系。

图 2.15.3　许府宫对联：眉开凤眼照无数慧业文人

其实，许府真君显灵于许氏宗祠选址过程中，还具有认同许氏宗族族规家训与弘扬宗族忠孝文化的深层意义。《许氏宗谱》这样记述《祖训十则》：

一孝父母　人子之身，本乎父母，未离怀抱，三年劳苦，斯恩斯勤，惟恃惟口，孝道有亏，百行难补，乌鸟反哺，牛羊跪乳。

二睦兄弟　孔怀兄弟，一本所生，手足所谊，羽翼情深，兄当友弟，弟宜恭兄，壎篪叶奏，和乐有声，蒋家大被，田氏荣荆。

三别夫妇　男女居室，人之大伦，附远厚别，礼经所申，夫妻守义，父子相亲，无别无义，禽兽为邻，举案齐眉，相敬如宾。

四序长幼　乡党聚处，义在和平，年长以倍，父事非轻，十年以长，兄事有情，饮食相让，言语必诚，坐立居下，步履徐行。

五睦宗亲　譬诸水木，宗族宜敦，千枝万派，一本同源，何远何近，谁卑谁尊，相亲相睦，推德推恩，公艺百忍，江州义门。

六严内外　凡有家事，内外必辨，男不入内，女不外践，深宫闺门，肃严非浅，授受不亲，乞假胥免，敬姜守义，践阀色鲜。

七训子孙　子率不谨，父教不先，放僻邪侈，起于英年，严禁非为，子孙乃贤，讨书礼仪，孝悌力田，少成若性，习久自然。

八勤职业　天生四民，业各有常，士谋道义，农望收藏，作为在上，贸易惟商，安心固守，勤力精详，立多有本，处世亦良。

九明义利　天地之间，物各有主，非吾所有，一毫莫取，见得思义，圣贤训语，盗迹贪污，伯夷清苦，豪富一时，廉名千古。

十慎官守　幸登仕籍，须警官箴，清慎与勤，二三思沈，严谨和缓，四言虑深，致君在身，泽民惟心，孟尝还珠，杨震却金。

许真君为旌阳县令，政绩卓著，深得民心；弃官为道，斩杀蛟龙等行为秉承了“职业”“官守”祖训准则，其最终成神，获得皇帝的敕封，是对许逊生前为民行为的高度肯定。因此，许府真君，不仅是民众信奉的地方神灵，更是许氏宗族以民间信仰的方式，传承宗教《祖训十则》阐述的忠孝观念及行为准则，从而达到教化宗族后裔的目的。“敕封忠孝成仙真君”神位是基于许姓同源性缘故而对许府真君进行宗族化处理的结果。因此，许真君庙，与其说是官南村民间信仰活动场所，不如说是以许氏宗族为核心营造的另外一个“宗族祠堂”，并以地缘许氏村落构成信仰祭祀境社的活动空间。

16. 一个闽南移民村落神明体系的建构

——灵溪镇横支太阴殿调查

横支太阴圣母殿，地处灵溪镇灵江社区横支村，依傍苍南县工业开发区，交通往来极为便利。始建于清道光1820年，原名“造三宫”，后废弃。清光绪年间，重建宫殿，名为“造三庙”。后因自然灾害，导致宫殿严重侵蚀、损坏、腐烂，于1981年8月重建宫殿，称为“太阴圣母殿”。

整个宫殿占地面积2000平方米，建筑面积1300平方米，正殿面阔五间，砖木结构。正殿中间神龛供奉五尊神明：太阴圣母、林氏娘娘、李氏娘娘、送宝娘娘、送子娘娘；左侧神龛供奉三尊神明：罗府尊神、恩公元帅、田都元帅；右侧神龛供奉四尊神明：萧公法主、杨府上圣、土地婆婆、土地公公；正殿左右两侧神明为判官与符使。宫殿主祀神明的来源，与横支村蔡氏宗族移民迁徙至此有关，特别是太阴圣母与萧公法主。

横支村，原名染布基，村民多为蔡氏宗族后裔。《蔡氏宗谱》记载：染布基始迁祖蔡尹山(1588—1651)，字存良，原籍福建漳州府龙溪县廿五都后林人，因山寇作乱，于明末入迁平阳县北港书阁。长子蔡振祖(1614—1696)，字文元，于明崇祯十三年(1640)由平阳县北港书阁入迁江西垟染布基。染布基蔡氏入迁至今约四百年历史，子孙繁衍十六代，约有887人。村民口述，陈靖姑和萧公法主，是以神像形式由蔡氏先祖奉请迁居至此。应该是从泉州出发，中转平阳县，然后在此落户，供奉于蔡姓先祖家中，为厅头佛。后僮身观僮，表达两神造殿的愿望，遂建“造三宫”供奉，两位神明成为村庙供奉的民间神明。

原先两尊神像，从蔡氏迁入染布基到太阴宫始建，厅头一直是蔡氏家中祭祀的神圣区域，是宗族神明祭祀和祖先祭祀的共同空间，形成神明正奉、祖先偏祀的布置格局。太阴圣母、萧公法主作为迁入神明，与蔡氏祖先一起供奉，具有家族先祖祭祀的宗族地位。而“厅头佛”向“村庙神”的提升，是神明信仰由家祭逐渐向公共祭祀转变的过程。《苍南百家姓》记述：“清道光三年(1823)始建祠堂三间，坐北朝南。”一般情况下，家人去世后，神主在厅头奉祀三年，可以请到祠堂合炉归祖，蔡氏宗族祠堂的始建，说明厅头的祭祀空间，已经无法满足整个宗族的祖先祭祀，可见蔡氏宗族后裔在染布基村的繁衍情况。

图 2. 16. 1　富于闽南风格的萧法主公造像

陈靖姑，作为福建移民供奉神明，在蔡氏宗族子孙后代繁衍中，依旧具有护幼保赤的神职功能。正殿主祀神龛，有两尊陈靖姑神像，前面小神像手持神剑，九龙角，为闾山教道姑形象，属法身；后面神像为陈靖姑坐像，凤冠霞帔，雍容华贵，为皇封官服形象，属官身。两个神像一前一后的位置安排，代表陈靖姑生前斩妖除魔与赐封为太后、圣母的两个阶段。蔡氏宗族祠堂后被飓风所毁，综合考虑苍南县经常被台风侵袭的现实情况，染布基蔡氏宗族的生存环境承受着多种自然灾害的威胁。克服外界威胁，在此繁衍成村，是福建移民在此垦殖的成果，也是《灵经大传》中陈靖姑一路斩妖除魔过程的客观反映。当然，社会垦殖中人力资源的增加，是移民过程中陈靖姑神职功能得以延续的核心因素。

除此之外，主祀神龛还有林氏娘娘、李氏娘娘、送子娘娘、送宝娘娘。陈、林、李氏娘娘是陈靖姑神灵体系中的主祀神系，在闽、浙、粤、港、澳、台地区较为普遍。送子娘娘、送宝娘娘，是区域民众祈求多子、财源滚滚等心理诉求的重要表现。作为陈靖姑神灵体系的配祀神明，是福建古田临水宫陈靖姑神班体系在地化改变的结果。

萧公法主，作为始迁祖随身供奉的神明，在左侧神龛与杨府上圣一起供奉，与染布基地理环境有关，共同护卫村落境社的平安。《苍南县地名志》记述："染布基，南有河塘，西面大路纵贯全境，地形平坦，属水网平原。"农事丰歉、水路平安在民众社会生活中占据重要地位。在浙南地区，掌管水路环境的本土神明为杨府上圣。萧公法主作为闽南移民神，与杨府爷具有同样的神力功能。萧公法主原名萧朗瑞，与张慈观、章朗庆结义，为法主三公，道士出身，以法力闻名闽南各地，其中以张慈观最为著名。张慈观(1024—1069)，幼名自观，永泰(闽清县)人，《德化县志》记载，他炼性于礁溪山石鼓岩，与萧朗瑞、章朗庆一起跃入永春县九龙潭石牛洞的潭水中斩蛇精。明武宗赐"张圣法主真君"封号，全称为"都天荡魔监雷御史张圣法主真君”。当地神与移民神在法力效力和共同护卫村落上的有机结合,从杨府爷和萧公法主的同龛供奉上表现出人地关系上的信仰合成,这种现象是福建移民群体在适应温州自然环境过程中主动吸纳温州地方神庇护的心理诉求。

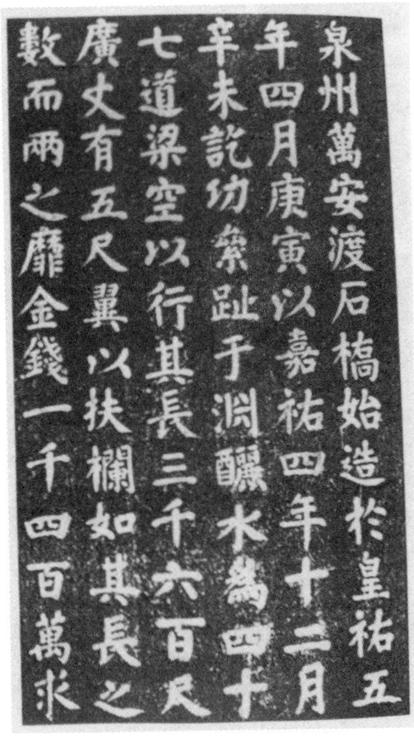

图 2. 16. 2　宗谱保留蔡襄泉州洛阳桥手书碑刻

右侧神龛中,供奉田都元帅、罗府尊神。田都元帅原籍泉州,也是闽南移民神。戏神田都元帅从文职人物变成元帅型的保护神,在上篇已经介绍,此处不赘。罗府尊神是一位新名号,福建称为“罗府大人”,原籍福建南安县眉山乡天山村。一说为明朝官员、学者罗伦。太阴宫管委会负责人蔡开蛟在访谈中介绍,罗府尊神即为牧牛大王,是其他村庙多有奉祀但名姓不同的畜牧神。但因两位神灵与蔡氏先祖籍贯的同源性,选择原籍产生的神灵进行供奉,容易形成一种族群认同感。恩公元帅作为右侧神龛供奉主祀神明,是否因方言音译差异,误将“温公元帅”视作“恩公元帅”,还是因某个历史人物对染布基蔡氏宗族有恩而进行供奉的,暂不清楚。

在苍南民间信仰场所调查中,一个神龛同时供奉土地公、土地婆的现象是太阴圣母殿较为特殊的神灵配祀方式。台湾道教研究专家萧登福教授在咨询中认为,土地公、土地婆的供奉出现较晚,是夫妇双全观念影响下产物,之前并没有土地婆的概念。我们经常提到的土地公福德正神,名

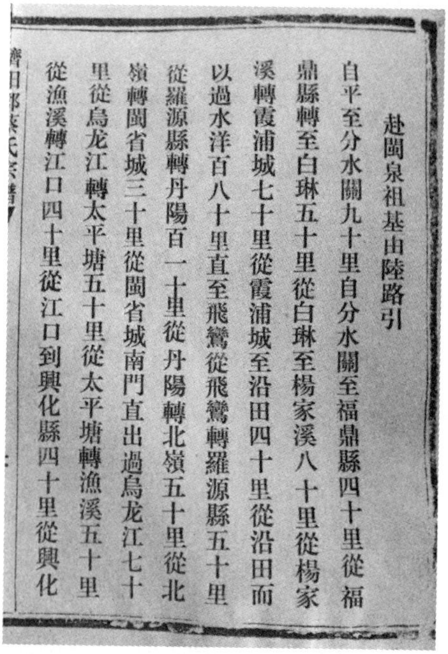

赴閩泉祖基由陸路引

自平至分水關九十里自分水關至福鼎縣四十里從福鼎縣轉至白琳五十里從白琳至楊家溪八十里從楊家溪轉霞浦城七十里從霞浦城至沿田四十里從沿田而以過水洋百八十里直至飛鸞從飛鸞轉羅源縣五十里從羅源縣轉丹陽百一十里從丹陽轉北嶺五十里從北嶺轉閩省城三十里從閩省城南門直出過烏龙江七十里從烏龙江轉太平塘五十里從太平塘轉漁溪五十里從漁溪轉江口四十里從江口到興化縣四十里從興化

图 2.16.3　宗谱记载《赴闽泉祖基由陆路引》

字就叫张福德，但并不是所有的当方土地都是张福德，所以把所有的土地公都称为福德正神也不一定正确。五方土地神是根据阴阳五行的地理方位排列的，青衣土地、红衣土地、白衣土地、黑衣土地、黄衣土地的神位都非常大，与泰山东岳神、玄天上帝、黄帝等都有一定的关系。土地公、土地婆作为土地管理的宫庙神明，是建庙启土时产生的。苍南民间习俗认为，基建动土都要启告当地土神，否则不得安宁，尤其是建屋造墓。启土分启大土和启小土两种，启小土一般以三个月为期，立五土坛供奉，每天动工时都要点香烛告拜，平安完工后谢土，立石龛于建筑物左侧。动大土一般以三年为期，立五土坛供奉，每天动工时都要点香烛告拜，平安完工后谢土，立土地公神像于厅堂。土地公也被认为是财神和生育神，具有守土聚财的功能，横支太阴宫土地公婆的供奉，属于属地管理的概念，与所有的宫庙土地神供奉一样，是最具有在地化色彩的信仰。

横支现地名可能是横阳支江的简称，也可能是染布基的转称。民国《平阳县志》作“十六都染布基”，现在民间依然称染布基。肇基祖蔡振祖以染布为业，世传蓝花被面的夹缬印染，技艺传清光绪时期的蔡昌又，后传蔡声塔（1876—?）、蔡昌周（1893—1957）、蔡开忠、蔡开徐，于 1970 年代式微，至今保留石水盆、压布石等染布用具。蔡氏染布致富，人才辈出，第五世蔡天佑（1696—1787）为乡饮、蔡天赋（1745—1826）为职员、蔡大运

(1774—1835)为乡耆、蔡锡唱(1817—1853)为赉恩、蔡维接(1850—1911)为乡耆。

工商致富,隆兴祀典;闽南法主,东瓯演唱。每年的演戏酬神活动,使横支太阴宫远近闻名,神迹显赫。佛公"应南湖"和巡境保太平是著名的神迹事件。平阳北港南湖,与横支村有半天以上的步程,传统说法为"两铺路",即相隔两个铺驿的距离,属于闽南语和瓯语两个不同的方言区,为陈、李等姓聚居的杂姓村,三年前村里有一位女性僮身说陈十四娘娘托梦,要求将南湖村的牧牛大王香炉供奉在横支太阴宫中。横支太阴宫卜筊问神,显应果然要留。佛公应南湖可能与横支蔡氏始迁祖首先迁居北港书阁有关,因为书阁就在南湖。现在南湖村每年在神诞日坐钉轿来朝拜,场面非常壮观,也是一段历史因缘的再续和记忆。民国时期霍乱,周边感染人数无算,三造庙陈十四娘娘巡境,途经境社染布基、王宅、李大厝、金家楼的一半,境社内太平无事,未感染圈沿着巡境线路延伸,像刀切过一样平整。民间以这种传说体现神明的灵验。

横支村太阴圣母宫殿神明体系,是由福建移民神明与温州本土神明共同构建的。福建移民神明分为始祖神明和原籍神明两种,占主体地位;因神职功能的需要,温州本土神明在整个宫庙神灵谱系中处于辅助地位。当然,陈靖姑作为福建移民神明中主体神明,在神明称谓、神明体系、神职功能等方面进行了在地化的调整;其他移民神明还具有浓浓的祖先记忆和原籍情怀。这个闽南移民村落通过神明体系构建,再现了宗族群体追寻原乡记忆的信仰认同与在此生存繁衍、移民拓荒的生活历史。

17. 一个以地方俗神为构建主题的信仰体系

——六板桥杨府圣殿调查

杨府爷是温州地区著名的地方俗神，苍南杨府爷信仰在明代抗倭战争中形成军民共建格局，成为温州杨府信仰最兴盛的地区。晚清以来，苍南又以横阳支江的大水口鲸头为中心，形成元宵节杨府庙划太平龙祭祀圈，六板桥杨府殿就处于划太平龙的村际祭祀组织中。

图 2. 17. 1　张贴欢迎标语的杨府殿

六板桥杨府圣殿始建于清高宗乾隆四十三年（1778），宫殿坐寅向申兼甲庚旺相分金。1967 年因年久失修，墙壁倒塌，各地善男信女资助重修。1994 年冬月又栋榍梁楹倾坏而重建，1998 年再修。后，宫殿不成庙貌，2009 年春月，因台风侵蚀再次重建大殿。

六板桥是塘下村下辖的一个自然村。塘下村是一个杂姓村，有郑、黄、杨、陶、张、游六大姓，每个姓氏均有20多户人家。郑姓,始迁祖郑世种,约于明天启年间由乐清县象山入迁来此定居。黄姓,始迁祖黄先昭,于明崇祯元年(1628)由福建长溪(今霞浦县)赤岸入迁观美桃湖,其裔黄士光兄弟四人于清乾隆十四年(1749)入迁来此定居。张姓,始迁祖张国泰(1632—?)于清康熙元年(1663)由寿宁县龟岭入迁定居。[①] 据《黄氏宗谱》记载:"明季间,黄氏名先昭,创业于塘下,始有其名。其处河塘堤岸之下首,俗称塘下。位于县城西北4公里,西北面小河环绕,东面傍大路,温福公路经村之西部,地形平坦,属于水网平原。"目前,在历史变迁中,杨府殿的宫观地址也在发生着变化。最早的杨府殿是在六板桥头,为杨府殿的上殿,大浃头五里牌还有一个杨府爷的下殿,后来两殿合并于上殿。下殿至今庙基还保留着。

图2.17.2　杨府殿内院

沪山六板桥杨府正殿有五个神龛,主祀神龛供奉杨府侯王、陈府侯王、袁府侯王,神牌位写:"敕封护国佑民洪州灵岩大洞陈、杨、袁三府侯王

① 郑维国:《苍南百家姓》第一卷,当代中国出版社2008年版,第105—106,277,325页。

圣位”；右边两个神龛，一个供奉顺清大王（牧牛大王）、周元帅（监察天帅），一个供奉陈十四娘娘、林九娘、马仙娘娘、送宝娘娘、送子娘娘，神牌位写：“皇封护国淑静上清大洞经箓三封九敕陈林马三殿太后大德娘娘神位”；左边两个神龛，一个供奉杨六郎元帅、林泗侯王与吴金郑章赵六姓帝王，神牌位写：“敕封护国佑民都天元帅林泗侯王仝殿吴金郑章赵六姓帝王圣位”；一个供奉劝善大师、杨府侯王老像、福德正神，宫殿两侧分别为符使、判官。此外，在宫殿香烛祭祀台还有魁星帝君、文昌帝君、仓颉先师三位神明的香炉。

图 2. 17. 3　杨府殿仓颉造像

在上述神明中，宫殿神灵体系的神职功能是较为明确的。主祀神龛杨府侯王，主管水路安全；主祀陈十四娘娘的神龛，主管祈子、护幼保赤、发财等方面；主祀林泗侯王的神龛，主管商业兴旺。其余神龛神明，是苍南县宫观神灵体系中较为稳定的格局，即福德正神、劝善大师、牧牛大王、判官、符使等神明。在民间宫观神灵体系同质化发展趋势下，杨府圣殿的主体特色在于选择供奉的神明均为地方本土俗神，宫观祭祀活动也具有地方本土化特色。

杨府侯王、陈府侯王、袁府侯王，构成正殿主祀神明体系，一般称三府侯王或三府上圣。杨府侯王作为主祀神明，是温州地区在历史过程中塑造生成的本土神明，信仰范围扩布温州各地。主殿两侧对联写着：“纶音褒封宋代安邦护国再造宝殿庄严，圣迹显著陶山善男信女重建琳宫焕彩”。“陶山”是杨府爷修炼成仙的地方。民国《平阳县志·神教志》记载:“神姓杨,名精义,唐时人。子十人,登仙籍,七子偕隐,修炼于瑞安之陶山。拔宅飞升,事闻,三子皆挂冠归,寻仙迹去。”陈府侯王在道士科仪书里称“洪州大硐”硐主,具有猎神特征,有陈八大王、陈九明王、陈十大王等神名。民间普遍信奉的三港大帝也可能属于陈府神系。矾山镇供奉的陈陶,相传为杨府侯王的舅父,或者就是陈八侯王、陈九明王中的一位。袁府侯王是与杨府爷相关的陶山白袁相公,相传为瑞安人氏。白袁相公一说为袁府上圣和白府上圣,是翁婿关系。杨陈袁三府,代表的是生活于晋唐时期的温州大家族形成的地方神明。林泗大帝,原名林昉,据说出生于南宋淳佑年间,祖籍浙江省苍南县舥艚镇新桥村,是民间较为著名的商业保护神。《林氏宗谱·林氏源流叙》记载:“先祖林纯回归福建莆田老家,经过浙江平阳,闻听福鼎有人举旗造反,无法回家,暂时居住在平阳横塘。至十一世林汝忠(林昉之父),由平阳横塘搬迁至苍南县舥艚镇新桥驻地,后生四子,其中,林泗爷善于经商,宋淳佑年间敕封为‘忠烈王’。”林与吴、金、郑、章、赵六人似乎为商业团队,或者是结拜兄弟,所以祭祀林泗爷的宫庙,往往兼祀其余五位,并称“六姓帝王”。陈十四娘娘、林九娘是陈靖姑神明体系的主祀神明,但陈十四娘娘是浙江南部对陈靖姑的普遍称呼,是福建神明传播至浙南地区进行本地化改变的结果,特别是承载陈靖姑本生故事的《灵经大传》已经不同于“闽东、闽北的《临水平妖传》和《奶娘传》”①,这说明陈靖姑传说故事在浙南地区生成了“自己的传播系统和价值认知”②。马仙娘娘是丽水地区的女神。他们均为苍南县民众普遍供奉的神灵。

---

① 陈德其记述,林亦修整理、校注:《灵经大传》。学苑出版社 2011 年版,第 7 页。
② 陈德其记述,林亦修整理、校注:《灵经大传》。学苑出版社 2011 年版,第 7 页。

在六板桥杨府圣殿中，杨、陈、袁三府侯王、林泗大帝与吴、金、郑、章、赵六姓帝王，杨六郎等，构成温州本土生成的神明体系，依旧发挥着水神、商业神、祖先神的神职功能，并以划太平龙、参龙等信仰活动为特色，形成本土信仰文化。

图 2. 17. 4　划太平龙船

划太平龙是“划太平龙船”的简称，是杨府爷庙中非常隆重的年例船祭活动，成为苍南县参与信众最多、影响最大的民俗活动。在春节之后到元宵节的这段时间里，以鲸头杨府庙为中心，各村开展祭神活动。鲸头杨府庙划太平龙按境社组织举行，以山前村的“开门龙”、山门头村的“净龙”、鲸头村的“关门龙”为主线展开。开门龙正月初二“请香信”开划，初五上殿烧化；净龙在开门龙开划后“请香信”开划，在关门龙烧化前烧化；关门龙在净龙开划后“请香信”开划，在正月十五以前上殿烧化。在开门龙烧化和关门龙烧化之间的时间里，大浃头村、渎浦村、六板桥村、塔里村、红星村、百丈村 6 队太平龙的划龙仪式穿插举行。所谓太平龙，就是制作精美的大型纸扎船，重几十斤，分主龙（大船）和龙月（小船）为一对，内塑神将官兵，通过举舞、嬉戏，衬以板凳龙灯，形成威武的祭祀仪式。仪式过程要在参龙师的引导下，根据演唱《大开天/小开天》《造龙》《请圣》《安位》《香案景》《保佑》《谢罪》《请令》《启档》《搜检》《造屋》《麒麟送子》《贺八仙》《拜新娘》《唱太平》《封殇》《交令》《出火坛》等仪轨程序进行。划太平龙是村社祈祷太平的一种活动，其舞蹈又有海洋两船拉网围捕鱼虾的作业特点，同时又有海上军事巡查的痕迹，是具有海洋文化特色的元宵灯会活动。①

以杨府爷信仰为中心，温州建构了独具特色的地方文化，六板桥杨府殿关门龙是这一文化建构中的重要一环。

① 详见林亦修论文：《龙船：社区共同体的历史记忆——苍南县江南垟杨府爷信仰中的"船祭"仪式调查》。《民俗研究》2007年第4期，第208页。

18. 兴圣集贤　新塑乡里

——新桥颂灵殿调查

如何依靠地方精英，利用民间传统文化资源，新塑现代乡村形象和民众生活，一直是政府、媒体、学者所共同关心的话题，苍南县灵溪镇新桥村的经验，可以用“兴圣集贤，新塑乡里”八个字来概括。

新桥行政村属灵溪镇沪山社区，位于县城西北，1981 年建县时距离县城灵溪镇 4 公里，现为县城新区。新桥是一个杂姓村，居民有徐、陈、林、安、缪、赵、阮、郑、谢九姓，耕地面积 879 亩，1980 年代村居人口 460 户，1780 人①，都为明清闽南移民或温州区域再迁定居者。徐氏明朝迁入龙港浦西，七世孙徐朝存清康熙年间迁来定居；陈氏始迁祖陈魁宇，由平阳县城坡南入迁，时间不详；林、安、缪氏迁居无考；赵氏从乐清迁来，阮氏迁自瑞安垟底。六姓定居于支造桥地方。阮氏不详；郑氏因闽寇之乱，福建南安县石林边人郑道其投军驻防平阳县，定居二十八都涧垟，孙郑士荣于清雍正十年(1732)迁来定居；谢氏迁徙不详。三姓定居于河垟底地方。实际上，新桥村由新桥、支造桥和河垟底三个传统聚落组成。

传说清朝时发山洪，漂来了一个石香炉，于是支造桥和河垟底合社，

① 苍南县地名办公室编：《苍南县地名志》，1987 年打字版，内部资料。

九姓集资盖庙，奉祀这位源于福建的神明白马明王，一个杂姓的地缘共同体由此形成。根据移民祖籍信仰的传统，供奉白马明王、太清祖师、五岳大帝等神明；根据当地文化的影响，供奉陈府爷、杨府爷、李大王等地方神；根据农耕传统供奉牧牛大王畜牧神等；根据村居人口生产的需要供奉陈十四娘娘、马仙娘娘、李十三娘娘、林六娘娘、送子娘娘、送宝娘娘等女性神明；根据村庙规制供奉监察使叶大元帅、马头军、福德正神、判官、符使，形成了一个完整的、传统村居生活生产必备的神明谱系。1958 年村庙圮毁，香炉散处。1985 年原址兴建，命名颂灵殿。2008 年重建，正殿五间二层，左右厢廊二层，前殿戏台一座，二进四合院式，建筑面积 1800 平方米。随着宗教政策的开放、经济社会的发展和县城建设的扩展，地方精英在二十多年的时间里完成了“兴圣”的工作，再造了村落共同体作为凝聚力的象征符号。

图 2. 18. 1　兴圣集贤石刻

改革开放以来，新桥村民像温州各地一样，许多年轻人和青壮劳动力外出经商、办厂、打工；一些年轻人考上了中专和大学，到国家企事业单位和政府机关工作，他们脱离了农业生产。1990 年代之后，塑料加工和塑编包装行业培育成为地方主业和影响全国的产业。城镇化逐步使村民搬离了村子，一些成功的工商业人士和大中专毕业生定居在大城市或县城里成为了私营企业家或国家工作人员，对家乡的思念和回报意识使他们聚集起来，重新亮出凝聚村落共同体的象征符号。2008 年 12 月徐定通

图 2. 18. 2　颂灵殿

发起倡议，一批六十年代出生的新桥知名企业家阮棉教、陈舜彬、林荣潘三人等牵头策划，村委书记安孝共、主任林乃献关心支持，一个重建方案开始形成。阮棉教，杭州中强轧辊集团有限公司副总裁、杭州盘龙钢铁有限公司董事长、杭州强龙投资管理咨询公司总经理、杭州市和浙江省劳动模范；陈舜彬，昆明市雨龙新发塑业有限公司董事长、云南昆发塑业有限公司董事长、云南省剑川嘉业矿业开发有限公司投资人、云南省优秀企业家；林荣潘，南宁市雨龙新发塑业有限公司董事长、南宁市雨龙对外贸易有限公司董事长、广西南宁市江南区政协委员。他们发起“真情回报社会，爱心建设家乡”的号召，作为创业游子祈望父老乡亲能够在家乡的这块热土上感受到人生的快乐和世间的真情。得到湖北方大塑业有限公司总经理、崇阳县政协委员谢作汉，昆明仙织塑业有限公司董事长、昆明温州总商会副会长阮进铭以及其他企业家陈舜阔、陈舜耕、林荣高、谢作友、徐象彪等的大力支持，组成以离退休干部和老村干部徐定海、阮棉钗、安孝相、陈宗文、缪增添五人为各姓代表的首事会，具体执行重建工作；陈宗普、陈宗武、陈宗篁、林生运以及广大村民信众大力支持；聘请解放军总后勤部政治部书法家丁嘉耕设计、题字。2009 年正月破土动工，2009 年 8 月上梁，2010 年正月落成竣工，2010 年 10 月开光供神，圆满完成了宫庙建设。总造价 3286000 元人民币。这一结果充分显示了经济基础的重要性，也充分显示了聚集村落各阶层人才的重要性。“兴圣”的过程聚集了全部的地方精英，是谓“集贤”。

图 2. 18. 3　养老中心临水轩

地方精英表现的智慧远远不只是这些，他们从村庙合法性、村庙功能扩展、村庙适应现代生活需要等角度出发，做了更加深入的工作。2009 年在村庙西侧设置了新桥老年活动中心，并在村庙院门上以此命名。扩建了七间二层楼房、一条风雨长廊、假山、水池、绿化园林、文化广场等设施。2010 年经申请县老龄委规划、县卫生局审批，“沪山社区居家养老服务照料中心”成立。该中心是全县仅有的六家机构之一，拥有 20 张床位，服务老人186名，医疗人员由沪山社区卫生院配合，解决了留守老人的养老问题。国家财政拨款26万元，其他资助资金14万元，合计达40万元。2012年经县教育局审批，创办了县电视大学新桥教学点，腾出110平方米的建筑面积建成55个座位的教室2个，并配置餐厅食堂，先后为60岁至75岁的老人开办55人次的学习班3个，聘请当地退休教师任教。这两项工作使得民间信仰场所传承养老、医疗、教育的传统，提高了使用效率，得到了政府的支持，渗透了“官办”的成分。在民间信仰与现代化建设相调适这一重大社会课题上，颂灵殿开展了应用民俗学的新尝试。

图2.18.4　内设老年大学教学点

信仰仪式活动成为颂灵殿招聚村落离散人群的主要方式，摆殿、吃福酒等传统民俗祭祀和庆典是“世界新桥人大会”的主要方式，被赋予了农耕时代所无法想象的崭新意义。2015年9月13日前后还举行“玉皇太平醮”，这是苍南县非常盛行的境社平安祈福和村民平安法事，它的平安符分发给远居各地的村民，并高挂在他们现代套房的门楣上，使他们意识到自己依然是家乡颂灵殿神明护佑下的“社境子弟”。

作为村落公益性的共同活动场所和民间信仰场所，颂灵殿的运作原则是维护场所的年度收支平衡并略有结余。2014 年 8 月 6 日至 12 月 22 日公布的账单显示：收入人民币 64632 元，支出 48745 元，结余18441 元。

作为民间信仰场所，颂灵殿在宫庙管理、灾区捐资、贫困助学、医疗救助、基础建设等工作上，被各级政府机关和相关团体所赞誉，获得很多荣誉称号。

我们认为，民国及其以前，地方精英主要由乡绅构成，他们在建设地方的过程中也占用了地方资源。现代地方精英出现多元化倾向，离散群体反哺家乡要通过士商工农的各阶层紧密合作才能完成。反哺更具有无偿性。而通过村庙、宗祠等支点吸引都市人返乡，已经成为一个必须引起政府和社会正视的热点。

庙前石刻“兴圣集贤”四字，为丁嘉耕题写，高度概括了乡村共同体形成的路径，对新农村建设具有启迪意义。

19. 层累在淤洪口的社会史

——状元内石狮宫调查

在中国，村落历史档案基本无存，我们现在了解一个村落的历史，往往只能从地名、传说、古树、古物、庙宇、神像等遗存中去考证和推测，获得一些村民生活史的碎片。状元内石狮宫就是这样一个例子。

当我们用场所民族志去聚焦一个村落的时候，往往用切块取样的静态描记一个社会空间，但生活碎片实际上无法从时间上去复原一个社会的流程和演变。我们还可以努力借助这些生活碎片为线索，运用社会学的想象力，展开社会逻辑史的线索民族志[①]描述，本民族志正是出于解决问题的需要，做了这样的努力。当然这种努力要避免容易出现的观察者的随意解读。

状元内是横阳支江的淤洪口之一。状元内水称“风吹埄溪”。民国《平阳县志》记载：“风吹埄溪，发源风吹埄，东流微南，迳状元内金山，出姜相公桥，合柳阳溪至水头入港。”[②]溪源于大玉苍山东南麓温州山，东南流

---

① 关于“线索民族志”，请阅读赵旭东：《线索民族志：民族志叙事的新范式》。《民族研究》，2015 年第 1 期。

② 民国《平阳县志·舆地志四》。苍南县文化广电新闻出版局据民国十四年影印本影印，第一册，第 115 页。

经五亩、金岙、田墘至南水头，再经北山下、坝头至灵溪下东垟，有新同溪注入，原为洛溪主流。状元内溪谷狭坡陡，岙深流长，水大势低，又与平水溪、南山头水、松溪、樟岙溪、洛溪等来水汇合。河床覆盖由卵石逐渐变为泥砂，极易发生小流域山洪，且积水难泄。[1]

状元内是一个"地方"概念，包括南水头社区水头行政村（含水头、樟树脚、营基3个自然村）、五亩行政村（含五亩槽、坑内、钟厝、新基湖4个自然村）、坑源社区金岙行政村（含金岙、十一间、涂厝3个自然村）、丰村行政村（含山脚林、垟心2个自然村）、南岙行政村（含南岙、大片、郑家山、蔗头底4个自然村）。在宋代已经开垦，形成聚落，并出现了苍南县最早的状元徐俨夫。现在居民都是明清时期闽南移民的后裔，加入石狮宫祭祀的原有三扇，分别为岭后扇、南岙扇、半山扇。岭后陈氏为中扇，始迁祖陈肇基由厦门入迁，时间不详。南岙邱、王为左扇。半山陈氏为右扇，明万历年间自泉州下四府安溪横垵来迁。此外，状元内金岙陈氏始迁祖陈一东，于明天启四年（1624）由福建南安县坑园里尾宫迁居。金岙楼子屋陈氏始迁祖陈荣趾明天启年间由安南县入迁。南水头状元内田乾杨氏始迁祖杨葛玖约于明万历年间携弟杨葛海由福建安溪崇信里田头入迁定居。

石狮宫坐落于古樟树下，溪流边上，坐东朝西，面向溪谷，有镇水之意。宫内主祀地主尊神，配祀四季长青、陈皇君、金元帅、福德正神、符使、判官。神座左前方置一塔，供奉七十二尊神。原为石构建筑，始建于清朝康熙年间，共三间。2012年重建，为混凝土结构。

根据宫庙管委会陈修团等介绍，石狮宫应该是塔比狮早，狮比樟早，樟比宫早。塔、狮、樟、宫，都是镇水信物。

---

[1] 金晶：《苍南县的水文水情》。2011—07—15　17：06：31杭州网。

图 2. 19. 1　石狮公的古樟树

图 2. 19. 2　石狮宫塔

石狮宫原称塔兜宫，以塔的方位来命名宫，说明塔早于宫，而树下建塔，也是常理。村民记忆，原来的塔为木塔，水推过来的，八角九堂，供奉《封神榜》七十二地煞。现缩微移置宫内，改用不锈钢制作。《封神榜》斗部地煞星俱在万仙阵战亡，七十二位名讳为：地魁星陈继真、地煞星黄景元、地勇星贾成、地杰星呼百颜、地雄星鲁修德、地威星须成、地英星孙祥、地奇星王平、地猛星百有患、地文星华高、地正星考鬲、地闻星李燧、地阖星刘衡、地强星夏祥、地暗星余忠、地辅星鲍龙、地会星鲁芝、地佐星黄丙庆、地佑星张奇、地灵星郭已、地兽星金南道、地微星陈元、地慧星车坤、地暴星桑成道、地默星周度、地猖星齐公、地狂星霍之元、地飞星叶中、地走星顾宗、地巧星李昌、地明星方吉、地进星徐吉、地退星樊焕、地满星卓公、地遂星孔成、地周星姚金秀、地隐星宁三益、地异星余和、地理星童贞、地俊星袁鼎相、地乐星汪祥地、地捷星耿颜、地速星邢三鸾、地镇星姜忠、地羁星孔天兆、地魔星李跃、地妖星龚倩、地幽星段清、地伏星门道正、地僻星祖林、地空星萧电、地孤星吴四玉、地金星匡玉、地短星蔡公、地角星蓝虎、地囚星宋禄、地藏星关斌、地平星龙成、地损星黄乌、地双星孔道灵、地察星张焕、地恶星李信、地丑星徐山、地数星葛方、地阴星焦龙、地刑星秦祥、地壮星武衍公、地劣星范斌、地健星叶景昌、地耗星姚炜、地贼星孙七、地狗星陈梦庚。

为什么镇水供奉七十二地煞？这在民间宫庙里并不多见。古人有科醮宗，是拜祭天地法。地煞七十二，也是七十二颗星辰，若明白其演度，推数祭拜，合天地之意，能知天灾地变，祈福禳灾，求风调雨顺、国泰民安。《天罡地煞科醮法》认为：科醮宗用金针菜、木耳、冬粉、豆腐、香菇、姜、盐七盘素食供物代表金、木、水、火、土五行和山珍、海味，就可以圆满表达尊天敬神了。因为根据演数，“天罡三十六用四除之成了九，地煞七十二用四除之成了十八，合天地数百〇八用四除之成了二十七。而九用三除之成了三，十八用三除之成了六，二十七用三除之成了九，这是天地奇数三六九。于是把四和三相加就成了七，七就是一個圆满的数字。”[1]这是供奉七十二地煞祈求风调雨顺的原理。

狮是指石狮，原为徐俨夫状元府大门镇狮，相传状元府在宋末元初就圮毁了，但状元府基一直保留到清初，蹲着两只石狮子。塔兜宫兴建时，

---

① 莲生：《天罡地煞科醮法》。《道教文化》2008.9.11.网易博客。飞花逐月的日记。

图 2.19.3　石狮宫石座上被盗的宋代石狮

将石狮移置宫前，石狮常有灵迹，俗间就将塔兜宫改称为石狮宫了。民间传说，当年陈家老太祖王全力大无比，拎着两只石狮子蹽田而来，一只掉入烂泥田里找不到了，只好将留下的一只供奉在宫前左侧。2014 年，这只留下的石狮子也被文物贩子偷走了，留下了一个基座和一张照片。

树有树神，是原始的自然崇拜现象。浙南地区在南宋时期有树神崇拜的记载："王淮绍兴中为临海尉郡守，萧振一见奇之，许以公辅器。时厕舍有大树，淮欲伐之，振梦神告急，且云：'尉他日当作相。'及淮至州，振询之。淮愕然，曰：'何从而知？'振曰：'勿伐足矣，不必究其所自。'淮后果为相。"[①]但这个故事没有说明大树为何树。苍南民间认为，有些树有神，有些树没有神。樟树、枫树、菩子树长到百年，或有合围大，就有树神，但柳树成精的传说和祀奉榕树的现象依然存在。也许精怪和供奉与本体出神

① 民国《平阳县志》之《杂事志》。苍南县文化广电新闻出版局据民国十四年影印本影印，第六册，第 2287 页。另见《明一统志》。

无关。石狮宫樟树树龄几百年，列入县古树名树保护名录。沧海桑田，溪谷一切皆为洪水冲走，唯有古树依然郁郁葱葱。这自然给人神奇的力量和信心，于是村民将其神明请入宫内，取名“四季长青”，作为镇水之神供奉。晋代干宝《搜神记》卷十八记载，庐江龙舒县流水边有一棵高数十丈的大树，树神黄祖托梦寡妇，说自己“能兴云雨”，百姓为其立祠。说明很早以前民众就确立了树神具备管控水旱的功能，这也与树木的自然属性相吻合。

塔兜宫的传说是：一次洪水将一只石香炉推来，村民将它抱起，思忖应该给它建一座庙，可惜在深水田里。当晚又下起大雨，水田涨土成为旱地。那么，宫中的主祀神“地主尊神”为何方神圣呢？村民无人知晓。

根据地方社会建构的逻辑推论，石狮宫的地主尊神很可能是徐俨夫，理由有三。一是，地主神的供奉原理。温州地区的地主神，相当于闽东地区的拓土神，不同于土地神，供奉的是这块土地的开拓者、垦荒人。温州地区供奉的最大地主神是东瓯王驺摇，还有平水侯王周凯；飞云江流域地主庙的主神是杨府侯王、陈府侯王、杨袁陈三府；鳌江流域一些村落地主庙的主神是林泗大帝。他们都被认为是这一土地的开拓者，从而变成守护者。明清时期形成的村落，无法追溯最早的地主，只好领认一位神明，如苍南的石砰外湖，清初合社领认陈八侯王供奉。有的领认当地历史名人如刘基，有的领认姓氏祖神如包公，有的领认祖籍地神明如法主公，有的领认传说神如齐天大圣。总之，境社在形成之初，会认为需要供奉一位这块土地原初所有者来感恩和守护。徐俨夫作为当地历史名人，有理由被供奉。二是，石狮子从状元府基被移置到宫前。民间观念，府基在，祖灵就在。没有《阴契书》重新买断，不可以占用他人业产，因为“阳卖阴不卖”，否则永远被纠缠索还。石狮子可以从府基移到宫基，除非府、宫为同一主人。这是徐俨夫由状元成为地主的第二个理由。三是，地主神的塑像是一位状元装扮。温州各地的地主神很少是状元装扮，状元内地主尊神的塑像师是一位来自附近乡镇华阳的业内专家，非常了解地方俗神。他将地主尊神塑造为头戴桂冠、身穿状元红袍的青年男子，本身就属意于南宋状元徐俨夫。

徐俨夫(1200—1260)，字公望，号南洲，淳佑元年(1241)进士，对策第一。任签书某军节度使判官厅公事；秩满，添差绍兴通判；淳佑九年，除校书郎转秘书郎著作佐郎，兼沂王府教授，权刑部员外郎；迁著作郎，兼礼部员外郎；十二年除秘书丞，再迁礼部郎中。因与右丞相丁大全不合，辞官归里，景定元年(1260)起用为江西抚州知州，又召为礼部侍郎。病卒。著有《桃渚渠》。数十年后诗人林景熙有《过徐礼郎状元坊》诗云："名坊临野渡，曾此产魁豪。湖带诗书润，山增科第高。劫灰遗断础，鬼火出深蒿。东海扬尘久，无人钓六鳌。"①相传徐俨夫为现苍南县灵溪镇南水头王祥垟人，父伤于虎，母亲带孕改嫁观美乡桃湖。徐俨夫衣锦还乡建状元第于故宅，至今遗留状元基、状元井，人称该地为状元内。

民国《平阳县志》记载：

徐俨夫，字公望，亲仁乡桃湖人，高才博学，以文章鸣世，淳佑元年第进士，对策第一。《旧志·介节》。签书某军节度使判官厅公事。宋制，进士第一例除。吴纂。秩满添差绍兴通判，九年，除校书郎，转秘书郎，著作佐郎，兼沂王府教授，权刑部员外郎，迁著作郎，兼礼部员外郎。十二年除秘书丞，再迁礼部郎中。《馆阁续录》。丁大全柄政，俨夫忤其意，径拂衣归，终其用事，杜门不出。家贫，并日而食，日抱膝高吟，声出金石，或勉其抑已，谢过笑而不答。《名贤录》修。乃自署其门云：一任证龟成白鳖，那

① 根据民国《平阳县志·人物志四·徐俨夫传》。

能拜狗作乌龙。《旧志》修。景定初,起知抚州。《江西通志》。召为礼部侍郎,卒。《旧志》、《两浙名贤录》修。俨夫少负志节,登第,与庐陵欧阳守道同对。守道策言国事成败、人才消长,辞语深切,俨夫谢弗若。及唱名,握守道手,起曰:吾愧出君上矣。据《宋史·欧阳守道传》修。有《桃渚集》若干卷。《旧志》。①

历史人物在历史学的视野里和在民俗学的视野里会有不同的境遇。历史学视野中的历史人物是文献固封的静态存在,民俗学视野里的历史人物是在传说和信仰仪式中不断生长的动态存在。历史人物神明化,就会与一定的地域生态、一定的社会流变、一定的社群生活紧密地联系在一起。不仅他的生前事迹成为了文化资源,他的"身后故事"也成为文化资源,并且成为更有利用价值的文化资源。这是我们在研究地方俗神时不断被印证的事实。

石狮宫以五月初十为地主尊神圣诞日,按例摆殿、做福、演戏。解放前宫里有五角祭田,一亩二十五为一角,没有播秋,单季稻,可以割 500 斤谷,用于祭祀不够的话,就按境社分派,各扇再出一角到二角半。演戏以京剧为主。凡事卜杯,没有僮子。现在祭祀全境社出动,没有轮值。宫庙也是村民日常休息聊天场所。

① 民国《平阳县志·人物志》。苍南县文化广电新闻出版局据民国十四年影印本影印,第四册,第 1300—1301 页。

20. 乡绅以宫庙为依托的地方社会文化建设[①]

——宜山镇许府宫调查

宜山镇是江南垟三大古市镇之一，在晚清民国时期一度跃居三大古镇之首，成为江南垟政治、经济、文化中心，这与地方士绅的努力不无关系。本文以许府宫的调查，讨论乡绅依托宫庙建设地方社会文化的案例。

宜山有古庙三座，一在上市，二在下市，始建时间不详。上市庙位于球山南麓，坐北朝南，康熙年间已经颇有规模。民国《平阳县志》记载："许府庙，一在五都下桥。一在六都榆阳，旧志作许靖，误。一在十二都荆溪山。一在二十五都泥山。祀晋许逊，乡民祈雨多祷焉。他处不备载。旧志修。"[②]可见宜山许府庙是原平阳县几个大庙之一。抗日战争时期6个日本兵流窜宜山，烧了前殿。下市有五显殿和娘娘宫，坐落在菜市口，1957年征收为宜山区供销社仓库。1991年，联合供奉三庙神明，兴建许府宫。

---

① 本文最后定稿由付丽丽完成，林亦修教授指导，有改动。付丽丽，女，温州大学16级民俗学硕士生。

② 民国《平阳县志·神教志》。苍南县文化广电新闻出版局据民国十四年影印本影印，第五册，第1807页。

许府宫，坐落于苍南县宜山镇球山南麓，坐北朝南，依山而建，分前殿大王殿，后殿许真君殿（三圣庙）、西殿文昌阁，西毗憩楼，后依梦楼。殿前缀之以古井、樟树。殿后还有七星岩、金鸡岩、小飞霞等诸胜，甘泉清冽，绿荫蔽日，风光绮旎，景色宜人。是神明供奉、乡绅议事、民众休闲、儿童聚学的地方。民国时境社含五扇六庄，是目前苍南县最大的一个祭祀圈。至1990年代，许府宫因年久失修，破旧不堪，仅存一殿一井。1991年，在乡贤陈万香的发起下，林克庆、韩定佑、尤良修等人组成筹备委员会，宜山大众捐资重建了许府宫。重建后的许府宫为两层宫殿，上层魁星阁供奉着魁星大帝、文昌帝君和关圣帝君三尊圣神，下层晚年宫是老年人休憩娱乐的场所，殿前还有文化广场，为居民休闲健身之地。1992年，宜山大众又捐资扩建了三圣庙，并随之对其进行了多次修葺。三圣庙曾名仓圣庙，为许府宫主殿，背临魁星阁。殿内供奉着许府真君、五显大帝、陈十四娘娘等众神像，香烛鼎盛，往来朝拜者络绎不绝。

梦楼为许府宫信众圆梦的地方。张琴（1778—1835），苍南县马站南坪人，年轻贩卖私盐时经过宜山，到许府宫圆梦，梦见自己脖子上圈着铁链，脚边还有两只狮子，惊出一身冷汗。后来到福建连江黄岐水师当伙夫，晚上放哨时抽旱烟提神，无意间火星吹到了炮眼上，居然击中了一艘偷袭的蔡牵海贼船。道光十二年授职台湾镇总兵，一日身穿官服，脖子上挂着朝珠坐在大堂上休息，看见两侧的两只石狮子，忽然想起许府宫圆梦，恍然大悟。道光十三年秋天从台湾给许府宫送来“威灵显赫”大匾，队伍逶迤十五里，从乌石岭一直排到许府宫，轰动一时。

晚清至民国初年，宜山著名乡绅和文化名人陈氏父子陈际中、陈锡琛，以许府宫及其所在地为依托，集结了一批地方文人和乡绅积极进行地方社会文化建设，并致力于慈善事业，为当时整个宜山、江南垟以及平阳县的社会稳定以及政治、经济、文化的发展做出了重要的历史贡献。在陈

图 2.20.1　许府宫

氏父子及众多文人乡绅的努力建设下，宜山的文化教育之风盛行，士气民风蒸蒸日上，一度成为鳌江南岸地区政治、经济、文化的中心。如今，斯人已逝，但他们建设和留下的一系列教育遗产、信仰遗产、商贸遗产等物质精神财富却福泽后人，并激励着一代又一代的有识之士追随着他们的脚步，为他们所在的社会和时代贡献着自己的一份力量。

一、陈氏父子简介

陈际中（1827.1—1898.9），字必程，号云楼，亲仁乡泥山人（今苍南县宜山镇），江南名流，著名的书法家。他博学多识，但一生淡泊名利，不求显达。清同治十二年（1873）任浙江桐庐县学教谕，逾三年，于光绪元年（1875）卸任回乡授徒讲学，曾任平阳龙湖书院主讲。光绪四年（1878），顺利完成县令冯德坤委托的社会义仓（平民仓）积谷任务。每遇天灾人祸，云楼常做些施医施药、施棺殓葬路尸的善事。云楼深愁平阳各地溺女婴现象严重，偕同好友杨佩芝、黄度创办育婴堂。佩芝、黄度去世后，他独自照料、管理育婴堂。金钱会平息，他着手清理新旧财产，并按照县令的决定将没收财产归纳、充实龙湖书院。他鼎力支持重修拓建平阳文明塔，还在塔旁建书院十余间，定名文明书院，供学子诵文读经。云楼筹资修建平阳“通福门”，独自出资、献地建造江南义冢，即江南百阖坟，收埋了无数在灾荒中流离而死、无人捡殓的尸骸。其又于球山南麓原社仓遗址上建憩楼，为弟子求学藏修之所，并在此开设星岩书院，收徒讲学，传道授业。云楼先生热心修建的书院、文庙、憩楼，皆成为当时社会各阶层弟子求学和受教育的场所。光绪二十三年秋(1897)，七十一县学训导吴承志(名祁甫，钱塘人)邀请地方贤达和教育人士在学校举行乡饮，在宴会上，高度赞扬和表彰了陈际中兴学重教的精神。云楼先生一生多才多德，处事公正廉明，社会威望很高。他不仅为百姓们排忧解难，而且还出面调解、平息诉讼纠纷，为乡亲和地方社会做了不少实事，为时人所称颂。

图 2.20.2　孙锵鸣题写：小飞霞

陈锡琛(1861—1938)，号筱垞，宜山镇上市人，云楼之子。清末为浙江省谘议局谘议员，入民国为浙江省参议会议员，平阳县财政科科长、参议会参事、商会会长、平阳龙湖书院山长。筱垞幼承庭训，十三岁便随其父任内，侍奉左右，受到良好的教育和熏陶。其父云楼还聘请当地有名望的学者教他读书。于二十岁时，考取县试第一名。随后，筱垞又从瑞安举人许祝卣学文，跟平阳县学训导吴承志学经，学业终有所成。吴承志无子嗣，去世后，筱垞为其营葬，并将其藏书移至宜山许府宫，设培英书社。陈筱垞学有本源，光绪年间，设馆授徒，培养了一批人才，汤国琛、吴拱宸、黄子木、陈毅甫(名鸿巩)、杨悌等均出自其门下。云楼先生去世后，筱垞子承父愿，出资接办平阳济婴局。济婴局靠少许筹款不够岁出，筱垞屡以巨资垫付。光绪二十八年(1902)，受维新变法的影响，筱垞怀揣以教育兴国的热情与刘绍宽、陈子藩等人在平阳县城南创办“平阳县学堂”，并担任首任堂长。该学堂是温州地区最早较具规模的小学之一。光绪三十二年(1906),陈筱垞回到宜山,于憩楼创办“平阳县公立仪山初等小学堂”(宜山当时称仪山)。宣统二年(1910),其又在宜山杨公祠创办“平阳县公立江南高等小学堂”,民国元年(1912)改名为“平阳县第二高等小学校”,筱垞任堂长,并在校内创建培英图书馆。平阳和宜山这两所学校的创立,使得平阳从私塾、书院的传统授徒形式进入了初具现代规模的教学模式,并培养了一大批人才。我国许多著名的专家、学者、教授姜立夫、苏步青、马星野、吴景荣、阮世炯、李锐夫、杨忠道、徐规、苏中武、朱维之等都曾在这两所学校获得启蒙。清末,平阳县商会成立,筱垞被推选为商会会长,并及时阻止了瑞安马屿盗贼在县内作案、盗劫商贾。北伐时,筱垞时任县参议会参议,他自告奋勇,妥善处理与过境北伐军的关系,使其不扰良民百姓。周荫人师于闽败后途经平阳,周部有蛮横者,拉挑夫到温州不肯放还,筱垞亲自赶往营救,平安而归。乡里百姓皆叹服其大仁、大智、大勇也。筱垞不仅见识广博、学养深厚,而且有勇有谋,多行善事,一生致力于公益和教育事业,深得地方百姓的敬重与喜爱。民国九年(1920)十二月,陈筱垞荣获大总统孙中山颁发的褒扬状,褒文曰:“名垂东里,子产传惠人之称;施及衡阳,凝之拜红者之赐。慷慨其性,任侠可风,自古有征,于今为烈。尔浙江平阳县绅士陈锡琛,生有至性,人无闲言。士庶欢颜,筑杜陵万间广厦;人歌续命,置青州千亩良田。此身是鲁殿灵光,巍然健在;群盗遇郑公乡里,相与动容。行谊如斯,褒扬允矣。於戏!阴德济人,五贵食燕山之报;耆英图像,千秋仰司马之名。异之楔题,作之坊表。”①

① 陈后强主编:《苍南县陈姓通览》,苍南县陈姓通览编纂委员会编,杭州出版社2006年版,第398页。

二、陈氏父子以许府宫为依托展开的社会组织建设

中华人民共和国成立以前许府宫境社含五扇六庄，是目前苍南县所见的一个最大祭祀圈。五扇六庄包括宜山上市、中市、下市、张家埭、陈家寺、瑞岩、水门、黄头图、谢垟底、东跳、甲第、吴家库、严处、东店、金家垟、湖广店、黄良等。

上市头村，169 户，560 人。与黄头图属宜二村，在上市。1980 年代有 79 户，384 人。林氏始迁祖林岳山明季从乐清市高桥迁居。黄氏始迁祖黄日护（1672—1739）清康熙年间由本县垟头村迁来定居。上市街 288 米。

中市街，140 米，北负球山，南面河，西接上市，东接下市。

下市尾村，200 户，884 人。与金家垟属宜一村，在下市。1980 年代有 53 户，250 人。下市街 310 米。

三市依河而建，青石板铺路，市场、店铺、戏台、石桥、民居林立，俨然清明上河图景象，1986 年建成 6 个居民委员会。

张家埭，张氏始居，漳州人后裔周廷伯于康熙五十五年（1716）自平阳县腾蛟薛岙迁此定居。

陈家寺，原名陈家屿，陈、林二氏所居，明万历十四年（1586）建隆兴古桥。林氏漳州南靖后裔，始迁祖林银利，迁徙时间不详。

瑞岩村，属云岩乡，唐咸通年间（861—874）建有瑞岩寺，是苍南县水陆交通咽喉之地，也是水患旱灾严重地区。

水门村，陈氏始居，明天顺年间自本县陈库迁此。

谢垟底村，谢氏始居，陈氏始迁祖陈万镒于明天启元年（1621）由福建龙兴府迁来定居。吴氏始迁祖吴斯珍、吴斯亶、吴周成由本县渡龙宕顶

迁入。

东跳村，林氏始迁祖林炳翰元初由平阳县钱仓镇迁来定居；陈氏始迁祖陈丕儒明崇祯五年(1632)由福建漳州迁来定居；周氏始迁祖周良章于康熙九年(1670)迁此定居。

甲第村，始迁祖陈哲元明永乐十三年(1415)由平阳县陈绛殿迁来定居，先辈曾有人中进士登甲第。

吴家库村，明崇祯戊辰年(1628)吴氏始建粮库。严处村严氏明万历戊子年(1588)迁居。

严处村，严氏于明万历戊子年(1588)迁此定居。

东店村，83 户，408 人。

湖广店，陈氏等姓居住，以染布为业。

图 2.20.3　许府宫访谈现场

黄良村，明万历年间(1573—1619)黄氏定居，族大分上黄、下黄二村。上黄始迁祖黄孟一(1522—1594)，由本县乌石岭村迁来定居；下黄始迁祖黄孟珂，明万历年间由福建南安县迁来定居。始迁祖陈宗兆（1679—?），于清康熙年间由福建泉州赤岸转迁乐清万岙来此定居。村里名人黄培春为孙中山先生秘书。

从境社组成来看，周边唐末至宋代定居的村落如珠山村、张家堡村、薛家桥村等并没有参与其中，可能这些村落经过长期的建设，已经形成自己的境社。而更迟的清中后期姓氏，如塘西村、陈家巷村、石井村、林梁村、浃中堡村、八岱村、陡门头村等也没有加入，可能境社祭祀圈形成之后，没有接纳新的成员。因此推断，明末清初以闽南移民为主力的定居点，建立了以许府宫为象征体的境社组织。1991 年以后，五扇六庄的格局依然存在，但如何区划已经很少有人知道。整个庙务工作由宜山镇老人协会管理。宜山镇老人协会是全镇老人参与的协会，离退休干部、教师和职工在庙务工作中起领导作用。协会也是浙江省第一批成立的老人社会团体。

境社组织是宫庙祭祀共同体，也是地方安全的组织保障。

1858 年，平阳钱仓码头搬运工人赵起、朱秀三、缪元、谢公达、张元、孙广珍、刘汝凤和周荣等人，仿效天地会组织形式，成立金钱会。入会者皆发铜钱一枚，上有“金钱义记”四字，作为入会凭证。不久，赵起等人与太平军将领白承恩取得联系，以他的名义进行号召，入会者达数千人。金钱会势力发展迅速，很快弥漫浙南和闽北地区。瑞安乡绅孙锵鸣在隆山寺设浙南地方团练总局，整训团练武装，抵抗金钱会起义。平阳县士绅杨佩镂、陈际中、夏成瑚等人响应瑞安孙锵鸣的号召，发起组织民间江南团练，“‘治守御具，筑堤于沿江’，沿横阳支江及鳌江日夜守护，使得仅与钱仓一江之隔的江南垟未受金钱会义军的攻击，确保江南地方平安。”[①]同

① 《苍南百年老校》苍南文史资料第二十九辑，政协浙江省苍南县委员会文史资料委员会编，2012 年 12 月，第 132 页。

治、光绪年间(1871—1874),平阳县成立团练总局,鳌江南岸地区亦成立江南团练总局。陈筱垞一度出任江南团总,总部曾设在许府宫主殿三圣庙,活动地点一直以憩楼为中心。清德宗光绪二十六年(1900)五月,鳌江下厂蔡郎桥人金宗财,平阳第七河(今苍南白沙乡)人陈章氏、景雪和尚等在郑家墩组织神拳会,散发“双龙票市”,提出“除灭洋教”的口号,一时得到众多民众响应。至五月底,江南的仙居、陈家堡、监后垟等村几乎全村村民入会,会众发展达3500人。拳民与教民引发冲突,随即捣毁各处教堂及教民家,造成地方动乱。六月十七日晚,神拳会横渡鳌江,经宜山,攻打钱库教堂。江南团练严守住各乡要道,与神拳会展开对抗,致使后援拳民无法到达,并逮捕了神拳会首领之一景雪和尚,成功击溃神拳会,维护了江南地方局势稳定。陈筱垞也因镇压神拳会起义有功,受到了清廷的褒奖。

清同治年间,温州溺女婴现象甚为严重。平阳溺女之风,南北港最盛,上等人家亦“养女不逾三”,穷苦人家更是生女多弃之,或生时溺于马桶,或养时弃之路旁,其状惨烈。陈云楼目睹现状,内心尤痛。清同治八年(1869),遂偕同好友杨佩之、黄度于平阳县城坡南谋设济婴局(后改名为平阳救济院),救活女婴无数。佩芝、黄度去世后,他含悲悉心整顿,不懈努力、独自一人处理各项事务,坚持办好济婴局。云楼先生过世后,陈筱垞承父遗愿,出资接办平阳济婴局。济婴局靠少许筹款不够岁出,筱垞屡以巨资垫付。后来,济婴局改由平阳县款产管理委员会管理,他引荐宜山乡绅侯继光先生具体负责执行事务,仍出数千银元弥补历年亏空。济婴局的创办救活了不少幼小的生命,据孙锵鸣《北港济婴分局记》载,一个水头小地方“每岁所收弃婴有至三百名之多者”。可见,济婴局作为民间慈善机构在当时的设置对于维护地方社会的安定、和谐发挥着重要作用。

清光绪十一年(1885),陈际中联合地方乡绅筹资修建平阳“通福门”。通福门建在平阳县城南面岭门的关隘之上,由门墙、楼阁两部分构成,为平阳县唯一保存至今的古城楼式建筑物，也是平阳古城的象征。通福门为连接浙、闽两省的交通要隘，是清朝时期浙江到福建必经的一道关口。作为重要的战略、商埠要地，地理位置十分重要。古代行人和商贩就是从这里过夹屿桥，走钱仓，经灵溪，跨分水关，往来浙、闽两省。现在的通福门虽然已不再承担重要的交通和商业功能，但作为重要的历史文物，具有很高的史学研究价值和文化价值。

图 2.20.4　许府宫位于宜山镇球山南麓

1911 年，辛亥革命爆发。温州光复后，下发电文传知各州县由自治会维持秩序，速办民团自卫。随后又发来电文，称："凡府厅州县旧官，如果平日民心爱戴，此次首先归顺，准予连任。"①时任温州防营统领的梅占

① 《平阳文史资料・第九辑》，平阳县政协文史资料委员会编平阳人民印刷厂承印，1991 年 12 月，第 25 页。

魁归顺后仍被推举为军政长官。平阳知县田泽深看到后，表示顺从，仿照瑞安，竖旗换印，获得了大多士绅的认可。但万全乡恶绅宋仲明（存法）却表示不可，他认为光复是改朝换代的大事，旧县令是满清官吏，必须撤换，要速办民团来代替满清的防营。他自告奋勇去温州领取枪支弹药，并要求防营朱管带听其调令，由自己主持县政，遭到了城乡士绅的群起反抗。宋仲明寡不敌众，只得愤恨而去。田泽深任命城厢黄梅僧为县团练总董，但宋仲明仍不死心。闹粮荒中城厢谷价每元定六十斤，他宣布万全谷价每元八十斤，企图引发民众哄抢大潮，并散布谣言，称其已经招得梅尖山土匪，即将攻打平阳县城，弄得县里人心惶惶，百姓担惊受怕。陈筱垞此时于杭州担任浙江咨议局议员，得知此事，深感气愤。他联合王志澄（即王理孚，小南鳌江人，曾任平阳劝学所所长，后于民国五年任鄞县知事）赶回平阳，并带来江南拳棒打手百余名，以红绳系襟作为标记，与宋仲明对决。宋仲明得知消息，不敢来会。知县田泽深凭借陈筱垞在县里的威望，借此时机，聚集众人召开大会，成立县公署，宣布各科办事处人员名单。并且，根据时局所需，筱垞亦代行民政及参议等职。一场由恶绅引发的闹剧最终结束，平阳县获得了光复后的暂时稳定。

陈氏父子以许府宫为活动中心，组织江南团练，抵抗金钱会和神拳会起义，对维护地方社会的安定起到了积极作用，并同时于此地结交、汇集了一大批文人士绅。陈氏父子凭借其在士绅中的威望，积极倡导、带头引领士绅们捐资筹款，开展各项基础设施建设和社会公益福利建设，为地方社会的发展做出了杰出贡献。陈氏父子更加善用自身的权势和威信，团结众人，惩治地方恶绅，安抚一方百姓，维持社会秩序稳定。两父子一度成为维系地方社会安定、团结的重要凝聚力和精神纽带。

三、陈氏父子以许府宫为场地的文化教育建设

苍南县的文昌阁和魁星阁建筑，开始于明代万历年间金乡卫的社学发展，与当时国家优惠军户选仕有关。清乾隆三年复建，乾隆十六年白沙社学建观海阁，康熙三十六年(1696)柘园社学建观澜阁，从金乡卫分香。康熙三十年到任的平阳县令何子祥倡导办社学、书院、义学，以兴教化，各拨十亩涂田以资膏火，江南学风和文昌信仰得以传播。① 光绪年间各镇成立“文成”董事会，设立捐助资金资助贫寒子弟求学应试。民国《平阳县志》记载:“文昌阁各镇乡多有，不备列”。宜山魁星阁的起源，应该与社学、书院有关。明洪武八年(1375)，“仪山亦办仪山社学，以训乡里之子弟。”明孝宗(1488—1505)时，仪山社学在平阳县颇负盛名。清代亲仁社学依然具有影响力。清同治十二年(1873)浙江桐庐任县学教谕、宜山镇上市人陈云楼，号际中，卸任归乡讲学，于球山南麓憩楼创办宜山星岩书院。民国《平阳县志》记载:“星岩书院，在二十五都泥山麓，同治间邑人陈际中即社仓遗址建之，今连仓圣祠，为宜山国民小学校舍。增。见邑令余丽元《仓圣祠记》。”②同一志书记载“亲仁社学，在亲仁乡二十五都泥山，清光绪八年令汤肇熙就杨公祠为之，月试诸生文课，今废。增。”③民国《平阳县志》之《神教志》关于仓圣庙的记载如下:

仓圣庙，一在学署东，一在十六都麟头，其在二十五都泥山者，清同治

① [清]何子祥:《十一都文昌阁拨涂田额以观澜记》，见民国《平阳县志·学校志(二)》(卷十)。

② 民国《平阳县志·教育志》。苍南县文化广电新闻出版局据民国十四年影印本影印，第二册，第361页。

③ 民国《平阳县志·教育志》。苍南县文化广电新闻出版局据民国十四年影印本影印，第二册，第373页。

六年邑人陈际中捐建。新纂。邑令余丽元《仓圣祠记》。同治丁卯，平邑陈生际中以仓圣祠落成，徵言于余曰："上古结绳而治，洎乎仓圣，造书契而官治民察，诚文字之鼻祖。用集同人捐赀庀材，择于仪山之麓。山之麓建仓圣庙以昭崇报，请记之，俾垂不朽。"余念都人士具作圣之资，存惜字之意，尚知返本穷源，故不以不文辞也。窃尝考诸史，伏羲氏造书契，制六书之法，使天下义理必归文字，天下文字必归六书，似制字自伏羲始，抑史又载，黄帝命仓某为史官，见鸟兽之迹，体类象形而制字，世之论字，学者皆谓始于仓圣，而不谓始于伏羲。意者伏羲制字至仓圣而始，大备与。或谓仓圣即伏羲之臣，共成书契，恐未必然也。后世变蝌蚪古文而大篆而小篆而八分而俐隶书，已非仓圣制字之旧，而学者从流溯源，必推本于仓圣，擅制作之精，开文明之运，则作庙而尸祝之，其谁曰不宜？夫仪山之麓，平邑之一都会也，余尝按临其地，层峦拱秀，树林森郁，甘泉之井、星斗之岩交相罗列，中有遗址，则昔年士民所设之社仓也。社仓创于乾隆三十二年，嗣以积储难继遂废，既而易为肄业之所。嘉庆十七年飓风大作，于是倾圮。道光二十年间复建社学五楹，仍坏于风，今则蒿莱在望，遗址空存矣。爰议就其址以建仓圣庙，签谋既同，筮日鸠工，经始于丙寅八月，落成于丁卯五月。中设仓圣神主，左右两楹，祀文武二帝，将神所凭依，其在是乎？士人报答之忱，于斯克尽乎？其东向隙地，附建土地祠三楹，复作小学，颜曰星岩书院，兼祀旧社仓谷神，以示口羊之存，俾后之人追考前迹，或就遗址而拓之，或择别地以复之。庶社仓与义学相辅，教养并行，而士气民风蒸蒸日起。诸君子祀事之，维虔用意之深远，不诚足嘉许哉！时同治戊辰中秋月。①

① 民国《平阳县志・神教志》。苍南县文化广电新闻出版局据民国十四年影印本影印，第五册，第1806页。

清同治六年(1867),陈际中集资捐建了仓圣庙。仓圣庙建于原社仓[1]遗址之上。光绪元年(1875),陈际中卸任归来,又于球山南麓仓圣庙东建一憩楼,并于此开设星岩书院,星岩书院和仓圣庙后来皆为宜山国民小学校舍。民国《平阳县志》记载:“星岩书院,在二十五都泥山麓,同治间邑人陈际中即社仓遗址建之,今连仓圣祠,为宜山国民小学校舍。”上文邑令余丽元《仓圣祠记》中更有详细记载。仓圣庙与星岩书院的建立相互给养。文人学子的聚集推动了信仰之风的兴盛,反之,信仰之风的兴盛又带动一大批信众崇文尚学。一时间,江南文风士气蒸蒸日上,出现了一大批贤人士子,他们在地方社会和文化建设中也发挥着积极的作用。

陈筱垞跟随平阳县学训导吴承志学经。吴承志无子,去世后,筱垞为其营葬,并将其藏书移至宜山,于憩楼设培英书社为其藏书。光绪年间,筱垞于此设馆授徒,培养了汤国琛、吴拱宸、黄子木、陈毅甫、杨悌等一批人才。光绪二十八年(1902),清廷诏令各省、州、县设立学堂。陈筱垞于光绪三十二年(1906)年回到宜山,在憩楼创办“平阳县公立仪山初等小学堂”,开江南新学之先河。宣统二年(1910),筱垞又于杨公祠创办平阳县江南高等小学堂(今宜山小学)。民国元年(1912),位于憩楼的初等小学堂改名为“初等小学校”,校区由憩楼扩展到周边的文昌阁和土地堂。民国三十一年(1942),位于杨公祠的高等小学校舍腾出给刚创办的平阳简易师范学校,迁至初等小学所在地憩楼一带,校区向西扩展到鹿鸣寺。筱垞在憩楼创办新式学堂,大涨平阳的办学风气,也推动平阳各地文人乡绅积极仿效,集资筹款,开办新学。当时,平阳县共创办小学 43 所,学生 2032 人,居温州各县之首。据孙诒让《温州兴学记》载,初级小学以平阳

① 民办粮仓的一种,由南宋朱熹首创,社仓不特指某个粮仓,而是一种储粮制度。一般没有专门的仓库而在祠堂庙宇储藏粮食,粮食的来源是劝捐或募捐,存丰补欠。仪山之麓的社仓创于乾隆三十二年(1767),因积储难继遂废。

最多，乐清次之，瑞安又次之。足可见，平阳是当时温州新式教育发展的开拓者和佼佼者。

陈氏父子与瑞安孙氏家族交往甚笃。陈际中与孙衣言、孙锵鸣兄弟二人常有往来，交情深厚。孙衣言(1815—1894)字劭闻、琴西，号逊斋，晚号遁叟，孙诒让之父，官至太仆寺卿，擅长经史，温州著名学者皆出其门下。孙锵鸣(1817—1901)字韶甫，号蕖田，晚号止庵、止园，孙衣言之弟，为翰林编修，宰相李鸿章、沈葆贞均出其门下，后人称其“天下翰林皆后辈，朝中宰相两门生”[①]。球山憩楼一带作为陈氏父子经常活动的地点，也是其展开文人交往的场所和中心。憩楼后崖石壁上至今仍留存着孙锵鸣的手书：“小飞霞”，右侧落款曰：“题云楼先生憩楼石壁　孙锵鸣书”[②]。憩楼虽今已不在，但憩楼石壁的文人题刻却成为球山珍贵的文化遗迹，也成为后人找寻憩楼历史和文化印记的重要线索和依据。

陈氏父子依许府宫之地建书院、办学堂、聚众讲学，为各方学子提供求学读书之所，使得球山之麓成为文化传播的圣地。陈氏父子与文化名人的交往活动更增添了此地的文化韵味和传奇色彩，吸引一大批信众前往许府宫焚香膜拜。许府宫的文昌、魁星信仰也因此日益兴盛。因为境社广、信众多的缘故，许府宫一带一度成为宜山民俗文化活动的中心，民间祭祀、节庆、商贸等活动也常于此地展开。

四、以许府宫为背景形成的地方精英交际圈对周边地区的辐射作用

陈氏父子以许府宫及其所在地为依托，展开各种社会交往活动，把宜

---

① 《苍南百年老校》，苍南文史资料第二十九辑。政协浙江省苍南县委员会文史资料委员会编，2012年12月，第132页。

② 杨思好主编：《苍南金石志》。浙江古籍出版社2011年版，第329页。

山、平阳乃至整个温州的大批文人乡绅聚集到一起，形成一个庞大的精英交际圈。这些精英人士组织起来在温州各地开展各项地方社会文化建设，成为地方社会建设和发展的一股中坚力量。他们不仅对于宜山地区的发展和建设起到了重要的推动作用，而且对于整个江南垟、平阳县乃至温州地区都产生了强大的辐射影响。陈氏父子与张家堡杨氏家族、金乡夏氏家族以及平阳白沙乡刘绍宽、小南鳌江人王理孚、陈家堡乡绅陈倬甫等当时的一些社会名流皆有往来，且交情深厚。

图 2.20.5　陈家父子与当地乡绅

杨佩镂，字希彭，号琴溪，平等张家堡人。清咸丰九年，平阳钱仓爆发金钱会起义。他首先倡议、号召江南各乡绅在宜山成立民间团练，与瑞安孙衣言、孙锵鸣兄弟的“白布会”遥相呼应，抗击金钱会起义。金钱会首领赵起见江南民团准备充分，故兵锋不敢南指。在战局最关键的时刻，杨佩镂突然去世，群龙无首。金钱会起义军企图兵发江南，陈际中、夏成瑚等人迅速拥戴杨佩镂之侄杨佩之为首领，继续带领民团抗击金钱会。在清军和民团的联合打击下，金钱会起义以失败告终。杨佩镂因抗击金钱会起义有功，死后被清廷封为奉直大夫。地方乡绅为了纪念他，在宜山南麓捐资建造了杨公祠。同治年间，杨佩镂之子杨纯约、杨镜澄在杨公祠内创办亲仁社学，培养江南垟学子。光绪三十三年(1907)，乡绅白际宸、毛树青等人将杨公祠原亲仁社学改办为“平阳县公立群演初等小学堂”。宣统元年(1910)，公立群演小学堂因经费拮据而停办。陈锡琛在其旧址上创办“平阳县江南高等小学堂”，陈锡琛任堂长，聘请吴拱宸(曾师从陈锡琛)主持教务，借用杨公祠作校舍，悉心办学。民国三十一年(1942)，位于杨公祠的高等小学校舍让出给刚刚创办的平阳简易师范学校。平阳简易师范学校创办于1943年春，停办于1949年5月，历时六年。在这六年中，有五年都是借用宜山小学校舍也就是杨公祠来办学的。1949年5月，宜山解放，平阳简易师范停办，宜山小学迁回旧址杨公祠。直到1988年，经政府批准，宜山小学拆除了校内的杨公祠，杨公祠才结束了百年的办学历史。

杨氏家族不仅同陈氏父子一起参与社会团练组织，开办学校，而且同样也致力于社会福利及公共设施建设。清同治元年(1862)，南北港弃婴甚多，平阳知县余丽元出示严禁，并劝设育婴堂以收弃婴，杨佩镂堂弟杨德音捐田四百亩作为基金田。清同治八年(1869)，杨佩镂之侄杨佩芝继承遗志，与陈际中等人于平阳县城坡南创办济婴局。清光绪二年(1876)六月，平阳遭遇飓风骤雨，西塘被冲毁，南北港水入江南稻田，浸多日不泄，岁收大歉，杨佩镂之子杨镜澄出资重修西塘。杨氏家族作为江南垟较有名望的世家大族之一，积极投身地方社会文化建设，在江南众乡绅之间，发挥着有力的指导影响，起着积极的模范作用。

金乡夏氏家族夏志仪后人中有夏成瑚(1819—1868)，字玉仙，性沉毅多智计，与杨佩镃、陈际中等人一起创办民团，抵抗金钱会起义。夏成瑚倾力为保境御敌出谋划策，成为民团的核心智囊。金钱会起义失败后，夏成瑚因抗击民团有功获议叙“从九品”虚衔。为感念杨佩镃首创民团，保卫江南之功，夏成瑚倡议在宜山建杨公祠，并捐资七百余金作为祠产。夏成瑚还是舥艚陡门的主要修筑者之一。同治三年(1867)，燕埭陡门受洪潮冲击而有所倾圮，在江南众乡绅的推荐下，夏成瑚与楼下村的郑观岳被分别推选为副董和总董，承担陡门修建任务。在修建过程中遭遇挫折，陡门多次坍塌，数月不能建成，引起捐资者的较大争议。夏成瑚和郑观岳不为所动，全力修陡，历时八个月后，终于建成。邑令余丽元在《重筑江南燕埭陡门记》中称赞道:“实由郑君观岳慷慨好施，乃有以克成厥功;而夏君成瑚等朝夕督率，皆与有劳焉。”夏成瑚之子夏巽沧，字虞琴，慷慨善为，办事有其父遗风，后援例入太学，以盐大使分发福建督运延平。因廉洁有为，办事公道，深得地方百姓信任。瑞安孙衣言和孙锵鸣兄弟曾写信给闽督，称赞其才品俱佳，有“儒吏”之风。回乡后，他参与修建陡门，建社仓等社会公共事业，为地方百姓谋福利。夏巽沧的儿子夏绍俅，字伯戴，号克庵，为刘绍宽的学生，主要功迹在于帮助刘绍宽修《平阳县志》。在修志过程中，夏绍俅偶得无名氏手抄本《金乡镇志》。此抄本经后人辗转传抄，已经错误漏佚，编次杂乱，难以成书。绍俅重新修订了《金乡镇志》全一册，分十二门，其中艺文占三分之二篇幅，为金乡镇保存了难得的历史文化资料。金乡夏家人才辈出，其历代子弟皆积极投身社会公共事业建设及文化建设，为地方社会的发展做出了杰出贡献。

刘绍宽(1867—1942)，字次饶，号厚庄，平阳白沙乡刘店村人，杨镜澄外甥，师从吴承志，与筱垞同门，曾任温州府学（今温州中学）两任监督（校长）。

光绪二十八年（1902），刘绍宽与陈筱垞等人于平阳县城创办“平阳县学堂”（平阳县小前身）。刘绍宽博览群书，学贯中西，一生著述颇丰，最为突出的贡献是花了近十年时间修订《平阳县志》。绍宽所修的新志比旧志增加了近三分之二，被誉为近代地方志的范本，是地方珍贵的文史资料。王理孚（1876—1950），字志澄，小南鳌江人，刘绍宽入室弟子。辛亥革命后，王理孚与陈筱垞联合众人惩斗万全乡恶绅宋仲明，使得平阳顺利光复。王理孚修建道路，开凿水井为居民改善饮水条件，且耗资数万元，筚路蓝缕开发南麂岛，苦心经营二十多年，使岛上居民迅速增加，成为南麂乡。1939年，平阳县成立县立中学，王理孚将渔佃公司的全部地权、资金及收入捐给县立中学作为基金。钱库陈家堡乡绅陈倬甫亦为刘绍宽弟子，宣统二年（1910），陈倬甫授“例贡生”。民国三十四年（1945）秋，陈倬甫捐出时值一百万元法币的基金田200亩于宜山创办平阳简易师范学校，在整个平阳县乃至温州引起轰动。陈倬甫慷慨解囊、办师范之举，也被记录于温州教育史册。平阳简易师范学校于2001年初撤销建制，并入温州师范学院，成为今天合并后的温州大学的前身之一。陈倬甫除了热心教育事业以外，也对社会公益事业不遗余力。民国十六年（1927），与夏绍俅、方国琛、李森等人参与修陡，并为减轻江南百姓的负担，自行垫付缺口修建经费1200余银元。民国二十五年（1936），又捐资“平阳育婴堂”2000银元。陈倬甫乐善好施，深得地方百姓爱戴，去世时，平阳简易师范全体师生为其送葬。

陈氏父子以许府宫为交流场所，聚集了大量文人士绅。这些精英阶层形成一个庞大的社会交际圈和组织网路。文人乡绅们相互影响，相互号召，在家乡各地展开如火如荼的地方社会文化建设，并形成一股强大的势流辐射到江南垟乃至整个温州地区。

结语

今天的许府宫在宜山大众的重建和修葺下，殿宇和神像都已焕然一新、金碧辉煌。殿内香烛鼎盛、灯火长明，朝拜者络绎不绝。魁星阁内还贴满了各种准考证复印件；内阁的墙壁上悬挂着圆梦者赠送的匾额和锦旗，有“一登龙门”“有求必应”“金榜题名”之类的题字；神像前还矗立着一排排还愿者酬谢神灵的大红烛。随着当下各种招生考试制度的扩大和推行，考试神成为非常稀缺的象征资源，所以代表文人士子文化的魁星、文昌信仰日益鼎盛。一百多年前，文人乡绅们倡导文风带动了民间文昌信仰的兴盛，文昌信仰的兴盛又反哺文风，进一步推动文化的发展和繁荣。如今，斯人已逝，但信仰之风犹存。先人们的努力和建设为我们留下了珍贵的信仰遗产，不仅庇佑着后人，也推动着时下社会主义文化的大发展和大繁荣。今天，憩楼早已拆除，遗址已成为现宜山文化站所在地，但于憩楼创办的江南高等小学堂仍然存在至今。其延续了百年的办学历史，成为今天的宜山小学。宜山小学为国家培养和输送了一大批优秀人才，著名数学家姜立夫、杨忠道均在宜小获得启蒙。宜山小学培养的众多精英成为今天国家和社会建设的中流砥柱。这所百年老校是文人乡绅们为后人留下的珍贵的教育遗产。陈际中于平阳县城南筹资修建的通福门曾经作为重要的战略和商埠要地，是往来浙、闽两省的商贩的必经之地，承担着重要的商业功能。如今，通福门的商业功能已经弱化，但作为商贸遗产的一部分仍然具有重要的象征意义。宜山镇还保留着一年三次“会市”的传统。会市相当于北方的庙会，是指在神诞日或地方节庆时，朝拜人员聚集而形成的大型物资交流会。宜山“会市”作为重要的民俗商贸活动，承担着信仰传播和商业贸易的双重功能。其也是在先人们遗留下来的文化遗产和信仰遗产的基础上衍生出来的商贸遗产。岁月流转、斗转星移，今天，先人们早已长眠地下，他们的功劳和事迹亦少有人能够记起，但他们留下的一系列信仰遗产、教育遗产、商贸遗产等物质精神财富却仍被后人享用至今，福泽万代。

今天的宜山大众们仍然追随着乡绅先贤们的脚步，他们在球山之上集资修庙、筑路、建亭，为往来行人、游客提供休憩和娱乐之所。球山上伫立着众人集资新建的孔子像，荔香楼内设置有宣传国学和传统孝道文化的展板和海报，山下文化站内的图书馆则是每天挤满前来读书看报的莘莘学子。宫庙与文风相互给养，今天的球山之麓仍然延续着百年之前的优秀传统和精神风貌。

21. 民间信仰与红色文化糅合的神明社区

——莒溪镇石洞景区调查

岘山石洞位于温州市苍南县莒溪镇田寮村，景色优美，山清水秀，恬静幽雅。民国《平阳县志》记载："莒溪为南港最西之源，发源大坪头，东流迳黄土岭南，及石觅[岘]、大峨底、南山下，至莒溪市，约十里许。"[①]岘山石洞以岭曲、瀑叠、洞奇三大美景为特色，隐现在峡谷深林之中。

过莒溪石桥，西侧进入石洞景区，是蜿蜒的蜈蚣岭，绕仙叠岩，上悬崖步道二百米，在溪水泠泠声中，已经到达赏梅埕。清代这里遍植梅树。清代庠生夏雨金、刘基十五世孙刘眉锡（1749—1823）、民国刘栖、当代书法家林剑丹是莒溪人，曾为石洞留下诗文墨宝，给石洞增添了人文雅趣。赏梅埕过溪中石梁为显光洞，属景区中心，三面峰峦叠嶂、飞瀑喧哗、潭水如镜。南下石室，平坦如屋，可容三十多人，现建为革命烈士纪念馆。显光洞东上九曲岭，穿行竹海，可以直达仙叠岩、十八洞、猴洞。北上二十米有清泉洞，悬崖下泉水香甜，有盛夏治痱的奇特功效，现建为太阴宫。显光

---

① 民国《平阳县志·舆地志四》。苍南县文化广电新闻出版局据民国十四年影印本影印，第一册，第113页。

洞西行，奇石林立溪谷，有筊杯石、群蛙石、仙鼓石、金钟石、棋盘石、猩猩观瀑石、鲤鱼朝天石等景观，沿溪相连为梅潭、水勺潭、龙潭，接三叠瀑。三叠瀑高三十米，宽约三米，内层三折三叠，乌壁飞湍，珠帘白练，对整个景区的景观有很大的影响，有人题联曰："万古飞流三叠瀑，四时烟雨半云山"。三叠瀑右侧为狮子岩、狮子洞。狮子洞建观音阁，狮子岩上行百岁岭，达南天门，沿途有方竹岗、乌龙背、乌龙洞、五叠岩等景点。石洞不仅长了很多树、竹和藤蔓，还长了很多传说，栖居很多神明。

显光洞原名岘光洞，处周边七个石洞的中心位置，深 6 米，宽 4 米，高 3 米多，修建元帅宫后，卜筊问签都很灵验，更名为显光洞。供奉田都元帅、詹二大王、管山大王、黄衣土地等神明。清泉洞深 4 米，宽 3 米，高 2 米多，建太阴宫。百岁岭、仙叠奇岩等石阙为辅，分别修建宫观，供奉观音菩萨、盘古大帝、姜太公、三皇君等各路神明。依托石洞自然特征，修建宫观，达到自然景观与人文景观的相互交融，成为岘山石洞景区的一大特色。此外，这里红色文化资源丰富，现有红军洞、练兵场、红军寮、红军挺进师纪念室、浙南第三县队旧址、兵器陈列室、烈士古民居、交通联络站旧址、党支部活动古装房、老党员形象陈列室等红色旅游景点，展示着中国共产党在浙南开展抗日活动和反抗国民党反动派的光辉事迹，是弘扬爱国主义教育、传播红色文化的主要阵地。

田寮村是岘山石洞景区的主要管理者，也是依景建宫的实际建设者。目前，田寮村共有 4000 余人，全村以林姓为主，陈姓仅有两户人家。莒溪田寮林姓始迁祖林应运(1691—1771)，约于清康熙五十二年(1713)，只身由福建龙岩府永定县高坡乡太平里西坡岭到浙江温州府泰顺县八都尾半坑开基立业。生六子：宗建、宗养、宗望、宗翰、宗焕、宗昆。乾隆四年(1739)，留长子宗建在半坑固守产业，随带宗养等五子入迁来此

图 2.21.1　石洞风景

定居。[①]《温州民间信仰场所调查》记述:“田寮村元帅宫距今约有 230 年的历史。”可以说明田寮村落村民的快速积聚,与当地民间信俗的推动具有必然联系。

“五方六殿”是石洞景区宫庙体系建设的基本格局,宫庙和红军纪念馆的设置,基本上是 1983 年由僮子林振挺先生起僮神谕,并在六个宫庙塑造了 30 多位信仰神明。“五方”由青衣土地、白衣土地、红衣土地、黑衣土地、黄衣土地,分别配祀于不同的宫殿,代表着东、西、南、北、中五个方位;“六殿”分别指元帅宫、观音阁、盘古宫、清泉洞、姜太公宫、仙叠石宫。土地尊神的方位指代性与配祀宫殿的唯一性,凸显着“五方”定位与六殿

① 郑维国主编:《苍南百家姓》第一卷。当代中国出版社,2008 年版,第 82 页。《苍南县地名志》载:“据《林氏宗谱》记载,清康熙五十二年(1713 年),林氏从泰顺八都迁都于此搭寮耕种,众乃谓之田寮。”两则资料虽然迁出时间不一致,但迁入地、迁出地是相同的。

宫庙建设的时空布局存在着必然的联系。道经《洞渊集》云:"太昊为青帝,治东岱,主万物发生。"《枕中记》亦云:"太昊氏为青帝,治岱宗山;颛顼氏为黑帝,治太恒山;祝融氏为赤帝,治衡霍山;轩辕氏为黄帝,治嵩高山;金天氏为白帝,治华阴山。"五方土地与中国神话时代的五帝相联系,与金、木、水、火、土五行相联系,与中国的地理格局相联系,具有非常深远的文化意义。五方土地的观念,在莒溪,在桥墩,在苍南地域的民众观念中,都有深远的影响。

石洞五方六殿供奉神灵较多,按照神明原型划分,可分为精怪型神明、人物型神明、宗教型神明。

1. 精怪型神明

精怪信仰源于万物有灵的原始信仰,是人们"把自己生活相关的自然物、动植物或者人造物"①神异化的结果。在石洞六殿神明谱系中,部分神明的原型形象均为自然物或者动植物。

(1) 蝙蝠仙师:半人半蝙蝠形象,位于显光洞右侧蝙蝠古洞,原先主祀于显光洞,后让位于田都元帅。自然物或者动植物的主要追求是修成人形,蝙蝠仙师相传在此修炼一千三百二十年,今年修行期满,要求塑人形神金身。

(2) 金蟾神明:蟾蜍形象,口吐金币,主财运,旁标"龙玖守金"四个金字。

(3) 猿猴神明:有三种,一为通天大圣,供奉于盘古宫,为美猴王形象;二为齐天大圣,供奉于姜太公宫,头发绾在头顶,显然是孙悟空被册封

---

① 萧放编著:《中国民俗史》(明清卷),人民出版社2008年版,第361页。

为齐天大圣之后的道教形象；三为东岳大王，神猴形象，无神明塑像，把守南天门。在这里，姜太公主掌封神榜与孙悟空被册封神话传说相互杂糅，应是为齐天大圣册封寻找合法依据。相传猿猴神明为赌神，古代农村押花会多求他，现在押六合彩，也有很多人求他。相传"文化大革命"时天井地方押花会，猴神指认上招，戳原签变字，村民用桃松扁担挑回赢得的赌金银元。

(4) 金鸡大王：由雄性山鸡修炼而成，配祀于盘古宫。

(5) 管山大王：也是鸡类动物，后修炼为山神。原先供奉于青墙脚一个三石垒成的堂子，堂子圮废，托梦信众抱来香炉，配祀于盘古宫。

(6) 白鹤仙师：由鸟(鹤)修炼而成。从墙脚抱来香炉，主祀于仙叠石宫，配祀于清泉洞。

2. 人物型神明

人物型神明都是由具体姓名的人物经过修炼转化的神明。石洞六殿中，盘古帝王、地主尊神、沈喜大王、周喜大王、文(一二三)相公、朱仙姑、应显大圣、张老公爹构成人物型神明谱系。

(1) 盘古帝王：即中国神话中开天辟地的盘古。村民描述为：四川黄坭岗人，相传为龙首人面蛇身形象，因作战失败，迁居至福建建瓯市，因法术高明而成神。信仰传播至田寮村。现在盘古帝王主祀于盘古宫，已非人兽杂糅形象，而是身穿草裙的上古先民形象，具有氛围浓厚的原生文化特质。

(2) 周喜大王：又称"放牛大王"，牧童吹笛骑牛形象，配祀于元帅宫，是"坐刀轿"仪式活动中的主要保护神。

(3) 沈喜大王：秦屿人，夭亡牧童，被观音菩萨收留，公元798年修成神明，配祀清泉洞，神职判官。

(4) 张老公爹：相传修炼于福建冥斋山，原先供奉于石岘山的石岘宫，后因宫庙废弃，并入元帅宫，成为田都元帅配祀神明。

(5) 文(一二三)相公：平阳县北港三十六铺人，系文一、文二、文三三兄弟修炼而成神，主管土地，也管天文，配祀清泉洞。

(6) 朱仙姑：温州平阳人，南雁荡山仙姑洞修成正果，能为百姓治病，信仰以平阳北港地区为盛。因朱仙姑修道时，所居西山洞，唐时称“石室”，与石洞景区“石岘、石阙”环境相仿，后朱仙姑信仰流传至此，逐渐成为当地重要祭祀神明。

(7) 应显大圣：修三世。第三世为福建古田县人，以打草鞋为生，将所赚钱财普施众生，修成神明，管善恶、主普施。

(8) 田都元帅：雷海青(696—765)，原籍福建南安县埔头十七都坑口乡人，善于音乐歌舞戏剧，被称为戏神。因拒绝臣服叛将安禄山而被杀，唐明皇表扬其忠君爱国的精神，特追封为“田都元帅”①。显光洞主祀田都元帅，又称“元帅宫”。石洞元帅宫的田都元帅相传是朝廷御林军在这一带剿寇打败仗后，不敢回京面圣，便落草为寇。后又转念，洗手不干，修行于洞中，竟然不劫不讨，绝食至死，得道成仙，成为救苦救难的神明。雷海青因其忠君爱国的精神，完成了“戏神”向“元帅神”身份的转变过程。石洞景区元帅宫起源，却与“田都元帅”信俗传说存在较大差异，可能是朝廷意志和民间观念关于“忠君爱国”的精神认识不同：一为绝对服从，另

① “田都元帅”另外一说：南宋末年端宗皇帝被元兵追赶，从海道逃往莆田途中，突遇风浪袭击，万分危急之际，雷海青在天上显圣，带神兵救难，海面风浪顿时平静，君臣得以安然脱险。端宗惊魂稍定后，翘首仰望，但见云端上有一支天兵，护拥着一尊天将，帅旗上镶绣“雷”字，因“雨”头被云雾遮蔽了，只隐约露出下边的“田”字，端宗误认是姓“田”的神将救驾，于是颁诏天下，大塑金身，广为奉祀，赐名“田公元帅”，四时香火供祭，以昭威恩、崇仰之意。

一个为柔性服从。兵败，在封建正统观念中要承担军事责任，而古语云："胜败乃兵家常事"，诠释了民间社会对"兵败"事件的柔性认识。由"兵败"到"落草"，再到"修行"，其实是民间社会借此"劝人向善"的过程。

(9) 詹二大王：田都元帅部将，因御林军剿寇失败，跟随田都元帅在此修行。另外一说：詹二大王，福州人，来到莒溪求药，后演变为当地主管煎药、熬药的专职神明，相传两位大王附体乩僮可以以手为铲，下热锅捣弄草药。根据《安溪县志》记载，詹二大王应该是福建安溪的著名历史人物、闽南地区普遍供奉的神明詹敦仁。

(10) 杨府圣王：原名杨精义[①]，唐朝人，瑞安陶山人，夫人葛氏，儿子10人，官至都督大元帅。后至六十五岁，于北山修炼，于一百零八岁寿终正寝。所居宅院，拔宅飞升，荣登天府，宋时敕封："圣通文武德理良横福德显应真君"。目前，杨府圣王已成为浙南影响最大的民间神明，应是由瑞安逐渐传播至此，成为杨府圣王信仰的辐射区或次级传播点。

(11) 白马三圣：王审知三兄弟，根据所塑神像服装颜色不同相区分，白色衣袍为白马尊王王审知，红色衣袍为王潮，黑色衣袍为王审邽。王审知，河南固始人，因唐末五代带兵入闽，建闽越国移民政权，稳定福建境内社会秩序，又被尊称为开闽圣王。

---

① 杨精义两来源：第一种来源为1985年，瑞安市碧山镇龟岩村，发掘出一块残碑。这块残碑是清光绪四年庠生陈见龙等人重立的，有如下文字：唐太宗甲辰年五月廿四辰时诞生，翁姓杨讳精义（即叫杨精义），居安固县廿八都，苌芬西村人也。夫人葛氏，得训子十人，名国正、国天、国心、国顺、国猛、国勇、国刚、国强、国龙、国凤，媳十房……子孙共五十二人。至己巳年翁得中二甲进士，丁丑年官封都督大元帅，甲申年三子国心得中二甲进士，官封洋湖都督。其杨四、杨八、杨九，俱为元帅……翁至六十五岁，辞职告归，原祖山一岗，名曰北山，翁创造一寺，号松古寺。……翁寿一百零八岁，一旦拔宅飞升，荣登天府。翁自逝世致精光不散，道义常昭，由是灵著海滏，祈祷咸应……。第二种来源据清《平阳县志神教志》记载：……神姓杨名精义，唐时人，子十。三人登仕籍，七子（国刚）偕隐，修炼于瑞安之陶山白岩山。拔宅飞升事闻，三子皆挂冠归寻，亦仙去。宋时敕封："圣通文武德理良横福德显应真君"。据考证，"苌芬西村"，过去属瑞安陶山管辖，今日就是碧山镇的渡头村。瑞安即为杨府爷故乡所在地。

3. 宗教型神明

(1) 善师世尊：慧远《无量寿经义疏》卷上："佛备众德，为世钦仰，故号世尊。"世尊是佛教对世间最尊贵人的尊称。善师世尊，佛教神明，中天佛，管理人间善恶行为。

(2) 观音菩萨：佛教神明，慈悲与智慧女神的化身，宣扬众生平等观念，民众信奉最为普遍的神明。

(3) 桥头将军：关羽，儒、释、道、民间信仰四通神明，民间普遍供奉的神明。相传几年前一女子在观瀑桥上观看龙须瀑、三折瀑，因不慎跌落水中，大声疾呼，后被瀑布中一老人相救，此人不是别人，正是关羽将军。因在桥头救人，为弘扬其功德，后人在观音阁旁，正对观瀑桥，建立桥头将军小庙，庇佑行人过桥安全。供奉在观音阁旁，为观音阁守护将军，取意于关公护送刘备家眷过五关斩六将、和衣看守帐外的君子行为。桥头将军堂联写出此意："牡丹花下将军守，梅柳瀑中萨显灵。"

(4) 活佛济公：原名李修缘，南宋高僧，浙江省天台县永宁村人，素以破帽、破鞋、破扇、垢衲衣，疯癫形象显露于世，懂医术，好打抱不平，是扶危救困、除暴安良、惩恶扬善等美好形象的化身。石洞景区塑有活佛济公神像。

(5) 陈、林、李三皇君：陈皇君为临水夫人陈靖姑，多称为"太阴圣母""顺天圣母""陈娘妈""陈大奶"等。林皇君、李皇君分别为林九娘、李十三两位女神，因与临水夫人结拜，庇佑妇女、婴儿，构成闾山教"三奶夫人"神明体系。陈皇君，福建古田人，因"救产护胎佑民"神职功能被闽、浙、粤、港、澳、台等地广泛信奉。在向外传播过程中，苍南作为临水夫人信仰由福建传播至浙南地区的中转站，"皇君"成为闽东地区的"临水夫人"与温州地区的“太阴圣母”之间的过渡称号。

(6) 姜太公：姜尚，因助武王伐纣有功，封于齐国，成为周代齐国的始祖。因执掌封神榜，成为中国神坛上一位居于众神之上的神主，是“武神”与“智神”的化身，被封为“太公在此，百无禁忌”的庇护神明。明万历年间，许仲琳创作《封神演义》，将姜尚手持打神鞭、敕封众神明的形象，广为传播。而在石洞，姜太公神明形象是根据姜太公布衣原型形象塑造的，具有较强的原生特质。

(7) 马仙娘娘：又称马天仙、马夫人、马七娘，马五娘、马氏真仙、马真人、护国夫人马氏、娘娘妈、娘妈等等，丽水景宁县鸬鹚人，[①]宋真宗 1012 年、1018 年先后两次敕封马氏为“灵泽感应马氏真人”“懿正广惠马氏真人”，具有召圣请兵、求雨祈子、驱瘟遣疫、降魔伏寇等神职功能，信仰区域包括浙江南部和福建大部分地区。[②]

关于神明的起源，特别是未常见的自然神和人物神的来历，都是村民欧阳鲲鹏在陈靖姑神灵附体的状态下，以神的口吻述说的。访谈时他正在为一个家庭做过关仪式。将他的口述如实记录，目的在于展示当地民众对所供奉神明的理解。

石洞五方六殿宫庙体系建设，符合东、西、南、北、中五个方位的整体布局，而每个方位由衣着颜色迥异的土地尊神标识，凸显着宫庙布局的时空差异。

---

① 唐代缙云县令李阳冰撰《护国夫人庙碑记》载：“护国夫人马氏，括苍下邑鸬鹚人也，地之距郡与邑几三百里，源深水纾，山高路阻，猿猱纷纷，狼虎相尾，居民鲜少。鸬鹚水鸟善捕鱼因名其地，即夫人故居也。”《霞浦县志》记载宋元时期的马仙：“景德九年，江淮大旱，京师蝗……嗣是神智广运，拓炎如焚，迎仙于鸬鹚而祝之，优渥若景德间焉……”

② 浙江省南部，形成以景宁为中心，云和、丽水、遂昌、庆元等地马仙信仰的内层；福建地区则为马仙信仰外层，包括柘荣、寿宁、沙县、建阳、福州、松溪、福安、宁德、尤溪、霞浦、建瓯、大田、永安、永春、德化等地。

图 2.21.2　石洞各宫殿神明全图

黄衣土地作为整个宫庙体系的中部方位，是所有土地方位神中地位最高的神明，说明元帅宫是整个宫庙体系的核心区域，建庙历史较早；田都元帅在整个宫庙神明谱系中处于主祀地位。

红衣土地处于仙叠石宫配祀地位，代表南部方位，观音阁与仙叠石宫构成宫庙体系的南部区域。观音阁两侧石柱对联刻着“丁丑年”，说明南部信仰区域构建时间不早于 2005 年。

青衣土地处于清泉洞石宫配祀地位，代表东方方位，清泉洞石宫与姜太公宫构成宫庙体系东部区域。清泉宫石洞两侧石柱刻着“戊子年”，说明东部信仰区域构建时间不早于 2008 年。

黑衣土地配祀盘古宫，代表北方方位，盘古宫成为宫庙体系北部核心区域。“盘古宫”对联“酉傍双溪开泰境，卯通三界净污尘”便是堪舆定位的解读，殿名右侧刻有“共和己丑年夏月重建”，说明北部信仰区域构建时间不早于2009年。

白衣土地代表西方方位，整个宫观神明体系并未塑造白衣土地神。元帅宫西部区域对应龙须瀑、三折瀑，可能是取瀑布白色为标志，或者桥头将军小庙原址，指代白衣土地神，构建西部信仰区域。

那么，在土地神方位指代背景下，石洞景区宫庙逐渐形成以元帅宫为中心，东部清泉洞与姜太公宫、西部白色瀑布（将军小庙）、南部观音阁和仙叠石宫、北部盘古宫为四方区的景观宫庙空间格局。同时，由于主祀神明地位、神明信仰广泛程度不同，四方神庙可能在未来修复或重建中遵循“南、东、北、西”依次建设的时间顺序。

“牡丹花下将军守，梅柳瀑中萨显灵”作为桥头将军小庙的对联，道出了关羽生前夜读春秋与死后成神显灵的两则传说故事。在夜读春秋故事中，关羽为保护刘备妻儿，被迫投降了曹操。曹操为试探关羽，让其与两位嫂嫂共居一室，然而关羽为人正直刚烈，秉烛独坐在门外，专心致志读《春秋》，通宵达旦，毫无倦色。这体现关羽对皇兄忠义的承诺，也是关羽诚实守信的人性品质。桥头将军关羽，之所以没有并入观音阁，成为观音菩萨的配神，是因为男神关羽要在观音阁之外护守女神观音，这是关羽夜读春秋精神品质在神明配祀上的再现，也是对“牡丹花下将军守”最好的解读，而“梅柳瀑中萨显灵”则是对关羽神明在观瀑桥下救助当地女子传说故事的再现。因此，这副对联具有将关羽传说故事进行在地化改变，进而衍生本地风物传说故事的效用。

通天洞传说故事，与通天大圣没有直接关系，却与齐天大圣孙悟空反抗玉皇大帝的神话传说有着密切关系。通天洞传说如下：

相传通天洞里有只猴子，因没有天位，想要修满100只猴子起兵造反。洞内修道圆满的猴子达到100只了，但它太笨，数来数去只有99只，却把自己忘记了，因此迟迟未能造反。杨文广来到通天洞收妖，派兵杀入通天洞，猴王顺着洞内天藤逃走了。杨文广见地面粪便很粗，脚掌印较大，依此判断猴王法力高强，便扮作算命人，向小猴子询问："你家大王法力通天吗？"小猴答道："没有，只有洞内天藤，可以通天。"扮着风水先生的杨文广仔细打量着这条天藤，告诉众猴："这条藤太长，漏了通天洞的风水，不砍掉会有血光之灾。"众猴们听罢，立即砍掉天藤。杨文广随即带兵进洞，猴王无法逃脱，只得被收服。

通天洞中猴王原型应为齐天大圣孙悟空。在未被册封时，玉皇大帝听从太白金星的建议，将其封为"弼马温""齐天大圣"，借此消除孙悟空的叛逆之心。在大闹天宫时，孙悟空与如来佛祖打赌，被骗，被压五行山500年。通天洞传说的生成应是齐天大圣反抗玉皇大帝、大闹天宫被压五指山等故事元素的在地化改造，并融合浙南地区杨文广收妖传说的结果。

跳僮按照文、武的表现不同，分为文跳与武跳两种，文科跳僮仪式主要以吟唱、口述的方式，为信众答疑解惑、驱除恶鬼邪气；武科跳僮仪式需手执五宝（七星剑、鲨鱼剑、月斧、铜棍、刺球）帮助信众驱鬼镇宅或绕境巡游。"莒溪刀轿"是莒溪最负盛名的传统民俗活动之一，已列入第三批浙江省非物质文化遗产名录。

坐刀轿属于跳僮仪式中武科跳僮，即让僮子装扮成盘古帝君、杨府圣王、陈林李皇君、詹二大王等诸神样子巡游，肉身立坐在布满刀子的轿子里，刀轿靠背、扶手、轿面和脚踏处均安装了开锋的钢刀，赤脚板始终不离刀刃，不时还起立舞动手中的剑，全身重量都在两脚刀刃上。此外还有钉轿，结构如刀轿，只是把刀换成铁钉。站油桌，在桌子上抹菜油，僮子赤裸双足站在油桌上，手持法器表演，不论迎神队伍走在平地还是山路，表演者都挥洒自如。

图 2.21.3 省非遗项目：莒溪刀轿

莒溪刀轿共有请水、割火、坐刀轿、送供四个程序。(1)请水：又称“请五龙”，源自古代对山川河流的敬畏与崇拜，也是洁身、斋戒、对神明的虔诚。(2)割火：“接火神”，最早用火石与燧石敲击岩壁，迸出火花引燃干苔藓、灯芯草、媒(绵)纸等易燃物请来火种，敲击能出火花的石头为玉质石，莒溪溪滩难寻。农耕时代铁器生产农具普及，改用柴刀沿袭至今。(3)“坐刀轿”：最为隆重的部分，十二把刀架起一座轿，轿上轿者赤脚赤膊坐立、靠依、肢体始终不离锋刃，长时间舞蹈却皮毛不伤，构成一副令人心驰神往、惊险传奇、热闹壮观的震撼场面。(4)“送供”：为神灵奉上供品，以供享用。[①]

从跳僮附体两种形式来说，跳僮仪式行为突破了“天、地、人”三界相

① http://www.zjfeiyi.cn/xiangmu_jb/detail/13-1045.html(中国·浙江非物质文化遗产网)；http://blog.voc.com.cn/blog_showone_type_blog_id_807745_p_1.html(苍南民间信俗文化系列活动——莒溪刀轿)。

对隔离的状态，人界通过跳僮仪式表达人界诉求，天界、地界帮助人界驱除一切邪气、晦气，恢复人界社会秩序的正常化，达到家庭、家族、宗族、地方社会的和谐状态；天界、地界通过跳僮传达鬼神诉求，人界则通过宗教仪式满足天地两界鬼神诉求，以防鬼神侵犯人界，扰乱人界秩序。可以说跳僮仪式作为原始宗教神秘仪式行为，是原始社会在诉求与满足状态中追求“各界稳定”“天人合一”和谐理念在现代社会中的延续。

图 2.21.4　乩僮的度关仪式

巡境仪式的源头可追溯至《周礼・夏司马》所载“大傩”活动。“傩”为驱除疾疫之礼，周于季春、仲秋、季冬三时为傩礼，索室驱疫。东汉傩礼于腊月举行，亦称逐疫，以原始信仰形式与祭祀场合表演傩舞，锣、鼓等打击乐器配乐，距今约 3000 年历史。古多女傩，男权社会为男子独擅，参与者扎头巾，多戴各式木刻彩绘面具，造型分整脸和半脸两种。一台傩舞，少则几人，多则三四十人，舞蹈动作原始古朴。于锣鼓强烈节奏中展现神秘舞姿，像是与神灵对话，神圣无比。后代迎神赛会多边行进、边表演，名为娱神，实为集聚娱乐观赏于一体之群众性文娱聚会，至明清极盛，城乡赛会风气之强烈，让“百业停工、交通断绝；辇驾出巡，填塞街巷；通宵达旦，歌舞如狂”。

总体而言，石洞的神明们看起来没有太多的世俗任务，不像许多村庙里的神明每天有政务缠身，案牍劳形。他们在瀑布下冲澡，在山径上闲步，在岩崖上栖息，独自修习和体悟，即兴表演自己的技能和法术，相互比试和游戏，各自拥有如人类般的人格特征，形成和传颂自己的故事，没有对着凡人端起架子命令的姿态。我们可以把这样的神明修养场所称为“神明社区”。

在近代，田寮村建立苍南县较早的村落党支部，宣传群众，发展党员，开展红色革命活动与村落社会组织高度聚合密切相关。从实际情况来看，“宗族”与“信仰”作为村落社会组织关系构建的核心要素，可能在红色革命队伍建设中发挥着重要作用。

宗族是依托血缘关系和地缘关系而形成的民间组织，在古代社会中具有行政管理、教化大众、赈灾救济、军事防卫等社会功能。在战乱时期，宗族在抵御外族入侵，对抗残暴统治中凸显较强的军事防卫功能。林姓宗族、陈姓宗族作为田寮村两大宗族，在村落社会管理过程中发挥着重要作用。田寮村党支部、抗联领导小分队、地下交通站、浙南第三县队迅速成立，且成员几乎全是林、陈两姓村民。这说明：宗族观念与中国共产党“打倒法西斯、建立苏维埃，打土豪分田地”“耕者有其田、穷人有饭吃”宣传标语的目的是一致的。因此，宗族权

图 2.21.5　石洞红色纪念碑

威引导宗族成员加入中国共产党、有效地支持了浙南共产党队伍建设。

同时，元帅宫作为田都元帅信仰载体在此扎根已有230年的历史，信众遍及莒溪各个村落。从马克思唯物史观来看，世界是物质的，不存在神鬼魂灵，田都元帅应是信众唯心主义意识的现实表达。而在战争年代，中国共产党依靠人民群众，发动人民群众，吸纳人民群众加入革命队伍，不会全面否定田都元帅信仰，相反会通过田都元帅的传说故事宣传“忠党爱国”思想。凡事均有两面性，若将田都元帅视为供奉的神灵，是被批判的对象；若将田都元帅视为“忠君爱国”人物，宣扬其帮助郭子仪平叛、南宋端宗逃离蒙古族追杀的传说故事，比较符合抗日战争、解放战争时期的时代背景。

在红色革命时代，宗族与民间信仰作为维系田寮村落社会成员的核心动力，以宗族权威与俗信传说形式引导地方社会成员积极投身红色革命，参与红色革命建设，宣传红色文化精髓，是中国共产党依据传统村落实际情况接地气的结果。在新的时代背景下，“依景建庙，原型塑神”信俗特色将是石洞景区发展旅游业的亮点，也将带动红色旅游资源开发，弘扬红色革命文化。

1935年10月粟裕和刘英同志领导的中国工农红军挺进师进入闽浙边，石洞作为根据地和伤病员疗养地，平时以防治时令病为主，战伤为辅，战时以战伤为主。对处理安置伤病员的方法，除部分安置在老乡家里外，其他都转移到林野山洞中。根据地药物的主要来源是青草药，暴雨淋湿煎煮姜汤以防感冒，夏月茶饮，以鱼腥草、积雪草、过路蜈蚣、雷打柿煎饮避暑，食物中毒用三叶青根头、金竹油、姜制半土夏，绞肠痧即采南瓜花芯适量，细研吞服，感冒用小青、老茶婆适量煎服。

近年来，在地方精英林圣沛、林克富等人的倡导下，莒溪建设了红军纪念碑、红军岭、红军纪念馆，红色旅游规划方案正在逐步实施中，将在石洞的自然景观、信俗文化之外，重笔浓彩地呈现红色文化资源。

22. 东海渔港作业守护神的演变
——霞关三澳妈祖庙调查

三澳妈祖庙坐落于苍南县马站镇霞关社区南坪三澳村。三澳村属于偏远的浙江省南部的东海小渔村，位于海拔150米的柳垅山上，由柳垅、李家岙、小槽三个岩基海岸的澳口村组成。清康熙年间展界之后，福建闽南地区的移民陆续迁来定居，吴、易、陈、王、鲍等姓氏组成杂姓村。吴氏始迁祖吴际愿(1684—1727)于清雍正二年(1724)由福建晋江县入迁定居。易氏原籍福建省漳州府长泰县善化里芹果，始迁祖易子美迁居浙江省平阳县四十都青湾，其曾孙易世意(1695—1745)于清乾隆二年(1737)肇基柳垅。柳垅沙滩有一个很大的柳树桩，地名由此而来。陈氏始迁祖陈仰魁、陈仰台兄弟于明万历四十三年(1615)由福建泉州府同安县西柯镇西浦村入迁小槽。王氏始迁祖王奕致约于清康熙二十五年(1686)前后由马站桥头牛眠山入迁小槽，王奕致系闽王王延政后裔，其父王思立于顺治十六年(1659)由福建省安溪县新溪里善坛迁入牛眠山，顺治十八年(1661)迁界徙平阳县北港硐桥头，康熙二十三年(1684)展界回迁。李家岙李氏迁自泉州府安溪县湖头镇。

闽南人的后裔迁居浙南渔村，一部分保留了闽南文化习俗，另一部分根据地理环境、生产内容、生活境遇形成地方习俗。作为海口渔村，台风经常在这里登陆,2006 年桑美台风就给这里造成毁灭性的打击。倭寇海盗经常骚扰,柳垅墩台就建于三澳村,现存瞭望台分上下二层,下层边长 8.2 米,高 3.5 米,上层边长 5 米,高 1.5 米,台一侧置 6 个烟墩,呈圆形,大小相似,直径约 7 米,烟墩残高 1.6—2.6 米。东南望三个尖墩台,西南望大垵山墩台,北望大尖山墩台,东南海面尽收眼底。海洋作业成为主要生产方式,春汛捕捞石首鱼、鲳鱼。二十世纪三四十年代一条帆船一天能捕石首鱼几十担;夏汛产出虾米、目鱼、青虾,目鱼产量很大,旺季站在礁岩上就可以捕捞;秋汛产出海蜇、虾蛄,海蜇有"生也矾,死也矾"的说法,即矾山的矾水哺育了海蜇,而捕获的海蜇必须用明矾才能腌制;冬汛有海鳗、带鱼、江蟹、对虾等。生产方式有远洋捕捞,有候潮流刺作业,有沙滩贝螺捡拾,有滩涂紫菜养殖等作业。由于地处偏远,道路崎岖,海产品和生产用品的贩运并不流畅,于是织网染网、造船制帆、炊晒鱼干、腌制鱼咸成为一条龙的海洋渔业生产特色。这里的山地不宜种植,适宜放牧,是水牛的主要产区,耕牛远销台州等地。

自然环境、族群迁徙、生产和生活方式形成自己的信仰文化。三澳村民于乾隆二年(1737)在柳垅后鞍水井头建妈祖庙,主祀妈祖娘娘,陈、林、李三位皇君,水母娘娘,梅花娘娘,刘氏仙姑,大罗仙女,白马明王,李七元帅,田都元帅,发令将军,水师将军,林二大王,李七大王,福德正神,千里眼,顺风耳等 17 尊神明。这里有海神妈祖娘娘、水母娘娘等,有闽南移民神白马明王、田都元帅等,有征战神发令将军、水师将军等,有畜牧神李七大王等。村庙的神明设置完全服务于村居的生产生活安全,是境社的保障。

易氏后裔易会意夫妇,后垵人,2003 年重建妈祖庙,2013 年二次再建妈祖庙。易妻笃信神明,因妈祖托梦,赶到莆田湄洲岛妈祖祖庙朝圣,历经艰难,请回了一尊妈祖真身和一本分香证书。易家与许多三澳渔民一

图 2.22.1　三澳妈祖宫

样,并不富裕,可以说相当贫困,长期在马站开小店、灵溪打零工讨生活。十几年前从鲸头请来李七大王供奉,并让儿子拜为李七大王的契子;还请来道士设醮,提封李七大王为李七元帅。马站一带是李氏最早定居的地

图 2.22.2　三澳妈祖宫

方，现在的李氏后裔人口繁盛。李氏在历史上可能与牧牛业有关，有李三大王、李七大王为牧牛神。乩僮供奉的神明，往往根据神明的要求，从神明的修炼年份和功德积累出发，设醮请张天师给神明加封，于是有李七大王变成李七元帅的说法。

三澳妈祖庙最灵验的神明还是李七大王。易会意认为，他在马站开店时没有本钱，可以到批发店里赊账，是李七大王的指引。桑美台风中所有人的店铺内都像下龙雹一样，他店里的货物居然不湿，也是李七大王的保护。李七大王预言马站开店只有三年的机会，果然三年歇业。他还预告易会意回老家建房，说那里将变成核电站，房价可以几十倍提升，居然言中了。李七大王治好了福建谢居河老板儿子的疾病，并且指导他三人合资的紫菜厂的经营。2015 年还治愈了福建程女士的妇科病。民众的基本观念是，庙里的神明哪一位灵验与主祀还是配祀地位无关，关键是哪一位神明经常到庙里来办公。而神明是否来这个庙办公，与宫庙的风水、污洁，以及管理者的心地、信众的虔诚有直接的关系。

我们看到，随着三澳人生产和生活方式的转变，妈祖庙神明的选择和神明的功能发生了变化，李七大王加封为李七元帅，取代了妈祖的主政地位，转变了畜牧保护的功能。但妈祖庙依然以历史的正统性继续存在。

23. 世界矾都的境社建构和生活记忆

——矾山镇南山坪宫调查

南山坪宫位于矾山镇鸡笼山矿区之东的福德湾居委会南山坪地方，清朝初年，赤洋山(今矾山)矾矿业初具规模，露天采矿、设备简陋、采矿技术较差，导致矿工死伤无数。为保平安，矾矿劳工选择陈府侯王作为保护神，并于清雍正年间，矾矿窑主及矿工们出资兴建陈府侯王宫(即南山坪宫)。不久在民居密集的山下建娘娘宫。1958 年大炼钢铁时，南山坪陈府侯王宫与陈娘娘宫同时被拆除；1976 年矾矿退休老工人在原址集资重建陈府侯王宫，并将原娘娘宫陈皇君、马仙娘娘恭请于右殿供奉，一直延续至今。

福德湾村位于有世界矾都之称的浙江省苍南县矾山镇，是历史上因采矾、炼矾而生、而盛的村落。六百多年的明矾采炼不但在村内遗留下了矾矿遗址这一较完整的 1950 年代采炼生产、生活系统，也遗留下了大量遍布该村各角落的矿硐(采空区)、街巷、石台阶、古树、古井及特色工业村落民居，使该村逐步形成了当前从山上至山下依次为矿硐(采矿区)→居住区→炼矾区的基本布局。南坪宫高踞山头，俯瞰全村、全镇。福德湾居委会下辖南山坪、王西坑、内山、兰芳田、宫边、墓脚六个自然村，是由朱姓和郑姓构成的两姓社区，其中，朱姓人数较多。据桥墩镇碗窑和凤池上前山《朱氏宗谱》记载，始迁祖朱文裕，原籍福建泉州府安溪县依仁里赤岸黄墩，于唐乾符三年(876)任徽州歙县署理。乾符五年(878)任横阳县令。横阳县即后来的平阳县。查民国《平阳县志·职官志》，没有朱文裕任横阳县令的记载，有待继续考证。朱文裕裔孙朱彬一，名纂，号巨彰，于南宋淳佑三年(1243)授温郡副使，由福建赤岸复迁温州府永嘉县度山。传至第八世，有兄弟六人，即朱尧、朱育、朱楫、朱鸾、朱亥、朱童，于明崇祯三年(1630)迁居矾山，分为礼、乐、射、御、书、数六房，为矾山朱氏六房的肇基祖，繁衍成族。至第十三世，散居矾山的南山坪、内山、王西坑、兰芳田、四亩坑、街道等地方。现宗族人口约 40000 人。矾山西坑郑氏，始迁祖郑天铉，于清初由温州市龙湾区永昌堡白水村入迁来此定居，生子郑尚乾、郑尚艮、郑尚云、郑尚坤、郑尚漂五人，繁衍成族，人口众多。后因矿区沉降，举族分别于 1958、1962、1988 年先后三次移居矾山街、沿浦陡门头、灵溪，和县外、省外各地。[①] 由于矾山明清以来是著名的矾矿开采区，来自各地的矿工、挑夫、商人云聚，以朱、郑二氏为核心，形成了一个矿业境社共同体。

图 2.23.1　南坪宫俯瞰矾山镇

① 郑维国主编：《苍南百家姓》，当代中国出版社 2008 年版，第 279 页。

陈府侯王庙正殿主祀陈府侯王，右侧神龛供奉太保明王，左侧神龛供奉福德正神。右殿主祀马仙娘娘、陈林李三皇君，右侧神龛供奉叶大元帅，左侧神龛供奉土地公公、土地婆婆，符使、判官两位神明处于左右两侧。陈府侯王，作为主祀神明，自古以来是矾山采矿行业的保护神。相传陈府侯王来自福建省南屏市，庙碑记载如下：

陈府侯王，姓陈名陶，字嵩伯，号三教布衣，祖籍江西波阳，生于唐昭宗天佑年间(902—983)剑浦(今福建南平)，出生当天傍晚满屋红光，香气飘荡。公自少聪颖勤学，苦读文章，过目成诵且能深入义旨，融会贯通。一日清晨，一老道来家，道言孩子非凡，具有仙性，收为弟子，愿授秘诀。公十八岁通经史、谙音律、知天文、熟地理，祈祷雨阴辄验。后得中唐代进士，官授福建漳州太守，为人正直，光明磊落，廉政爱民，威望极高。晚年，公见后唐朝廷纷乱，便于明宗年间弃官，携妻子归隐，结庐于洪州西山，筑书屋于香城寺左侧(今江西新建县西)修炼，习长生久而之术。人们常见他在深山悬崖峡谷深潭之旁，采药炼丹，并长于医术，为民治病，解忧乡人，称之为陈圣人。公仙逝后，常显于民间，济世救民，布施恩泽，功绩显赫。宋追封保国太师陈府侯王。

温州陈府侯王在道士《陈府侯王科》和《请十方》里，都记载为“洪州大硐”硐主，与碑文记载相符，但名字不详。温州道士科仪书中记载的陈府侯王具有猎神的特点，2011 年在温州市召开的中国女神学术研讨会上，南屏市宣传部长陈先生发表的论文谈到了当地的陈府侯王，咨询得知也是猎神。由此推断，温州地区的陈府侯王，与闽西北的猎神陈陶，当属同一神明。陈府侯王成为矾矿行业保护神，与矾矿“在悬崖峡谷深潭之旁”有关，与该山区本来就供奉猎神陈陶密切相关，这大概是基于矾山片区群落相同的生存环境而构建起来的人神命运共同体,从猎神到矿神,是社群生产方式转换导致的神明功能变迁。

关于矾山的明矾开采,民国《平阳县志》记载如下：

平阳南北港山多矾矿,而赤洋山为最著,俗称开自明季。朱姓采访册。然洪武八年,平阳民杨伯存造伪钞矾山。《苏平仲集》。又,永乐初,以温州输矾困民,罢染色布。《明史・食货志》。据是二端,是明初已有开采者,第不知其所始。明时税法无考,清代例入关征。由赤溪分关完税,自厘金设局,复由大渔分卡完捐。光绪十六年,因矾山近闽之前岐,矾多由前岐出口,仅赴分关完税,不复赴分卡完厘,于是卡捐关税并在赤溪征收。民国厘局改为统捐现行税,则关税每百斤五分,统捐每百斤四分八厘,其每岁税厘总数民间不得而知。矾窑见有二十八,每窑日产矾一千九百斤,种类有白矾、红矾、杂牌三色,岁值银圆约六十万。北港苔湖矾矿,清道光间土人开采,地民以有碍田禾请禁。至民国初年复开,产矾不旺,故未之著云。矾业成本颇重,往时窑户多由甬商给本,价由甬商豫定,运贩获利皆在甬商,土人惟得劳动工资而已。近年矾业各家自运出口,而矾本先由钱庄息借,以货作七折抵押,待矾运销后汇兑抵还。倘矾销路疲滞,本息积重,每至折阅。非亟雄厚其资本,不能以规宏利也。①

右侧偏殿主祀神明为陈皇君、马仙娘娘。陈皇君奉祀的由来与唱龙船儿有关。龙船儿是用木材做成海船模型,船上设有神龛,将陈皇君、马仙娘娘神像和香炉供奉在神龛内,用四根木腿支撑为脚,中间横装一根扁

---

① 民国《平阳县志・食货志》。苍南县文化广电新闻出版局据民国十四年影印本影印,第一册,第522—523页。

担供人抬着走，艺人抬着龙船走乡游村，供信众参拜求签。传说早年有个江南（横阳支江以南）下茶寮的抬龙船艺人，抬着龙船来到南山坪村，时逢太阳落山，艺人求宿于陈老爷宫。次日欲将龙船抬起继续游乡走村时，却重如千斤，旁人不管怎么帮忙都无法抬动。于是大家议论开来，认为太阴圣母不愿离开南山坪宫，想留下保护地方百姓安危。经地方首事商议，将陈皇君、马仙娘娘留下，建庙奉祀。

图 2.23.2　独特的防风雨石香炉

这个传说传递了神灵传播的信息：陈皇君、马仙娘娘经历了由河谷地带传播至矾山山区地带的过程。在信仰传播过程中，陈皇君的神职功能始终为护幼保赤。在实际调查中发现，祭祀陈皇君主要为了求子。这种神职功能与矾山采矿技术在此传承密切相关。由于采矾矿的高危性，陈府侯王成为矾矿行业的保护神，保护采矿人免受身体伤害或生命遇险，信奉陈皇君祈求多子，传承采矿技术。自明代至今，采矿一直在民众生活中占据重要地位，甚至是传统社会家庭维持生计的重要手段，导致采矿行业“父伤（死）子承”入业传统。至今，温州矾矿公司还有 4000 多名矾矿工人。当然，祈求多子，传承矾矿技术，也有避免矾矿技术外传，形成内外竞争的局面。

南坪山陈府侯王宫最为热闹的当属十月十三的吃福酒活动。以前，当天来此吃福酒的福脚是固定的，大约有 60—100 桌，最多一次有 130 桌。从福脚来源看，绝大多数来自于矾山镇各个村落，还有前岐、沙埕那些从事矾矿行业的福建人群体。从所涉范围来看，陈府侯王宫是矾山镇的片区庙，已经形成了以矾山为中心的信仰圈。当然，在祭祀陈府侯王的大型活动中，福德湾朱姓和郑姓家族，有着较为明确的轮值秩序。其中，朱姓家族分布于墓脚（大房）、宫边（二房）、内山（三房）、芳田（四房）四个角落，形成四扇，西坑郑氏单独一扇。民国时期，五扇轮值；解放后，五扇共同祭祀，这可能是矾矿地带下沉，两姓群体向外搬迁的结果。与陈皇君相关的信俗活动有“正月十四做福”“拜契子”。正月十四，是陈皇君的诞辰，会举行较为隆重的做福活动；“拜契子”是矾山较为普遍的信俗活动，侧重于子孙健康平安。与马仙娘娘相关的信俗活动为七月初七做福活动，规模远小于农历十月十三、正月十四做福活动。

图 2.23.3　南坪宫大门

当然，除了神灵做福活动以外，还会举行大规模的游神活动。在实地调查中得知：2005 年、2011 年曾经举行过神明出巡的活动，巡游范围涵盖整个矾山镇各个村落。在以前，巡游范围最远到达马站镇。这足以说明陈府侯王是矾山镇的保护神，掌管神界、人界、地界事务。目前，陈府侯王宫是由退休老矿工们宣传集资，重建而成，依然主祀陈府侯王，这说明陈府侯王在矿工信仰生活中具有较高的地位，重建宫观是矿工信仰历史记忆的一种延续。矾山陈府侯王宫承载的陈府侯王信仰、陈皇君信仰、马仙娘娘信仰，不只是信仰缘何信奉神明这么简单，更多地是矾山民众采矿史的一种呈现。虽然矾矿采集逐渐科技化、现代化，但老一辈矿工与明清先辈均面临着生命时刻被吞噬的危险境地。为了保证采矿顺利，生命安全，供奉陈府侯王成为一种信仰传统，一直延续至今。因此，陈府侯王宫应是以矾矿历史记忆为中心构建的民间信仰场所，陈府侯王、陈皇君、马仙娘娘根据矾矿民众生活需求的不同，承载着不同的神职功能。可以说，陈府侯王是矾矿行业保护神，陈皇君护幼保赤的功能是为了增加矾矿从业人员与实现矾矿技术的社会传承。男神的神力保护与女神的母性之美在陈府侯王宫得到了较好的结合，再现了中国古代家庭"男主外、女主内"的社会分工状态。

矾山不仅开采了明矾矿产，而且为国家培养了大量的井巷技术人员。矾山的井巷技术人员传承明朝以来世世代代积累的开山打洞、建窑烧矾、吃苦耐劳的传统，被誉为"石老鼠"。随着采矿业的发达，解放以来大量井巷技术人员走向全国各地矿区和路政建设工地，从事爆破和探钻技术工作。1990 年代以后，随着全国矿产开采承包制度的实施，矾山井巷技术人员成立各种公司，带领马站、桥墩、灵溪、平阳北港各地民工奔向全国各地开采煤矿、气矿、各种金属矿，建设高速公路、动车路、高楼大厦等。目前矾山有几十个工程建筑队，3000 多人，常年活跃在青海、山西、河北、四川、辽宁、广西、湖北、山东等 20 多个省、市、自治区，承揽冶金、交通、煤炭、水电、人防等地面、地下工程，参与了国家重大工程龙羊峡水电站、葛洲坝水电站的建设，年劳务输出的收入达上千万元。有些公司开始与非洲国家合作，开采非洲矿产。他们获得丰厚的利润，并为家乡的公益事业和宫庙建设作出了重大贡献。

中国浙江省温州市苍南县矾山福德湾矿工村（Fudewan Miners Village of Wenzhou Alunite Mine in China，Zhejiang Province，China）其从山上往山下平地的发展历程，在城镇发展史中属于特例。2014 年被评为首批中国传统村落和第六批中国历史文化名村，2016 年被评为浙江省不可移动文物优秀保护案例。2016 年 9 月 1 日，获在泰国曼谷揭晓的“联合国教科文组织（UNESCO）2016 年度亚太地区文化遗产保护奖”。本届保护奖共有来自亚太多个国家及地区的 40 个项目参与申报，经过多轮专家评选，共有澳大利亚、中国、印度、伊朗、日本和巴基斯坦的 13 个获奖项目被确认获得今年的遗产奖。获“文化遗产保护荣誉奖（Honourable Mention）”，这是温州地区首次。评审委员会高度赞扬了福德湾矿工村的保护维修项目，其获奖评语是：“福德湾矿工村的复兴项目以其一系列具有综合性和文化敏感性的保护和再利用工程值得赞扬。在当地村民、非政府组织（申遗促进会）和政府机构的共同努力下，大部分传统民居依据遗产保护原则得以成功保存，而像风化池这类废弃的工业设施则作为公用或观光设施得以恢复。通过持续不断的维护管理和社区参与，这一项目为中国其他处于现代化的关键阶段，但又具有遗产保护价值的工业社区树立了典范”。

图 2.23.4　福德湾街口

24. 盐场渔港社会生活的演变史

——舥艚镇康程宫调查

舥艚是鳌江出海口南岸最大、最古老的运输港、渔港，也是江南垟水利工程枢纽舥艚陡门的所在地。宋代这里就已经成为集市，开始堤坝和陡门的建筑，历代增修不断，有大量的文献记载。每当海溢，海上会漂来大量腐尸；每当洪水，江面、河流也会冲下浮尸。民国《平阳县志》记载："仁宗嘉庆元年丙辰八月一日，县案、吴谱同。飓风骤雨，坏城垣、厕宇、庐舍，毙人口、牲畜无算。舥艚盐廒倒折，冲失官收币盐。"①"光绪二十七年辛丑六、七月两次风灾，舥艚海塘坏，淹田禾一千余亩，沿海各处尸棺暴露，温处道童兆蓉损钱饬县掩埋。"②所以这里的海塘堤坝上每年七八月会增加很多新坟，七月半的普度仪式被称为"鬼儿节"，超度孤魂野鬼成为主要的义务。神明信仰由此形成独特的地方色彩。

进入舥艚中段村，扑鼻而来的是鱼腥味，"渔港"的概念很快就钻进你的脑子。在中段村的康程宫街上，看到一家烘虾坊，几十个烘烤炉在作

① 民国《平阳县志・杂事志》。苍南县文化广电新闻出版局据民国十四年影印本影印，第六册，第2276页。

② 民国《平阳县志・杂事志》。苍南县文化广电新闻出版局据民国十四年影印本影印，第六册，第2280页。

业，烘烤对虾。一家宰洗鱼鲜的，十几位渔妇在处理渔获。一家鱼饼加工厂，夫妻在清洗工坊。一些虾干鱼脯晒在民居屋前、路边的太阳下。除此之外，也有加工礼品盒、包装袋的家庭作坊。总之这个村以渔业作业为主，也与现代的工商业接轨，是一个正在城镇化的乡村。

康程宫主祀江大侯王，配祀都天元帅、福德尊神、观音大士、太阴圣母、朝神、送子娘娘、送宝娘娘、判官、符使。康程宫是一个知识断层、祭祀隆兴的宫庙，村民不知道江大侯王是何方神圣，只知道是从附近社区的江福宫请过来的香火，但可以肯定是管理江流的神明。也不知道“朝神”是不是“潮神”的笔误，祭祀的是潮水神。太阴圣母是直接到福建古田临水宫分香的，观音菩萨到普陀山南海露天观音自在宫分香。康程宫是一个很特殊的庙名，也不能理解这个庙名的起源和用意。

图 2.24.1　舥艚镇康程宫

中段是舥艚镇的主要村落，由杨、陈、吴、黄、苏、潘、郑、周、张、李、朱、徐、王、吕、叶、温、曾、汤、许、方、蔡、董、薛、柯、何 25 个姓氏组成，都是周边大姓村落的移民和明末清初的闽南移民姓氏。王氏始迁祖王明亮

(1837—?)约于清同治六年(1867)前后,由括山乡张家庄入迁来此定居。另一支始迁祖王玉玺(1733—?)约于清乾隆二十五年(1760)前后,由灵江横河入迁来此定居,同一个王姓,也有两支不同的血脉。全村使用蛮话,根据康程宫境社分为七扇,分别为前垟、河口垟、塘沽下、杨家底、金家底、吴家底、曹家底。蛮话的“底”就是“里”“内”的意思。康程宫境社的形成,与清乾隆年间的涂涨卤发有关。

民国《平阳县志》记载:①

乾隆二十九年,因沙涂增涨,土滷甚旺,奏请于舥艚地方设灶招丁煎办,动币收买,委令就近之蒲门巡检经理设有八团三十灶,灶丁三百十七名,每丁给坛地二亩,涂田四亩,其坛地涂田一千九百零二亩,即系灶地额,征灶课银九十七两六钱五分五厘。《两浙盐法志·场灶》。

《两浙盐法志》:乾隆二十九年,总督杨廷璋、巡抚熊学鹏奏称,该地沙涂远涨三十余里,计地六千余亩,民多私刮私煎,聚匪侵课,请仍前设灶,招丁动币收买,经部覆准。按:乾隆府志作二十八年,此作二十九年,盖据部准时言之。

本场灶丁七百九十七丁。《盐法志·场灶》。

设仓廒三,一总二散,计三十一间。建设于二十一都之小埭,即老埭;十一都之半河;十都之碧云寺后等处。《乾隆府志》。

按。南监场一团至八团始二十一都之舥艚,终十都之上江,自南而北故言廒亦先南后北,旧府志误将十都、二十一都互易,遂致地名与都数互讹,今正。

① 民国《平阳县志·食货志》。苍南县文化广电新闻出版局据民国十四年影印本影印,第二册,第509页。

乾隆二十九年(1764)移民煎盐的原因,是清初迁界,南监盐场荒弃造成的。民国《平阳县志》记载:[①]

按。南监场自经燹迁界未能整复而废。《乾隆府志》载,康熙三年两浙巡盐御史张题称,顺治十八年间奉旨迁徙,界外灶无煎办,其称滩沙起灶之所,仅言永嘉、瑞安、乐清,而不及平阳。前碑所谓地方寇獗,煢灶流离,自系实情。《盐法志》谓地坍人弃,恐奏牍文辞,非事实。

康熙十九年禁灶户杂差石碑在县署前。碑略云:奉盐漕御史孙批,南监场残灶郑良田等呈县,蠹借端科派,穷灶何堪,仰温巡官行县勒石永禁灶户杂差缴等。

康熙二十六年南监场因地坍人弃,裁并双穗场。《两浙盐法志·场灶帀地》。《温州府志》。

康熙三十五年裁南监场大使,引课归并瑞安双穗场大使经管,不设煎灶。《两浙盐法志·职官表》。《旧志》。

按。《两浙盐法志·场灶帀地》、《温州府志》皆谓康熙二十六年奉裁,而《盐法志·职官表》、《两浙海塘志》皆谓康熙三十五年裁,并双穗。旧志《田赋门》有康熙三十五年裁南监场大使俸银一条,则是场始裁并,官尚未废,至此实行裁撤矣。

盐场是逐利是非之地,灶户以团的形式被政府组织为生产单位,再以宫庙境社的形式自发形成信仰共同体,共同对付盐商的盘剥,获取盐业的最大利益。

---

① 民国《平阳县志·食货志》。苍南县文化广电新闻出版局据民国十四年影印本影印,第二册,第507页。

府征南监场额征丁课并展复升科银二百五十八两六钱四分九厘九毫五丝五忽六微八沙三埃八渺四漠，车珠银四两三钱九分七厘四丝九忽一微七纤七沙三尘八渺七漠。

盐课。南监场额征银九十七两六钱五分五厘，滴珠银九钱七分七厘，共正珠银九十八两六钱三分二厘。《盐法志·课额》

本灶丁煎盐百斤，官给币本二钱九分一厘七毫一丝，各商领买，每引四百斤，纳币本银一两一钱六分六厘八毫四丝，在制配场分投缴府协。同上。

乾隆三十年住卖温商程恒升、恒泰，挨户分单，按丁配买。三十九年地民王宗修控，奉盐驿道徐恕批饬停止。嘉庆三年鲍天兆等复控，奉总督魁伦批县勒石示禁，原案刊本。又，碑本。

民人鲍天兆呈称，盐虽国币，亦民食必需。但杜私煎，奚容勒买？平邑自乾隆三十年后遭奸商创设新规，无问上中下户，照户分单，按丁配买，稍停。商禀抗配。官代出差，差诈未餍，盐无配日。小户破家，大户剥肤，民冤鼎沸，已难具状。今奸商程恒升、恒泰等益肆狐威积，仅四文而出卖十四文，秤复偷去三四两不等。耆民朱亨朋、黄可相等聊一鸣冤，商即以鼓众听，府勒禁，盐捕乘势挨户拘诈，民不聊生。呈单冒越，吁叩电除。等情奉批。盐既归商行销，自应听民赴铺买食，即有渔利贪贱之徒私煎、私买，亦不妨随时查拿究办示儆，又何必官为按户勒派，致滋纷扰？据称乾隆三十年间商人程恒升等禀创新规，虽现行已久，但于裕课、便民之道究未完善，仰两浙盐运司查核原案，并采访地方情形，务期有益于课，无病于民，悉心处议，详覆察核，旋奉准勒石示禁，毋许按户分单，勒派贻害云。

道光十五年，温州知府刘煜以私盐充斥、官盐滞销，请票引兼行准商贩就场纳课配运。谕南监场八团灶长兼充秤手，稽查灶漏夹带，并所属水道要隘设卡验放，已而以有室碍，奉文仍罢。黄汉《瓯乘补》及县案参。

温州府正堂刘《谕南监场八团灶长文》。据蒲门司申称，南监场各团灶长庄一票等三十名，禀请愿兼充秤手，出具认充切结前来。据此，查灶长兼充秤手稽查尤为周密，所请似可准行。……道光十五年三月初八日。

浙江巡抚乌尔恭额奏，温属试行票盐一摺，奉硃批，另有旨，钦此。又，奉道光十五年五月初九日内阁奉上谕为奏请暂行试办票盐等语。浙江温州所属永嘉、双穗、长林场、舥艚廒四处，丁力疲乏，自当量为变通，据该抚奏请，票引兼行，除商人纳课请行，听其照旧捆运外，如有殷实货殖之人，许其领票运销，庶灶丁煎熬成数，即可变价转运较易，不致透卤售私，使有名俱属官销，商贩悉为良贾，系为因地制宜起见，着准其先行试办。如果著有成效，该省处州所属丽水等八县，同温州配数即著该抚酌量改行，将应办事宜悉心妥议具奏，倘试行票盐不无窒碍，该抚即饬停止，另筹办理之法，以慎盐务，钦此。

缪文澜《笔记》云：道光时刘守莅任，于交廒盐斤，外发钱收买余盐，给以官价，毋许私鬻，敛盐于缪家桥富仓廒，又于阨要处设立盐卡，一在都口，一在仪山，一在监后洋，每卡盐捕逻守之，获私则送廒员笞毕，牍府管押，既而三卡被毁，刘亦代去，邓守悉反所为，第责令按月交廒，增加额数而已。

同治二年温州知府周开锡以廒员姚庆镛言，南监场民煎盐必须斥本买柴，非闽盐掷晒而成，可省柴本者。比且邑遭兵燹后，奉开闽禁，奏收盐厘，灶户大半歇业。南监场盐灶三百十七号，准每年认缴盐钱四百千文，以恤民艰。县案。缪文澜《笔记》参。

缪文澜《笔记》云：同治元年周公守温，仍照邓守，增额征盐，由官转贩，民亦苦之。明年夏，有姚庆镛由泰顺典史调至富仓廒，白守力陈艰苦状，守为感动，因改章，每岁团内折钱若干，交灶长清缴，民甚便之。

到了光绪年间，江涂卤淡，闽盐侵占，盐业生产缩紧，农耕和渔业、航运成为境社主业。

图 2.29.2　江大侯王香炉

光绪十三年四月，缪家桥设立查缉闽私公所，场厘四百千文，责成公所按月清缴。十四年煎丁不便，罢是年盐厘，改章由商包认，自七月初一日起均归双穗盐局兼收。县案。

十九年三月，温处盐捐总局移县，严禁闽盐船驶入古鳌头行销，以杜侵灌引地。县案。

二十二年温处盐捐总局并委蒲门巡检兼收盐厘四百千文。县案。按。南监抽收盐厘后，闽盐仍禁灌销，为之保护。自闽私灌入场，盐阻滞，煎丁藉此为辞，缴款极疲，征收屡易其人，后专归蒲门巡检带收矣。

光绪二十八年邑人祝霖、张爵等禀准总局，于古鳌头设闽盐公栈，于镇下关设分栈，岁认盐厘四千圆。县案。

温处盐厘总局邹督办示，略云：平阳南接闽境，私盐充斥，场灶产卤无多，自遵旨抽厘以后，该场每年仅认缴厘捐四百千文，尚缴不足数，而闽盐入境，又无经商承办，致私伢勾通，私贩囤积售卖，私定陋规，偷漏厘捐，利权为其把持，实为盐课一大漏卮。现在本道谕饬该县绅士，在古鳌头开设官栈，并于蒲门之镇下关开设分栈，以期化私为官，所有闽盐入港，统归公栈收买发售，私伢不得包揽，厘拼归公栈包认，并不格外抽收。自此次招绅承办之后，舥艚、炎亭、大渔、石坪、石塘、沙坡、赤溪、铜墩、跳头、墨城、头沙、二沙、三沙、四沙各奥屿等处再有私卖私销情事，一经拿获，船盐一并充公，贩盐之人发县严办等语。

三十一年闽盐公栈商王维善等勒令场盐由栈收买搭销，按斤抽厘，旋以滋事而罢。县案。

邑人宋存法等禀，略云：南监场……场盐……严定界限，不准越江私售，致碍鳌江闽盐销路，又派师船在内港巡缉，民有肩挑篮篰过横阳江，及入南北港乡者，尽被攫夺殴逐。夫以历禁之闽盐，一认厘即可以越省通销，而本地有课之盐，反因客盐抽厘之后避让其销路，即内地之横阳江口亦不许越雷池一步，喧宾夺主，官私违反，与初办原章全然背戾，此次滋闹，乃公栈自使之等语。①

在饭稻羹鱼的农耕渔获生产方式时期，康程宫由七扇30多位福头轮流值年，组织祭祀仪式。现在成立宫庙管理委员会，选举杨立爽先生为主任，统一管理庙务工作。每年正月十四日陈十四娘娘宝诞，二月初十江大侯王宝诞，三月十五都天元帅宝诞，还有观音菩萨二月十九、六月十九、九月十九的宝诞、得道、升天日，都要吃福酒，或演戏、或唱词。此外，每年二

① 民国《平阳县志·食货志》。苍南县文化广电新闻出版局据民国十四年影印本影印，第二册，第511—517页。

月的拜玉皇经也是重大的醮仪活动，2016 年 2 月 25 日拜玉皇经每户捐资 200 元，总收入 144200 元；总支出 120540 元，结余23680 元。在收支略余的状况下维护宫庙的日常运作。

图 2.29.3　康程宫祭祀神厨

康程宫面临舥艚河面最宽阔的魁河，越过河面何以远眺舥艚陡门。原来这里是一个河心风水墩，有一棵古榕荫护。现在岸与墩填架水泥桥，居水的感觉较弱，而临水的感觉依然。魁河是江南垟端午龙舟竞渡的地方，每年的场面非常壮观，聚集河乡的大部分龙舟，宗族意识非常强烈，还有游览花船，展示乡绅富户的生活情调。康程宫现有 6 艘龙舟，每年参加竞渡活动。

渔村经济组织的最大特点，是以拥有船主和股东的渔船为单位。一艘渔船的价值约在 300 万左右，每年的营利在 20 万元以上。中段村有 30 多艘渔船，一般情况下每 4 户拥有一艘船，船主拥有绝大多数的股份，其余称兄弟。渔民与农民的最大区别是，农民的财产固藏在家里，由主妇掌管；渔民的财产漂在海上，由老大使用。渔民人身和财产的高危性促使信仰的高度发达，船主成为了宫庙金主和醮仪福首。2013 年康程宫修建，就有 16 位船老大献资各 5000 元以上。

图 2.29.4 供奉在庙廊里的三艘龙舟

肥艚盐场由涂涨地形成，很短时间里居然可以涨出 30 里，是"水推过来的土地"，一切恩泽要归功于水神。它又是水害最严重的地区，一切护佑又依靠水神。江大侯王、潮神自然成为民众供奉的对象。在盐业生产时期，社会组织和利益分配自然需要借助神明的威力实施，江大侯王成为促进特种经济活动的集团象征资源。随着盐业的消退，农业、渔业和海上运输业的生产组织，依然就地利用了这一象征资源，只是在利用的过程中，调适了象征资源的一些功能。

25. 以试神行为构建宗族和谐的信仰空间

——雁头太阴宫调查

雁头太阴宫，在县城横阳支江以南，雁头山以东，曾先后在雁山街堤塘边、供销社渠道沟边等地址修建或重建。现宫殿 2013 年重建，改一层为二层楼，结构精美。老百姓以宫殿属阳，给太阴宫盖红色琉璃瓦，宗祠属阴，给陈氏宗祠盖黑色琉璃瓦，庙祠交相辉映，引人注目。雁头太阴宫所在村落为雁头村，也称为岩头村。《苍南地名志》记载："其地之小山岗，状似雁头，曰'雁头山'，村居其麓，以山名为村名。方言相近，讹为雁头。西负山，北濒横阳支江，东南面沃野，境内河渠纵横，地形平坦，属河谷平原。"

围绕雁头太阴宫有陈、林、栗、杨、倪、庄、蔡、张姓氏群体，称为"宫门八姓"，八姓又组织为四扇，每年轮流祭祀。灵溪岩头陈姓，始迁祖陈良玱，于清康熙三十九年(1700)由乐清县翁垟入迁来此定居。

当然，陈皇君来到此地，与陈氏宗族有着密切的关系，并因选址问题产生了一个传说：

很久以前，灵溪大观雁头的江边就有一座陈十四娘娘宫。清朝中期，大观雁头陈氏从乐清搬迁到大观雁头时，就在这个娘娘宫边上住下。因

图 2. 25. 1　雁头太阴宫门楼

为陈十四娘娘也是姓陈的，他们就把神灵当成姑婆神来服侍。非常地留心，初一、十五烧香朝拜，从来没有停止过；逢年过节祭请也没有停止过。男男女女，老老少少，人人毕恭毕敬。

灵溪这个地方，以前是生产大米的，陈姓几户人家，就学起了做大米的生意。这宫庙的门前有一对旗杆，每年的春天，经常有奇迹出现。旗杆上会出现一面神旗，有的年份是红色的，有的年份是白色的。姓陈的人后来才知道，这跟当地的大米的行情有关系。如果神旗上出现红色的年份，就大量地收购红米；如果神旗上出现白色的年份，就大量地收购白米。就这样，雁头陈氏就靠这个神旗出现的颜色发了大财。

有一年，陈十四娘娘托当地头人的梦，说自己在南面的附近小山下，找了一个风水地，想搬到后面的小山去住。头人醒来后，根据自己的梦中的情形，找到了这个地方，盖了一座小庙。庙建好后，选了一个日子为陈十四娘娘搬家。

图 2.25.2　传说中会飞的石香炉

可是，这个新庙附近的人不喜欢陈十四娘娘宫搬到这里。于是，就在水池边的必经之路上倒了许多不干净的污秽物。不让陈十四娘娘的香炉进去。当一班信众请来乐队吹吹打打，带着陈十四娘娘的香炉走到水池边时，才发现这个情形。这时，捧着香炉的头人，突然腾空而起，飞过了宽阔的水面。让香炉安全地放进了已经盖好的宫庙中。这个地点，就是陈十四娘娘宫的地点。

当年的这个水池，当地人一直叫“龙角窟”。一直到前几年城镇建设需要才被填掉。①

雁头陈氏宗族因姓氏同源性，将陈靖姑视为“姑婆神”来供奉，形成了

① 被采访人：陈庆转，男，51 岁；陈余俊，男，71 岁，曾在供销社工作；采访人：林亦修，男，54 岁，温州大学人文学院教授，从事民间信仰、区域民俗研究；郭重孟，男，28 岁，武夷学院旅游学院助教，区域民俗研究。采访时间：2016 年 8 月 4 日 8：00—9：15；采访地点：苍南县灵溪镇雁头太阴宫。

陈氏宗族与陈靖姑神明的亲密关系。在陈靖姑信仰圈中，这种现象是较为普遍的，特别是在陈靖姑信仰发源地的闽东地区，如“福建屏南龙潭村陈氏先人就到村中桥临水夫人神龛前祈告，求同宗的‘姑婆神’陈靖姑保佑其子孙兴发，并许诺：‘日后子孙昌达，永供夫人香火，每年演剧酬神，以报鸿恩。’日后，陈氏宗族果然成为本地望族。”[①]“福建宁德市寿宁县南阳镇下房村每年正月有‘姑婆神’庆诞仪式。”[②]雁头陈氏宗族大米生意的兴隆，以及宗族成员的迅速繁衍，都认为与屏南龙潭陈氏宗族供奉姑婆神具有相同的效应。

目前，雁头太阴宫神明空间分布大致这样：

雁头太阴宫中间神龛主祀陈、林、李三皇君；右侧神龛供奉林泗大帝、劝善大师、财神爷；左侧神龛供奉五显大帝、三官大帝、福德正神；宫殿左右两侧分别站立杨将军、汪将军、顺风耳、千里眼。

福德正神也是个有名有姓的神明。原名朱国佬，福建福鼎人，陈娘娘请他来此做土地爷已有 350 多年，而且只有土地爷天天值日，庇佑宫殿内外平安。福德正神，是当地的黄衣土地爷，是可以给人看病的。

关于陈皇君（娘娘妈）的神迹传说，也是比较有趣的，特别是在娘娘妈神明开光的过程中，雁头村民这样介绍：

娘娘妈开光当天，中午 12 点 25 分，托梦给村里的三个人，三人分别

---

① http：//toutiao. com/i4636628050/屏南四平戏：源自大山深处的千古绝唱//2016. 9. 16//8：44。

② http：//www. chinanews. com/cul/2012/02-04/3645075. shtml//中华技艺寿宁提线木偶闹元宵两本戏演绎数百年//2016. 9. 16//8：49。

图 2.25.3　正在举行法事的雁头太阴宫殿堂

赶到庙里，听到有脚步声，看见了娘娘妈显身走出，紧接着四百多人赶过来送娘娘妈。下午 3 点至 4 点 45 分，给娘娘妈开光做醮火活动，来参与的全部是女性，求娘娘妈，4 点 45 分，香炉烟起，发炉。

当然，五显大帝的香炉也会有“发炉”的神迹传说。这些神迹传说，雁头村 40 多岁以上的人都会讲，有的可能是亲身经历的灵验事迹，这可能是雁头太阴宫较为重要的特色。当然，神迹传说的形成或神奇事件的发生，并非偶然的，也与当地法师特别出名有关系。“雁头师公笼，北山豆芽桶”，是对雁头法师最直接的赞扬。在雁头法师中，陈氏师公的法术是最灵验的，至今已有五代传承。第一代陈永客，举档子非常有名，84 岁去世，现在是第四代陈通博，从事各种师公活动。就目前而言，师公做醮活动一般在宫殿寺庙中进行，各个宫殿承担做醮活动的收费标准往往是模糊的，而雁头太阴宫关于做醮活动制定了一个收费标准，如下：

为了广大群众前来本宫设醮方便，经我宫管理委员会协商，特立如下收费标准：

一、凡来本宫设醮做佛事者，每天收取宫租包括水电费350元（做保安醮一天收380元）。预约时先开票收取为准。

二、护宫人员一个，帮助叠大金纸和帮助其他事务等，三天统一收200元（做保安醮一天收100元工资），由醮主完坛后直接付给护宫人员。

三、醮主在建宫时有捐资1万元以上者，可免收醮主宫租，但每天收取水电费100元，外来户一视同仁。

四、凡来本宫设醮人士遇到日子重复时，先由早来预约为准，本宫门内社境村民也一视同仁。

五、以上几点请大家共同遵守，互相监督，谢谢合作。

设醮预约电话　梁上月：13958775179

陈庆笔：13506536219

陈庆转：13906778058

雁头太阴宫管理委员会

从设醮标准来看，宫门内外信众来此做醮活动的机会是均等的，并未因宫门内外产生较大差异。这说明：现代社会的信仰观念已经突破了传统社会中民间信仰的固定区域、固定信仰圈的界限，呈现一种向外开放、包容万千的趋势。在原有宫门八姓中，并未有梁姓，但在设醮标准中，梁姓成员处于设醮预约的首要位置，可能是宫殿重建中捐款资金较多，或者对民间宫殿管理工作（事务工作）较为积极等因素，突破了宫门八姓的界限，成为管理委员会的重要人物。这与娘娘妈香炉入驻新庙，梁氏祖妈或梁氏族人制造麻烦的行为产生了鲜明的对比。这种对比的产生，不仅与现代信仰观念的开放、包容态度有关，也与民间社会的试神行为有着密切关系。梁氏族人之所以阻碍娘娘妈，应该是对娘娘妈灵验行为的一次次考验，而雁头太阴宫各个神灵的神迹故事，其实是各神灵验行为的一次次地展现与证实。在试神行为与显灵行为的反复互动下，梁氏宗族逐渐接受了雁头太阴宫的娘娘妈信仰；雁头太阴宫也以包容的心态接纳了梁氏族人。这应该围绕宫殿产生的宗族之间矛盾到宗族和谐转变的较为合理的阐释。

图 2.25.4　三皇君同龛神像

社会的各种矛盾冲突，大致上都可以在神明的威赫下得到妥善的解决，这是宗教产生的原由。宗教的本质就是“协调利害关系的装置”，世俗中生存资源的争夺，“必须得利用神这种超凡的存在”。人们为了追求更富裕的生活，提升生活福利的品质，总是借助神明作为“组织一个范围广大的集团形成所需的共通理念”。宗教是经济的一环，没有信仰对立的战争，只有为了财富而战。[①]

① 参见宇山卓荣：《神的经济学：信仰——经济发展背后看不见的手》，周芷羽译，（台北）漫游者文化事业股份有限公司 2017 年版，第 33—35 页。

26. 塑造明代抗倭卫城的祭祀庆典

——金乡镇东门大庙调查

金乡镇原为明代金乡卫，洪武二十年建置，指挥使正三品官阶，驻军6000人，一直是古代苍南地域有城墙的最大规模的国家机构所在地。

明代卫城建筑一般模仿南京城，有相对固定的模式和布局，东门一般是东岳大帝庙的所在。金乡东门也有东岳大帝庙，后来曾一度挪用。城隍庙改为粮食仓库时，城隍神迁入了东岳庙；东岳大帝迁到楼下村供奉。改革开放后凤仪街城隍庙重新兴建，暂居此地的城隍庙迁出，东岳庙才从城外的楼下村迁来。此前的历史不详。因与东门大庙比邻，现在合在一起管理。①

东门大庙又称英烈庙，主祀鲍盖，配祀许九真君、妈祖娘娘、送子娘娘、送宝娘娘、土地尊神。鲍盖，宁波鄞县人，母吞日而孕，生于晋泰始三年(268)，永兴三年任鄞县县吏，建兴四年(316)鲍盖押运漕粮入鹿江(今鄞县高钱)避风，正值灾荒，饿殍遍地，便擅自以漕粮赈济，投江认责②。民人感戴，葬之于王鹿山下，立庙祭祀。据清徐兆昺撰写的《四明谈助》卷

---

① 根据庙管会主任陈子良的访谈整理。陈子良，男，69岁，初小文化程度，金乡城中村人。访谈时间：2016年8月10日上午。

② 一说“卒于家”。

二十二记载，后三十年鲍盖梦告妻子，启其棺如生，已而，祥云下迎乘之升天。屡著灵异，梁时封永泰侯。宋、元累加忠嘉神圣惠济广灵英烈王。该庙也称英烈庙。

民国《平阳县志》记载：

英烈庙在金乡城内，神姓鲍名盖，鄞人。生晋泰始中，既殁，屡著灵异。《续通考》：梁封永泰侯，宋元累加忠嘉神圣惠济广灵英烈王。新纂。据《宁波府志》。按。志载，神母吞日而孕三岁，当晋泰始三年乃生，祥光烛室。建兴四年卒，终于家。后三十年梦告妻子，启棺如生。已而祥云下迎，迎乘之上升。今镇俗于九月十五日迎神赛会，盖为神诞日也。①

鲍盖英烈王信仰在温州地区并无其他地方的发现，金乡卫军屯移民主体来自宁波鄞县一带，鲍盖信仰的传入与军户移民有密切的关系。东门大庙应该在明代就有，金乡九月半节庆传统源自明代，而且是东门大庙的传统，足见明代鄞县军户移民带来了祖籍地的地方神明。清初大迁界，金乡卫经历了十几年的荒芜，文献散佚，无法印证当时的状况。现在的东门大庙由军户后裔周天保于雍正八年(1730)倡建，嘉庆十一年(1806)军户后裔潘某重建。2008 年城中村村委会接管庙务，2013 年投资 50 多万元修葺，并聘请退休职工陈子良先生管理。

金乡古镇一年两度会市。一次是清明节，城隍庙城隍爷出巡；另一次是九月半，东门大庙大祭。

在全国各地，九月半很少作为传统节庆日存在，在温州地区发现只有

① 民国《平阳县志・神教志》。苍南县文化广电新闻出版局据民国十四年影印本影印，第五册，第 1807 页。

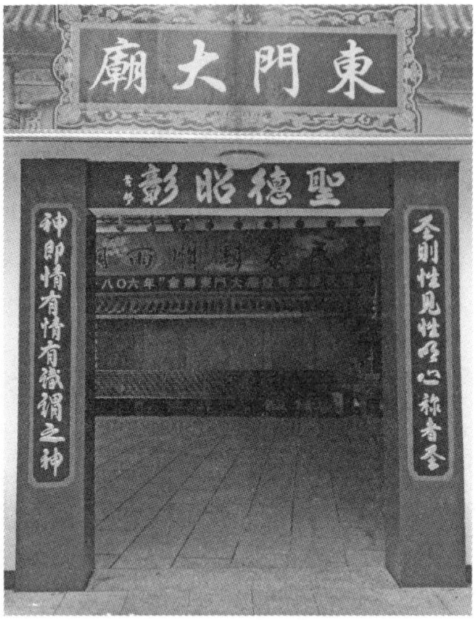

图 2.26.1　金乡东门大庙

瑞安的海安所和苍南的金乡卫形成地方节庆。海安所和金乡卫都是明代的海防城堡，也许与海洋秋季汛防的时间有关，受洋流、季风和渔汛影响，形成定期的海上军事训练活动和渔业生产保护仪式。

九月半节庆源始一说为英烈王神诞日，夏克庵民国《金乡镇志》也载："今镇俗于九月十五日迎神会，盖为神诞日也。"一说为明朝永乐年间的打虎事件。王文习，字丹圃，金乡卫中所指挥王贵七世孙。明永乐间世袭百户任炎亭管带职。[1] 一日金乡卫城狮山上出现二猛虎，人心恐慌，无人敢去。王文习率兵勇一日连毙二虎。民众欢呼，袁、凌二宪也给匾旌奖。全城军民在古历九月半举行庆丰收和击虎庆功大庙会。

九月半是金乡城内一个独特的节日，前后三天。民国《金乡志》记载："九月迎神。十二日近晚，诸神下殿，各首事迎回家供奉。十三日晚，众儿童集首事家，四人肩一轿，鸣锣击鼓，通游街市。十四日夜四更，诸神赴英烈庙祝寿、观剧。十五、十六巡游四门。昼则台阁、高跷、跹秋等，夜则各色华灯，其象：花果则有牡丹、芙蓉、杨梅、柿菊之属；鸟兽则凤凰、鹦鹉、狮象、兔豹之类，鳞甲则有鱼龙、虾蟹之属；器皿则有花瓶、香炉、鸡尾扇、九曲伞等，五所奇竞巧。唯右所之幔灯，尤称工绝，架上所制人物，内设机关，骑马者自能往来，持伞者出入门户，自能舒卷，农夫手车自能引水；鱼

① 资料来自金乡《王氏宗谱》。

父自能撑舟;磨面者,人自能踏牛,自能行复。有滚龙球,诸灯所遇,通衢委巷,皎如白昼。”①

根据以上记载,说明九月半在明代是以东门英烈庙为中心的五所公祭活动。整个金乡卫由中所、前所、后所、左所、右所五个千户所组成,每个千户所有士兵 1200 人,并有士兵家属,称“军余”。金乡卫城内有五个晏公庙,分属五个千户所,还有城隍庙、关庙、魁星阁、文昌阁、玄坛庙、林泗大帝庙、五显殿等各类政府设置和民间自建的庙宇,这些庙宇的神明都在这一天到英烈庙为永泰侯祝寿,足见祖地神以强大的亲和力凝聚了全城的各式民众,形成共通的理念,为新居地的生活秩序建立奉献各自的诚意。也许祖地神还不足以号召全城神明和民众,于是又有了“大虎”的传说。右所的“幔灯”,现在的金乡已经不再流传,但在温州龙湾区蒲州街道五显殿里依然供奉的“珠灯”,与金乡“幔灯”有类似的特点。

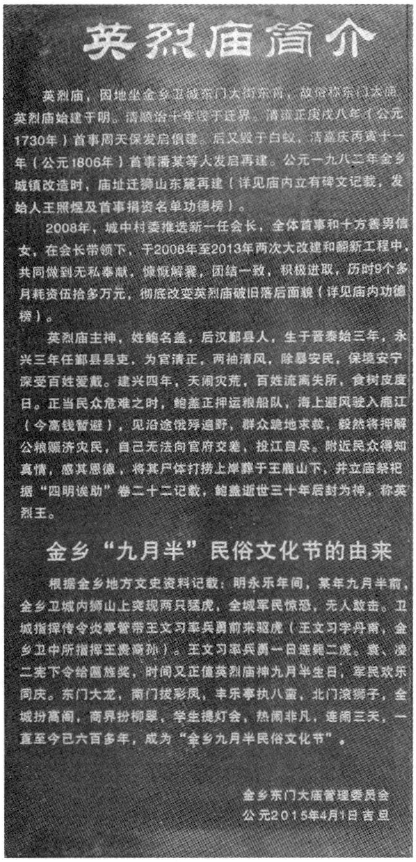

图 2.26.2　英烈庙和九月半庙会碑

九月半庙会历来是全城的庆典,清代以来卫所制消亡后,民众区分社群的概念发生变化,具体的分工为东门游大龙,南门扎彩凤,丰乐亭执八蛮,北门滚狮子。影响之大会招引平阳县城和温州府城的文人墨客前去瞻

① 林亦修主编:《金乡志》附录《金乡镇志》。浙江古籍出版社 2017 年版。

观,因此留下了不少诗文。清代永嘉人程吉士九月半到金乡看灯,住在金乡客舍里,写诗《金乡客舍秋夜漫题三首》[①],描绘金乡城貌。录二首:

旅馆清秋夜,闲吟意洒然。一乡金作镇,十里玉为田。晓市鱼盐杂,寒岩钟鼓悬。村烟隔红叶,摇曳酒旗偏。

极目南楼外,罗云罩月轻。潮廻天堑险,雨足地瓜生。疑住蓬莱岛,浑忘海屿城。一群狮子影,山势忒狰狞。

2017年九月半,在金乡建城630周年之际,举行了盛况空前的文化

图 2.26.3　九月半游龙戏凤盛况

① (清)程吉士:《金乡客舍秋夜漫题三首》。见苍南文史资料第二十一辑:《抗倭名城——金乡·蒲城》,2005年版,第158—159页。

节庆活动，活动以游大龙和彩凤为中心，形成巨大的影响。

英烈庙的另一项民俗活动是“拜玉皇经”。拜《玉皇经》是江南区域非常隆重的醮仪活动，内容为礼拜玉皇大帝，念诵《玉皇经》，地点一般在宫庙举行，目的是保境安民，祈求合社平安，时间为春节以后，一般要三天三夜，组织者为村社首事会，以村社的名义发动组织，并邀请四乡拜经老人参与，约请内行先生主事，结果之一是所有拜经人获得一份拥有拜经证明的文书，该文书可以和所拜的经纸一起在需要的时候烧化给神明，获得他的保佑；结果之二是所有捐资的人都可以获得一副玉皇大帝的镇宅符，贴在村居或散居各地的门楣上。作为现代联络离散人群的主要方式，拜玉皇经具有非常重要的联络价值。

以一个庙的庆典延续一座城的记忆，在地方文化自信和旅游开发上发挥作用，这是东门大庙的历史意义和现实意义之所在。

27. 古道津梁的供奉变迁

——韩头桥五显宫调查

桥梁是古代交通设施中的主要工程，也是村落公共建设中的大事。古人赋予桥梁民俗文化意义的内涵，大致有如下几种：1. 求嗣意识。桥梁是轮回转世的地方，观音送子、张仙送子、陈十四娘娘送子，都是送到百花桥转世，所以建桥的一大意愿，往往与求嗣相关。有人不惜倾家荡产建桥，是因为有强烈的传宗接代意识。因此古代的通桥仪式，往往是招聘最年轻的媳妇，左手抱着最小的儿子，右手牵着孙子，开桥走秀。2. 驯化意识。民众认为水流是“蛟”，即未驯化的龙，会危害地方，“桥”即锁，可以束缚“蛟”，化害为利。所以桥梁中央往往有神龛设置，供奉观音菩萨、玄天上帝、陈十四娘娘、五显大帝等，塑像面向上游，起镇煞作用。这也是自然人文化的过程。3. 聚财意识。民众认为水即是财，建了桥就是把流下来的“财”截住，不让流走。古代建桥往往要征得下游居民同意，主要与“流水生财”的观念相关。4. 防盗防匪意识。古代村落人烟稀疏，民居独院独户较多，过路客商借宿，给住户安全带来隐患。于是桥梁建起风雨楼，供客商留宿，既提供方便，又免去骚扰。5. 共同活动空间意识。村落需要选择人气旺的地方，建设村民公共活动空间，提供烧香、议事、发布消息、喝茶、聊天、娱乐的场所，桥上干净、凉爽，成为合理的选择。6. 展示意识。桥梁也是一个地方的形象工程，地方积淀的历史文化、公众财力、组织能力、工艺美术，等等，都可以通过桥梁建设展示出来。

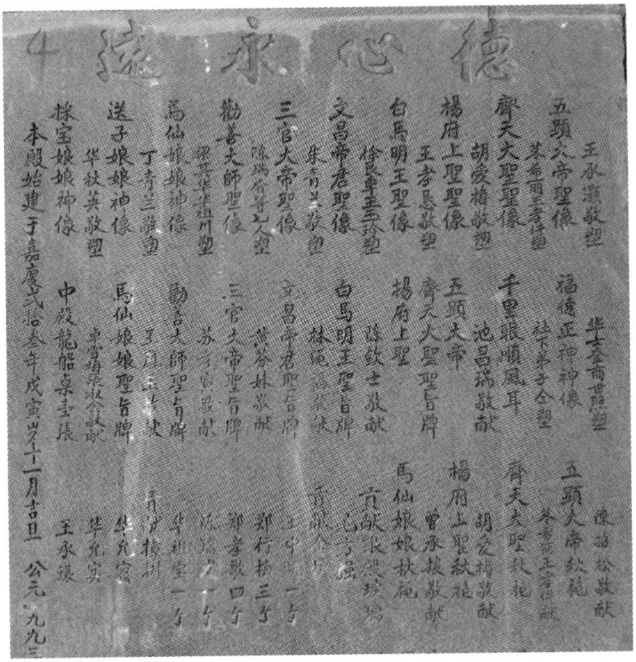

图 2.27.1　五显宫神明造像捐助碑刻

灵溪镇韩头桥位于灵溪塘河的闽浙古道上，“灵溪塘河首受小亭山东麓之水，东流至古磉约七里许，河流南北分迤环灵溪市，南径康庄桥入于港，北径万安桥、凝福桥通洛溪。”闽浙古道从灵溪市到萧江渡口建有 24 座桥，分别为会龙桥、显灵桥、上官塘桥、通福桥、毓龙桥、下官塘桥、通福桥、泰丰桥、冠首桥、继善桥、宝庆桥、六板桥、庆丰桥、塘下桥、庆丰桥、悦济桥、长安桥、平安桥、兰花桥、泰丰桥、杨梅庄桥、鹤河桥、通福桥。[1] 闽浙古道的 24 桥建筑，首先展示了地方社会的组织能力，也体现了古道交

① 根据民国《平阳县志》。该志统计 24 桥，罗列 23 桥。缺一桥。民国《平阳县志》之《舆地志四》。苍南县文化广电新闻出版局据民国十四年影印本影印，第一册，第 118 页。

图 2.27.2　韩头桥五显灵官大帝神牌

通的重要地位。众多的古道桥梁都建有桥头庙或桥中亭供奉神明，形成桥梁信仰文化。县志记载的康庄桥就是现在的韩头桥，见证了古道桥梁的供奉变迁。

横阳支江在这里淤积成一个河汊，当地人称其为“浃”，地多湮没，阻断道路。明成化十六年(1480)建浮桥贯通古道，桥外设有陡门，但屡遭水涨冲塌。

清初迁界，洪武十八年(1385)由平阳官桥迁居蒲城的华氏后裔再迁韩头桥定居，成为韩头桥主要姓氏之一。

清嘉庆二十三年(1818)乡人会议倡修，黄元耀、吴加顺、余向金、宋全麟等 20 多人捐资，增筑新设五板三间桥梁，设五显神宫镇桥。“念地当康庄大道，即名之曰康庄桥。”[①]五显宫始建于此际，供奉五显爷五个兄弟、劝善大师、马仙娘娘、土地公。

道光二十七年(1847)，“康庄桥”已经改称“韩头桥”，乡耆王千兰、华延经董事，“重建韩头桥并永丰桥”[②]。

韩头桥村分上韩头与下韩头两个片区，上韩头也称布袋汇，主要姓陈，先祖陈恩德于明崇祯八年(1635)由泉州南安县迁居平阳北港四十三

---

① 录自宫内大清嘉庆二十三年建桥碑。碑长 80 厘米，宽 40 厘米，嵌于宫内墙体上，字迹不甚清晰。

② 录自宫内道光二十七年《德心永远》碑。碑长 80 厘米，宽 40 厘米，嵌于宫内墙体上，字迹不甚清晰。

都湖门，后裔陈经秀迁居布袋汇，人口较少，在宫政上与下韩头有分歧，正巧有白马爷炉随洪水浮来，便在龙船浃位置另建五显宫，共祀五显爷和白马爷，称龙船浃宫。

1958 年大炼钢铁时期，龙船浃宫被拆毁用于炼钢。1966 年 5 月中共中央提出破四旧立四新，红卫兵陈克柱(化名)积极响应，将韩头桥五显爷神像扔进横阳支江，宫宇分作民居使用。村民华士林等将马仙娘娘神像、香炉和龙船浃宫香炉一起收藏在龙船浃墓墩。平整土地时计划削平龙船浃墓墩，相传神明显验阻止，保护了香炉。

几年后韩头桥合社在龙船浃宫旧址建宫，从寿宁购买杉木，庙宇为三间木石结构。1993 年重建，1994 年被县粮食批发市场征用，迁移至韩头桥埠头亭(新陡门边)。1996 年又被县副食品市场征用，迁上韩头今址，与原五雷元帅庙合建，称“新宫华光府”。

1998 年新宫华光府根据中办和国办联合的 1996[38]文件、省委办 1996[78]文件、浙民宗 1997[29]文件精神，经审核、登记建立，1998 年建戏台，2010 年完成主殿。全殿占地面积 3000 平方米，建筑面积 2000 平方米。主祀五显大帝，配祀五雷元帅、齐天大圣、杨府侯王、白马明王、文昌帝君、三官大帝、劝善大师、马仙娘娘、妈祖娘娘、送子娘娘、採宝娘娘、福德正神、判官、符使、千里眼、顺风耳、灶神等。

图 2.27.3　韩头桥五显殿通天都督府正堂牌

民国《平阳县志》记载：“五显灵官庙，在城内者，名镇境庙。其在钱仓山者，名灵顺庙，岁久而圮。明宣德间令章惠捐俸助建。旧志。参钱仓题岩修。按。《旧志》谓，正统间令章惠筑钱仓埭弗就，以文祝之，即日埭成，乃重建。与钱仓题岩纪年不合，辨见金石下。其他处不备载。唐光启中神降婺源显迹，徽人始立庙祀之。宋大观中赐额'灵顺'。《苏州府志》。又见徽州、宁国各志。或云神姓萧，或云五猎神，或云华光藏菩萨，皆异说，存参。新增。"关于五雷神，同书记载："五雷庙，一在八都西山，一在九都墨城，他处不备载。《旧志》修，按。雷神俗称五雷，道家有风雷、火雷、山雷、水雷、土雷之说今仍之。"①

韩头桥最早为华、王、韩等姓，都为清代移民定居。最早只有 8 户，后来发展到 30 多户。现在属苍南县县城灵溪镇的主城区，有 20000 多人口，主要有华、王、陈、郑、林、韩、黄、张、严、项、苏、胡、许、卢、毛、鲍、刘、曾、屠、梁、商、修、倪、游、宋、易、叶、萧、池、李、余、章等 30 多姓。每年二月初二土地公公宝诞、五月十八杨府侯王宝诞、九月二十八日五显爷宝诞为年例祭祀和"吃福酒"时间，吃福酒从建县以前的每次约 50 人，发展为如今每次约 700 人。此外，每年十月十五日的"水官解厄"醮事，也是非常热闹的活动。②"水官解厄"可能是当地传统的津梁祭祀习俗。

目前宫庙由专人承包管理，日常的主要功能系为居民提供打醮场所。城镇化后民居多为套房和楼房，没有宽敞院厅，无法开展打醮活动，只能在宫庙举行。

韩头桥五显殿的当前区位和建筑，已经没有津梁文化的概念，作为现代城市历史文化的遗存，保留 24 桥文化的记忆，也只有韩头桥五显殿这样的场所能够承担了。

---

① 民国《平阳县志・神教志》。苍南县文化广电新闻出版局据民国十四年影印本影印，第五册，第 1808 页。

② 根据华祖书、王成波访谈记录。华祖书，男，59 岁，宫庙管委会主任。王成波，男，54 岁，宫庙管理员。

28. 道教孝文化与契子习俗
——碗窑中贡宫调查

我们都知道儒教建立了一套孝文化体系，成为中华传统文化的重要组成部分，那么道教是如何响应和处理这一问题的呢？

道教在孝文化上没有很大的作为，但在对接民间信仰需求上，倒追溯到孝悌王，形成了求嗣、拜契子等一套生养文化习俗。

从明代万历三十一年（1603）建阳萃庆堂余泗泉所刊的邓志谟小说《许旌阳得道擒蛟铁树记》和冯梦龙小说《警世通言》第四十卷改写的《旌阳宫铁树镇妖》看，道教孝文化是宋代在儒、释、道三教合流基础上建立起来的许逊信仰文化，即道教净明道孝文化。

首先净明道借鉴儒家教义，赋予“孝”很高的地位。《铁树记》云：“夫孝至于天，日月为之明。孝至于地，万物为之生。孝至于民，王道为之成。是故大舜至孝，凤凰鸣于虞廷。姬文至孝，凤凰仪于岐山。姜诗至孝，鲤鱼出之舍傍。王祥至孝，黄雀入于幕内，即此论之，上自天子，下至庶人，孝道所至，异类皆应，孝之义大矣哉！”这段论述，与《孝经》及《二十四孝》的内容完全相符。

净明道以“炁”，即人体的生理机能和生命活动能量的运行方式，塑造出孝仙王、孝道明王、孝悌王三位神明。《铁树记》云：“始炁为大道于日

图 2.28.1　中贡宫普济众生匾

中，是为孝仙王。元炁为至道于月中，是为孝道明王。玄炁为孝道于斗中，是为孝悌王。”玉皇大帝在焰摩天通明殿将神书玉旨付与孝悌王，并以孝悌王为法脉传承孝道文化。

“斗中之仙”孝悌王为了把法脉最终传给许逊，首先把它传给了兰期，并嘱咐兰期将法脉传给谌母，谌母再传给许逊。兰期，字子约，人称兰公，前汉山东人，其实是“月中之仙”孝道明王转世，“先生修养三世，行满功成，当得元炁于月中，而为孝道明王。”“率其家百余口，精修孝行，以善化人，与物无忤。”“自是孝悌王悉将仙家妙诀及金丹宝鉴、铜符铁券，并上清灵草、飞步斩邪之法，一一传授与兰公。又嘱兰公曰：‘此道不可误传，惟丹阳黄堂者，有一女真谌母，德性纯全，汝可将此道传之，可令谌母复将此道传授与晋代学仙童子许逊，使许逊得传吴猛诸徒，则渊源有自、超凡而入圣者，不患其无门路也。’”

兰公与谌母的关系，是义母与契子的关系，这一关系，成为道教孝文化中拜契子，有的地方称“认谊子”“认亲儿”习俗的源头。谌母，也作谌姆，字婴，相传为三国吴人。《清微仙谱》云：“上清元君西华圣母，一号灵宝净明黄素天尊，乃女真谌姆也。姆讳婴，居于广堂，事见仙传，得上清高仙上明玉书三章，潜修至道，感斗中玉符之隐，上居西华谅光宫，掌元始图

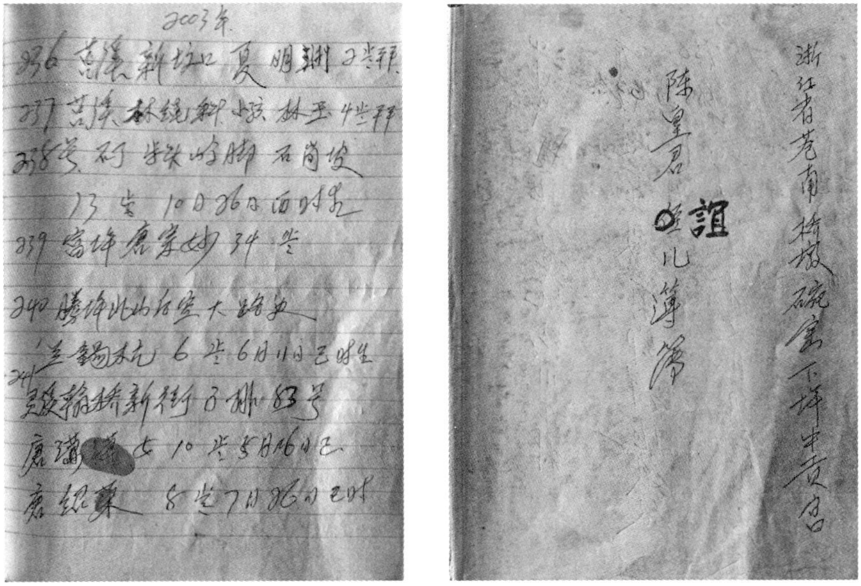

(2.28.2.契子登记簿)

书之府，称谌姆元君。”兰公打败扬子江的火龙之后，到丹阳郡黄堂（一作广堂），以孤儿的身份被谌母收留。《太平广记》卷六二引前蜀杜光庭《墉城集仙录·谌母》云：“又吴市逢有三岁孩子，悲啼呼叫，倏遇谌母，执母衣裾曰：‘我母何来？’”便是兰公拜契子的记载。兰公“遂于黄堂建立坛宇，大阐孝悌王之教”。教谌母金丹宝鉴、钢符铁券灵章，及正一斩邪三五飞步之术。“谌母乃谓孝明王（即兰公）曰：‘论昔日恩情，我为母，君为子；论今日传授，君为师，我为徒。’遂欲下拜。孝明王曰：‘只论子母，莫论师徒。’”

《正统道藏》洞玄部谱录类辑录唐代《孝道吴许二真君传》一卷，曰：

谌姆即吴中一贞母也，不显其姓讳，以道德为事焉。母于吴市见有一儿，年十五岁，拱而拜母，求为义儿，谌姆示之云：你年十五须侍所生之母，何得弃本逐末，又为我儿？我若受汝，殊乖礼律矣。儿跪谢而去，后经数月，变其本身，又为三岁小儿，来于谌姆边啼号，复无人志认，谌姆见是婴孩孤，而心甚愍念，携抱将归，爱惜将养，不异腹生，过于母子。渐至长大，智慧自然通于神明，感其灵瑞，行履之处消灾去祸。既至成立，供侍谌姆，甘旨有叔，晨昏不亏。谌姆怜之，为求妻室。其儿拱揖，出于中庭，白谌姆曰：儿是仙王次弟，明王之兄也，我身为孝悌王，托寄阿母养育，绵历岁序，欲兴孝道，迁延至今。天是我父，地是我母，日是我兄，月是我弟。天上地下，唯我独尊，五色庆云，覆我一身，何用妇乎？乃拜谢阿母，请将所居之宅开为孝门，谌姆慈悲，不违儿意，遂立其住宅，名黄堂观焉。

许逊师从谌母，也是以契子方式形成关系。《墉城集仙录》称谌母“密修道法，积数十年……吴猛、许逊自高阳南游，诣母，请传所得之道，因盟而授之。孝道之法，遂行江表。”许逊是“孝仙王”转世，“四百年后，晋代有一真仙许逊出世，传吾孝道之宗，是为众仙之长，得始炁于日中，而为孝仙王也。”①《许太史真君图传》记载：

许逊归隐，与群弟子讲究真诠，精修至道，作《八宝训》：“忠、孝、廉、慎、宽、裕、容、忍。忠则不欺，孝则不悖，廉而罔贪，慎乃无失，宽则得众，裕然有余，容而翕受，忍则安舒。”乡里化之，皆迁善远罪，孝悌兴行。

作为“孝仙王”的许逊，神阶排在孝道明王和孝悌王之前，而法脉传承则排在第四位；吴猛年岁大于许逊，也先传法于许逊，而法脉依然排在许逊之后。从“孝悌王——兰公——谌母——许逊——吴猛”的孝道传承排序看，其实就是一种“契子模式”的认干亲关系，这种认干亲关系在转世轮回上又是先孝道明王（兰公）、后孝仙王（许逊）的始炁——元炁——玄炁

① （明）邓志谟：《铁树记》，中国古代文献集库。

的周而复始。这种传承强调渊源有自、因盟授法、道法密修、全家孝行、护佑生养等教义。在民间信仰中泛化为拜契子习俗。

“生”的期盼和“育”的担忧，产生“求嗣”醮仪和“过关”仪式，促使民众借助神明护幼保赤。据《中华全国风俗志》载，“吴县有小儿寄名神佛之俗，此风全境皆然，盖富贵人家之小孩娇生惯养，大半身体柔弱，时得疾病，其亲乃至庙烧香，用红布制一袋置小儿年庚于其中，俗名过寄袋，悬佛橱上，自是以后，每旧历年终寺僧备饭菜，送小儿家中，名曰年夜饭，其亲必给僧以钱，奉送三年始毕。当过寄时，僧为小儿取名，譬如神佛姓金，即取金生、金寿等类，并携小儿来庙拈香，呼神如爷”。

中贡宫，位于苍南县桥墩镇碗窑社区下垟村半山，始建于清乾隆年间。《中贡宫叙碑》记述：“此庙，三间瓦木平屋，环周石砌围墙，境邻信奉。文革时际，庙屋沦废，神像炉位，匿迹销声。值一九九三年，时运泰来。废墟古枫树下，神飞五炉，居内者陈靖姑是也。于是，首事倡而举之，重建五间庙堂，崇奉陈靖姑殿正。自尔，许愿、禳厄、祈福、求嗣，传屡验之。因而，信奉益众，近名远誉。”[①]中贡宫“飞炉”传说，是首事林克长较为推崇的，也是苍南县陈靖姑信俗文化交流协会成员津津乐道的神迹故事。在上篇部分，我们阐释了对飞炉传说的理解，可供参考。

图 2.28.3　中贡宫求嗣还愿灯

① 中贡宫首事林克长提供《中贡宫叙碑》资料，此叙碑由唐书版撰。

目前,宫殿共有三个神龛,中间神龛供奉顺天圣母、李皇君、林皇君、马仙娘娘、送子娘娘、送宝娘娘、牧牛大王,其中马仙娘娘与林皇君合炉供奉;右侧神龛供奉地主爷、白马明王、周喜大王、符使;左侧神灵供奉盘古帝王、杨府侯王、福德正神、判官。访谈得知,中贡宫以前为杨府庙,主祀杨府侯王,但香火不旺。陈十四娘娘飞炉到来之后,主祀陈皇君,祈求子女的神职功能最为灵验。在宫殿门后中间有一牌匾"普济众生",是信众祈求子嗣,"一胎三子"灵验之后赠送的匾额。宫庙首事林克长,向我们介绍了许多祈求子嗣,而后灵验的事件。以下为祈子灵验的事件:

老公阿财,灵溪人,老婆小萍,藤垟人,两人20岁结婚,8年未生育孩子。2012年来到庙里,祈求陈皇君赐予小孩,85天以后怀孕。2013年,生三胞胎,全为男孩。两人送匾"普济众生",现居上海生活。

某XX,男,富垟人,30岁未娶亲,向陈皇君祈求婚姻之事。陈皇君说明年三月十五联姻,将会有三喜临门。结果,三月十五日与女子结婚,带一个女儿,三月十六日晚,该女子又生一女儿。

平阳北港,X美招,先嫁宜山,生男孩,后改嫁北港仙姑洞东门,结果宫外孕没法生产。2014年来求皇君,2016年生双胞胎男孩。七月廿九日下午要来送牌匾,送完要去武汉经商。

中贡宫,地理位置较为偏僻,交通极为不便,公路修到山脚,上山还有一段路要走,是我们调查的苍南宫庙中唯一不能将小车开到的宫庙。民众之所以来此祭拜神明,是由一系列祈子灵验故事向外传播而形成的社会效应。这种效应,是民间社会心理诉求不断积聚的结果,中贡宫逐渐具有"祈子宫"美誉。

当然,造成女性不孕不育原因有很多,向神明祈子的行为不能在短时间内见功效，也需要经过较长时间才能凸显作用。其实，向神明祈子与借助医疗手段孕育后代的行为，是民间社会祈求多子多福的两种途径，女性身体在这个过程中经过长时间的调理达到了适合孕育的状态，才能正常怀孕、生子。当女性长期处于未孕状态，医疗技术往往作为首选方式。一旦，医疗技术在短时间内无法解决女性孕育问题，向神明祈子便成为民众的第二种选择，寄托着民众的心理诉求。如成功怀孕生子，则被认为是神明显灵的表现，忘却了医疗技术带来的辅助功效。这是民间社会事功主义的表现，仅仅强调结果带来的成果，却忽略了过程的重要性。在这种观念驱使下，中贡宫自然被视为一个较为著名的祈子宫。

许多求嗣成功的家庭，会给中贡宫送来宫灯挂彩，这样中贡宫的宫灯就成为一道景观。正厅、走廊、前檐、门楼、左右厢房，到处挂满了宫灯，夜间上灯，一片辉煌。

祈子之外，"拜契子"是中贡宫的一大特色。中贡宫首事林克长记录了 1998 年至 2016 年的神明契子名单，称《谊子登记簿》，目前约有 380 名契子，主要分布于莒溪镇、桥墩镇、灵溪镇各个村落。拜契子什么年龄的都有，以儿童为绝大多数，拜契子的原因，一部分是身体虚弱，祈求陈皇君保佑；一部分是为了成长顺利，仅仅寻找心理上的依靠，一部分是为了求喜运，财运等。在这里，民众祈子行为与拜契子行为具有相同的效果。当然，拜契子的盛行也与中贡宫乩僮特殊行为密切相关。

与各地的护幼保赤信仰仪式不同的是，中贡宫不以"过关"作为传统仪式，而是以"坐刀轿"巡境提高影响力。乩僮，是苍南县各宫庙俗信活动较为重要的人物，一般仅在某个特定宫庙发挥作用，并未超越区域或宫庙的空间范围。中贡宫的乩僮是较为特殊的，莒溪镇各个宫庙神明可以自由上身，或者说，莒溪乩僮可以根据刀轿仪式活动需要让神明附体。这种现象是比较有趣的。一般而言，不同宫庙供奉同一神明，会在各自信仰区域,选定中意的乩僮。不同宫庙的乩僮可以被同一神明借助,这说明莒溪的神明信仰,不是以宫庙为核心构建村落信仰共同体,并根据信奉神明同一性形成区域性信仰共同性,而是以特定神明为核心,以各地宫庙乩僮为辅而形成了结构较为清晰的神明信仰管理组织。如果从莒溪乩僮与莒溪刀轿、莒溪神明之间关系来看,莒溪乩僮是莒溪神明与莒溪民众沟通的中间媒介;莒溪乩僮是莒溪刀轿的主要传承人,而乩僮必须靠神明附体才能完成坐刀轿活动。那么,莒溪乩僮是神选人物,也是刀轿活动的传承者;莒溪刀轿需要借助神选人物才能较好地传承。

图 2.28.4　中贡宫刀轿

在实地调查中,莒溪刀轿并非只有坐刀轿,还有坐钉轿、立油桌项目。2012 年 10 月 15 日,中贡宫陈皇君娘娘神佛巡垟,乩僮表演坐钉轿、坐刀轿、立油桌等仪式活动,巡游范围包括桥墩镇、腾垟社区、矴步头等地。然而,神灵附体乩僮,并非都可坐钉轿、刀轿与立油桌,其中,陈林李三皇君、通天大圣可以立油桌;五显大帝坐钉轿;牧牛大王、马仙娘娘(男扮)、杨府圣王、齐天大圣、白马明王、盘古帝王坐刀轿。至于附体神明基于何种因素选择刀轿、钉轿与油桌，尚不清楚，这可能是中贡宫较为神秘的部分。

从上述论述来看，中贡宫地处较为偏远的区域，周边村落分布比较分散，难以形成紧密关系的祭祀圈，但却因祈子行为的灵验性，以拜契子方式获得神灵庇护的缘故，信众（契子）分布于苍南县各个乡镇。在中贡宫刀轿活动中，不同宫庙的乩僮可以在莒溪镇实现同一神明或不同神明之间的相互附体，这便在莒溪镇构建了一种以神明为核心，以乩僮为辅的神明信仰管理组织。这种组织已经超越某个宫庙的组织管理，也超越了社会人的管理，而是神对神选人物的管理，具备较强的神秘色彩。

道教孝文化，在乩僮的推动下，以求子和保育为中心，在现代社会中获得继续存在的机会。

29. 闽浙两省陈皇君与马天仙的交融信仰

——以埔坪建福宫调查为基础

在闽浙两省，陈靖姑与马天仙都是家喻户晓的女神。陈靖姑祖庙在福建古田县，形成福建的朝圣中心；马天仙的祖庙在浙江的景宁县，形成浙江的朝圣中心。许多福建人特别崇拜马天仙，许多浙江人特别崇拜陈靖姑，二者信仰相互交融。在浙江，许多宫庙同龛奉祀陈靖姑和马天仙，有些改陈、林、李三神供奉为陈、林、马三神供奉，甚至有的林、马合炉供奉，形成了神明联盟。

在浙闽交界的矾山镇埔坪社区，有东溪和西溪两条溪流，源于浙江的南宋和华阳山区，交汇在柯岭脚的埔兜潭，流入福建前岐的沙埕港。溪谷狭长，渐成聚落，潭前长着两棵 265 年和 275 年树龄的古樟树，古树保护编号分别为浙 CD0239 和浙 CD0240，国家级保护对象。古樟之下的建福宫，供奉着来自浙江景宁县的马仙娘娘和来自福建古田县的陈十四娘娘。

建福宫主祀马仙娘娘，总计神明有 20 尊，分别为马仙娘娘、马仙娘娘出巡塑像、金花娘娘、银花娘娘、牧牛大王、叶元帅、齐天大圣、陈皇君、李皇君、林皇君、福德正神、四大门将、杨陈袁三府、判官、符使。杨、陈、袁三府原先供奉在新宫，文化大革命时新宫圮废，并此供奉。齐天大圣是重建时依据马仙殿保存的雷牌①而立。

宫名又称马仙宫，文化氛围突出马仙娘娘。庙前门联："埔坪起祥云心中慈母女中圣，神州沾法雨地上救星天上仙"。指明女性神马仙是天上神，神阶较高，特意降落埔坪护佑地方。"恩覃华甸国泰民安歌盛世，迹显景宁河清海晏庆太平"。赞颂马仙的保境功能，庙神从景宁县分香的事实。相传马仙托弹棉郎的梦，要求把她的香炉从她的故乡，浙江处州府(今丽水市)景宁县鸬鹚村挑出来，挑到一处有两条溪的地方安奉。弹棉郎挑到柯岭脚歇息，石香炉就再也移不动了，民众理解神谕，便在此建庙。建福宫始建于元末，康熙丁亥年(1707)前有过多次兴废。乾隆五年(1740)重建，乾隆五十五年(1790)又建，为正殿五间。清嘉庆年间(1796—1820)多次整修。文革时捣毁，2005 年开始整修，2016 年基本完成重建。

图 2. 29. 1　建福宫清乾隆碑刻

建福宫坐落于两水交汇的埔兜潭，后为"南蛇朝北斗"的龙山，前有"千里笔架山"的文峰，左有"犀牛望月"山景，右有"狮象吞水"水景，被堪舆家列为风水宝地。相传建庙之初，袁氏认为宫址有碍后山祖墓风水，请来福建柘荣县袁天禄阻止。袁天禄(1331—1367)，元末柘荣十三境的泰安社乡兵领袖，为闽东元末首霸，曾经借元朝势力荡平霞浦县等沿海平原富庶之地，史称"赤岸桥

① 雷牌，即神主牌，木制，竖写着神明封号，用龙纹木雕装饰。一般只叫"龙牌""神主牌"，很少称"雷牌"。当地道长称它为"雷牌"，不知是否暗示该神主牌有"五雷令牌"的功效，为此特意注明。

头诛九族”。明初投靠朱元璋，授江西行省参政，于集庆(今南京)暴卒，家乡立祠为境主。作为神明的袁天禄多次到兰垟[1]查访，都被马仙施法，用大雾迷惑。一次雨过天晴，正值袁氏来访，惊动马仙，立派叶大元帅驾马摇铃而上，袁氏马惊跌落悬崖，至今留下“钹死马”地名。叶大元帅在苍南许多宫庙里有供奉，被认为是上天派来的巡视、监察神明，一般塑像于主祀神右侧。因叶大元帅的此次护庙功劳大，得到福德正神敬佩，让出左首大位于他。因此建福宫的神明座次是叶大元帅在左，福德正神在右，与其他宫庙不同。袁氏子孙也感神明灵验，阻止之行改为敬畏之心，每逢清明祭祀总是先祭庙神再拜墓祖。

建福宫的神明灵验传说，带来了香火兴盛。嘉庆年间正殿整修，马仙娘娘想得一根透间横梁，就托梦福首，指名一位杨氏大汉到泰顺采伐。杨大汉探访到一株超过15米长的杉木，适合当横梁，便找到泰顺杉木山主。山主说昨天有一位婆婆来预定木材，今天派人来取，肯定是马仙显圣。便披红结彩，免费奉送杉木为马仙宫横梁。一个人要在崎岖山路上扛15米木材行走，谈何容易，而杨大汉得神明助力，一天路程便轻松回来。民国期间，七月七日马仙神诞，预约霞浦班演戏，班头因高价又将戏班许给福鼎秦屿某庙。娘娘不肯，掀起狂风巨浪不让戏班船在秦屿港口靠岸，戏班惊吓之余，转舵顺风、顺水到前岐埠头上岸，来埔坪建福宫演出。这些传说故事展示着娘娘的法力和显验，吸引了更多的香客。

马仙娘娘医术高明，经常化身“先生妈”(女郎中)，四处行医。自称兰垟马氏，宅前有两棵大樟树，等谢恩病主来到兰垟时，才知道“先生妈”是神明马仙。有一位病主治疗时给先生妈酬金遭拒，便送一包地方特产香菇带走。病愈登门拜谢，跪到神龛前，他送的香菇则从神龛内搪出。有一

① 兰垟，当地对埔坪、南宋垟的另一称呼。

位病主送走先生妈时下雨，便赠雨伞一把，她来庙里谢恩时，发现自己原来的雨伞现在居然靠在神座下，便绣华盖凉伞一把答谢神恩。民国时本境赤土穴林女士误吞绣花针，卡在喉底，跪请马仙娘娘施救。马仙亲临，取出绣花针，林女士亲手刺绣八仙庆寿大横披一幅，挂在宫楣上。境社男女都拜马仙娘娘为契子，祈求娘娘保佑。马仙娘娘的医疗功能，与陈十四娘娘的传说基本相同。

图 2.29.2　建福宫木雕神龛里的陈靖姑造像

建福宫共有五境，分别为大宗境、垵口境、龙山底境、夏井境、柯岭脚境，合称“兰垟五境”，计约一万人口，目前首事 24 人。大宗境有苏、郑、陈三氏，垵口境有黄、廖、李、王四氏，龙山底境有余、陈、邱、杨四氏，夏井境有林、蔡、苏、李四氏，柯岭脚境有王、李、金、陈四氏。坑底陈氏始迁祖陈法阳(1588—?)明万历年间由福建安溪县崇善里入迁。另一支始迁祖陈国珍，由福建福鼎县沗里入迁。柯岭脚地坪陈氏始迁祖陈光焰(1603—?)约于明崇祯年间由福建安溪县崇善里入迁。夏井林氏始迁祖林允洁约于明万历年间由福建安溪县赤岭入迁。黄氏由安溪移民再迁定居。李氏始迁祖李功赐(1546—1607)明万历二十六年(1598)由安溪县镇抚乡长泰里迁来定居。杨氏明末清初由闽南再迁移民定居。王氏多支清初由本县马站桥头牛眠山迁入。赤土穴郑氏始迁祖郑尚习、郑尚荣兄弟约于清康熙年间由本县南宋东园底入迁。南坪三十担郑氏始迁祖郑士伍约于清雍正年间由福建永春县乌石乡九十都坑尾入迁。水浚内蔡氏始迁祖蔡福堂

(1605—1670)约于明万历由福建安溪县彭内(蓬莱)入迁。埔坪蔡氏始迁祖蔡国定(1608—1678)约于明崇祯由福建安溪县彭内(蓬莱)入迁。柯岭脚蔡氏始迁祖蔡国义(1613—1678)由福建漳州龙溪县漳浦入迁。原有福田 30 亩,宫山一座,租利由五境福首轮流用于值年祭祀、祈福演戏。建福宫五境没有丽水景宁一带的移民,居民祖籍全部来自福建,人口组成的特点应该也是闽浙神明同盟形成的基础。

陈靖姑作为福建神明,在浙江得到广泛的认同,在温州、丽水地区,更是作为与马仙娘娘同盟神系而流传的,建福宫共祀陈靖姑和马仙娘娘,正是同盟的体现。具体表现为:(1)民间传说陈靖姑在浙南收妖时,多次关键时刻得到马仙娘娘的协助,才脱离危险,尤其是在温州白三府收狸猫精的时候。这是浙江人的传说,为浙江信众所认同。(2)马仙娘娘在福建的闽东和闽南地区呈现出不同的信仰形式。闽南马氏仙姑有三姊妹,如同陈林李被供奉。闽东以柘荣县为突出代表,是非常灵验的求雨神,也是柘荣十三境主神。(3)《灵经大传》演唱道:经观音菩萨调解,判定浙江建宫以首先满足陈十四娘娘意愿,以陈十四娘娘为主导;福建建宫首先满足马仙娘娘意愿,以马仙娘娘为主导。这是浙江的传说,为浙江信众所认同。温州地区马仙与陈十四故事的交织,在温州鼓词《灵经大传》中有较多的篇幅。① 两省信众共同推崇对方神明,体现了闽浙民间信仰的交融性。

建福宫五境地处世界矾都矾山脚下,矿区经济是地方农耕经济之外的主要来源。二十一世纪初的前后十几年里,随着全国各地矿山开采的开放和公路、铁路、高楼等基础设施建设的兴起,具有长期矾矿井巷作业经验的矾山民工走向全国各地,涌现了一批包工头和企业家,地方人称为

① 参见陈德其记述,林亦修整理校注:温州长篇鼓词《灵经大传》,学苑出版社 2011 年版。

图 2.29.3　矾山南坪宫三皇君与马仙娘娘合炉

“代表”。当时埔坪杰出“代表”有十几人，同宫门的也有七八人，倡议第七次修建建福宫。2005 年由李若宝、李求仙、李若达、曾焕色等“代表”发起，李敏诗董事，开始为期十年的建福宫修整、扩建工程。2005 年整修大殿，李若宝献资 16 万，李敏镇献资 4.45 万，林经勇 7 万，李若达 2 万。重建马仙宫李求仙献资 128 万、李若宝 128 万、李若达 50 万、曾焕色 50 万。重建护台(戏台)5 人各献资 15 至 10 万。2008 年 8 人各献资 2 万至 1 万。2009 年李若宝献资 25 万，8 人各献资 8 千至 1 万。2010 年 2 人献资各 2 万。由此埔坪五境道路、溪坎、路亭全部用钢筋混凝土重建，建福宫前竖起 17 米高的马仙罗伞济世石雕像，宫内神龛、美人靠、护台全部木雕，聘请浙南闽东最负盛名的木雕师傅李敏全经手。我们认为“代表”们为地方建设做出了巨大贡献，而首事们则说，“没有什么大事我们也不找他”，也即民间在解决地方建设上还非常富裕，不完全指望几位代表的贡献。

我们探访建福宫时正值七月七前夕，宫里聘请了安徽省百花黄梅戏艺术团来演出，34 岁的蔡万满总务虽然很忙，还是很有耐心地接受我们的访谈，并给我们提供了《埔坪马仙宫概况与神话故事篇》资料。他是一名正一教道士。建福宫日常没有坐僮，以前有请乩，现在也没有了，只有卜杯。每年正月十五和七月初七两次庙会。正月十五只演戏，不出巡。七月七出巡仪仗队伍为：炮车、灯笼、长号、平安锣、太平鼓、中乐队、西乐

图 2.29.4 建福宫的石雕、木雕和髹漆

队、彩旗队、八宝队、观音竹。之后为香亭、六明轿,轿内坐 6 位 8 至 12 岁古装童男童女。之后为四抬八座神轿,内坐文昌帝君、福德正神、叶大元帅、杨府上圣。之后是二幅銮驾,内坐马氏元君、陈十四皇君娘娘,附加华伞、芭蕉扇。之后就是中乐队、西乐队、花鼓队、戏班、《西游记》戏文人物装扮。之后为敬香队,人数不限。巡游路线经绕五境,单双年互换,每经一境都要接受拦路供,烧金放炮,巳时进殿,开台演戏。七月七人来多,宫庙周围有人来号地设摊,买卖玩具和食品,但没有形成集市的规模。民国时期五境有道坛 3 坛,现在发展到 20 多个法坛,20 多名道士主要外出各地做醮。

在闽浙两省,马仙娘娘和陈靖姑信俗都非常兴盛,并且已经申报为国家级非物质文化遗产。马仙信仰发源于浙江省丽水市景宁县鸬鹚村,陈靖姑信仰发源于福建省古田县临水三村。埔坪五境的马仙信仰,强调马氏三圣,与闽南地区的马仙信仰比较相似,可能受到闽南移民的影响。

陈靖姑与马仙娘娘的神明联盟,体现了闽浙两省人民长期形成的深厚友谊和合作精神。

30. 私营企业主的报恩庙

——溪光杨府宫调查

无论如何，我们必须承认，近百年来，民间信仰一直是中国底层民众的宗教，是贫困群体渴望护佑、追求富贵的宗教，是社会地位和教育程度低、见识不广的人们的“迷信”。随着改革开放四十年的发展，民众普遍地富裕起来，一批私营企业主带着青少年时代积累的情感，和艰苦创业时期的情感寄托，继续热衷于民间信仰。那么，民间信仰有没有可能成为富人的宗教？成为富人宗教的民间信仰将会如何呢？

苍南县的广大山村，山野空阔，人口大量向城镇集聚，旧民居日益圮废，但一种新的民间信仰场所得到兴建，那是私营企业主的私家庙。南宋镇溪光村杨府宫仅是众多私家庙中的一座。

溪光村为李氏主姓村，李氏始祖李功赐（1546—1607）于明万历二十六年（1598）携兄李功春之子李显春、李显祖，从福建省泉州府安溪县镇抚乡长泰里入迁定居，迄今有 3000 多户，5000 多丁口。村里另有大殿，建有基督教堂，目前有一半人口信仰基督教，放弃了对村庙的无形文化财维护责任和所有权。杨府宫始建于清光绪六年（1880），原址在溪光村曲龟樟后叫做塔岭的地方，解放后圮废，历经 4 次迁建、重建和扩建，1985 年定址于金宝篮地方，1990 年发生火灾，1995 年重建，占地面积 1250 平方

图 2.30.1　溪光杨府宫

米，建筑面积 600 平方米，迄今总投资 200 万人民币，其中李孔杰出资 70 万，李若达出资 70 万，李若宝出资 20 万，其余为堂侄、亲戚、邻居出资。李孔杰为李若达叔伯长兄，李若宝为李若达同胞兄弟。李孔杰人称老大哥，李若达称老二哥，李若宝称老三，这种习惯称谓的形成是与三人在地方的知名度和成名先后有关的。

杨府宫原为村里一座小庙，从苍南县最大的鲸头杨府庙分香，李孔杰祖父为地主身份，祖母吴氏为杨府宫首事之一。早年春节祖母带孙儿辈到老庙烧香，有孙子戏嘲佛公："有脚不走路，有手不劳动。"结果受到惩罚，脚踝臃肿不能行走，只好向佛公认罪才得痊愈。李孔杰现年 76 岁，17 岁外出经商，1974 年就坐过飞机，堪称地方闻达。1984 年应聘出任集体所有制企业福建省福鼎县第二农用塑料厂业务厂长，生产和销售农用塑料产品，领导 100 多名职工，年产值 250 多万元。1984 年入党，因勤俭，个人事迹登上《福建日报》，厦门电视台作了专题报道。2001 年退休回乡，创办溪光矾厂，自产自销；入股李若达承包的金矿开采项目。从幼年开始就体验了杨府爷的灵验，1994 年总董杨府庙扩建。

山东省烟台市招远一千多年来盛产黄金，采金史可以追溯到春秋时期的齐国，地质勘探发现 2000 多条黄金矿脉，储金量达上千吨，玲珑、夏甸、尹格庄等十几处拥有规模可观的矿田、矿床，近 30 多年连续贡献着全国第一的黄金生产量。李若达带领家乡矾矿开采富有经验、技术精湛的团队，1994 年入驻招远夏甸开采金矿，历时 22 年，其公司成为招远建筑工程业行业知名企业。

图 2.30.2　溪光塔里杨府上圣镇宅驱邪门旗

顺企网[①] 2016 年企业黄页介绍：招远市井巷工程公司第六施工队主要经营矿山工程建设、土木工程建筑、管道安装、室内装饰。于 1994 年 6 月 1 日在招远工商局登记注册，队长李若达，公司注册资本 3 万元，办公地址位于烟台市招远市夏甸金矿，在职员工 70 名。2006 年 5 月 26 日，山东烟台市安全生产监督管理局召开“全市承包非煤矿山工程施工单位安全生产工作会议”，全市 46 个施工单位参加，其中温州市承包施工单位占 19 个。温州矿山井巷工程有限公司招远分公司项目部负责人李若达，属下有李若宝、胡国明、陈加林、郑行可、吴荣松、潘友略、温兴产、李求仙、郑忠坡、欧阳东胡、林乃强、李国军、温兴文、罗进雄、罗进喜、黄友棋等 16 人参加会议。由此可见，李若达至少在招远市注册过两个公司。

① 顺企网：11467.com 黄页介绍。

图 2.30.3　添建烧纸炉

李若达，男，63 岁。小时家庭困难，10 多岁就开始拉板车赚钱维持家用，改革开放后外出经商。1999 年在招远被劫匪入门打劫，虽然 20 多万元在保险柜里未被劫走，但与劫匪扭打时受了刀伤，匕首划入肝区七公分，一度处于昏迷状态。抢救中家属急请杨府宫炉丹[①]送达口服和敷疗，留得性命；劫匪不日也落网。李若达为李氏宗亲几户家庭的支柱人物，决定着一个家族的聚散存亡。他的获救使整个家族感恩于杨府爷。井巷工程是高危作业，安全生产成为第一要务，政府主管部门和企业家本人都加强防范，规范作业。李若达十几年来四处捐资 600 多万元建庙、修路、助学，矿区生产一直安全，生产稳定，利润丰厚，并带弟弟李若宝参与经营。支持李孔杰一起建设私家庙。

① “炉丹”即香炉内的香灰，民间将其作药使用时，称其为炉丹。

溪光杨府庙主祀杨府爷，配祀袁府爷、陈府爷、书乐相公、白马爷、陈皇君、观音菩萨、徐氏夫人、福德正神、判官、符使。2002 年春考虑到子孙繁盛，读书考试日益重要，在宫庙东南部新建字纸炉塔一座，三层六面，一层为烧纸炉，二层设六龛供奉文昌帝君、魁星大帝、孔子先师、仓颉仙师、三元大帝、土地公公六位主管文运及相关神明。修建一条板车路 120 米，一条汽车路 150 米，与灵溪至霞关的公路主干线连接。

溪光杨府庙相对于其他私家庙来说算不上富丽堂皇，日常也开放，提供给村民烧香、打醮。每年五月十八日为杨府爷宝诞，吃福酒人数达 15 桌 150 人，每人出资 50 元参加活动。十月十五日水官解厄活动由李若达个人出资，组织亲友 5 桌 50 人左右吃福酒，不再向全体村民开放。

李敏诗为李孔杰少年好友，原矾矿工人，现年 70 岁，20 多年来一直与李孔杰一起打理庙务。建筑设计、工程筹划、监工购物都是他的义务，而且 20 多年与李孔杰一起守庙，没有回家过年。但他赚钱不企，常被信众宽慰为“佛公保佑了你的健康”。为了更好地管理庙务和发展慈善事业，目前请了一位残疾人看护宫庙，李孔杰每天必到庙宇监管、休闲。

图 2.30.4　答报神恩匾

李孔杰住所距离杨府庙约 10 分钟的步程。那原是九开间的地主祖屋，土改时大部分分给了贫下中农，李孔杰拥有正厅居右的二间，他将其重建为二层混凝土结构，供自己二老居住，拥有 6 个房间，并将正厅整修涂漆，供奉父母的牌位和遗像以及财神爷、土地爷。其余几间几成无主，无人居住，任其腐烂。整幢古民居呈三种形态，不伦不类，也不愿赎回修葺。他认为儿子迁居到平阳县的鳌江镇里，也购房了，把祖屋再修起来没有必要。建庙不修祖屋，也是令人费解的行为。

作为富人宗教的报恩庙，首先是因为信仰而具有生命力，目前它还处于草创时期，看不出明显的特征。随着时间的推移和信仰者生活工作的需要，它会呈现出与一般村庙不同的一些特征，主要内容可以概括为：(1)根据居、祀的双重功能需要，将会改变宫庙的建筑风格和建筑结构，仿古和时尚结合成为主流。(2)宫庙会所化，成为接待和普济场所，不再具有境社概念。(3)宫庙进一步个性化，成为修行、修养、休闲场所。(4)将加强供奉神明的精神提炼、教义建设、修行仪轨建设，形成物业主人与供奉神明精神意识一体化的趋势。这些特征将进一步促进民间信仰多元化，提升民间信仰的宗教氛围，为民间信仰融入现代元素，激励民间信仰的文化创意开发。

31. 一个地方古迹的发扬光大
——灵溪镇浙南土地宫调查

在所有的神明信仰里，土地神信仰应该是最复杂的现象了。而土地庙作为地方古迹，会是人们觉得应该保护和纪念的地方，光大古迹，即使在土地资源日益紧张的当下，也就显得简单了。

灵溪山原先是一个东西狭长的岛屿，坐落在横阳支江上，把上游桥墩一带下来的溪水分为两绺。一绺直接向东，水深流急，为横阳支江，通向大海；一绺折向东北，转为内河，成为生产生活用水。当地民众在内河入口处还建造了一座水闸，控制水量的流入。在水闸与灵溪老街之间的灵溪桥边，有一座土地神龛，嵌建在灵溪山的石壁下。

土地神龛原来处于东岸桥头往山岭约 10 米的石壁头，用块石砌构，约 1 米高、0.5 米宽、0.5 米深的样子，供奉两个香炉和土地公、土地婆神位，这是当地从前和现在山崖、水涯、桥边随处可见的袖珍、单体、堂子式建筑，香炉必有，不一定有神牌和神像供奉。据当地老人回忆和重建碑文记载，该神龛清代已建，与齐天大圣宫同时存在，是老灵溪大家都知道的古迹，有几百年的历史。访谈中他们不认为土地神龛与灵溪桥有直接的关系，即神龛不属于护桥供奉，与各地经常出现的土地神龛因建墓、建房、建桥而供奉不一样。也看不出与水闸建造的关系，建神龛的原因要另外

图 2.31.1 浙南土地宫位置

寻找。有可能为“田头土地”或“园头土地”。1967 年前后凿岩开山，神龛和堂基岩石荡然无存，平整为屋基，供民众建房。1981 年苍南设县，灵溪作为县城开始大规模的基础设施建设，县水利局、县医院、河滨西路商业街等都进驻该地段，原来的土地宫基成为拓宽的道路路基。土地神龛历 40 年不复存在。

当地老人流传，土地公显圣，托梦建宫。地方热心人士陈维德、黄兆浪先生听到消息开始寻找遗迹，以便恢复土地公宫古迹。他们发现马显柳女士曾经在老卫生所所在地的山脚建有一座小庙，供奉桃、李、梅三位仙姑，便与柳女士协商，以仙姑庙为基础扩建土地宫。在柳女士的支持下组建了黄兆琴、李春民、黄益阳、陈余俊、刘纪年、黄节峰、黄年恳 7 人为主的筹建小组。于 2011 年 7 月 18 日破土动工，用地面积包括长廊约 1000 平方米。宫庙坐丙向壬分金，由于受地理空间限制只建三开间庙宇。天观造型，前檐吊筒，后檐平阁，中殿内阁八卦升斗，总造价约 120 万元人民币。2012 年 3 月土地公婆神像开光。2012 年 8 月经申请县民宗局正式批文登记宫庙为“浙南土地宫”，作为民间信仰活动场所。通过广大信众的共同努力，历经三年，建宫圆梦。

浙南土地宫正位供奉福德正神，右侧为土地婆、李仙姑、桃仙姑、梅仙姑，左侧为财神爷、五显大帝、白马侯王，侧立判官、符使。

苍南所有的宫庙都附祀土地公，但较少独立建造的土地公庙。有了土地公庙，人们对土地公的神明来历和信仰功能自然就关注起来。为了解决这个问题，宫庙管委会特意立碑，以正神位：“有传土地公，姓张名福德，生于周武王第二年二月初二日。从小到老是个天资聪颖、忠厚孝顺的人，到了成人为国家出力，步步上升，三十六岁时任朝廷总税务官，为人民创业勤干，为官廉正。周武王为他改叫福德正臣，后世人叫他福德正神，到了周穆王第三年才过世，享年一百零二岁。神奇的是，死后三天，其容貌仍然不变，有一贫户用四大块石，围成石屋奉祀。过了不久，这户人家由贫传富，百姓们都说是福德神恩保佑。周穆王赠封福德为后土，后世称呼土地公祭拜。一直到南宋之前，百姓们合资为他建宫、塑金身。……土地公地方员外打扮，一手拿着元宝，一手执着如意拐杖，充分表现出慈祥温和的长者风范。……在民间，土地公也被视为财神爷与福神爷，每逢初一和十五前往土地庙祭拜土地公、土地婆。祈求平安、发财、幸福、安康。”这一段碑文主要来自网络传播，网络知识导致各地土地信仰的同质化，也说明各地庙宇都在寻求供奉神明的“天下正神”地位。苍南县的“福德正神”张福德，又称“南天门土地”，源于张福德的另一个传说。传说张福德是周朝一位上大夫的家仆，上大夫幼女离家寻找在外地当官的父亲，途中遇大风雪，张福德脱下衣服为其御寒，自己却被冻死。临终时天空中显现“南天门大仙福德神”八字，为其升仙玉号。上大夫建庙祭祀，周武王封其为“后土”,“南天门土地”由此而来。[1] 古人的土地崇拜产生土地神,土地神属于“社神”,有勾龙、后稷、后土、土正、社神、社公、土公、土地、土伯等不同称谓,根据《礼记·祭法》有大社、国社、侯社、署社、里社等等级之分,《周礼》称“二十五家为社”,即里社;《白虎通》谓“社,土地之神也”,不一定奉祀张福德。而且与苍南传统的袖珍小石屋的土地堂相比,外地土地坛一般不设盖,露天而建。源于凡间不珍惜粮食,玉皇大帝担心派鸡下凡啄米以惩罚时,鸡会被宰杀,后稷认为不会,以“居无瓦遮顶日晒雨淋”誓言担保,凡间把鸡杀了,所以土地庙无瓦盖。从文献记载看,文人沈约、武将岳飞、道士陈法通等有功德的历史人物或传说人物都被指派到某地里社当土地爷。“土能生白玉,地可出黄金”,土地神的财、福、德神性很能满足信众的心理需求,碑文利用这一特点引导信众形成初一、十五的进香习俗。其实许多地方农历初二、十六作牙祭祀土地公。

图 2.31.5　矾山南坪宫土地公、土地婆

根据台湾萧登福教授的访谈,土地婆大致出现于清代,此前宫庙很少给土地公配置土地婆。土地婆的出现是民间富贵双全观念的衍化。碑文描述:土地婆为吴秀文,生于周武王八年八月初二日,一生忠厚、善良、慈悲,感动上天,玉皇大帝派太白金星下凡做媒,与福德配成一对白发到老的恩爱夫妻。

李、桃、梅仙姑在苍南的地方神

① 杜灿荣主编:《澳门庙宇文化》。澳门崇新文化协会 2013 年版,第 36 页。

谱里并不多见，属于李花树、桃花树、梅花树的人格化神明，又属于《封神榜》人物。管委会成员马女士的母亲赵某原先"坐僮"①，奉祀三位女神，现年老，奉送神明到庙里供养。财神、五显、白马是地方普遍供奉的神明，为建宫后增奉。土地宫原先没有签诗，只有筊杯，管委会借用了杨府庙的二十八签部，建立了签筒、签诗条，供信众占卜使用，给土地宫配备了大庙应有的设施。

站在灵溪山西端犁头型的危崖上，远眺溪谷深远开阔，横阳支江水波滟滟，水口闸门陡立，河湾波静映景，深觉浙南土地宫为这一美景添置了浓重的一笔，把自然和社会勾连了起来，赋予点睛的意义。在预防奔袭的山洪和守望一川民户日常中，可以感觉到土地公的土地责任感！

原来的土地神龛就不是境社意义上的祭祀场所，现在的浙南土地宫也不属于村落庙宇，不存在传统村庙的祭祀圈概念。在公用土地、民用土地都非常紧张的新县城，人们忘了土地公需要的土地。老人回忆，老灵溪有齐天大圣宫、土地宫、魁星阁、吾南书院四大古迹，民间地方精英运用自己的耐心和智慧，恢复了土地宫，并且调适了它的现代功能，形成非传统境社的趣缘性民间团体，可以说是目前恢复性民间信仰场所的一种常见模式。

① 坐僮，或为"做僮"，即乩僮，

32. 浙南闽东的家坛传承

——南垟山仙灵坛调查

在县城灵溪镇的一幢临街楼房的民宅二层，约30平方米的面积，设置着一个法坛，称仙灵坛。仙灵坛供奉王母娘娘、仙女娘娘、赛金娘娘、法宝大王、法通师父、法清师父、福德正神。这些神明被供奉的理由，都是坛主接受神明"显圣"的结果。在访谈中，坛主无法说清楚神明的来历，并且比喻他们就像政府的领导一样，来到我这里，我接待了他们，接受了咨询，又不敢问他们是谁。根据其法通师父和法清师父的供奉，我们认定它是与陈靖姑和闾山教相关的信仰。

图2.32.1 仙灵坛布置

在福建省古田县，每逢正月十五元宵节之前，尤其是在十二、十三的日子里，会有大量的村社庙宇组织和私人法坛、有厅头佛的家庭，自发组织到临水宫祖庙“行香补运”，形成盛大节庆活动。村社庙宇组织主要来自闽东地区，一个村落往往在师公和乩僮的带领下，组队进香，然后回村巡游庆贺。厅头佛的家庭主要来自闽南地区，许多家庭组团背着陈靖姑塑像，到祖庙进香，为自己的厅头佛充实法力，提升护佑功能。私人法坛主要来自闽东、闽北、浙南，一般是夫妻相伴，挑着一担传统礼盒，礼盒标识自己的坛号名讳，前头是神像、香炉、牌位，后头是祭品牲礼，谨慎地上岭、下岭，摆祭，敬承炉丹，然后向祖庙奉献香灯钱。在晚清民国时期，临水宫祖庙有专门的温州寮，供来自温州的法坛进香者休憩、过夜，现在交通便利，过夜者少。根据笔者 2012 年正月十三日调查时统计，红榜告示来自温州的香灯钱捐献者达 97 人，可见温州如仙灵坛的法坛数量依然不少，年例到临水宫祖庙行香补运的习俗依然传承。

灵仙坛坛主杨女士，1970 年生，一位腼腆的农村家庭妇女。出身于苍南滨海渔港石塘，出嫁括山乡南洋山，在巫道氛围甚浓的地区长大。青

图 2.32.2　仙灵坛香炉

年时期大病一场，后来认为被娘娘选中，在老家一个 300 多平方米的老宫里代言显圣。山村空巢化后，十多年前迁居县城，设坛问灵。在灵仙坛内，有十多面锦旗，记载着坛神有应、妙手回春、护佑官商学的回馈。

在民间信仰的田野调查中，浙闽一带经常遇到如杨某这样的妇女。她们青年时得精神性疾病，间歇性发作，医治无效，民间一般认为“被什么跟着”。许多家庭首先采用驱邪活动，然后改信基督教，几年折腾下来，认定降体者为正神后，开始铸炉立坛供奉。这种法坛首先通过道士的醮仪，确立坛号和神明的封号，有的一直为家庭私自供奉，奉祀者年老后，将神明附寄到宫庙里，如浙南土地宫里的李仙姑、桃仙姑、梅仙姑。也有世代相承。一位菲律宾华侨，定居澳门，福建石狮人，母亲和姐姐有灵异感应，立坛后难以显圣，认为因缘不足没有最后被神明选中；自己结婚前后有神明降体，预言必中，难事能解，自称是玉皇上帝三公主投胎，常有陈皇君娘娘显圣，尊贵自持，只为家人排难解忧。家人以此为荣幸。作为商业有成的丈夫，在接受采访时表现出即喜在心里又难以言表的状态。

图 2.32.3　仙灵坛答谢锦旗

除家庭私自供奉之外，第二种现象就是立坛建庙，享受大众香火。灵仙坛立坛之后，开始接受信众香烟，为大众排难解忧。随着山村空巢化，信众上山问神不便，灵仙坛便迁设人口稠密、交通便利的县城，泽惠更多的民众。在条件许可的时候，他们将改坛建庙，落地生根。

在浙南闽东的许多县市或主要乡镇的环城偏僻区域，都存在着改坛建庙现象，并且形成聚集带。坛主来自乡村、邻县、邻省各地，他们租赁土地、筹资建庙，组织醮事，问神驱邪保平安。让我们看到繁荣的经济基础对民间信仰所起的推动作用。

法坛传承是浙南闽东地区的一种民俗事象，没有了这种传承就断裂了一种文化；过多了这种传承就出现民间信仰过度的商业化。

33. 家族记忆的重新构筑

——灵溪镇龙渡村永安殿调查

一个村落的历史，基本上都是在回忆中口传，而不是在记载中查阅，没有“立字为据”的传统。在一定的情境中，不同的人、不同的时代，对村落历史的记忆，是有变化的，有时会流失一些内容，有时会添加一些桥段，于是产生“复数记忆”。“复数记忆”的意义不在于记忆的本真性，而在于“记忆的生长史”，为什么这个村落长出了这样的“记忆”？而且现在还在重新修剪、构筑呢？这是饶有趣味的问题。

龙渡许氏有四百年的迁居记忆。灵溪镇龙渡为单姓村，许氏从闽南安溪迁来。元明时人许德政(1323—1395)[①]，从河南光州固始县迁至闽南安溪县西门外功德里太武山脚寺前地方定居，为泉州许氏始祖。许氏后裔第八世至第十四世，以讳行“以、可、仰、灿、标、朝、廷”和字行“天、泉、益、日、光、世、君”排序。明万历年间，许氏家族在闽南“烧官山”获罪，其中第九世十八位讳行“可”、字行“泉”的青壮男丁逃到浙南各地定居，至今流传着“十八泉公分浙地”的故事。其中许可懿(1599—1660)，字暿泉，排

① 《许氏宗谱》记载，许德政“元仁宗癸亥年生”，查历史年表，元仁宗只有癸丑年(1313)，元英宗才有癸亥年(1323)。

行廿一,“迁居平邑南港廿九都下大门渭底”,天启年间生许仰恭、许仰宾二子,分居上洋底和渭底。肇基祖有一段传奇的故事,是家族的一笔文化遗产,值得后裔流传和记忆,但“烧官山”的具体情节,已经讲不清楚了。十八位同行辈的兄弟因此要逃离家乡,即使是在当时动乱的安溪县,也算是大事件了。这笔文化遗产的信息价值,是可以培养族人丰富的历史想象力。记得有一位历史学家说过,历史就是为了培养想象力。

龙渡地方在未开垦前为横阳支江的河滩,积水区域称“官塘”,“官”在当地地名中使用的含义,是指没有私人拥有者的地产。积土区域为涂园,常为海潮咸水侵蚀和溪洪冲毁。萧江塘河经过不断的整治,修建陡门和堤坝,基本驯服了山洪,保障旱涝,渭底涂园在康熙年间改称下大门,第十三世许朝烈迁居新的拓展区河口,形成陡门(下大门)、河口两个许氏定居点,后来发展为龙渡村。

图 2.33.1 永安殿造型

安溪人外出,有背着神像一路烧香祈祷的习俗。1982 年笔者在安徽出差时与一位安溪青年合住招待所同一间房间,还看到安溪人入住后首先摆供神像、焚香祈祷,再外出办事。明代万历年间的许可懿,正是背着家乡金史太尉的神像来到龙渡村的。定居之后,金史太尉便被供奉在住屋的大厅神龛上，被称为“厅头佛”。“厅头佛”相对于“宫庙神”，护佑对象更专一和私密一些，所以许多家族还是不愿意将“厅头佛”移作“宫庙神”，一直保有专属权。现在随着家居结构功能的改变，许多“厅头佛”不得不委托宫庙供奉，也算是信仰心理的一种释放。永安殿建庙时间在清中叶，原先建在河间沙洲的高埠上，种植樟树和榕树荫护，架设简易桥梁通行。后来塘河南岸沙涨，庙基周围平整为良田。1981 年设定苍南县城后，灵溪内河堤岸建设不断延伸、美化，城区不断向东南扩展，永安殿和附近的光绪四年兴建的法源寺就成了新城区重要的文化古迹了。

永安殿的金史太尉信仰，是保留闽南移民文化重要信息的遗存。三开间设三个神龛，主龛供奉金史太尉、牧牛大王、许府真君，旁塑符使、判官。左龛为福德正神。右龛为太阴圣母、陈十四娘娘、送子娘娘。主龛应该就是原先庙宇的供奉，从移民、祖缘、生产保护三方面的历史记忆建构神系。许府真君是村落许姓的祖公神，牧牛大王是畜牧生产保护神，这两方面的记忆构筑意图是明确的。但主祀地位的金史太尉何许神也？为何一直被供奉？有何护佑功能？村民却无从说起。同时因为“陈靖姑”有官身和法身两尊塑像，村民根据塑像记忆，习惯上也把“太阴圣母”与“陈十四娘娘”分开，认为两尊塑像是两位不同的神，分别敬拜。

不了解神明的来历其实不影响供奉，龙渡许氏延续了四百年的奉祀传统，并没有因为不知道金史太尉是谁而受影响。中国有“为尊者讳”的传统，这种传统经常导致我们不知道祖母叫什么名字，姑父叫什么名字，但这些不影响祖母、姑父的存在。倒是许多新规范的“登记”，导致我们无法书写，才开始编造历史。而编造也是记忆的重新构筑，是为了适应时代需要的合理推断。任何一位地方神明，如杨府爷、陈府爷，都是越到后来，他的生平、家庭、功业、功能等才越清楚明白的。需要决定记忆，才会有“复数记忆”。

我们在调查永安殿时发现，正殿的厅堂上正在举办醮事，几位老龄村民在厢房里打麻将娱乐，库房里架着元宵节点的鱼灯和端午节划的龙舟，殿前的戏台是几年前新建的楼房。这一切告诉我们，这个庙在村落的集体生活中依然在发挥着不可替代的作用。它承载着移民记忆、维护了村落文化、凝聚了许氏宗族、展示出民众生活。与大多数村庙一样，维护着一个农耕时代村落共同体的存在。

城镇化了，街道、公园、居民小区分割了村落，工坊、商店、学校覆盖了农田，但村民找回农耕文明的记忆更加迫切。永安殿位于苍南县灵溪镇龙渡村下大门，萧江塘河的南岸，坐东朝西，面向上游。重建于 1980 年代，三开间，单层，2011 年添建戏台。目前主殿破旧，正在筹备重建之中。

许氏村民成立永安殿修建委员会，仿古宫殿的设计图通过封塑张贴在戏楼的侧墙上，招徕族众捐资，许多办厂、开店的老板慷慨解囊，为自己的祖先记忆和农耕生活提供文化建设的扎根基金。庙宇依然面向萧江塘河的上游，有农耕时代镇住河水、依赖河水的传承，又有工商时代迎接财富、留住财富的寓意。在社会组织、空间功能都发生根本变化的城镇中，村落浓缩到庙里，希望成为未来的记忆。

在满目现代的拆建中，我们发现社会精英以宫庙为依托，在重新构筑记忆。

34. 城镇宫庙的租赁利用

——上江村蔡家垟殿调查

蔡家垟殿和郑氏宗祠联袂沟通，巍然屹立于灵溪镇对务社区上江村蔡家垟地方。殿、祠主体建筑平面1700多平方米，占地2000多平方米，坐东朝西，左殿右祠，仿古宫殿式建筑，三、四层联建，前临蔡家垟河，周边为街道和居民区。

蔡家垟地方蔡氏始居，故名。后蔡氏他迁，郑氏明季由乐清县迁此，繁族而居，建有小陡门一座。再有章、杨、赵、池、洪、钱、张、谢等姓氏加入，时间较短，人口不多，组成上江行政村。

蔡家垟林泗信仰始自南宋，主灵分香自下官塘宫庙。原先为草寮供奉，1736年兴建成五间主殿、左右各三间厢房、前有戏台门楼的村庙。民国期间村民养着几头水牛，沦为牛圈。1955年废庙办学，改为上江村小学。“文革”期间改为生产队仓库，神明塑像开始被搬离废弃。1974年重修蔡家垟殿，恢复神像、香炉、神牌位。1999年规划重建，与郑氏宗祠联建，2008年开工，2012年5月完工。

蔡家垟殿主祀林泗大帝，也称林泗大帝殿。其余奉祀的神明有玄坛

图 2.34.1　蔡家垟殿

赵元帅、白袍元帅、三官大帝、徐十六府君[①]、李三大王、白马明王、五福财神、陈氏皇君、福德尊神、判官、符使等。相传徐十六府君为林泗大帝结拜兄弟,都是宋代苍南当地拥有法术的人物,死后成神。李三大王是畜牧神体系里的一位,白袍元帅为上天指派的监察神,其他庙宇一般为叶大元帅。郑氏信众并没有像目前全国各地一样,突出赵元帅和五福财神的信仰,将其作为招引香火的噱头,而是淡然依序地安排自己的祀奉序列。在

① 林泗大帝神系,一般写"六姓府君",为林、吴、金、郑、章、赵六姓,也没有徐姓。庙内神牌书写"徐十六府君",可能为"徐氏六府君"之误。此处疑点,有待进一步访谈。

2008年殿宇重修之前,建庙管委会发现神龛上多了两尊神像,分别为观音菩萨和陈氏皇君。他们判断这是本村或外村村民偷偷地将厅头佛送到了庙里代为供奉。认为观音菩萨供在村庙里不太合适,便通过醮仪送到苍南佛教圣地玉苍山供奉,给陈氏皇君重塑金身,融入宫庙神行列。

图2.34.2　蔡家垟殿雕塑工艺

蔡家垟殿郑氏原来没有分扇组织,随着人口繁衍,根据老厝三个聚居点分成了三扇。三扇划分也不是以房族为依据,只是聚居点不同而已。宫庙管委会由三扇派选代表产生。这是我们调查中见过的最简单的分扇方式。

蔡家垟殿重建共计投资1200万元,没有大老板捐助,主要来自郑氏村民的集资。全村郑氏村民200多户,每户分派重建资金2000元,2000元以上为自愿捐献。上江郑氏通德堂派分七地,是散居流石叶家垟、灵溪镇、六板桥、风池板岙、渡龙、浦亭新开田、灵溪东垟村七地宗亲的联合祠,各派宗亲自愿捐资。宫庙管委会没有开展对外募捐宣传,知情信众有个人捐献300—500元的,村内其他姓氏自愿捐献。宫庙后殿三层,前殿四层,正殿五间,戏台二间,廊房左右各六间。所有雕塑神像都以樟木为原料,贴涂真金。庙内设置载人、运货电梯,殿柱石雕蟠龙,戏台八仙过海木刻浮雕,藻井九龙木刻浮雕,都精美、富丽。与其他新建庙相比,墙壁和天花板彩画略少一些。庙内申请了 wifi 公众使用号。工程竣工超支 100 多万。

宫庙投入使用后实行租赁制，一、二层使用面积各 700 多平方米，目前作为仓库出租。采用三年一租制，分别出租为葡萄酒仓库、超市仓库、服装仓库。灵溪镇为浙闽交界地区重要的批发市场，仓储使用量大。仓库租金每年在 30 万—40 万元之间。与仓库的长租制相反，殿堂实施零租制，以每天 350 元的价格租给需要打醮的民户使用。初一、十五照常接纳香客烧香，每月蜡烛油收入 1500 元左右。蔡家垟殿根据传统习俗每年正月十三至十八日闹灯，五月二十四日林泗大帝圣诞日摆祭，十月二十八日开始演五天还冬愿戏。2016 年林泗大帝圣诞活动，总收入 179030 元，支出 125970 元，结余 53060 元。看来活动收入也是宫庙维持经费之一。

图 2.34.3　蔡家垟殿九龙藻井

从祭田到房租，这是宫庙维持经费来源转换的主要方式。在传统的农耕社会，田地是最重要的经济资源，宫庙一般都置办田产，出租耕种，收取佃租以维持宫庙活动。土地改革以后，祭田不复存在，宫庙集体祭祀被废除，维持宫庙的经费来源也就没有着落。改革开放之后，宫庙重建之风兴起，祭祀活动复兴，宫庙维持经费转向时下热门的房地产经济。城镇宫庙抬高、扩建，腾出空余场地出租，成为宫庙运营的一种方式。城镇宫庙空余场地出租，早在清代北京就已经出现，董晓萍教授做过相关调查，并有研究成果。现在温州市区的洪殿，楼下出租给奥康皮具作销售市场；火车站的鱼鳞浃太阴宫，临街一楼设为超市；还有的办工厂、当仓库，都是房租养庙的实例。

经济因素，依然是村庙维持和发展的重要因素。在祭田消亡六七十年后，村庙的复兴其实面临着一个巨大的问题，就是维持费问题。许多村庙集资重建了，但因为没有维持费而废弃。维持费问题将导致一些宫庙开展多功能运营、设立维持基金、定时开展活动招徕捐助、设置博物馆等方式来解决。作为一种建筑物，提高使用效率是其价值的体现，也是管理者的使命。蔡家垟殿的租赁安排，不失为都市宫庙运营的传承创新。

35. 梦归故园的精神寄托

——十字路村皇君宫的重建

2013 年我对中国著名的华侨村——浙江省青田县龙现村进行调查，发现当地新建了许多空置的别墅，甚为诧异。访谈一位正在装修的业主，获知他是一位近 60 岁的意大利华侨，祖父辈都已经过世，子孙都在意大利、西班牙定居。近年有空回乡建这一栋别墅，是为了给自己养老："一把骨头不能留在外地。"后来，我又阅读了意大利记者写的《不死的中国人》①，该书描述了中国人干活、挣钱在意大利，但是很少老死在意大利的事实，开始进一步关注海外和农民工的回乡问题。苍南县灵溪镇华阳社区十字路村皇君宫的重建，应该是一个值得关注的农民工回乡故事。

华阳社区是一个山区地域，生产和生活活动的传统认同于矾山片区，县城灵溪大规模扩展后行政管辖才被重新区划。"万担松枝万支竹"的物产谚谣以及开山技术的"石老鼠"绰号，道出了地区产业的特点。十字路村由 6 个自然村组成，最早的定居记载为康熙年间的闽南仙游移民，总人

---

① [意大利]欧利阿尼・斯达亚诺：《不死的中国人》，邓京红译，社会科学文献出版社 2011 年版。

口只有 212 户,774 人,散落在各个山坳里。其中的倒座山自然村,1980 年代只有 19 户,71 人[①],仅有两三栋老屋和零星茅草屋的聚落,耕地面积有限、柴禾山地较广,生活普遍贫困。林先生 1962 年出生该地晚清时期迁入的闽南移民家庭,在一般人 22 岁结婚的当地,当时他 27 岁还没有找到对象,父母央求山坡下坎的叠石脚自然村表妹陈小姐婚配。林家与陈家是舅姑表,按理近亲不应该结婚,但是姑妈不忍心看着娘家香火无续,只好割爱将小七岁的女儿嫁回去,1988 年结婚。

1990 年代初,煤气罐取代了柴禾,成为普遍使用的家庭清洁燃料,20 多岁就已经割颓四把柴刀的林小姐失业,眼睁睁看着满山的柴草疯长。林先生拿起了风钻机,加入矿山开采队辗转全国各地打工。田园荒芜、老屋圮废,像所有山区散居户一样,林家 1996 年便迁到 1.5 公里外的华阳街道租房居住,方便一女一子就学,一租就是十二年。

林先生的收入无法满足家用,陈小姐也不断地去打零工。丈夫矿上需要煮饭工的时候,她就去煮饭,夫妻可以共同生活;丈夫矿上不需要煮饭工的时候,她就回苍南县城,在酒店饭馆端菜洗碗,这样也可以适当照看子女。在亲戚朋友的帮助下,经过十几年的积蓄,他们 2006 年终于在华阳街道买下一间民房,花费 15 万元安下自己的窝。这是他们家庭的一件大事。

陈小姐结婚四个月后得了癫痫症,几十年没有治愈。一向节俭的她常常记忆的还不是病症的困扰,而是积蓄的困难。每当口袋里有了十块钱,就常常花费于癫痫发作的治疗。有一次在吉林省煮饭,刚刚领了工资,病症发作了,吐白沫、昏迷,送到医院插氧气、打点滴。好了,但是工资

① 这里的户数和人口数数据来源自 1983 年的人口普查资料,摘自 1980 年代编撰的《苍南地名志》打印稿。

图 2.35.1　十字路村皇君宫

没了。三十年来看病、打醮，用掉了 50 多万元。

倒座山老屋后山的石崖下，原来有一座石板堂，是供奉陈皇君、杨府爷、土地公的小庙，在林家定居的晚清时期就已经存在，祖上一直敬拜有加。林陈二人婚后，便继承了祭拜传统，年节必供。患上癫痫之后，病症未明，信仰更加虔诚。老屋圮废、迁居华阳之后，夫妇依然时常上山，披荆斩棘，焚香持烛。并从石板堂分香，立炉于华阳家中，供家人和族人祭拜。与倒座山的所有联系和记挂，也就集中于这个石板堂了。夫妇睡梦中回到故园，梦境肯定会有石板堂。

2015 年苍南农村村村通起了公路，倒座山虽然没有了民居，也有一条水泥公路经过，重游故园也就方便起来。2017 年，夫妇在完成购房定居大事十年之后，决定重建石板堂。他们拿出所有的积蓄，再向亲朋集资，筹备了 63 万元人民币，建起了一座占地面积 800 平方米、建筑面积 500 平方米、梁高 9.5 米的三开间仿古风格宫庙。该宫庙命名皇君宫，主祀陈靖姑，偏祀杨府爷、土地爷，成为倒座山现在唯一的建筑，历史以来最壮丽的建筑。

倒座山距离村中心聚落20分钟步程，宫庙处于一片荒山之中，人迹罕至，它与许多环县城而建的宫庙不同，不可能成为一个有营利的大众信仰场所，只能是很小众的纪念性建筑。林陈夫妇是不可能依靠建筑宫庙收回成本的。从家里的经济角度去看，大女儿虽然已经出嫁，而儿子也已经成年，正到找对象的年龄。现在找对象的基本条件是县城有一套房子，出行有一辆小车，家家户户都在为积蓄“老婆本”而努力，而林家的基本条件还不具备，却偏偏拿出了娶儿媳妇的本钱去盖一座偏远老家的庙，表现出两害相权取其轻的倾向。

图2.35.2　拿娶儿媳妇本钱建宫的陈女士

在苍南山区村落的山野上，驱车过去，错落地可以看到一些大大小小的宫庙单独建筑在冈坳树荫之间，都是近几年的重建。林陈夫妇重建皇君宫，只是这类宫庙中的一例，属于老屋圮废、故园荒芜、经济实力有限、一缕乡情难寄的一种选择。它与侨乡别墅所体现的经济实力不同，而表达的情感相同。

经历改革开放四十年的一代人即将老去，“回乡”成为这些人新的生命主题。“信俗回乡”在这个案例中所表现出来的力量，一定给你带来了某种震撼。

36. 半山区畜牧生产的神明信仰

——岩尾山牧牛大王宫调查

苍南县除江南垟和江西垟的部分平原地区外，有大片区的山地和丘陵地带，坡度较大，耕地较少，水草丰美，是放牧牛羊的理想场所，尤其是水牛和黄牛，被农户广泛养殖。岩尾山属于苍南县灵溪镇南水头社区岩联村，就是养殖耕牛的传统场地。

图 2.36.1 苍南宫庙牧牛大王造像之一

半山区农户除了自己养殖耕牛外，还做佣工帮助平垟地区的农户在农闲期间养殖耕牛。因为平垟地区稻田连绵，没有草场，耕牛只好牵到半山区寄养。这样，半山区的儿童，从学龄开始，不管家中有牛没牛，都有当牧童的机会。

平阳县(含苍南)传统牛市发达，各集镇都有牛市，相牛知识普及，村落形成贩牛牙人网络。传统最大牛市设在钱仓，可以直接出港海运。耕牛长期贩往台州、杭州、嘉兴、湖州一带，数量巨大。在南北港牛源不足的时候，还到闽东地区贩运补给。养牛、贩牛成为半山区传统社会经济发展的主要依赖。

这样，以牧童神信仰为中心的畜牧神信仰，成为地方信仰的一大特色。

灵溪岩尾山牧牛大王宫，原先在桥墩镇车房后的庙里供奉，"文化大革命"时期破四旧，牧童神喜三金身被移到岩尾山坳藏匿，后在山崖下建神龛，再续建成简陋的单间 20 平方米的小房。许细英，女，87 岁，桥墩官埭头村人，从小放牛，17 岁嫁到岩联村，夫妇继续养牛度日，养育了五个儿子、二个女儿。子女长大后外出开矿，成为煤矿老板，致富返乡，出资 200 多万元，召集童年牧友，将原来放牛坡上的大王宫在"牛溷窟"穴位改建为三开间主殿，水池环绕、小桥添趣的别墅式宫庙，由母亲日常管理。许细英晚上住在家里，白天上山开殿门、打扫庭院、点香灯，既锻炼了身体，又有了精神寄托。

岩尾山牧牛大王宫正龛供奉五显大帝、田都元帅、通天元帅、顺风耳、千里眼，左龛供奉李清大王、八路将军，右龛供奉陈十四娘娘、福德正神。

苍南各地的牧牛大王神，是一个牧童群体，来历比较复杂，传说多样，信仰普遍，体现了浙南地区养牛业的发达。

一种传说与刘秀逃难有关。相传刘秀被官兵追杀，逃到山头再无力气，看见牧童，就与他换了衣服，让牧童逃跑，自己乔装牧童躲过一劫。结果牧童被杀死，死后封神。所以有些牧牛大王神像雕塑，是穿着太子服装。更有一个叫牛卧龙的地方，刘秀逃到这里，无处可藏，牧童急中生智，将他藏到倒卧休息的牛身后，保护了真龙天子，所以叫牛卧龙。

图 2.36.2　牧牛大王殿

一种传说与佣工放牧有关。相传三个牧童给财主放牛，腊月廿四结算工资没有多少结余，就商议决定将工资做赌资，派一位下山赌花会。花会一赔三十六，赢了就回家好过年。约好赢了上山将草帽戴在头上，输了将草帽拿在手上，以免挂念。下山的那位牧童赌中三元，赢了银子回来，由于爬山和兴奋，浑身发热出汗，一路拿着草帽扇凉风。山上两位牧童见了他将草帽拿在手上，以为赌输，想想一年艰辛，空手而回，就寻了短见。一位撞死在岩石上，一位吊死在树上。赌童上山一看，也割腕自尽。土地公见牧童可怜，便收了他们成神。民间造神有一个原理，就像中医缺什么补什么一样，也会犯什么立什么。比如中医缺肝补肝，造神是溺亡人成救溺神、瘟亡人成瘟神。由于牧牛大王好赌，民间视为赌神。赌花会时，会有很多人求牧牛大王托梦、示兆；现在赌六合彩，也有民众祈祷。本宫的“喜三”称谓，可能就是指三位牧童。

一种传说与蒲门李氏有关。相传苍南县蒲门的李氏在汉末就已经定居，世代养牛、贩牛致富，有兄弟七人成为牧牛大王，以李三大王和李七大王最为著名。村庙扶僮，李三大王和李七大王最易上身。李三大王青壮年口气，官腔严肃，说普通话（在 1980 年代及其以前，会说普通话的村民不多），上僮问事，一副忙碌的样子，匆匆来去。李七大王儿童口气，讲方言，问事之前会讨鸡蛋吃、香烟抽，当地人把鸡蛋叫做“卵”，李七大王则叫做“无毛鸡”，给人很新鲜、特别的感觉；他还把香烟叫做“寸二”，体现思维角度的别致。李七大王嘻哈随意，没事还可以请他唱山曲，讲一些邻村别姓的逸事，是一位最可亲近的神明。岩尾山牧牛大王宫的“李清大王”，即“李七大王”，口传名讳，没有固定写法。也许李三、李七就是“喜三”“喜七”的口误。

一种传说认为牧牛大王源自福建。紧邻苍南县的福建省福鼎市秦屿镇白云洞，有牧牛大王的祖庙，相传神明的名讳叫沈喜。乩僮口述：沈喜，夭亡牧童，被观音菩萨收留，公元 798 年修成神明，护佑畜牧，各地多有供奉。叶大兵先生的《温州民俗大全》记载：“传说某牧童死后成神，为牧童保护神。每当牛在上下坡时，牧童便大呼‘牧牛大王’求救。跳神时也很带孩子气，自称‘阿喜’，讲闽南话。有牧歌云：‘牧牛大王，四脚健壮。踏石勿溜，踏土勿陷（软）。行箕铁鞭，牛索铁锁（链）。打牛不痛，打鬼叫皇天。’”①也就是说，牛鞭具有驱鬼的功能，牛绳具有缚魅的作用。从各宫庙调查看，“阿喜”还有“沈喜”和“周喜”的不同，不能确定沈与周是两位不同的牧牛大王，还是误传的结果。也许“喜三”就是指沈喜、周喜等三位大王。

又有传说牧牛大王拜五显大帝为契子，得五显大帝道法，才提升为神。岩尾山牧牛大王宫正龛神位供奉五显大帝，而不是牧牛大王，就是这

---

① 叶大兵主编：《温州民俗大全》，新疆人民出版社 1998 年版，第 406 页。

图 2.36.2　碑记

个原因。五显大帝祖庙在婺源，苍南各地山区和市镇的山货市场都有供奉。把牧牛大王与五显大帝联系起来，应该与山区经济形态有一点的关系。

总之，苍南半山区广泛的牧牛大王信仰，是当地畜牧生产方式的产物。

小　　结

如果我们把这些宫庙标到苍南县的地形图上，从西南角开始顺着鳌江水流往东北角看，就会发现所有的庙与它的地理环境和社会环境融合在一起。我们看到莒溪石洞的神明三五成群憩息在林间崖际，可禽可兽可人地放浪形骸，比划拳脚、切磋道法、研制丹药，忘却时间似地等待瓜熟蒂落、修成正果的那一天。中贡宫护幼保赤的陈大奶，抱着"是谓众母"的态度，以子孙兴旺的传统眼光，盯着二十四岁孙媳有孕的肚子，左手抱着的儿子和右手牵着的孙子，兴奋地扶乩而上。桥墩许府的许逊老先生，捋着浓密而发白的胡子，拿出他忠孝净明的课本，指导裔孙诵读"规矩诲人"。状元内的地主爷坐在樟树下、古塔边，注视着风吹埄溪的明水，将它像白练一样绕在自己的两根手指之间。灵溪山上的齐天大圣在玩县城的魔方，不断地叫着大大大、小小小的咒语，将一切收入囊中。浦尾山的李十三娘娘想打一件新的毛线衣，岩尾山的牧童骑牛而歌，韩头桥的五显爷守护着他的山货粮食市场，大门宫五显爷开会讨论共建村居境社，护恩宫的皇君妈探脚到火焰山取暖。镇江的陈法师摘下白手套，因为她送走了所有的瘟神。宜山许府宫众神合计，把江南垟的生产、治安、经贸、教育都排出百年方案。江口宫的陈道姑在鳌江渡口坐了一千年，痴情地看着熙熙攘攘的旅客"舻艚头上岸"。孙店的太阴圣母搭起行宫的军帐，统辖三十六路兵将。康程宫的江大侯王一只脚踩在河里，一只脚踩在海上，当官做事业总是很忙。东门大庙的鲍大人穿戴整齐，等待着全金乡卫的子弟九月十五给他拜寿。矾山的陈府爷站在南坪山上，指挥所有的弟子带上矿钻，到全国各地和非洲、美洲去勘探。三澳村的皇君妈躺在沙滩上一觉醒来，发现核电小姑娘搬家住在她的边上，这两代人聚在一起，将讨论新旧法术的融合和威力。每一个宫庙的神明，都根据当地的需要，承担着不同的角色，发挥了独特的作用。

宫庙是苍南村镇里最古老的存在，最传统的现实，能传承的血脉。我们可以从历史文化的角度挖掘宫庙，也可以从现实的角度考察宫庙，更可以从未来的角度思考宫庙。我们可以从宫庙摸到民间文化的脉搏、社会组织的肌理、探讨发展成长的趋势。

在宫庙的调查中，我们非常关注境社，境社可以考察地方传统社会的组织方式，探究古代地方自理如何可能，理解社会结构为何稳固。这种境社组织对抵御外来骚乱和侵略、共同度过自然灾害和病疫等非常时期、开展水利和道路等公共建设、提高群体教育和文化水平、形成社会秩序、规范个体行为具有怎样的作用。现在我们的城市建设已经完成了外壳的建筑，正进入内在的“装修”时期，很需要借鉴传统的社会组织经验。

境社组织在现代社会的流变中正逐渐被信众网络所代替。传统宫庙属于地缘社会组织，是因为水利、警匪、商贸、通婚等需要而建筑的地方共同体标志物。在现代宗教文化多元化和人生境遇多样化的境况下，一些新建庙打破了传统的境社概念，具有了一定的俱乐部性质，以趣缘为纽带汇聚各色人等，重点在舒解生命个体的心理危机上发挥突出作用。

在调查中明显发现，传统村庙在传统村居格局、村落共同体维护上具有保护功能，但在庙宇利用、活动开展上缺少活力；新建庙以公共的神圣资源为基础，与民众的生活和心理需求、民俗活动紧密结合，在场所运营上表现出灵活性。

以上三十六所宫庙的调查和思考，希望给地方政府的民间信仰事务管理、社区建设、民俗文化的建设和利用等提供参考，给宫庙管委会、民俗文化传承人在实践工作中提供借鉴。

下篇

苍南县陈靖姑宫庙与境社普查

苍南县素来有“浙江的南大门”之称，古为百越之地，汉时属东瓯国，三国东吴设横屿船屯，后来发展为始阳县、横阳县、平阳县。1981 年从平阳县析出，因地处玉苍山之南，称苍南县。据 2011 年统计，辖区陆地总面积 1261 平方千米，776 个行政村、总人口 131.65 万人。地域根据山、河、江、海的分布，传统意义上划为江南、南港、蒲门 3 个区域，3 个区域形成宜山、钱库、金乡、灵溪、桥墩、矾山、马站 7 个具有悠久历史传统的市镇，和地位略低的霞关、赤溪、藻溪、望里、舥艚等集镇。建县以后，又形成了全国第一农民城——龙港镇。龙港镇跃居全县第二大镇，成为县副中心区。

苍南县陈靖姑信俗文化交流协会共有会员庙 300 多座，按照苍南县的传统片区和行政区划，分为灵溪片区、桥墩片区、莒溪片区、矾山片区、马站片区、赤溪片区、藻溪片区、宜山片区、龙港片区、钱库片区、金乡片区等 11 个区块介绍。

1. 灵 溪 片 区

灵溪位于横阳支江与萧江塘河的分水口，是鳌江流域南港片的重要集镇，随着闽浙边界分水关军事地位的下降，灵溪作为物资转运的集散地，商贸地位日渐重要起来。1981 年苍南建县，灵溪镇成为苍南县城，成为全县政治、教育、文化、商贸的中心，尤其是人参鹿茸冬虫夏草、汽车、水产、副食品、物流等专业市场的建设，直接带动了人口集聚和产业发展，辐射福建的宁德地区、邻县的泰顺、平阳的北港片等地域，促进了经济的繁荣。二十一世纪以来的十几年里，苍南县城随着城镇化的发展进一步扩大，浦亭、沪山、渎浦、观美等乡镇全部并入县城，成为苍南县的特大镇。2012 年灵溪镇区划为城东社区、城南社区、城西社区、双浦社区、对务社区、中兴社区、龙渡社区、渡龙社区、南水头社区、沪山社区、灵江社区、渎浦社区、观美社区、华阳社区、浦亭社区共计 15 个。根据习惯的划分和新的社区建设，我们按灵溪城区、浦亭社区、渎浦社区、沪山社区、灵江社区、观美社区、翔凤社区、华阳社区 8 个单位介绍。

1.1 灵溪城区

【大门村五显宫】坐落于灵溪城东社区大门，正面朝学士路，主祀五显大帝，偏祀陈十四、齐天大圣、杨府上圣、许真君、玄天上帝等神明。大门村许姓，始迁祖许天宇，于明隆庆间由福建晋江县石龟入迁此地定居，后繁衍成族。五显宫，始建于明崇祯年间，重建于 1998 年，占地面积 2377 平方米，建筑面积 1296 平方米。每年农历九月二十八日举行神诞祭祀活动。

【雁头太阴宫】坐落于县城灵溪镇城南社区雁头村，原宫址在横阳支江以南，雁头以东，2013 年重建，迁至附近的山下，坐西朝东。太阴宫南边为陈氏宗祠，盖黑色琉璃瓦；太阴宫盖红色琉璃瓦，体现阴阳相异的村落传统文化象征符号。庙前大水池称“龙角窟”，传说清代此庙从横阳支江江边迁宫至此时，居民以秽物相阻，捧陈十四香炉的人神灵护体，飞过数丈宽的“龙角窟”水面，避开污秽物，震惊远近居民。

【后垟村显应宫】坐落于城南社区后垟村。相传在万历年间，其地因山洪爆发，居民避难于村后坡地，水退，张氏于此处建宅而居，故名其地为后垟。显应宫原从雁头宫分香而建。苍南村庙多为“行宫”，认为被“分香”会导致宫庙神明灵验失效，一般分香都为“偷香”。显应宫始建于清代康熙年间，靠山临水，庙前有一棵大榕树。重建于 1992 年，占地面积 860 平方米，建筑面积 450 平方米，主祀陈十四娘娘、林九娘、李十三娘娘。

【渔塘口村冷水宫】坐落于城南社区渔塘口村。据《林氏宗谱》记载，清顺治四年，林氏由灵溪迁此，于湖塘畔聚居，以捕鱼为生，里人故谓其地曰“鱼塘口”。冷水宫主祀林泗大帝，偏祀陈皇君。始建于明代，重建于 2000 年，占地面积 1250 平方米，建筑面积 900 平方米。每年农历六月初八日举行祭祀庆典活动。

【渔塘口村盘古宫】坐落于城南社区渔塘口村，主祀盘古帝王，偏祀陈十四娘娘。始建于清代，重建于 2010 年，占地面积 1100 平方米，建筑面积 900 平方米。盘古帝王在苍南县的山区和半山区、海区得到广泛供奉，

图 3. 1. 1　1980 年代的宫庙建筑形貌，在当时比较普遍。

平垟地区的供奉较少。

【北山村白马殿】坐落于城南社区北山村。据《黄氏宗谱》记载，清康熙年间，黄氏由闽之泉州迁此，因其地北负山，故名。白马殿，主祀白马明王，偏祀陈十四娘娘。始建于清朝，重建于 2007 年，占地面积 2000 平方米，建筑面积 1000 平方米。温州各地的白马爷祭祀比较普遍，神明起源有多种说法，苍南县祭祀的白马明王主要是福建的神明王审知。

【龙渡村永安宫】坐落于城南社区龙渡村萧江塘河南岸，主祀金史太尉，偏祀皇君娘娘。始建于清代，重建于 1998 年，占地面积 1215 平方米，建筑面积 900 平方米。金史太尉不可考，宫庙供奉较少。太尉为唐、宋、元官职，主要负责军事和监察工作，明代及其以后不设。金史太尉有可能是道教元帅神，“金史”或为“金使”。

【龙渡村水陆宫】坐落于城南社区龙渡村，主祀水陆大王，偏祀陈皇君。始建于清代，近年重建，占地面积 800 平方米，建筑面积 300 平方米。

负责人许丽容。

【齐天大圣宫】坐落于县城公园山北面，主祀齐天大圣，偏祀陈靖姑、杨府上圣、五显大帝、林泗大帝等神明。前有戏台，左右廊二楼有文昌阁、魁星阁。集苍南县石雕、木雕、髹漆等民间工艺于一体，也是县城居民从事民俗信仰活动的主要场所，苍南建县后确定建县日10月10日为“城庆日”，县城举行经贸物资交流会，扩大为浙闽边贸文化节。齐天大圣增添此日为庙会，举行祭祀和演戏活动，成为城庆日的主要民间文化展演场所。

【韩头桥村华光庙】坐落于韩头桥村上韩头，系横阳古道上的康庄桥镇桥宫发展而来。明成化十六年(1480)建浮桥，清嘉庆二十三年(1818)乡人会议倡修，道光二十七年(1847)，“康庄桥”已经改称“韩头桥”，乡耆王千兰、华延经董事，“重建韩头桥并永丰桥”。宫内保存嘉庆和道光石碑二块，为珍贵民间文献。华光庙，主祀五显大帝，偏祀陈皇君、杨府爷、文昌帝君等神明。现建筑重建于1996年，占地面积2000平方米，建筑面积1000平方米。

【晓峰村白马宫】坐落于城西社区晓峰村帮溪，白马宫境社由山脚自然村和垟心村合成，游氏族人居多。白马宫主祀白马侯王，偏祀陈皇君。始建于清康熙年间，重建于2008年，占地面积1612平方米，建筑面积1205平方米。

【浦尾山山水圣宫】在县城灵溪镇水产市场对面的浦尾山上，为苍南县陈靖姑信俗文化交流会办公室所在地。建筑物分山门、皇君宫、山水圣宫、观音阁三大主殿，皇君宫主祀陈、林、李三位皇君；山水圣宫主祀田都元帅、白马三圣、杨府爷、文昌帝君及合殿神明；观音阁主祀观音菩萨。2013年以来，连续承办三届浙台(苍南)陈靖姑信俗文化节，成为苍南县海峡两岸四地民间文化交流的重要活动基地。

【状元内石狮宫】坐落于南水头社区田乾村状元内地方，始建于清初，

图 3. 1. 2　2000 年代的宫庙建筑形貌，是有一定财力的村庙建筑。

主祀地主尊神，偏祀陈十四。宫门朝向山口，明显有镇抑山洪之意。宫中有宋代石狮一只，相传从南宋状元徐俨夫状元府移来，因而得名。宫后有古樟树一株，列入省级古树名木保护名录，尊为树神。宫内有木塔一座，供奉七十二地煞，也为镇水。

【坑源村龙头宫】坐落于南水头社区坑源村浦尾山下，主祀田都元帅，偏祀陈皇君。始建于清朝，重建于 2011 年，占地面积 650 平米，建筑面积 300 平米。该宫五开间，单层，宫殿建筑，为苍南宫庙建筑的普遍风格。

【北山下村小云宫】坐落于南水头社区北山下村，主祀白马明王，偏祀陈皇君娘娘。始建于清，重建于 2002 年，占地面积 1200 平方米，建筑面积 1000 平方米。小云宫主要为混凝土结构，建筑风格与传统建筑有较大的改变，实用性更强。

【坑源村大宫】坐落于南水头社区坑源村浦尾山下。坑源村由坑源和浦尾山两个自然村组成，主姓为屠、严、蔡，其余为温、易、陈、罗、刘、商、

图 3.1.3　2010 年代带有前廊的仿古建筑。

李、池、昌、谢、杨等姓氏。屠廷官、屠思源于清初由乐清县入迁。商为先(1625—1697)由金华兰溪深渠迁居。大宫始建于清，主祀林泗侯王、徐十六府君，相传二神为结拜兄弟，所以合炉供奉。偏祀白马圣王、三官大帝、太阴圣母、送子娘娘、采送娘娘、福德正神、判官、符使。重建于 1980 年，再建于 2002 年，占地面积 2000 平方米，建筑面积 1500 平方米。每年农历六月做醮吃福酒。

【坑源村林德王殿】坐落于南水头社区坑源村浦尾山，始建于清，重建于 2003 年，占地面积 1300 平方米，建筑面积 800 平方米。主祀林德王，偏祀皇君娘娘、白马明王、齐天大圣等六尊神明。林德王，无考，苍南其他宫庙未见供奉。

【坑源村马仙娘娘宫】坐落于灵溪镇坑源村，主祀马仙娘娘，偏祀陈靖姑。始建于清，重建于 2001 年，占地面积 650 平方米，建筑面积 120 平方米。负责人潘孝池。

【五垟村五垟宫】坐落于对务社区五垟村，主祀徐十六府君，偏祀陈皇君。徐十六府君为宋时本县人氏，与林泗大帝为结拜兄弟。五垟陈姓，始迁祖陈子教，约于明嘉靖年间由福建泉州府永安县小岵山入迁此定居，后繁衍成族。始建于清代，重建于 2011 年，占地面积 1250 平方米，建筑面积 800 平方米。

【上江村蔡家垟殿】坐落于对务社区上江村蔡家垟。据当地《郑氏宗谱》记载：明季间，郑氏由乐清迁此，繁族而居。林泗殿主祀林泗大帝，配祀陈十四娘娘。始建于南宋年间，2006 年重建，占地面积 1000 平方米，建筑面积 874 平方米。每年农历六月初八日举行神诞祭祀。

【新建村东河宫】坐落于对务社区新建村官堂。新建村，驻下林，辖下林、渔湖、河口三个自然村，形成境社结构。东和宫主祀太阴圣母。始建于明末清初，重建于 1978 年，复建于 1999 年，占地面积 1200 平方米，建筑面积 1100 平方米。负责人林为灯。

【岱头村龙法宫】坐落于渡龙社区岱头村山边内隔地方，主祀王母娘娘，配祀陈太阴圣母、朱氏仙姑、陈法通、陈法清、杨府上圣、金甲大将、山主将军、白马元帅、铜甲将军、牧牛大王、桃花仙姑、铁甲将军、送子娘娘、送宝娘娘、福德正神。始建民国时期，2012 年重建，占地面积 1100 平方米，建筑面积 870 平方米。上童神明主要有陈法清祖师、铁甲将军、王母娘娘。负责人陈雪元。

【岩头村皇君宫】坐落于灵溪镇岩头村，主祀陈、林、李三皇君。始建于清代，重建于 2001 年，占地面积 300 平方米，建筑面积 150 平方米。负责人陈世金。

1.2　浦亭社区

【燕头村恩护宫】坐落于浦亭社区燕头村樟岙口地方，主祀陈十四娘娘、赵元帅、护法大神等神明。樟岙刘氏始迁祖刘伯基，其祖父刘达景于康熙年间迁入苍南县南宋垟，孙再迁樟岙，全村约70户。清光绪年间建恩护宫。重建于1991年，占地面积2200平方米，建筑面积1800平方米。

【玉泉村永全宫】坐落于灵溪镇浦亭社区玉泉樟岙自然村，村庙主祀五显大帝、杨府上圣、盘古帝王，偏祀陈、林、李三位皇君，林一、林二、林三三位祖师，南天门白衣土地。始建于清代，1987年重建，占地面积2000平方米，建筑面积1200平方米。村居陈氏迁自闽南地区。庙有四条石柱堪称古物。历史上村民曾经请不到戏班演戏，最后由白衣土地才聘请成功。

【燕头村三合殿】原称猎部宫，坐落于浦亭社区燕头村燕头自然村。村庄西北负山，山形肖似燕头，故名，村前有湖塘。黄氏始祖黄文雨(1658—1707)、黄文好(1655—1732)兄弟于清康熙十年(1671)由福建泉州府安溪县龙智入迁定居。清乾隆年间建庙，主祀猎部圣上、杨府上圣、盘古帝王、五显爷，配祀陈皇君。重建于2008年，占地面积1000平方米，建筑面积600平方米。

【观湖村大湖杨府殿】坐落于浦亭社区观湖村大湖自然村，为观湖村庙，主祀杨府爷，配祀陈皇君，祭祀圈包括大湖、新安隔、锯板寮、上柯脚四个自然村。大湖黄氏为祭祀主体，始居不详。1998年重建，占地面积1400平方米，建筑面积900平方米。

【观湖村齐天大圣宫】坐落于浦亭社区观湖村，主祀齐天大圣，偏祀陈十四娘娘、李十三娘娘和林九娘三位皇君妈。始建于清代，重建于2003年，占地面积1300平方米，建筑面积800平方米。

【观湖村锯板寮宫】坐落于浦亭社区观湖锯板寮自然村。始建于清咸丰年间，主祀盘古帝君，偏祀皇君妈、守江爷、三位白马爷、牧牛大王。重建于2013年，占地面积1000平方米，建筑面积800平方米。

图 3.1.4　传统的木结构庙宇

【观湖村新安隔杨府殿】坐落于浦亭社区观湖村新安隔自然村，近 30 户，100 多人口，宫庙主祀杨府侯王，偏祀陈十四娘娘。2010 年重建，占地面积 1400 平方米，建筑面积 1000 平方米。

【玉泉村皇君宫】坐落于浦亭社区直渎玉泉村，主祀陈十四娘娘。始建于民国年间，2008 年重建，占地面积 800 平方米，建筑面积 280 平方米。村居吴氏明天启年间(1621—1627)迁自福建泉州府安溪县。

【玉泉村双合殿】坐落于灵溪镇浦亭社区玉泉村，主祀五显大帝，偏祀皇君妈。庙前对联为:“双眸如宝剑中添目为三光，合手握金砖侧列四成五显”。道出了五显大帝的特征。始建于清光绪年间，1988 年重建，占地面积 1540 平方米，建筑面积 800 平方米。

【玉泉村圣贤宫】坐落于灵溪镇浦亭社区玉泉村，主祀三教佛，偏祀皇君妈。是一个三教合一的古庵堂，供桌上写“仁义古佛”，神像塑造颇有特色。始建于清代，2004 年重建，占地面积 1300 平方米，建筑面积 1000 平方米。

【玉泉村新开田宫】坐落于浦亭社区玉泉村，主祀打猎将军、三位白

图 3.1.5　普遍使用的玻璃窗神龛

马、三位金甲大将、牧牛大王、齐天大圣等 20 多尊，偏祀皇君妈。村落地处玉苍山林场之东山坡上，林氏清雍正年间(1723—1735)由邻近的对务来此开山辟田，称新开田。村居 50 多户，200 多人口。宫庙始建于清代，解放以后村民出资重建三间，占地面积 500 平方米，建筑面积 200 平方米。

【玉泉村玉元殿】坐落于浦亭社区玉泉村内樟岙地方。据当地《陈氏族谱》记载：明万历癸酉年(1573)，陈氏由闽迁于此，见其地三面环山多樟树，遂伐木营生，聚成村落。玉元殿始建于清代，主祀蔡妈娘娘，偏祀马仙娘娘、花粉娘娘、陈十四娘娘、李十三娘娘、林九娘娘、送宝娘娘、送子娘娘、李三大王、土地公、土地婆。解放以后重建，占地面积 1500 平方米，建筑面积 150 平方米。负责人沈世搬。

【方底村正桂殿】坐落于浦亭社区方底村，主祀玄天上帝，偏祀皇君妈。村居现多为陈姓，系明末清初闽南移民后裔。宫庙始建于明代万历年间，1975 年重建，占地面积 1000 平方米，建筑面积 550 平方米。

1. 灵 溪 片 区

【方底村南盘殿】坐落于浦亭社区方底村，主祀总领元帅、统都元帅、二路元帅、五马灵王、张人仙师、蔡妈娘娘、金氏娘娘、水母娘娘、五显大帝、水师元帅、赵元帅、福德正神，偏祀皇君妈，上位神为观音菩萨、善才、童女。原为斋堂，后来吃菜婆过世，斋堂圮废。1971 年重建，占地面积 1000 平方米，建筑面积 900 平方米。

【方底村释桂殿】坐落于灵溪镇浦亭社区方底村，主祀白氏娘娘，偏祀皇君妈。始建于清光绪年间，2010 年重建，占地面积 1200 平方米，建筑面积 700 平方米。

【方底村陈府殿】坐落于灵溪镇浦亭社区方底村下殿，主祀陈府爷，配祀皇君妈。始建于清光绪年间，1980 年重建，占地面积 1200 平方米，建筑面积 800 平方米。

【张家腰村毓临殿】坐落于灵溪镇浦亭社区张家腰村，主祀皇君妈。该庙陈、林、李三尊皇君塑像与其他庙宇不同，面相偏中年男性，服饰为软帽、袍服。据当地《李氏宗谱》记载："相传，张氏原居此处，招燕头李氏一少年为螟蛉(俗称领义子为邀)，故名张家邀，后谐音为张家腰。"现有 300 余户，930 人。毓临殿，始建于清康熙年间，1999 年重建，占地面积 1200 平方米，建筑面积 800 平方米。现管理者为李氏族人。

【张家腰村马仙宫】坐落于灵溪镇浦亭社区张家腰村，主祀马仙娘娘，配祀皇君妈。始建于清代，1989 年重建，占地面积 1000 平方米，建筑面积 800 平方米。

【北岙村六和宫】坐落于灵溪镇浦亭社区北岙村，主祀五显大帝，偏祀皇君妈。北岙张姓，始建祖张茂林于明万历四十二年(1614)由福建南安县十三都陇尾入迁来此定居，后繁衍成村落。六合宫，2006 年重建，占地面积 1500 平方米，建筑面积 1000 平方米。

【大亭村双桂殿】坐落于浦亭社区大亭村，主祀盘古帝君，偏祀陈十四。始建于清初,民国年间重建,2004 年再建,占地面积 3300 平方米,建筑面积 1800 平方米。

图 3.1.6 大树护庙是许多村庙的特点

【石聚村皇君宫】坐落于浦亭社区石聚村南树垵地方,主祀皇君妈。始建于清光绪年间,2003 年重建,占地面积 2000 平方米,建筑面积 1500 平方米。

【罗溪村水母娘娘宫】坐落于灵溪镇浦亭社区罗溪村,主祀水母娘娘,偏祀皇君妈。罗溪沈氏始迁祖沈时隆(1650—1708)约于清康熙年间由福建漳州府龙溪县石码镇十一都沈溪头入迁来此定居,首创碗窑,后繁衍成族。水母娘娘宫始建于清代,重建于 2010 年,占地面积 1000 平方米,建筑面积 800 平方米。

【浦南村南山宫】坐落于浦亭社区南山自然村,主祀五显大帝,偏祀皇君妈。始建于清嘉庆年间,2005 年重建,三间单层,简约庄严,占地面积 400 平方米,建筑面积 120 平方米。

【丽湾村黄九师公庙】坐落于浦亭社区浦南村丽湾自然村,主祀黄九师公，偏祀皇君妈。黄九师公与陈靖姑为同门师承，曾到闾山学法。师公庙始建于清代，1990年重建，占地面积1820平方米，建筑面积820平方米。

【和平村永泰宫】坐落于浦亭社区和平岭东自然村，主祀五显大帝，配祀皇君妈。始建于清代，2000年重建，占地面积2000平方米，建筑面积1200平方米。

【浦南村朱仙姑宫】坐落于浦亭社区浦南村坑口自然村，主祀平阳县南雁荡山仙姑洞修道而成的朱仙姑，偏祀陈皇君。始建于清代，重建于1990年，占地面积1300平方米，建筑面积700平方米。

【浦南村浦尾宫】坐落于浦亭社区浦南村，又名老人亭。始建于清，重建于1990年，占地面积1300平方米，建筑面积600平方米。主祀甘济侯王，偏祀皇君娘娘。

【河头桥水车垅宫】坐落于浦亭社区河头桥，主祀杨府上圣，偏祀皇君妈。始建于清代，1999年重建，占地面积1400平方米，建筑面积1000平方米。

【国公庵凤飞殿】坐落于灵溪镇浦亭社区国公庵，主祀杨府侯王、齐天大圣等神明，偏祀皇君妈等。始建于清代，重建于2013年，占地面积2800平方米，建筑面积2000平方米。

【柯脚山村盘古宫】坐落于灵溪镇浦亭社区柯脚山，主祀盘古帝王，配祀皇君妈。始建于清代，解放以后重建，占地面积600平方米，建筑面积300平方米。

【小玉苍水尾宫】坐落于灵溪镇浦亭社区小玉苍自然村，主祀白马圣王，偏祀陈皇君、水母娘娘，始建于清代，1998年重建，占地面积1300平方米，建筑面积850平方米。负责人陈开株、陈义宝。

1.3 渎浦社区

【镇江村福全宫】坐落于渎浦社区镇江村。相传江中时有狂风恶浪，里人于江边建镇江亭，以镇之，因亭得名，遂称镇江。镇江陈姓，始迁祖陈廷葛，约于清顺治年间由乐清县翁垟入迁来此定居；另一支始迁祖陈世经、陈世耀兄弟，约于清乾隆年间由藻溪元店入迁来此定居。福全宫，主祀陈十四娘娘，始建于清，重建于 2013 年，主殿五间，两边各有厢房五间，前有戏台。全殿木雕极为精致，楹联由书法名家题写。

【华山村金九侯王殿】坐落于渎浦社区华山村金家楼。据当地《赵氏宗谱》记载，明天启年间（1621—1627）已有此名，金氏始居，故名金家楼。后金家楼寥落无存，赵氏迁此，仍沿袭旧名。金九侯王殿，主祀金九侯王，偏祀皇君妈。始建于清代，1975 年重建，占地面积 2000 平方米，建筑面积 1500 平方米。现为金九侯王殿管理委员会管理。

【下汇周村三港殿】坐落于渎浦社区下汇周村。据当地《周氏宗谱》记载，周氏于明嘉靖年间（1522—1566）由平阳入迁来此定居，后繁衍成族。三港殿主祀三港大帝，偏祀皇君妈。始建于清代，1955 年重建，占地面积 3500 平方米，建筑面积 3000 平方米。现为老人协会管理。

【塔里村塔里宫】坐落于渎浦社区塔里村。据当地宗谱记载，清雍正年间（1723—1735）已有塔里之名。相传其地古时筑有“龙塔”，金、陈、薛三姓于塔旁聚村，故名。主祀潘三侯王、齐天大圣、杨府上圣。始建于清代，民国十四年（1925）改建三间为五间，重修于 1980 年，重建于 1997 年，占地面积 2500 平方米，建筑面积 2000 平方米。现为老人协会管理。

【大浃头村杨府殿】坐落于渎浦社区大浃头村五里牌地方。五里牌相相传为明赈饥绅士章仕昌而设。明宪宗成化年间，江南饥荒，渎浦横江人

图 3.1.7　具有 1980 年代当地民居风格的宫庙建筑

章仕昌赈饥被奸官陷害，缓斩令送到离村五里地时，刑场人头已经落地，遂名五里牌。据当地《刘氏宗谱》记载，刘武周明万历年间从泉州府安溪县大片园大板桥头入迁平阳县詹家埠，后裔迁鲸头。清康熙元年(1662)，刘在德率族人，由鲸头迁此，于大湖浃旁筑宅聚居，遂名大浃头。杨府殿，主祀杨府侯王，偏祀皇君妈。始建于康熙七年(1668)，重建于 1988 年，占地面积 2600 平方米，建筑面积 2000 平方米。

【郭家车村相助宫】坐落于渎浦社区郭家车村。蔡姓始迁祖蔡士佩，于清乾隆年间由乌石岭入迁。相助宫主祀五显大帝，偏祀皇君妈。始建于清嘉庆十七年(1812)，重建于 2005 年，三开间单层，占地面积 1000 平方米，建筑面积 800 平方米。

【郭家车村盘古帝王殿】坐落于渎浦社区郭家车村。民国《平阳县志·建置志》记载："相传明季，郭氏因避乱居此，称为郭家栖，因栖、车音同，改为郭家车。"盘古帝王殿，主祀盘古帝王，配祀皇君妈。始建于清嘉庆四年(1799)，重建于 1940 年，1990 年代重建，占地面积 3400 平方米，建筑面积 2800 平方米。

【横江村龙翔殿】坐落于渎浦社区横江村横大浦，主祀晏公爷，偏祀皇君妈。庙匾书“海不扬波”，始建于清代，重建于 1971 年，五开间二层门楼，为七十年代温州乡村民居建筑风格，占地面积 4500 平方米，建筑面积 3000 平方米。

【平水桥村平水桥宫】坐落于渎浦社区平水桥村。平水桥黄姓，始迁祖黄希图约于清顺治年间率子黄承专由萧江高黎入迁来此定居，后繁衍成族。平水桥宫主祀白衣丞相，偏祀皇君妈。始建于民国年间，重建于 1978 年，占地面积 1000 平方米，建筑面积 1000 平方米。现为黄姓头家管理，负责人黄彩兴、黄彩善、黄文越。

【陡南村陡门头宫】坐落于渎浦社区陡南村陡门头自然村，也作“斗门头”。民国《平阳县志・建置志》记载：“其地古时筑有陡门，村居其地取名。方言‘斗’、‘陡’音同，遂讹化为斗门头。”始迁祖陈明宇，由平阳县坡南入迁来此定居，后繁衍成族。陡门头宫，主祀五显大帝，偏祀皇君妈。始

图 3.1.8　正在修建的宫庙

建于清代，重建于 2013 年，占地面积 6000 平方米，建筑面积 4800 平方米。现为老人协会管理。

【山脚李村晏公殿】坐落于渎浦社区山脚李村张家山自然村。民国《平阳县志·舆地志》记载："张家山，相传其地李氏始居，婚于张氏，陪嫁笔架山一座，遂名为张嫁山，因谐音，为张家山。"山脚李氏，始迁祖李发义，于明万历四十二年(1614)由福建安溪县湖头对山墙围内入迁来此定居，后繁衍成族。晏公殿，主祀晏公，偏祀皇君妈。始建于清代，重建于 1979 年，占地面积 1900 平方米，建筑面积 950 平方米。

【棋南村福安殿】坐落于渎浦社区棋南村棋盘头地方。据当地《林氏宗谱》记载，明季已有此名。相传其地居民爱弈棋，庄前有石刻棋盘，旋名棋盘头。福安殿主祀林泗大帝，偏祀皇君妈。始建于清代，重建于 2010 年，占地面积 1800 平方米，建筑面积 800 平方米。

1.4 沪山社区

【新桥村颂灵殿】坐落于沪山社区新桥村，村为陈、林、徐、安、阮、郑、谢、赵、缪等杂姓村。村庙主祀白马明王，偏祀陈十四娘娘。始建于清中期，重建于 2009 年，占地面积 1800 平方米，建筑面积 1200 平方米，二进四合院。每年举办五月十四日白马明王神诞活动。负责人徐定海、阮棉钗。

【六板桥村杨府殿】坐落于沪山社区六板桥村，黄氏始迁祖黄纯光，南宋庆元元年(1195)进士，淳佑二年(1242)由福建迁居温州府城西门，其孙黄应秋迁此定居。现有居民郑、杨、陶、游、张等姓，共分三扇，黄、游、张为一扇，杨、陶为一扇，郑为一扇，张后析出。郑从厦门迁来，杨从永嘉迁来。村庙主祀杨府上圣，偏祀皇君妈。重建于 2005 年，占地面积 3000 平方米，建筑面积 1500 平方米。每年正月初划太平龙，五月十八日、十月十五日吃福酒。

【塘下村华光庙】坐落于沪山社区塘下村。塘下黄姓始迁祖黄先昭，于明崇祯元年(1628)由福建长溪赤岸入迁观美桃湖。桃湖黄克明生子八，其中黄士光兄弟四人于清乾隆十四年(1749)入迁来此定居。华光庙主祀五显大帝，偏祀皇君妈。始建于清代，重建于 1999 年，占地面积 2000 平方米，建筑面积 1000 平方米。

【后蔡村林泗殿】坐落于沪山社区后蔡村。蔡姓始迁祖蔡明全约于明正德年间由蔡家处入迁来此定居。林泗殿主祀林泗大帝，偏祀陈十四娘娘。林泗大帝是本县舥艚镇新桥人，为浙南海航、渔业保护神。村庙始建于清中期，重建于 1998 年，占地面积 2000 平方米，建筑面积 1000 平方米。负责人蔡景开。

【后蔡村林泗爷殿】坐落于沪山社区后蔡村，主祀林泗大帝，偏祀陈十四娘娘。始建于明朝，重建于 1980 年，占地面积 2500 平方米，建筑面积 1200 平方米。负责人朱观寿。

【畔垟村顺安庙】坐落于沪山社区畔垟村，主祀杨府上圣，偏祀皇君妈。始建于清代，重建于 1989 年，占地面积 1000 平方米，建筑面积 800 平方米。

【周林村小江宫】坐落于沪山社区周林村小江自然村。由周、林、苏三姓组成。始迁祖苏北一，又名苏璧山，于明万历十二年(1584)由福建泉州府安溪县入迁来此定居。小江宫始建于清代，重建于 2000 年，占地面积 2300 平方米，建筑面积 1000 平方米，主祀林泗大帝，偏祀皇君妈。

【山北村镇安庙】坐落于沪山社区山北村。据当地《黄氏宗谱》记载，宋季黄氏遇海寇奔避至此，见其地山水萦绕，遂营窟为舍。因地处凤山之北，故名。镇安庙主祀靖海明王，偏祀皇君妈。始建于清代嘉庆年间，重建于 1975 年，占地面积 1100 平方米，建筑面积 650 平方米。

【新浦村五显庙】坐落于沪山社区新浦村，主祀五显大帝，偏祀皇君妈。始建于清代，重建于 1990 年，占地面积 2200 平方米，建筑面积 850 平方米。

图 3.1.9　小三开间独体简易建筑也是山区常见的庙宇

【新浦村皇君庙】位于沪山社区新浦村灵峰小岭头地方，主祀陈皇君，偏祀金马大王、龙官大王。始建于同治年间，重建于 1997 年，占地面积 210 平方米，建筑面积 185 平方米。

【沪山村顺天庙】坐落于沪山社区沪山村龙庆北路。沪山其地有山形似伏牛，简称伏山，因方言伏、扈同音，雅化为扈山。以山麓有河，遂加水，定名沪山。沪山周姓，始迁祖周沈，南宋绍兴年间奉旨往山东移其父之柩到闽泉州安葬，途经沪山，辞官定居于此，繁衍成族。顺天庙主祀林府真人，偏祀皇君妈。始建于清代，重建于 1980 年，占地面积 2500 平方米，建筑面积 1200 平方米。

【山南村惠临庙】坐落于沪山社区山南村。山南村地处沪山之南，林姓始迁祖林应化于清康熙年间由平阳县宋埠镇宋浃垟入迁到此定居。惠临庙主祀靖海明王，偏祀皇君妈。始建于民国，重建于 2009 年，占地面积 1000 平方米，建筑面积 880 平方米。

【百丈村金龙殿】坐落于沪山社区百丈村金家宅，主祀五显大帝，偏祀皇君妈。始建于明代，1983 年重建，占地面积 1000 平方米，建筑面积 450 平方米。

【百丈村华光庙】坐落于沪山社区百丈村旗杆底。百丈林姓始迁祖林节约于五代后梁开平二年(908)由繁枝乡林坳入迁定居。华光庙主祀五显大帝、杨府上圣，偏祀皇君妈。始建于明代，重建于 2001 年，占地面积 1800 平方米，建筑面积 900 平方米。负责人林允孝、阮棉通。

【门前村靖海宫】坐落于沪山社区门前村。《周氏宗谱》记载，宋淳熙年间周氏由闽避乱迁居沪山之西。相传侯王周端五在此建府第，村处府门前，故名。靖海宫主祀靖海明王，偏祀皇君妈。沪山社区虽不滨海，但多座庙宇供奉靖海明王。神明起源不详，他处未见。村庙始建于清代，重建于 1985 年，占地面积 1200 平方米，建筑面积 800 平方米。

【新桥村五显殿】坐落于沪山社区新桥村徐家垟，主祀五显大帝，偏祀皇君妈。始建于清代，重建于 1995 年，占地面积 1200 平方米，建筑面积 800 平方米。

【灵峰小岭宫】坐落于灵溪镇沪山社区新浦村，主祀陈皇君。始建于 200 年前，1999 年重建，占地面积 170 平方米，建筑面积 150 平方米。负责人林彩云。

1.5 灵江社区

【横支村太阴宫】坐落于灵江社区横支村。横支村驻染布基地方。相传此地设有染布坊，蔡氏于清康熙八年(1679)由潮州迁此，兼营染布。太阴宫主祀陈、林、李三位皇君，偏祀田都元帅等合殿神明。始建于清嘉庆二十五年(1820)，重建于 1993 年，占地面积 650 平方米，建筑面积 450 平方米。因处县城工业园区规划范围，2014 年拆建。

【仓浃村齐天宫】又称三清观。坐落于灵江社区仓浃村，主殿上层祀三清道祖，下殿祀齐天大圣等，偏祀陈十四娘娘。始建于清雍正年间，重建于 2003 年，占地面积 1200 平方米，建筑面积 500 平方米，宫观主体结构二层。

图 3.1.10　涂装以区别于民居，也是宫庙建筑的一种方式。

【蔡垟村白衣丞相庙】坐落于灵江社区蔡垟村蔡宅。清顺治三年(1646)，蔡氏始迁祖蔡应秀由福建省安溪县白粉墙迁居平阳县十八都书阁，后转迁来此定居。白衣丞相宫主祀白衣丞相，偏祀陈十四娘娘。始建于清，重建于民国七年。现占地面积 3500 平方米，建筑面积 800 平方米。

【营垟村绣营殿】坐落于灵江社区营垟村。相传，明末战乱时，曾有官军驻营于此，遂称为"营垟"。据当地《吴氏宗谱》记载，清康熙年间吴兴文迁居此处，沿用旧名。绣营殿主祀林泗大帝，偏祀陈十四娘娘。始建于清光绪元年(1875)，重建于1991年，占地面积700平方米，建筑面积600平方米。

【横河村库官庙】位于灵江社区横河村。杨姓始迁祖杨振贤约于清康熙年间由平阳县北港古竹头入迁来此定居，兼营阉猪业，成为家族手艺。庙主祀库官大使，偏祀陈十四娘娘，有宗族庙特点。据传此库官曾开仓济灾民，当地民众为纪念他而立庙奉祀。始建于清康熙年间，重建于2010年，占地面积1800平方米，建筑面积1200平方米。

【桥底村太阴宫】坐落于灵江社区桥底村。陈姓始迁祖陈继黎，于明天启五年(1625)由乐清县入迁来此定居，后繁衍成族。杨姓始迁祖杨国英，由平阳县十八都入迁来此定居。本殿主祀陈十四娘娘，主殿五间，前有戏台。始建于清，重建于1993年，占地面积1000平方米，建筑面积600平方米。

【王宅村陈九侯王殿】坐落于灵江社区王宅村。据当地《王氏宗谱》记载，明天启年间，王氏由闽之漳州衡口迁此，筑宅而居，故名。陈九侯王殿，主祀陈九侯王，偏祀陈十四。始建于清，前有戏台。1980年扩建，占地面积2000平方米，建筑面积1500平方米。

【江南苏村林泗庙】坐落于灵江社区江苏村六房头地方。据当地传说：清中叶时，苏氏迁此定居，兄弟六人，自称其地为六房头，又因处于横阳支江以西，称为江南苏村。林泗庙主祀林泗大帝，偏祀陈皇君。始建于清嘉庆年间，同治年间平阳县金钱会起义，该庙为金钱会在江西垟的活动基地。现重建于1992年，占地面积2000平方米，建筑面积1500平方米。

【联进村章家垟殿】坐落于灵江联进村章家垟自然村。章家垟张姓，始迁祖张荣甫，约于明末由瑞安汀田入迁来此定居。本殿主祀陈九侯王，偏祀陈十四娘娘。始建于清，重建于1974年，占地面积1500平方米，建筑面积800平方米。前殿二层，有戏台。

图 3.1.10　河口建庙，是宫庙选址的一种方式。

【余家桥村林泗庙】坐落于灵江社区余家桥村。余家桥刘姓，始迁祖刘伯来、刘廷高兄弟，因清康熙初闽寇作乱，由福建泉州府安溪县老厝基入迁来此，繁衍成族。本庙主祀林泗大帝，偏祀陈十四娘娘。主殿五间，始建于清中期，前有戏台。重建于 2008 年，占地面积 1500 平方米，建筑面积 850 平方米。

【河口叶村五显殿】坐落于灵江社区河口叶村。相传，叶氏由平阳县河口迁此，故名河口叶。始迁祖叶孟植，约于元末至正年间由处州入迁来此定居，后繁衍成族。五显殿始建于清，谱载原为皇君宫，因此地过去多女能人，后改为五显殿。1986 年重建，占地面积 1300 平方米，建筑面积 800 平方米。

【新港村五显庙】坐落于灵江社区新港村。主祀五显大帝，偏祀陈十四娘娘。始建于清，重建于 1990 年，占地面积 1500 平方米，建筑面积 900 平方米。每年农历九月廿八日举行福会活动，庆祝神诞。

【四大村五显殿】坐落于灵江社区四大村。明季间陈、林、叶、张四氏

图 3.1.11　增建厢房，搭建棚架，是单体宫庙建筑院落化的方式。

各建宅一幢，称四大屋，简称四大。四大叶氏始迁祖叶文明，于清乾隆年间由本县宕顶入迁来此定居；林氏始迁祖林有财约于明崇祯年间由瑞安龙头隔入迁来此定居；其余两姓入迁不详。五显殿主祀五显大帝，偏祀陈十四娘娘。始建于清代，重建于 1995 年，占地面积 1330 平方米，建筑面积 800 平方米。每年正月十五日举办神诞庆典活动。

【浦边村浦边庙】坐落于灵江社区浦边村，主祀林泗大帝，偏祀陈十四娘娘。始建于清代，重建于 1995 年，占地面积 2000 平方米，建筑面积 1300平方米。

【水垟村五显庙】坐落于灵江社区水垟村水尾垟。管姓始迁祖管凤毫清代迁此定居。庙主祀五显大帝，偏祀陈十四娘娘。始建于清代，重建于 1997 年，占地面积 1800 平方米，建筑面积 1200 平方米。

【金福村侯王庙】坐落于灵江社区金福村吕大厝，主祀金九侯王，偏祀陈十四娘娘。始迁祖吕宗斌(1680—1751)，于清康熙年间由平阳县北港二十四都桥头白麟堂入迁定居。侯王庙始建于清嘉庆十四年(1809)，重建于 1980 年，主殿五间，占地面积 1000 平方米，建筑面积 450 平方米。

【营垟村五显殿】坐落于灵江社区营垟村胡家宅，主祀五显大帝，偏祀陈十四娘娘。始建于清光绪六年(1880),重建于1988年,占地面积2000平方米,建筑面积1000平方米。

【新港村五显殿】坐落于灵溪镇灵江社区新港村江下陈,主祀五显灵官大帝,偏祀陈皇君。始建于清代,2010年重建,占地面积660平方米,建筑面积180平方米。负责人陈宗龙。

1.6 观美社区

【凤鹤村太祖庙】又名五王殿,坐落于观美社区凤鹤村六亩内。据当地《董氏宗谱》记载,明嘉靖年间,始有凤鹤名。其地有山峦两岗,俗传一凤一鹤,故名。庙主祀宋太祖赵匡胤,偏祀陈十四娘娘等。始建于明末清初,分别于1993年、2006年扩建前后两神殿。主殿两层五楹,并有护厝、厨房等建筑。

【桃湖村皇君宫】坐落于观美社区桃湖村。民国《平阳县志》作桃湖,云:“昔有湖……为松山诸水所潴,湖水自桃林中东北流出岙口。”故名。又云“春时两岸芳菲袭人”,称为胜境。渡口有状元坊,宋代文状元徐俨夫故里。主祀陈皇君,始建于清,重建于1999年。主殿三间,辅房二间,占地面积2000平方米,建筑面积约1000平方米。

【大路村皇君宫】坐落于观美社区南水头大路村半山腰,主祀陈、林、李三位皇君。始建于清,移址重建于2002年,占地面积650平方米,建筑面积350平方米。

【三联村双凤宫】坐落于观美社区三联村,近闽浙分界处分水关。宫殿小三间,依山垒石,主祀陈十四娘娘、李十三娘娘、林九娘娘。2010年重建,占地面积150平方米。

【三联龙凤村龙凤宫】坐落于观美社区三联村亭仔下,偏祀皇君妈。始建于清代，1990 年重建，占地面积 1500 平方米，建筑面积 1000 平方米。

1.7 翔凤社区

【大坡村将军庙】坐落于灵溪镇翔凤社区大坡村，偏祀皇君妈。始建于清代，解放以后重建，现占地面积 600 平方米，建筑面积 200 平方米。

【双益村红宫】坐落于翔凤社区双益村，主祀五显大帝，塑五尊五显爷神像，偏祀皇君妈。始建于明代，解放以后重建，建筑风格为长条仓库形状。现占地面积 700 平方米，建筑面积 300 平方米。

【双益村灵仙宫】坐落于翔凤社区双益村，主祀马仙娘娘，偏祀皇君妈，始建于明代，重建于 1990 年，占地面积 1800 平方米，建筑面积 1300 平方米。

【水月村太平殿】又称广清殿，坐落于翔凤社区水月村，三间单层，宫殿式建筑，偏祀皇君妈。始建于清代，解放以后重建，现占地面积 1300 平方米，建筑面积 500 平方米。

【水月村双庆殿】坐落于灵溪镇翔凤社区水月村，二层阁楼式依山而建，偏祀皇君妈。始建于明代，重建于 1983 年，占地面积 800 平方米，建筑面积 400 平方米。

【浦内洪村五雷元帅宫】坐落于翔凤社区浦内洪村，偏祀皇君妈。始建于清代，重建于 1990 年代，占地面积 1500 平方米，建筑面积 1000 平方米。

【板岙村马仙宫】坐落于翔凤社区板岙村，主祀马仙娘娘，偏祀陈十四娘娘。庙匾书写“鹭鸶祖庙”，意即分香自丽水市景宁畲族自治县鹭鸶村马仙娘娘祖庙。始建于清代，重建于 1990 年代，占地面积 800 平方米，建筑面积 600 平方米。

【徐溪冷水宫】坐落于翔凤社区徐溪村，偏祀皇君妈。始建于清代，2001年重建，占地面基800平方米，建筑面积150平方米。负责人洪忠杳。

【田厂白马爷宫】坐落于灵溪镇田厂村。蔡家垟村原有白马爷宫。田厂村原有牧牛大王宫，分别始建于清道光元年(1821)和乾隆年间。1993年因苍南县创办工业园区需要，经政府协调，两宫合并，由上江村、东仓村、山东村联合建成田厂白马爷宫。庙宇共三间，占地面积395平方米，建筑面积200平方米。奉祀白马明王、陈皇君娘娘、胡一相公、胡二相公、灵官仙师、杨府上圣、陈府元帅、飞天大王、福德正神、观音菩萨、尼姑神、副三娘娘、看牛大王等十三尊神明。负责人郑昌照。

1.8 华阳社区

【十字路村皇君宫】坐落于华阳社区十字路村英雄山又称"英雄殿"，主祀陈、李、林三皇君娘娘。由肥靴窟村、大坪尾村、大庄村、宋阳隔村、倒坐山村五个自然村组成境社。始建于清代，1985年重建，占地面积550平方米，建筑面积150平方米。负责人周丽玉。

【礁坑村岗头宫】又名回龙高祖宫，坐落于华阳社区东阳村礁坑村岗头自然村，主祀陈、林、李三位皇君妈，正位陈皇君造像为法身造型，头戴元帅冠，身穿紧身锦甲，左手拿龙角，右手举剑，身形矫健。宫庙始建于清代中后期，重建于1998年，三间砖木结构平房。2012年再次修建，占地面积500平方米，建筑面积400平方米。

【十字路村后垅坑宫】坐落于华阳社区十字路村78号省道旁，始建于1949年，重建于2008年，三开间，占地面积600平方米，建筑面积400平方米，主祀泗洲佛。负责人肖芸华。

【十字路村齐天大圣宫】坐落于十字路村，始建于民国二十五年，重建于 2016 年。三开间，占地面积 600 平方米，建筑面积 400 平方米。主祀齐天大圣。负责人廖书挨。

【十字路村大厝庵宫】坐落于十字路村，始建于清朝，重建于 1978 年，三开间，占地面积 500 平方米，建筑面积 300 平方米。主祀白鹤仙师，偏祀皇君娘娘。负责人吴正操。

图 3.1.12　亭式建筑

【碗垟尾村三区田宫】坐落于华阳社区三区田。始建于清，重建于 2006 年，占地面积 800 平方米，建筑面积 500 平方米，五开间，右厢房三间。主祀白鹤仙师，供奉观音大士。负责人陈玉兰。

【十字路村倒坐山宫】坐落于华阳社区十字路村倒坐山，始建于清朝，重建于 2008 年，占地面积 800 平方米，建筑面积 500 平方米。主祀皇君娘娘，偏祀杨府上圣。负责人林祖珍、陈丽芳。

2. 龙港片区

龙港镇为1983年新设镇，辖5个村，到1986年达9个村。1992年沿江、龙江、白沙、海城4个乡并入，2000年湖前、江山、平等3个乡镇并入，2011年舥艚、芦浦、云岩3个乡镇继续并入，形成辖区面积172.1平方千米，行政村171个，总人口39.85万的大镇。全镇地处鳌江下游青龙江南岸，原先以水稻种植、海盐生产、海上捕捞、海上运输等为主要产业，现在形成以印刷、礼品、钢铁、塑料制品、金属制品、机械仪表等产业为主的工业体系。是全国新型城镇化试点镇、全国小城镇综合改革试点镇。2016年区划为城南社区、城北社区、沿江社区、龙江社区、白沙社区、海城社区、江山社区、平等社区、湖前社区、风江社区、舥艚社区、芦蒲社区、云岩社区、新城社区，共计14个社区。

【江口太阴宫】坐落于龙港镇城南社区江口鳌江南岸，古码头边，主祀皇君妈。据康熙《平阳县志》记载，此庙始建于元大德十年(1306)，原址在下垟。明正统五年(1411)移至江口。康熙十七年(1678)又重建天妃宫。1981年重建，2013年修建，占地面积850平方米，建筑面积800平方米。联系人徐上豹。

【双桂村太阴宫】坐落于龙港镇湖前社区双桂村，始建于清同治年间，重建于2007年，占地面积1500平方米，建筑面积900平方米。主殿五间两进，前有戏台。一楼主祀陈、林、李三位皇君，二楼主祀五显大帝。2010年按照温州习俗，建庙后连续三年演唱温州鼓词《灵经大传》，耗资200多万元。2013年正月十五日以后做道场七天。联系人尤有寒。

【西河村太阴宫】坐落于龙港江山社区西河村，主祀太阴圣母，偏祀陈府侯王。始建于清代，重建于1973年，占地面积150平方米，建筑面积100平方米。其中正殿三间为老庙宫殿。联系人龚昌佑。

【下涝村太阴宫】坐落于龙港龙江社区下涝村，主祀陈十四娘娘，偏祀杨、袁、陈三府，蔡三侯王等神明。始建于1887年，主殿五间一层，前有戏台。解放后修建，占地面积700平方米，建筑面积500平方米。每年正月十五、五月十八日有办福酒活动。联系人林启罗。

图3.2.1　民国时期的苍南庙祠的标准建筑

【周家车村太阴宫】坐落于龙港江山社区周家车村，主祀陈、林、李三位皇君，偏祀五显爷、红面将军、土地尊神等神明。县志《选举志》载："宋宝庆二年(1226)进士陈桃、宋绍定二年(1229)进士陈力修均居于此。"今多周姓。明末周氏因避乱迁于此定居。太阴宫始建于清乾隆年间，2003

年3月15日毁于大火。2014年10月重建完工，主殿五间二层，两进厢房，占地面积800平方米，建筑面积750平方米，值得一提的是神像塑造带有动感。联系人林宣敬。

【李家垟太阴宫】坐落于龙港龙江社区李家垟迁安自然村。据当地《李氏宗谱》记载，明正统年间（1436—1445）李氏迁居此地。太阴宫始建于清代，重建于2011年，投入资金800万元，建成三殿五间二层，占地面积1200平方米，建筑面积800平方米。与李氏宗祠、宗善寺观音阁组成民间信仰文化的重要走廊。每年农历正月十三至十五日，十月十七日前后请戏班演出数日。联系人李洪球。

【郭家宕太阴宫】坐落于龙港江山社区郭家宕村。明苏伯衡《平仲集》作郭家宕，唐广明年间（880—881），郭子仪七世孙，太初避乱于钱浦，其子景孜，复迁于此，以姓名村。郭家宕太阴宫，始建于清乾隆年间，当地《郭氏宗谱》记载有“乾隆己卯（1795）建，前后两殿两廊，香灯河田三亩”等内容。曾被台风所毁；重建于2007年，二进五间，厢房各七间，占地面积800平方米，建筑面积450平方米。联系人郭必总。

【垟底张村龙舌宫】坐落于舥艚社区垟底张村，主祀陈十四娘娘。据当地《张氏宗谱》记载，瀛里张（垟底张）之名始于明天顺年间（1457—1464），谱云：“荣显公不乐仕进，雅爱山水之秀丽，偶游舥艚，见斯里群山环绕，土沃地宽，遂择居斯里。”里中之桥，曰“瀛里桥”，之后曰“瀛里张”，再讹化为“垟底张”。龙舌宫始建于清嘉庆十六年，重建于2001年，主殿七间二层，两进结构，占地面积1500平方米，建筑面积1000平方米。联系人张志华。

【中段村康程宫】坐落于龙港镇舥艚社区中段村，主祀江大侯王，配祀陈十四娘娘等合殿神明。中段村处舥艚与炉头西村之中，故名。康程宫始建于明末，重建于1997年，主殿七间两厢房，前有戏台。占地面积2000

图 3.2.2 洋楼式建筑

平方米，建筑面积 1500 平方米。联系人杨立爽。

【炉头村现光殿】坐落于龙港镇舥艚社区炉头村，主祀陈十四娘娘。据当地《林氏宗谱》记载，清嘉庆二年(1797)，始有炉头之名。林氏始祖迁于其地建炉打铁营生，故名。现光殿，始建于清嘉庆年间，1990 年重建，占地面积 1900 平方米，建筑面积 1200 平方米。负责人林加连。

【老陡门村阴均殿】坐落于龙港镇舥艚社区老陡门村。当地有“阴均陡门”一说，宋嘉定元年(1208)，在阴均山麓筑土堰；清嘉庆十年(1809)，于阴均陡门筑东魁陡门，故称为老陡门。阴均殿主祀阴均大帝、陈十四娘娘，为纪念县令汪季良率领乡绅民众修建陡门而建。始建于清嘉庆年间，重建于 1985 年，占地面积 1700 平方米，建筑面积 1100 平方米。负责人张茂钱。

【轮头村太阴宫】坐落于龙港镇舥艚社区轮头村，主祀陈十四娘娘，始建于清嘉庆年间，重建于 1980 年，占地面积 1800 平方米，建筑面积 1200 平方米。负责人陈亦快。

【大浃头杨府庙】坐落于龙港镇大浃头自然村，主祀杨府爷，配祀陈十四娘娘。始建于清朝中期，重建于 1976 年，占地面积 500 平方米，建筑面积 300 平方米。主殿五间，前有门台，联系人张成同。

【鲸头村太阴宫】坐落于云岩社区鲸头风景区，与鲸头杨府殿相邻，主祀陈十四娘娘。民国《平阳县志・建置志》记载，盖其地之小山，状如鲸鱼之头，村居其麓，故名。鲸头太阴宫重建于 1984 年，占地面积约 700 平方米，建筑面积 200 平方米。联系人姜溯清。

【希贤村娘娘宫】坐落于龙港平等社区希贤村，主祀陈十四娘娘。据当地《陈氏宗谱》记载，清康熙乙巳年(1665)陈氏聚居于此，取“见贤思齐”之义，故名希贤。娘娘宫始建于 1930 年，重建于 1990 年，主殿五间，厢房各五间，占地面积约 800 平方米，建筑面积约 500 平方米。联系人庄良心。

【余南村太阴宫】坐落于龙港平等社区余南村余家墓自然村。据当地《余氏宗谱》记载，明万历甲戌年(1574)，此处已成村落。清康熙甲辰(1664)，余氏迁居水浃新，盖以其祖墓筑于此，爰名余家墓。本宫是从孙店太阴宫分香而来，始建于清乾隆年间，重建于 2004 年，五间二层，占地 1800 平方米，建筑面积 1300 平方米，同排的四圣庙还设有老人协会等办公场所。联系人余作银。

【孙店太阴宫】坐落于龙港平等社区孙店村。民国《平阳县志・建置志》记载，相传孙氏始居于此，设有小店，故名。当地《傅氏家族》记载，其名始于唐光启年间(885—888)，至今沿用。孙店太阴宫，始建于宋孝宗年间，是苍南县历史悠久的太阴宫。江南的许多太阴宫从此庙分香兴建，认此庙为祖庙。主要活动有陈靖姑诞辰的正月十四闹花灯活动和十月十办福酒活动。2010 年重建，占地面积 2000 平方米，建筑面积 1800 平方米。联系人傅宗报。

【三洋村太阴宫】坐落于龙港镇湖前社区三洋村，主祀陈十四娘娘。始建于清道光十二年(1832)；重建于民国六年(1917)，五间大殿；1981 年

图 3.2.3　河口、大树、大路口，该宫庙选址很有地方特点

再次重建，主殿五间，占地面积 1000 平方米，建筑面积 800 平方米。联系人薛茂进。

【林陈村太阴宫】坐落于龙港湖前社区林陈村，主祀陈十四娘娘，由陈、何、章三姓共祀。始建于清同治五年(1866)，重建于 1982 年，主殿五间，两厢房各五间，占地面积 1000 平方米，建筑面积 800 平方米。联系人陈友修。

【海头村太阴宫】坐落于龙港镇海城社区海头村缪家桥盐廒亭，主祀龙王太子，偏祀陈十四娘娘、关帝、马仙、都天元帅。据当地《缪氏宗谱》记载，宋中叶缪氏居此，筑“缪嘉桥”横跨方曹线内河之上，遂为村名。太阴宫始建于清乾隆年间，重建于 1975 年，二层砖混结构，占地面积 300 平方米，建筑面积约 250 平方米。联系人缪立各。

【都口村太阴宫】坐落于龙港镇江山社区都口村，主祀皇君妈。民国《平阳县志·建置志》记载，明清两代，都口为平阳县十五、十六、廿五、廿六四都之交汇地，故名都口。都口太阴宫存有清代碑记，始建于南宋淳佑二年(1242),庙中存有清代碑记;重建于清乾隆丙午年(1786),事载当地《董氏宗谱》;改建于 1998 年,主殿五间,左右两厢房,前有戏台,占地面积 1000 平方米,建筑面积 800 平方米,每年农历九月初九唱戏三至五天。联系人陈庆柑。

【双排村双排殿】坐落于龙港镇沿江社区双排村,主祀十殿侯王、陈十四娘娘、文昌帝君、白马明王、土地等合殿神明。始建于明,重建于清乾隆三十三年(1768),合建于 2012 年,投资 2000 多万,前有两戏台,左右各有联廊。占地面积 6000 平方米,建筑面积 5000 平方米。并组建综合文化中心礼堂。

【东排村太阴宫】坐落于龙港镇沿江社区东排村,主祀太阴圣母。始建于明代,重建于 1999 年,占地面积 3000 平方米,建筑面积 2500 平方米。联系人陈时坦。

【西排村太阴宫】坐落于龙港镇沿江社区西排村,主祀太阴圣母。始建于清代,重建于 1999 年,占地面积 3000 平方米,建筑面积 2500 平方米。联系人陈时金。

【中对口村太阴宫】坐落于龙港镇云岩社区中对口村东垟底,主祀皇君妈。始建于清代,1980 年重建,占地面积 1000 平方米,建筑面积 850 平方米。

【金龙村金龙道观】坐落于龙港镇新城社区金龙村,偏祀皇君妈。始建于清,1990 年重建,占地面积 1000 平方米,建筑面积 800 平方米。

【象岗娘娘宫】坐落于龙港镇白沙社区象岗村,由天后宫和太阴宫联合建成,主祀妈祖和太阴圣母。始建于清朝嘉庆十六年,有铭文石香炉为证,原址在白沙河东岸边象南村;2016 年因城镇规划迁建于象南村龙肥路东首,占地面积 6260 平方米,建筑面积 2880 平方米。

3. 桥墩片区

桥墩南出分水关为福建，发源于泰顺九峰山的莒溪贯穿全境，为横阳支江上游。桥墩旧称松山，传说东晋时期的周凯，后来被尊奉为温州地区的平水侯王，就是松山人。后因桥拱门上题写“桥墩门”，简称桥墩。五代吴越国与闽越国对峙时期，分水关的战略地位凸显出来，吴越王派宗亲带兵驻守，并开凿了从分水关到霞浦的钱王古道，桥墩一度繁荣，形成传统的酿酒和副食品加工行业，桥墩月饼成为温州地区的著名产品。由于官宦和守军的信仰遗存，桥墩民间信仰有自己的特色。行政区划为桥墩社区、黄坛社区、碗窑社区、大龙社区、五凤社区、腾垟社区，共计 6 个社区。原玉龙社区并入桥墩社区。

3.1 桥墩社区

【堂阳居皇君宫】坐落于桥墩镇堂阳居委会鸡庵山，主祀陈、林、李三位皇君，偏祀老吴仙。始建于清，重建于 1998 年，占地面积 300 平方米，建筑面积 200 平方米，现为本居老人活动中心。负责人洪永务。

【仙堂村忠仙宫】坐落于桥墩镇仙堂村鸡庵山。据当地《朱氏宗谱》记载，明嘉靖四年(1525)，朱氏迁此，因其地筑有新堤塘，故名新塘，因方言谐音，雅化为仙堂。仙堂朱姓，始迁祖朱伯禄于清康熙七年(1668)由永宁卫鳌城迁入。仙堂曾姓，始迁祖曾淳山由云仙迁入。忠仙宫主祀皇君妈。始建于清代，重建于 2004 年，占地面积 500 平方米，建筑面积 200 平方米。负责人许景可。

【十八间忠罗宫】坐落于桥墩镇堂阳居委会，偏祀皇君妈。始建于 1998 年，占地面积 650 平方米，占地面积 450 平方米。负责人洪细兰。

【堂阳居土地宫】坐落于堂阳居大岭罗庚石，偏祀皇君妈。始建于清代，重建于 1995 年，占地面积 800 平方米，建筑面积 250 平方米。负责人吴祖文。

【墓庵头村华光殿】又称坟墓庵头看牛大王宫，坐落于桥墩镇墓庵头村。据当地墓碑记载，明正德四年(1509)有墓园建墓庵，故名墓庵头村。陈氏始迁祖陈天怀，约于清乾隆年间由桥墩状元墓之前转迁来此定居。华光殿主祀华光大帝、皇君妈、牧牛大王。始建于清代，重建于 1990 年，占地面积 2500 平方米，建筑面积 1000 平方米。负责人黄田快。

【金山头村地主爷宫】坐落于桥墩镇金山头村。相传明嘉靖五年(1526)，其地筑有一庙，奉祀金七、金八诸神，立名金山庙，遂村名为金山村。杨氏始迁祖杨月心，由桥墩仙堂转迁来此定居。地主爷宫偏祀皇君妈。始建于清代，重建于 1980 年，占地面积 1200 平方米，建筑面积 300 平方米。负责人黄华田。

【金山头村行宫】坐落于桥墩镇金山头村三十六地方。三十六金山头洪氏始迁祖洪炳文，于乾隆年间由福建泉州府南安县入迁来此定居，繁衍成族。本宫偏祀皇君妈。始建于清代，重建于 1981 年，占地面积 800 平方米，建筑面积 200 平方米。负责人范金星。

【三十七村老七宫】坐落于桥墩镇三十七村。三十七钟姓，始迁祖钟瑞凤(1809—1876)，由平阳县朝阳乡蕉坑大屋入迁。主祀皇君妈。始建

图 3.3.1 单体建筑的围棚

于清代，重建于 1947 年，占地面积 1500 平方米，建筑面积 500 平方米。负责人丁秋香。

【三十七村中天堂】坐落于桥墩镇三十七村，偏祀皇君妈。始建于清代，重建于 1975 年，占地面积 500 平方米，建筑面积 200 平方米。负责人吴招榜。

【柳垟村北极宫】坐落于桥墩玉龙社区柳垟村。陈姓始迁祖陈南容，于明嘉靖四十二年(1563)由福建永春棹埔瓜园迁入。北极宫主祀北极玄帝，偏祀皇君妈。始建于清，重建于 1994 年，占地面积 300 平方米，建筑面积 250 平方米。负责人陈学乖。

【柳垟村临水宫】坐落于玉龙社区柳垟村，主祀皇君妈。始建于清代，五间主殿，二间厢房，重建于 2003 年，因 104 国道加宽，拆址西贡山，占地面积 1600 平方米，建筑面积 450 平方米。负责人许宝华。

【龙井村皇君宫】坐落于桥墩镇玉龙社区龙井村王亭岭，主祀皇君妈。

始建于清，重建于 1988 年，占地面积 250 平方米，建筑面积 180 平方米。负责人雷冬玉。

【龙井村菁缘宫】坐落于桥墩镇玉龙社区龙井村，主祀陈、林、李三位皇君。始建于清代，重建于 2001 年，占地面积 500 平方米，建筑面积 120 平方米。负责人李丽雪。

【龙井村太阴宫】坐落于桥墩镇玉龙社区龙井村徐家宅，主祀陈、林、李三位皇君。始建于清中期，重建于 1988 年，占地面积 300 平方米，建筑面积 200 平方米。负责人钟春花。

【南山村太阴宫】坐落于桥墩玉龙社区南山村，主祀皇君妈。始建于清，重建于 2005 年，占地面积 400 平方米，建筑面积 200 平方米。负责人陈素珍。

【龙井村雷音宫】坐落于桥墩镇玉龙社区龙井村溪埔地方，主祀五雷元帅，偏祀陈靖姑。始建于清，重建于 2001 年代，占地面积 300 平方米，建筑面积 150 平方米。负责人李梯彩。

【石龙村龙田宫】坐落于桥墩镇玉龙社区石龙村，主祀陈皇君。始建于清代中后期，2001 年重建，占地面积 600 平方米，建筑面积 15 平方米。负责人吕德清。

【库区村太姥宫】坐落于桥墩镇玉龙社区库区村，奉祀太姥老大仙。太姥老大仙可能是福建省福鼎市太姥山山神，具体不可考，苍南县域奉祀建庙较少。庙宇始建于清代，重建于 2008 年，占地面积 250 平方米，建筑面积 120 平方米。负责人吴金香。

【库区村天妃宫】坐落于桥墩镇玉龙社区库区村，1955 年建水库时被水淹没，搬迁至库区，2013 年重建。主祀妈祖娘娘，偏祀陈皇君娘娘。占地面积 150 平方米，建筑面积 120 平方米。负责人柯美凤。

【发凤村陈皇君宫】坐落于桥墩镇玉龙社区发凤村蜻蛙石。原先当地居民搭建小石室供奉陈夫人神像。始建于清光绪年间，民国二十年(1931)重建，为粗石结构的20平方米单体小屋，抗日战争和解放战争时期成为南山头革命根据地的重要活动点；“文化大革命”时遭到破坏，改革开放后重建为三开间40平方米建筑；2010年再次重建，坐南朝北，占地面积700平方米，建筑面积200平方米。供奉陈林李三皇君、白马明王、水母娘娘、蔡娘娘、灵师太子、看牛大王、福德正神。负责人张小红。

3.2 腾垟社区

【腾中村兴和宫】原在腾垟社区腾中村的丁字路口，街口有一株200多年的香枫，高十几米，三人才能合抱，被列入县名木古树保护单位。这棵古樟树下的兴善宫始建于道光三十年(1850)。古道、遮荫枫树、路亭、路亭供奉构成该空间的公共文化元素。2005年村落重新规划，改兴善宫为兴和宫，迁建于东北角500米外的山坪上，占地面积2000平方米，建筑

图3.3.2　该片区目前最具规模的宫庙

面积 1100 平方米，造价 148 万元。兴和宫主祀马仙娘娘，塑有马仙娘娘七个姐妹的神像，而我们在其他庙里见到的马仙娘娘最多只有三个姐妹。还有卢、马公爹，即卢公，马仙娘娘的舅公（丈夫的爸爸）；马爹，即马仙的生父。此外还有杨九思公、杨府上圣、地主爷劝善大师、福德正神、判官、符使，构成一般村庙具有的神明谱系。杨九思公可能即黄九师公；地主爷是因为地主庙圮废并入。在苍南县大力捐资建庙修路的黄祥苗老板为该村人，他捐资 30 万元发起重建，使该庙拥有七开间主殿、大戏台，回廊四合的大殿。访谈材料来自负责人黄祥进。

【传星村兴进宫】坐落于桥墩镇腾垟社区传星村。腾垟曾姓始迁祖曾妈隆、曾玄祖叔侄，于明末由安溪县依仁里案山迁入；李姓始迁祖李景熙，于明嘉靖十四年（1535）由安溪温泉转平阳北港迁入；唐氏于清乾隆十八年（1753）由平阳县北港南湖迁入。兴进宫主祀马仙娘娘，偏祀陈、林、李三位皇君娘娘。始建于清嘉庆年间，重建于 2005 年，共七间二进，主殿前有戏台。负责人唐升金。

【传星村皇君宫】又称水口宫、竹坑宫，坐落于桥墩镇腾垟社区传星村，主祀陈、林、李三位皇君。始建于清，重建于 2005 年代，占地面积 300 平方米，建筑面积 150 平方米。负责人雷维发。

【兴庆村贡坪宫】坐落于桥墩镇腾垟社区兴庆村圆斗自然村。兴庆曾姓由腾垟迁入。贡坪宫，主祀陈皇君。始建于清代，重建于 2000 年，占地面积 400 平方米，建筑面积 300 平方米。负责人俞俊条。

【顺云寺】坐落于桥墩镇腾垟社区，始建于清代，原为民间信仰场所，供奉佛像和神像。后来有和尚住持修行，化缘改建，于 2002 年建成，占地面积 800 平方米，建筑面积 200 平方米，塑佛祖三宝，偏祀陈皇君。负责人朱宝姿。

3.3　黄坛社区

【官南村许真君庙】坐落于桥墩镇黄坛社区官埭头，主祀许府真君、关圣帝君、鲁班仙师等。始建于清，1960 年水库出险冲毁，后原地重建。2006 年又被“桑美”台风摧毁，2007 年许日森带领族人等重建五间，占地面积 1000 平方米，建筑面积 550 平方米，共计资金百余万。宫处于桥墩主流之一的官埭头溪，水口煞大，益显神明威灵显赫。年例四次做福：许府真君三月十五日，关圣帝君五月十三日，五显大帝九月廿八日，鲁班仙师十二月二十日。负责人许日森。

图 3.3.4　宫庙庙额的悬挂方式

【官南村顺天圣母宫】坐落于桥墩镇黄坛社区官南村，主祀顺天圣母陈十四娘娘。始建于清中期，重建于 1990 年，占地面积 300 平方米，建筑面积 200 平方米。因宫后石壁笔立，敬以为神。2014 年添建后殿石将军庙与观音阁，塑“八仙过海”群雕。负责人彭振快。

【后隆村太阴宫】坐落于桥墩镇黄坛社区后隆村。后隆村辖石桥头、官塘村、柳庄山脚、后隆村四个自然村。后隆许姓始迁祖许明戒，于清顺治年间由福建泉州府晋江县入迁来此定居。太阴宫，据传为当地丁氏从福建泉州分香到后隆建庙。重建于 2005 年，主殿五间，祀陈、林、李三位皇君。负责人丁振祝。

【后隆村士文宫】坐落于桥墩镇黄坛社区后隆村，主祀皇君妈。始建于清，重建于 1980 年，占地面积 1000 平方米，建筑面积 580 平方米。负责人丁宗姜。

【天星村太阴宫】坐落于桥墩镇黄坛社区天星村。天星村取“福星天照”之义，有下陈、白莲堂、上陈、重台山四个自然村构成境社。天星陈姓始迁祖陈荣和，由石砰内湖转迁来此定居。太阴宫，尊妙济真君为上位神，主祀陈十四娘娘。始建于清，重建于 2001 年。占地面积 300 平方米，建筑面积 200 平方米。负责人杨信杰。

【黄坛文昌阁】坐落于桥墩镇黄坛社区，文昌阁主祀文昌帝君、魁星大帝，偏祀陈皇君。始建于清代，2000 年重建，占地面积 200 平方米，建筑面积 100 平方米。负责人苏炳陈。

3.4 碗窑社区

【下垟村中贡宫】坐落于桥墩镇碗窑社区下垟村，莒溪公路北。民国《平阳县志・建置志》作下阳，因方言“垟”“阳”音同，今通作下垟。朱姓始迁祖朱愷海，于明万历二年(1574)由金华厚泽迁入。中贡宫主祀陈靖姑，始建于明末清初，重建于 1993 年，占地面积 1000 平方米，建筑面积 580 平方米，总投资 500 多万元。此庙依山砌石而建，至今未通公路，因神明

图 3.3.5　苍南的文昌阁相对较少，尤其是山区。

显验，活动频繁。负责人林克长。

【下垟村水尾宫】坐落于桥墩镇碗窑社区下垟村水尾，主祀马仙娘娘，偏祀陈十四娘娘。始建于明朝，重建于 2011 年。新殿五间，占地面积 500 平方米，建筑面积 280 平方米。负责人谢茂庆。

【碗窑村长潭宫】坐落于桥墩镇碗窑社区碗窑村。长潭宫主祀五显爷，偏祀皇君妈。始建于清，重建于 1903 年，占地面积 300 平方米，建筑面积 200 平方米。负责人林成昆。

【高山村陈靖姑宫】坐落于桥墩镇碗窑社区矴步高山村，主祀皇君妈。始建于清代，重建于 1985 年，占地面积 500 平方米，建筑面积 100 平方米。负责人洪永坦。

【高山村白马石宫】坐落于桥墩镇黄坛社区高山村仙叠石地方，主祀白马圣王，偏祀陈十四娘娘。始建于清中期，重建于 2001 年。主殿五间，占地面积 1500 平方米，建筑面积 500 平方米。负责人洪永信。

3.5 大龙社区

【小沿村盘古宫】坐落于桥墩镇大龙社区小沿村。有郑厝村、园角村、金桔坑村、石牛村、望婆岭村、外寮村、五里亭村七个自然村组成境社。盘古宫主祀盘古天帝，偏祀皇君妈。始建于清代，重建于 1990 年，占地面积 700 平方米，建筑面积 200 平方米。负责人吴德永。

【小沿村新宫】也称小沿宫，坐落于桥墩镇大龙社区小沿村。小沿曾姓始迁祖曾国祥，由平阳县董家潭入迁来此定居。小沿陈姓始迁祖陈升阁，约于明末由福建永春县迁入。新宫主祀玄天上帝，偏祀皇君妈、杨府上圣、葛府上圣。始建于清代，重建于 1995 年，占地面积 500 平方米，建筑面积 150 平方米。负责人曾文李。

【小沿村皇君殿】坐落于桥墩镇大龙社区小沿村，主祀陈皇君，庙额书写“皇君娘娘正殿”。始建于清代，2001 年重建，占地面积 300 平方米，建筑面积 120 平方米。负责人郑瑞爱。

【发凤村皇君宫】坐落于桥墩镇大龙社区发凤村。俗传，发凤村所在地为凤凰之巢穴，故名发凤头，取“吉祥如意”。皇君宫主祀陈、林、李三位皇君。始建于清代，重建于 2010 年，占地面积 550 平方米，占地面积 120 平方米。负责人黄书钦。

【发凤村祖师庙】坐落于桥墩镇大龙社区发凤村，主祀正一盟威张天师、赵元帅，偏祀皇君妈。苍南县张天师庙少见，而且还将张天师称为祖师，可能是正一派道士所建。始建于清代，重建于 1998 年，占地面积 500 平方米，建筑面积 180 平方米。负责人马必强。

【树枫村坝头宫】坐落于桥墩镇大龙社区树枫村坝头地方。陈树枫村、企石村、大龙尾村、拱桥村、石北山村五个自然村组成境社。坝头宫主

图 3.3.6　不设玻璃窗的神明造像

祀皇君妈。始建于清代，重建于 1968 年，砖混单体结构，一开间，占地面积 700 平方米，占地面积 100 平方米。负责人丁学印。

【罗垟村马仙宫】坐落于桥墩镇大龙社区罗垟村。有竹脚村、山南村、后垵村、后底垄村、上太牛湖村、下太牛湖村、湾杉脚村、木楼巷村八个自然村，驻竹脚村组成境社。马仙宫主祀马仙娘娘，偏祀陈、林、李三位皇君。始建于清代，重建于 1985 年，占地面积 200 平方米，建筑面积 100 平方米。负责人谢翠金。

【杨府宫】坐落于桥墩镇大龙社区，始建于清代中后期，主祀杨府上圣，配祀陈、林、李三皇君。2001 年重建，为晚清民国时期传统民居的单层三开间结构，建筑前部为通行走廊，木质建材，古色古香。占地面积 800 平方米，建筑面积 150 平方米。负责人吴祖仕。

3.6　五凤社区

【利阳村马仙宫】坐落于桥墩镇五凤社区利阳村圳顶，主祀马仙娘娘、叶大元帅，偏祀陈皇君娘娘。始建于清，重建于 1995 年，占地面积 200 平方米，建筑面积 100 平方米。正殿前后有清代古戏台与厢房，系苍南县文物保护点。负责人潘芬辉。

【利阳村观音阁】坐落于桥墩镇五凤社区利阳村大田头，主祀观音，偏祀陈皇君娘娘。始建于清，重建于 2001 年，占地面积 300 平方米，建筑面积 200 平方米。负责人朱治国。

【利阳村忠臣庙】坐落于桥墩镇五凤社区利阳村大田地方，偏祀皇君妈。始建于清代，重建于 1980 年，占地面积 500 平方米，建筑面积 150 平方米。负责人朱治国。

【利阳村皇君宫】坐落于桥墩镇五凤社区利阳村俊顶，主祀皇君妈。始建于清代，1985 年重建，混凝土结构，二开间，未装修，占地面积 300 平方米，建筑面积 120 平方米。负责人潘贺辉。

图 3.3.7　排列供奉的神明造像

【南山头村鲤鱼朝天宫】坐落于桥墩镇五凤社区南山头村，宫名根据山丘形势命名。主祀观音，偏祀皇君妈。始建于清，重建于 2002 年，占地面积 300 平方米，建筑面积 200 平方米。负责人陈上珠。

【鲁屋村盘古庙】坐落于桥墩镇五凤社区鲁屋村，主祀盘古帝君，偏祀皇君妈。始建于清代，重建于 1995 年，占地面积 500 平方米，建筑面积 150 平方米。负责人潘芬辉。

4. 莒溪片区

莒溪发源于海拔1074米的泰顺九峰山，注入桥墩水库，系横阳支江上游，地处苍南县西南端，与泰顺、平阳二县交界的深山峡谷。南宋时期有柳氏等家族迁入定居，明清时期有泰顺泗溪林氏和文成县刘基后裔、郑氏、秦氏等迁入定居。莒溪自然景观奇特，属红色革命基地，是苍南县畲族人口的集中区域，旅游资源丰富，信仰习俗传统，是苍南县自然生态和文化生态保护最好的地区，于2016年升乡为镇。

【莒溪中村宫】莒溪中村地处莒溪峡谷中段，莒溪集市街道中部，现为莒溪镇府所在地。莒溪溪流经中村流量较大，溪浦开阔，适于放排，成为莒溪峡谷第一个放排码头。因此中村成为清代民国时期周边山区的物资集散地，设立了杉木行、竹行、纸行、染坊、南北货批发、酒行等几十家商铺，中村周边有9条古道通向平阳、泰顺、苍南各地，距鳌江港12铺(1铺约5公里)，进出货要往返两天脚程，距平阳县顺溪4铺、泰顺县文峰2铺、秀泽4铺、筱村5铺，距桥墩4铺、天井4铺，都是半天的脚程。运输成本是山区经济的重要核算单位，脚力在当地被看作重要的资源，木竹大宗产品主要依仗水力放排，有些水道要建港控流。放排称“梯排”，主要靠体力控制，盐、鱼商品靠肩挑，商行一次雇工十几人。造纸、制靛、晒干等农副产品加工业发达，花笺纸产品优秀，出现了苦槠豆腐干、藕梗干、菜头干、茄子干、笋干、扁豆干、牛头浚干、菜头秧干等莒溪山货“十八锅干”。民众在放排的溪浦建庙，护佑平安。中村庙也称杨府庙，坐落于莒溪镇中村溪浦上游左岸，与田寮村交界处，坐南向北，神位面向上游溪流，具有守护水流的含义。宫庙主祀杨府爷，神谱有田都元帅、陈十四娘娘、文一文二文三相公、马仙娘娘、詹一法师、唐一郎、白鹤仙师、地主爷、阿喜大王、土地爷、判官、符使等。其中文氏相公源自平阳县北港三十六铺地方，具体内涵有待进一步考察；唐一郎是畲族信仰的一位神明；白鹤仙师是当地习武人员供奉的祖师。庙联“灵岩圣洞无双地，浙水闽山第一仙”等都是对杨府爷的歌颂。据2012年新建《碑记》记载：“莒溪中村宫始建于民国己未年(1919)，规模偏小，造型简陋，不久被洪水冲毁，岁在共和丁丑(1997)季春重建，又毁于洪水，随后修建。继于共和壬辰(2012)季春，善男信女解囊相助，予以扩建，是年冬告竣。”访谈中民众认为始建于清，现在原址扩建，占地面积300平方米，建筑面积250平方米。负责人黄德贵，村里外出开矿老板林振所、林克葵、林祖宛均捐资万元以上。

【西厅村西方宫】西厅村是莒溪最早的村落之一，柳氏始居，南宋时就已经形成，明清时有秦氏、郑氏、刘氏等迁入；西方宫也是莒溪最早的宫庙之一，约建于清乾隆年间，与莒溪村娘娘宫、桥南村下塘宫并称莒溪三大古庙，现占地面积320平方米，建筑面积200平方米。负责人秦世荣。西方宫坐落于莒溪镇西厅村下刘鸳鸯溪畔，柳府遗址之上。现有场所由柳氏故居、西方宫、观音阁、法明寺、古戏台合并而成，门口以一副对联“太尉神恩报吉利，柳公圣德赐祯祥”标识“柳氏故居”的存在。西方宫坐西朝东，背山面水，为木构旧建筑，是苍南县现在少有的民国时期宫庙形态，三开间三龛神像。正龛供奉陈氏皇君、林氏皇君、李氏皇君、马氏真仙、华山娘娘、判官、符使；左龛供奉严五太尉、严六太尉、柳氏村主、叶大元帅、黄衣土地；右龛供奉杨府圣王、五显大帝、白马明王、管山大王、牧牛大王。

观音阁系西方宫的上位神供奉，与莒溪的一般神庙一样在左上方独立建阁。法明寺古已有之，约二十年前恢复重建。古戏台原为西方宫而建。

图 3.4.1　很能体现村落人文底蕴的旧宫庙

如此，西方宫场所成为村落历史的博物馆，集中了村落所有记忆。宫前村道溪旁《一门三进士传奇》碑记载，莒溪西厅下刘，南宋时原住柳姓大户，两落四合院坐北朝南，三面环溪，风水上称燕窝穴；前溪南岸高地，田园如带，称蛇穴。蛇穴田园横超燕窝穴院前，地理注定财旺丁不旺。柳员外家产万贯，五世单传。至柳正（思宗）娶瑞安侯氏三年不孕，翁婆焦急，延医问药、布施行善，到浦江县宗族商议纳妾，积劳成疾。侯氏至孝服侍，柳正爱妻不二，终于感动上苍。一天侯氏上山采药，遇一老太公拦路，请求吮疽解痛。侯氏吮吸背疽脓血三口，化作金花三朵入室，生子培文、培昱、培枝三人，还产女凤仙，嫁太学生泗溪林廷龙为妻，为建遇仙桥。嘉定丁丑年，柳培文赴临安赶考，路经永安镇投宿太尉庙，得神明托梦破题及第，兄弟赴永安镇迎神建庙，供奉于宅第右侧山边，后二弟分别于淳祐庚戌、景定壬戌及第，一门三进士传为美谈。另有西厅郑氏三乳妈“九胎十八子”的信奉及其传说（此传说附会复杂，时间、地点异说多样），致西厅地理引人关注。江西风水师蓄意破坏，唆使柳家在溪上搭建木桥，结果毒蛇出穴，缘桥进入燕窝，吃了燕卵，柳家三进士在抗元战争中遇难，全家离乡逃亡。后人为纪念柳家，继续供奉太尉严五、严六，及柳氏村主。民国《平阳县志》记载，莒溪柳氏曾有一门三进士，柳凤仙即柳孝妇，则是南宋名臣林待聘之母，曾受皇帝旌表。到清代道光和咸丰年间，西厅还培养了贡生郑贯言和郑应进等，使该村落从南宋到清末一直成为人们关注的地方。

西方宫的存在具有独特的意义，首先它将村落的社会史和精神生活史保存了下来，让后人感受到一个地理空间的历史层积；其次是将历史史实和民间传说杂糅在一起，展示了文化传播的方式；再次是民间传说的踩集，上述材料至少移用了《灵经大传》中“陈十四娘娘福鼎桐岭吮痈得祥云”、唐吏部侍郎郑瑜《三乳妈纪录》故事和“江西官破坏温州风水”故事。

【大坪村兴隆宫】坐落于莒溪镇大坪村大山脚新桥头，主祀马仙娘娘，偏祀皇君妈。始建于清，重建于1991年，占地面积500平方米，建筑面积300平方米。负责人李中党。

【十八家村太阴宫】坐落于莒溪镇十八家村。雷姓始迁祖雷玉，于明弘治十三年（1499）由云和县三都入迁来此定居。太阴宫主祀陈、林、李三位皇君娘娘。始建于清，重建于2001年，占地面积300平方米，建筑面积200平方米。负责人刘化勇。

【王立村兴雨宫】坐落于莒溪镇王立村内垟地方，主祀马仙娘娘、白马仙郎等合殿神明。始建于清乾隆年间，重建于1973年，主殿七间，占地面积800平方米，建筑面积600平方米。负责人王荣乾。

【大山村内垟宫】坐落于莒溪镇大山村内垟，始建于清，2003年毁于火灾。后善男信女组织重建，村民钟炳翰出资20多万元。内垟宫占地面积240平方米，建筑面积200平方米。现为大山村内垟老人活动中心。

【大山村苍平宫】信女卢秀凤深得平阳县青街和苍南县莒溪两地民众喜爱，便利用旧庙在大山村至大洋村公路的两县交界地建庙。庙堂三间，左边为苍南县莒溪镇大山村，右边为平阳青街乡新三村，取名“苍平宫”。庙宇重建于2009年，占地面积300平米，建筑面积150平米。奉祀神明甚众，主祀罗平仙师，偏祀陈、林、李三位皇君，一、二、三、四、五位元帅，盘古帝王、谢元帅、杨府圣王、四海龙王、齐天大圣、管山大王、马仙娘娘等著名神明，还有玫瑰娘娘、开花娘娘、红花娘娘、红牡丹娘娘、绿牡丹娘娘、罗仙娘娘、水仙娘娘、玉清娘娘、玊玉娘娘、李清、李绿、李红、张三娘娘、红脸元帅、黑脸元帅、白脸元帅等，这些不常被供奉的神明都是因为一定的因缘而被特别奉祀。罗平仙师在当地宫庙中少见，苍南祖庙在五凤乡五岱村，传说为山西太原人，修成得道，管辖和指挥下属众神护佑民间。五位元帅直属差遣，为湖北人，第一、二、三、四元帅外遣保护开矿民工，第五元帅留守驱逐疾疫。该庙还寄奉张元帅、卢娘娘、李氏秀英娘娘、李氏喜乐娘娘、李清娘娘，原为亲戚张玉仙家坛神明。

【大山村水库宫】坐落于莒溪镇大山村水库，主祀张老公爹、黄九法师，偏祀皇君妈。始建于清，重建于2011年，占地面积300平方米，建筑面积260平方米。负责人李开金。

【大山村安顺宫】坐落于莒溪镇大山村石壁头，为畲族村落。石壁头雷姓始迁祖雷德聪，约于清时由平阳县闹村入迁来此定居。安顺宫主祀马仙娘娘，偏祀陈皇君。始建于清，重建于2003年，占地面积150平方米，建筑面积100平方米。负责人蓝大坛。

【大山村兴灵宫】坐落于莒溪镇大山村郑家山。清顺治十五年(1658)，畲族雷氏始迁祖雷应当，约于清时由福建罗源县入迁来此定居。

后郑氏迁入，发家致富，兼并土地，雷氏他迁，郑氏遂命其地为郑家山。兴灵宫主祀马仙娘娘，偏祀皇君妈。始建于清，重建于 2005 年，占地面积 350 平方米，建筑面积 220 平方米。负责人雷君程。

【大坑村法龙宫】坐落于莒溪镇大坑村。主祀周法龙、周法清、皇君妈等神明。由石头坑、四角丘两个自然村组成境社。据当地《吴氏宗谱》记载，清康熙三年(1664)，已有此名。盖其地处山沟之内，遍布岩石，俗称石头坑。法龙宫始建于清代，垒石而建。重建于 2006 年，宫殿三间，建筑面积 150 平方米。民国时法龙宫的僮子十分显灵，有出巡收妖的传说。负责人刘际绸。

图 3.4.2　古朴的山间小庙

【莒溪下塘宫】坐落于莒溪镇下塘村。据当地《雷氏宗谱》记载："清康熙十一年(1672)，雷氏择居堂之下首，谓之下堂，因堂与塘音同，遂讹化为下塘。"下塘宫主祀陈、林、李三位皇君娘娘。始建于清，重建于 2005 年，占地面积 660 平方米，建筑面积 360 平方米，宫殿七间、附房一间，共八间。负责人雷朝直。

【下塘村皇君宫】坐落于莒溪镇下塘村水面潭顶，主祀皇君妈。始建于清，占地面积 300 平方米，建筑面积 150 平方米。负责人雷顺鹏。

【石岘村显光洞】坐落于莒溪镇田寮石岘村石洞景区内，石洞景区共有五峰六殿，有显光洞、深乐洞、观音洞、盘古宫、仙叠岩宫、姜太公宫等，整个宫殿占地面积 4500 平方米，建筑面积 1000 平方米。苍南县“坐刀轿”2013 年 6 月列入温州市非物质文化遗产，莒溪石洞成为刀轿基地。夏念针、林克富、郑昌步、林圣地等被列入莒溪刀轿非遗传承人。负责人林克富。

【宫外村石牛宫】坐落于莒溪镇宫外村石牛地方，当地有石牛风景点。石牛宫主祀占山三位大王，偏祀陈、林、李三位皇君娘娘。始建于清，重建于 2003 年，建筑面积 210 平方米。负责人郭后钏。

【王洞村兴湖宫】坐落于莒溪镇王洞村水口。据当地《马氏宗谱》记载，明天启年间（1621—1627）马氏由桥墩迁此，择居烂泥塘旁，俗称“滃荡”，因方言谐音，转称王洞。兴湖宫主祀马仙娘娘、杨府侯王，偏祀皇君妈。始建于清，重建于 2005 年，占地 1000 平方米，建筑面积 220 平方米。负责人马必铃。

【西厅村东方宫】坐落于莒溪镇西厅村。郑姓始迁祖郑少岩，约于明末由福鼎县沙埕入迁来此定居；陈姓始迁祖陈荣我，于清康熙九年（1670）由福建汀州府上杭县碧沙村入迁来此定居。东方宫主祀黄衣土地、陈皇君，始建于清，1970 年重建，占地面积 500 平方米，建筑面积 300 平方米。负责人郑昌步、陈希沈。

【西厅村北方宫】坐落于莒溪镇西厅村，主祀黄九法师及陈、林、李三位皇君。始建于清，重建于 1996 年，占地面积 300 平方米，建筑面积 150 平方米。负责人邓招本。

【西厅村环山亭】坐落于莒溪镇西厅村，主祀泗洲佛，配祀陈十四娘娘,属于路亭神。始建于明朝,重建于 2001 年,占地面积 100 平方米,建筑面积 60 平方米。

图 3.4.3　由传统路亭改建新路亭,下层为路,设凳椅,上层供神。

【垟尾村水口宫】坐落于莒溪镇垟尾村,属苍南县畲族村。垟尾蓝姓从广东梅州凤凰山迁入福建省罗源县,始迁祖蓝种寿、蓝玉桂叔侄于明末由罗源大坝头入迁来此定居。水口宫始建于明,重建于 1993 年,占地面积 700 平方米,建筑面积 300 平方米。水口宫右边建二层六角亭,为村老人活动中心。负责人蓝德达。

【莒溪娘娘宫】坐落于莒溪镇莒溪村莒溪小学附近,主祀马仙娘娘。始建于元朝,清朝末期曾因娘娘妈化身妇女到泰顺县泗溪镇请戏班演社戏而广为流传。民国时期以庙办学,解放后庙舍改为莒溪小学。因在学生事故中多次保护人身安全,又在莒溪小学后门重新择地供奉,占地面积 1000 平方米,建筑面积 200 平方米。联系人林克富。

【桥南村盘古宫】坐落于莒溪镇桥南村,主祀盘古爷。境社由南山村、八户两个自然村组成。盘古宫始建于清,重建于 2000 年,三间单层,占地面积700平方米，建筑面积500平方米。负责人雷顺旺。民国《平阳县志·神教志》云："盘古庙一在七都小白水，一在下岩头，一在十七都白水，一在十八都凤奥岭头，一在二十二都将军岭脚，他处不备载。新纂按，元世祖十五年四月修会川县盘古王祠祀之，盖久为通祀。"

【上村石亭外宫】坐落于莒溪镇上村村白石亭地方，偏祀皇君妈。据《钟氏宗谱》记载，清道光十五年(1835)，其地建有神龛石亭，曰"白石亭"，遂为村名。石亭外宫始建于清，1985年重建，占地面积250平方米，建筑面积150平方米。负责人钟维吴。

【半山村太阴宫】坐落于莒溪镇半山村，主祀打猎盘古、开天盘古、罗庚盘古，偏祀陈十四娘娘。始建于清，现占地面积500平方米，建筑面积300平方米。负责人曹传兵。

【上村兴霖宫】坐落于莒溪镇上村。宋咸淳十年(1275)宋度宗驾崩，三岁恭帝继位，太皇太后垂帘听政。相传为祈国泰民安，太后降旨修莒溪普照寺，造沉香铁塔，同时兴建兴云、兴霖、兴灵三宫。兴霖宫经多次修葺，清同治年间扩建厢房和戏台，为四合院式木结构宫殿，古戏台有黄体芳题额，列入县文物保护单位。2009年董文生捐资38万元，与广大信众一起重建兴霖宫，建筑面积1600平方米。

5. 矾山片区

矾山原名赤垟山，因生产明矾而命名。辖区包括矾山镇、埔坪乡、南堡乡等传统乡镇。矾山一大部分人口是矿工，属于国家居民户口，从而使该地域拥有 9 个居委会，17 个村，在建县以前城市户口人数居全县之最。因矿业生产，矾山的民间信仰也具有特色。行政区划为埔坪社区、南堡社区、南宋社区、昌禅社区、高岚社区等。

【苦竹脚岭岗宫】坐落于矾山镇南宋社区溪光村苦竹脚地方岭岗，供奉陈靖姑。始建于清，重建于 2012 年，私营企业家欧阳后樟出资 70 多万。占地面积 550 平方米，建筑面积 300 平方米。联系人欧阳后伯。

【欧厝浮水莲花宫】坐落于矾山镇南宋社区溪光村欧厝，主祀陈、林、李三位皇君。原址在溪光大溪之中，故名“浮水莲花”。后毁于大水，迁到欧厝溪溪顶半山腰。始建于明，重建于 1999 年，占地面积 350 平方米，建筑面积 200 平方米。联系人欧阳亦物。

【埔坪安口宫】坐落于矾山镇埔坪社区石头山南麓，主祀陈、林、李三位皇君。始建于清同治年间，重建于 2011 年，私营企业家廖宝兴出资 130 多万，蓝李王出资 5 万多元。主殿五间。占地面积 660 平方米，建筑面积 400 平方米。联系人廖宝珍。

【内山大坪宫】坐落于矾山镇埔坪社区内山大坪村，主祀杨府爷，配祀陈皇君娘娘。始建于清，有清代古戏台和匾额，并保存有清代陈皇君香炉。重建于 1990 年，外墙用青石砌成，占地面积 1300 平方米，建筑面积 500 平方米。联系人李若林。

图 3.5.1　注重风水坐向的宫庙形胜

【昌禅水尾宫】坐落于矾山镇昌禅社区兴昌村水尾地方，主祀陈、林、李三位皇君，配祀冥关三王等神明。始建于明朝，重建于 1962 年，占地面积 2000 平方米，建筑面积 1000 平方米。联系人陈民权。

【矾山南山坪宫】坐落于矾山镇福德湾社区东南面的南山矿区。主殿为陈府殿，主祀陈府高真，偏殿为娘娘宫，主祀马仙娘娘、陈皇君。娘娘宫原址在山下居民区中，始建于清，后毁，迁至现址。宫中存有精美的石质古烛台。联系人朱为晴。

【西坑村太阴宫】坐落于矾山镇西坑村，主祀杨府上圣，偏祀陈十四。始建于同治甲子年(1864)，重建于 2006 年春，占地面积 450 平方米，建筑面积 325 平方米。陈皇君的信仰医疗仪式名闻遐迩，香客络绎不绝。负责人吴辉。

图 3.5.2 神明造像在法身与官身之间一种类型

【半山云仙道观】位于平阳县水头镇龙洋三村地方，主祀陈十四，偏祀白云仙姑、塘三娘娘。始建于清朝，重建于 1978 年春，占地面积 275 平方米，建筑面积 250 多平方米。香客来自水头、瑞安、文成、泰顺等地。联系人庄爱竹。

【凤楼村姚头岗清龙庙】坐落于矾山镇凤阳畲族乡凤楼村姚头岗地方，主祀齐天大圣，偏祀陈氏皇君。始建于清中期，重建于 2014 年秋，占地面积 475 平方米，建筑面积 320 平方米。庙宇石雕、木雕精细。

【岭边村斗门底宫】坐落于矾山镇凤阳畲族乡岭边村斗门底地方，主祀林泗侯王，偏祀陈氏皇君。始建于清末期年间，重建于 1999 年冬，依山傍海，占地面积 185 平方米，建筑面积 150 平方米。每年正月十四日为皇君圣诞，设醮三日。联系人董文花。

【甘岐田寮皇君宫】坐落于矾山镇埔坪社区甘岐村田寮地方，主祀五显大帝，偏祀陈皇君。始建于明崇祯壬午年(1642)，重建于 2007 年春，占地面积 105 平方米，建筑面积 80 平方米。联系人苏为永。

【王加洞村水母娘娘宫】坐落于矾山镇王加洞村，主祀水母娘娘，偏祀马仙娘娘、马将军。始建于清中期，重建于 1987 年春，正殿三间，占地面积350平方米，建筑面积175平方米。联系人朱宝辉。

【南宋村永福宫】坐落于矾山镇南宋社区南宋村北山，供奉马氏三显真仙、叶大元帅、关圣帝君、陈皇君等尊神。始建于明洪武初年，保存至清康熙年间。解放后重建，1976年迁建至南宋顶街头，1991年复建，占地面积2000平方米，建筑面积1200平方米。联系人蔡起越。

【大埔山村太阴宫】坐落于矾山镇南宋社区大埔山村，据《叶氏宗谱》记载，旧名大夫山。明洪武廿年，叶氏迁此。太阴宫主祀皇君妈。始建于清代，重建于1980年，占地面积600平方米，建筑面积200平方米。联系人李敏湖。

【凤楼村皇君宫】坐落于矾山镇凤阳畲族乡凤楼村，供奉皇君妈。始建于清，重建于1990年，占地面积300平方米，建筑面积150平方米。联系人雷正银。

图3.5.3　山区村落最常见的三开间单体建筑

【鹤山村民安庙】坐落于矾山镇凤阳畲族乡鹤山村中贡，偏祀皇君妈。始建于清，重建于1980年，占地面积800平方米，建筑面积500平方米，联系人钟希回。

【溪光村枫脚宫】坐落于矾山镇南宋社区溪光村石门岭，主祀皇君妈。据《李氏宗谱》记载，其地有山岗，位于溪流之中，旧称溪岗。李姓始迁祖李功赐于明代万历二十六年携子侄，由福建泉州府安溪县镇抚乡长泰里入迁此定居，后繁衍成族。溪光石门岭枫脚宫始建于明朝，重建于1993年，占地面积1600平方米，建筑面积1200平方米。联系人李若白。

【外石门岭村皇君宫】坐落于南宋社区外石门岭村，主祀陈皇君、林皇君、李皇君。清代始建，2004年重建，占地面积800平方米，建筑面积200平方米。负责人李若志。

6. 马站片区

马站片区包括马站镇、霞关镇、沿浦镇、渔寮乡、蒲城乡5个乡镇，136.7平方千米土地，9.38万人口，67个行政村。马站取名于明代抗倭设立的驿站，是苍南县第三大平垟——蒲门垟的中心，拥有对台海港霞关。由于气候条件优越，产出的四季柚等水果，以及虾皮、紫菜等海产品富有独特风味，又由于陆路交通不便，这里民俗文化保护较好，村落形态较少改变。近年来由于旅游开发，交通条件有很大改善。非遗项目"蒲城拔五更"为明代所城军事训练活动的节庆习俗。

【魶鱼山村石鼓尾宫】坐落于马站镇魶鱼山村，祀陈靖姑等神明。由魶鱼山隔村、路顶村、下殷村、松柏下村四个自然村组成境社。始建于清，重建于1990年，主殿三间，占地面积2000平方米，建筑面积1000平方米。联系人殷爱玉。

【大厝基村太阴宫】坐落于马站镇岱岭社区大厝基村。明嘉靖年间杨玉俊仕官在外，家遭火患，遗有宅基，众呼为大厝基。杨姓始迁祖杨子有，由温州某地迁入；陈姓始迁祖陈与吾，约于清康熙年间由北港水头北山岙转迁来此定居；林姓始迁祖林祖成，约于清康熙年间携长子林光韬与侄儿林仰辉由福建泉州府安溪县赤岭入迁来此定居。太阴宫主祀皇君妈。始建于清，重建于1999年，主殿三间，衬脚二间，占地面积280平方米，建筑面积 250 平方米。联系人杨昌岩。

【云山村太阴宫】坐落于马站镇岱岭社区云山村显后地方。境社由西岙、牛运、横路、牛运坡、神堂、显后、五个人等八个自然村组成。太阴宫主祀陈、林、李三位皇君。始建于清，重建于 2000 年，主殿五间，依山而建，占地面积 270 平方米，建筑面积 225 平方米。联系人殷兴良。

【渔寮村宝龙宫】坐落于风景名胜金沙滩浴场马站镇渔寮村，供奉陈靖姑。渔寮村下辖下寮、田寮、田坑内、浪里湾、六十两五个自然村。杨姓始迁祖杨侯树、杨士侯、杨宗攀，由晋江县芙容乡入迁来此定居。宫庙始建于清道光十二年(1832)，1987 年重建，主殿三间，占地面积 250 平方米，建筑面积 230 平方米。每年正月十四日举行神诞庆典活动。联系人魏乃胜。

【渔寮村皇君宫】坐落于马站镇渔寮村，主祀皇君妈。始建于清代，重建于 2000 年，粗石外墙，古朴自然。占地面积 370 平方米，建筑面积 300 平方米。

【西门外村太阴宫】坐落于马站镇蒲城社区西门外村，主祀陈、林、李三位皇君，配祀桃花娘娘、马仙娘娘、三台机、五大将军、杨大将军、看牛大王、三十六宫夫人、土地神等神明。金姓始迁祖金继保，于明洪武二十七年(1394)由海门入迁蒲城城内。太阴宫始建于清雍正年间，重建于 1982 年，三进，占地面积 1 500 平方米，建筑面积 1 000 平方米。联系人金庆元。

【西门外村妈祖庙】坐落于马站镇蒲城社区西门外村上溪滩地方，境社包括二个行政村五个自然村。主祀妈祖娘娘，偏祀陈皇君，刘士将军、林伍仙师。始建于清乾隆年间，2006 年因桑美台风重创后重建，单进三开间，占地面积 700 平方米，建筑面积 500 平方米。负责人潘孝岳。

【甘溪妈祖庙】坐落于马站镇蒲城社区甘溪村。民国《平阳县志・建

图 3.6.1　与聚居点有一定间距的宫庙

置志》作甘溪，其地之小溪，水味甘美，故名。主祀妈祖，配祀陈林李三位皇君，红花仙姑。始建于清末，重建于 2007 年，占地面积 350 平方米，建筑面积 230 平方米。负责人陈业潘。

【甘溪村皇君宫】坐落于马站镇蒲城社区甘溪村芦竹脚，主祀天妃娘娘，配祀陈十四、红面将军。始建于明崇祯年间，重建于 2005 年，占地面积 380 平方米，建筑面积 315 平方米，每年正月十四日举行神诞活动。负责人柯美琴。

【龙门村皇君庙】坐落于马站镇蒲城社区龙门村，主祀陈林李三位皇君，偏祀红花娘娘。始建于清末，重建于 2004 年春，占地面积 300 平方米，建筑面积 220 平方米。负责人陈永远。

【浮云田水宫】坐落于马站镇霞关社区三星村田洋地方，民国《平阳县志・建置志》记载，三星作三罾，分头罾、二罾、三罾，因置罾捕鱼而得名。后方言缘故，雅称三星。本宫主祀陈皇君，偏祀妈祖娘娘。始建于元正德年间，重建于 1988 年春，正殿五间，厢房二层四间，占地面积 1480 平方米，建筑面积 395 平方米。联系人陈丽容。

【三星村水长宫】坐落霞关社区三星村，偏祀陈皇君。建于 2001 年，占地面积 500 平方米，建筑面积 250 平方米。负责人兰美丽。

【南坪村岗头尾宫】坐落于马站镇霞关社区南坪村岗头尾，主祀妈祖，偏祀陈、林、李三位皇君。始建于清雍正年间，重建于 2010 年，占地面积 220 平方米，建筑面积 175 平方米。联系人柯丕海。

图 3.6.2　新建的仿古风格

【南坪村显君宫】坐落于马站镇霞关社区南坪村。南坪王姓始迁祖王永超、王永简、王永亮、王永泰、王卿明先后由马站桥头牛眠山入迁来此定居。宫庙主祀白鹤仙师，偏祀陈皇君。始建于清末，重建于 2000 年春，占地面积 120 平方米，建筑面积 85 平方米。联系人王仲朱。

【南坪村大宫】坐落于马站镇霞关社区南坪村，主祀皇君妈，占地面积 480 平方米，建筑面积 260 平方米。南坪大宫境社由松柏林、张厝、陶厝、对面山、垵内、蔡厝、三十担、观音尖、水门宫、北山、柯厝、菜架、南坪岙、富民新村、宫口、南山、南坪尾等 17 个单位组成，人口 2831 人，以渔业捕捞为主。

【兴霞村临水宫】坐落于马站镇霞关社区兴霞村顶卓垟地方，主祀陈皇君，配祀桃花仙姑，水母娘娘。始建于清末，重建于2013年冬，三间单层吞口式建筑，是浙南地区传统小庙的样式，占地面积755平方米，建筑面积595平方米。联系人王丽娇、吴孝浚。

【兴霞村皇君宫】坐落于马站镇霞关社区兴霞村顶卓垟，主祀皇君妈，始建于清代，2000年重建，占地面积330平方米，建筑面积220平方米。负责人施维兴。

【兴霞村陈皇君宫】坐落于马站镇霞关社区兴霞村顶卓垟，主祀皇君妈。始建于清代，重建于1998年，占地面积320平方米，建筑面积250平方米。负责人吴孝泼。

【兴霞村天后宫】坐落于马站镇霞关社区兴霞村蕉坑地方，前殿主祀妈祖娘娘、水母娘娘、施娘娘、鲁班祖师、土地公、金花小姐、许仙姑、银花小娘、白马明王、红脸将军、放牛大王（玉云童子），寄祀。后殿偏祀济公、土地公、放牛大王、陈十四娘娘、千里眼、顺风耳。始建于乾隆五年（1740），重建于1998年春，占地面积300平方米，建筑面积220平方米。负责人林冬花。

【兴霞村顺天宫】坐落于马站镇霞关社区兴霞村蕉坑地方，主祀陈皇君，配祀朱仙姑。始建于清末年间，重建于2000年，占地面积490平方米，建筑面积245平方米。负责人池昌忠。

【陈家坪村阁头宫】坐落于马站镇霞关社区陈家坪村阁头地方，主祀天后圣母，偏祀陈皇君、九天玄女。始建于清朝，重建于2004年春，占地面积350平方米，建筑面积220平方米。负责人卓进强。

【卓垟杨府爷宫】坐落于马站镇霞关社区兴霞村卓垟地方，主祀杨府上圣，偏祀陈皇君。卓垟黄姓先世祖黄生，约于明崇祯年间由泉州安溪入迁福鼎沙埕，后裔由福鼎沙埕迁入卓垟。杨府爷宫始建于清中期，重建于

图 3.6.3 在建的混凝土结构

2006 年,占地面积 870 平方米,建筑面积 440 平方米。联系人吴孝雪。

【下卓垟村水尾宫】坐落于马站镇霞关社区下卓垟村,主祀妈祖,偏祀陈、林、李三位皇君,通天大王。始建于 200 年前,重建于 2012 年,占地面积 255 平方米,建筑面积 210 平方米。负责人董玉姿。

【三澳村海沙宫】坐落于马站镇霞关社区三澳村柳垅地方和尚垟海沙头,主祀妈祖,偏祀陈皇君,徐三太府。始建于道光九年,有道光年间石炉存在。重建于 2006 年,依山傍海,占地面积 350 平方米,建筑面积 180 平方米。负责人马加雄。

【三澳村妈祖殿】坐落于霞关社区三澳村柳垅后鞍。柳垅易姓始迁祖易世意于清乾隆二年(1737)由平阳县四十都清湾入迁来此定居。妈祖殿主祀妈祖娘娘,偏祀陈皇君、水母娘娘、刘氏仙姑、李七元帅、林二大王等神明,以托梦行医闻名乡里。始建于乾隆年间,重建于 2003 年冬,再建于 2013 年,占地面积 1950 平方米,建筑面积 980 平方米。负责人易会意。

【李家井村临仙宫】坐落于马站镇李家井村金沙滩,主祀陈、林、李三位皇君,配祀朱仙姑、张仙姑、牧牛大王。始建于清末,重建于 1995 年,占地面积 350 平方米，建筑面积 175 平方米。每年正月十四日举行一次灵宝醮仪庆贺神诞活动。联系人董凤华。

【湖口杨府宫】坐落于马站镇沿浦社区外垟村，主祀杨府上圣，偏祀陈皇君、朱氏仙姑。始建于清朝，重建于 2001 年，占地面积 285 平方米，建筑面积 200 平方米。负责人吴加居。

【斗门头村蔡妈娘娘宫】坐落于马站镇沿浦社区斗门头村，主祀蔡妈娘娘，配祀陈皇君、第一将军。蔡妈娘娘信仰流传于马站、矾山、藻溪、灵溪、桥墩等地。境社由新厝村、内斗门村、半山吴村、田中央村四个自然村组成。据《刘氏宗谱》记载，清初康熙年间复界，刘氏迁此筑新厝而居，故名。本宫始建于光绪年间，重建于 2005 年，占地面积 285 平方米，建筑面积 210 平方米。负责人刘新别。

【海丰村妈祖庙】坐落于马站镇沿浦社区海丰村王崖头，主祀妈祖，偏祀陈靖姑、水母娘娘。始建于乾隆年间，重建于 1995 年，占地面积 640 平方米，建筑面积 395 平方米。负责人刘新强。

【南堡岭村妈祖庙】坐落于沿浦社区南堡岭村鬼洞岭头。主祀妈祖，偏祀陈皇君、天花娘娘。民国《平阳县志・武卫志》记载，明蒲门千户所于其岭筑堡设堠，故名南堡岭。南堡岭金姓始迁祖金橙，由玉环县太平坑移入定居。妈祖庙始建于清朝年间，重建于 2005 年，占地面积 700 平方米，建筑面积 480 平方米。联系人朱维转。

【鼻头村鼻头宫】坐落于马站镇沿浦社区鼻头村，主祀陈、林、李三位皇君，配祀妈祖、朱仙姑。据当地《王氏宗谱》记载，明时称大姑鼻，明万历年间(1573—1619)，闽人王氏迁此垦荒，以地处大姑山之麓，山形似鼻，故名大姑鼻，旋名鼻头。鼻头宫始建于清中叶，重建于 2010 年，正殿三间，占地面积 275 平方米，建筑面积 250 平方米。联系人王为近。

【下魁村龙凤宫】坐落于马站镇下魁村龙腰岗半山地方，主祀陈皇君，偏祀李仙姑。民国《平阳县志·建置志》作魁里，魁里有上、中、下之分，地处其下首，故名下魁。下魁黄姓始迁祖黄道辰。龙凤宫始建于明朝成化年间，重建于 2012 年春，正殿三间，厢房左右二间，占地面积 335 平方米，建筑面积 180 平方米。联系人林能金。

【金山村皇君庙】坐落于马站镇金山村，主祀陈皇君、偏祀妈祖、马将军。始建于清末年间，重建于 1996 年，占地面积 315 平方米，建筑面积 235 平方米。联系人颜素女。

【仙岩村临水宫】坐落于马站镇仙岩村牛头佛地方，主祀陈皇君，偏祀吕仙姑、白马明王、巡海将军、白鹤仙师。始建于清末年间，重建于 1995 年冬，庙前东海涌涛，庙后龟鹤献瑞，依山伴海堪称圣境，占地面积 185 平方米，建筑面积 165 平方米。

图 3.6.4　传统的院落式结构

【云亭村皇君宫】坐落于沿浦社区云亭村，主祀皇君妈。始建于清代，2000 年重建，占地面积 350 平方米，建筑面积 310 平方米。民国《平阳县志·建置志》作云亭。其山地高峻，云气常停，故名。后以方言谐音，转为云亭。

【大姑村大宫】坐落于马站镇大姑村，主祀地主爷，偏祀陈、林、李三位皇君，马仙娘娘。始建于清末，重建于 1988 年。2014 年遭遇火灾，2016 年重建，占地面积 380 平方米，建筑面积 310 平方米。负责人潘德荣、林英瑜。

【顶堡村娘娘宫】坐落于凤阳畲族乡顶堡村水口，主祀陈、林、李三位皇君，配祀福德正神。境社由顶堡、凤阳宫、崩山、后坑四个自然村组成。始建于乾隆年间，重建于 2016 年，占地面积 385 平方米，建筑面积 275 平方米。民国《平阳县志・建置志》作凤阳，因地处凤山之阳故名。顶堡居凤山之顶端。

【南村水门宫】坐落于霞关社区南村，主祀金甲将军，偏祀皇君妈、齐天大圣。始建于清末，重建于 1920 年，1990 年代修建，占地面积 580 平方米，建筑面积 350 平方米。负责人林谊真。

【山边村五圣王宫】坐落于马站镇山边村积谷岭，主祀五圣王，偏祀陈皇君。始建于清代，原为盘古帝王宫，被桑美台风摧毁，重建于 2008 年，占地面积 500 平方米，建筑面积 180 平方米。负责人曾启宾。

7. 赤溪片区

赤溪片区包括赤溪镇、半垟乡、信智乡、中墩乡、龙沙乡，自我定位为山海文化，很有概括力。宋咸淳三年(1267)当地五洞桥碑文记载，每当涨潮海水和溪水混合，呈红色，故名赤溪。又说赤溪有七条溪流汇入海，也称七溪。当地闽南语“赤”与“七”同音。赤溪卵石可以制砚，文人常专程捡采。赤溪一度为矾山明矾重点出海港，渔业捕捞和养殖有特色。辖区面积 98 平方千米，32 个行政村，5 万人口，其中 1779 人为畲族。

【吊壁灯村陈皇君庙】吊壁灯又名壁峰山，坐落于赤溪镇吊壁灯村，解放前曾有革命先辈刘英、林辉山在皇君庙居住，并召开苏维埃会议。陈姓始迁祖陈兆资，于清康熙五十五年(1716)由福建永春县迁入定居。本庙始建于清中叶，重建于 1987 年，五间庙堂，占地面积 170 多平方米。联系人陈云良。

【下宅村太阴宫】坐落于赤溪镇下宅村。林姓始迁祖林国珍，由平阳县山门镇水门头迁入定居；江姓始迁祖江会英、江云英、江浩英三兄弟，约于清康熙年间由福建汀州府上杭县沙坪入迁兰松垟(今南宋)，旋迁下宅。革命前辈刘英、龙跃、林辉山、金泉等领导曾在本庙召开成立苏维埃政权会议。本庙主祀皇君妈。始建于清乾隆年间，重建于 1990 年春，庙主殿三间，占地面积 660 平方米，建筑面积 300 平方米。负责人林开褚。

【沙坡村金龙山宫】坐落于赤溪镇沙坡村。金龙山犹如金龙拱海，形成一道天然的山海屏障。本庙宇始建于200年前，重建于1987年冬，主殿皇君庙三间，占地面积180平方米，建筑面积120平方米。联系人王秋兰。

【下门村盘古宫】坐落于赤溪镇下门村马鞍，主祀盘古帝王，偏祀陈皇君。本庙宇始建于光绪年间，原是本地林氏祖先从福建湄洲分香到外马鞍立庙祀奉。1991年重建，占地面积470平方米，建筑面积320平方米。联系人林开助。

【沙坡村圣母娘娘宫】坐落于赤溪镇沙坡村龙山腰。温姓始迁祖温鼎然，由金垟村入迁沙坡定居。娘娘宫主祀圣母娘娘，偏祀荷仙姑、林仙娘娘。始建于200年前，重建于2001年，占地面积120平方米，建筑面积100平方米。负责人温美娥。

【下门村皇君庙】坐落于赤溪镇下门村外马鞍，主祀陈皇君，偏祀福德正神。始建于清朝，重建于1985年春，占地面积500平方米，建筑面积210平方米。负责人林开团。

【下门村太阴宫】坐落于赤溪镇下门村和尚坑，主祀太阴圣母，偏祀太母娘娘、马仙娘娘。始建于同治年间，重建于1996年冬。占地面积175平方米，建筑面积85平方米。负责人江香女。

【下门村柴梳岩宫】坐落于赤溪镇下门村柴梳岩，主祀林泗大帝，偏祀陈皇君。境社由柴梳岩、和尚坑自然村组成，始建于清朝年间，2009年春重建，占地面积370平方米，建筑面积185平方米。负责人林维碧。

【沙坡村岗头皇君宫】坐落于赤溪镇沙坡村岗头，主祀陈皇君，偏祀王仙姑、妈祖。始建于乾隆，重建于1989年冬，占地面积190平方米，建筑面积140平方米。负责人李秀钗。

【沙坡村龙山腰皇君宫】坐落于赤溪镇沙坡村龙山腰，主祀陈皇君，偏

图 3.7.1　最简易的山间小庙

祀蔡妈娘娘、李三大王。赖姓始迁祖赖子瑞(1742—1821),于清乾隆年间由福建闽南入迁定居。皇君宫始建于 150 年前,重建于 1995 年,占地面积 100 平方米,建筑面积 80 平方米。负责人赖守义。

【石塘村东角宫】坐落于赤溪镇石塘村东首,原宫址在东角海岸上,始建于民国初期,主祀五显大帝、陈靖姑等合殿神明。1997 年间再选新址于东角公路上首兴建,占地面积 220 平方米,建筑面积 190 平方米。联系人张明珠。

【石塘村灵瑞宫】坐落于赤溪镇石塘村,温州绿道龙魁线在此设有灵瑞宫休息点。本宫供奉陈、林、李三位皇君,福德正神,劝善大师诸神。始建于清同治戊辰年(1868),据传当年有一元宝形石香炉随海水漂至宫前的海港中,当地民众就地造宇建庙。重建于 2007 年春,占地面积 670 平方米,建筑面积 450 平方米。联系人杨昌梅。

【石塘村角杯厂皇君庙】坐落于赤溪镇石塘村角杯厂,主祀陈皇君。始建于清乾隆年间,1981 年重建,占地面积 325 平方米,建筑面积 270 平方米。负责人林爱玉。

【中墩村陈皇君庙】坐落于赤溪镇中墩村海滨地方。主祀陈皇君，偏祀李三大王、马仙娘娘。陈姓始迁祖陈良育，由乐清县翁垟迁入。皇君庙始建于清中叶，重建于1987年，占地面积230平方米，建筑面积180平方米。负责人李美珠。

【中墩村灵应殿】坐落于赤溪镇中墩村小垟大涯脚地方。中墩，亦作洞墩、东墩，谐音为中墩。许姓始迁祖许君杰，于清康熙年间转迁定居。灵应殿主祀陈皇君，偏祀白马爷。始建于清晚期，重建于2007年，单间山堂，传统最常见的山间小庙，占地面积170平方米，建筑面积120平方米。负责人陈颜亮。

【南头村水景岗宫】坐落于赤溪镇南头村水景岗。南头村，因地处烟墩山之南端，滨于海，俗谓之南头。据《郑氏宗谱》记载，清康熙十年(1671)起沿用此名。水景岗宫主祀陈十四娘娘等合殿神明。始建于清末，重建于1912年，占地面积195平方米，建筑面积110平方米。联系人赵双凤。

【南头村太阴宫】坐落于赤溪镇南头上厝村大垵，主祀陈皇君，偏祀牧牛大王、李三大王。始建于200年前，重建于1993年。占地面积185平方米，建筑面积110平方米。联系人王美月。

【南头村清德宫】坐落于赤溪镇南头上厝村，始建于1879年，重建于1981年，占地面积250平方米，建筑面积170平方米。负责人林金花。

【南头村皇君庙】坐落于赤溪镇南头上厝村南头岗，主祀陈皇君，偏祀水母娘娘。始建于清中叶，重建于1997年，占地面积170平方米，建筑面积130平方米。负责人许冬密。

【下厝村斗沙宫】坐落于赤溪镇下厝村斗沙地方。据当地《严氏宗谱》记载，清康熙十一年(1672)，严氏于南头自然村下首建厝而居，俗称下厝。

豆沙宫主祀太阴圣母，依山傍海，始建于清同治年间，重建于 1992 年秋，宫舍三间，占地面积 300 平方米，建筑面积 210 平方米，兼为村民避灾点，发挥民间信仰场所的防灾应急功能。每年农历二月初八日举行庆典活动。联系人王秋月。

图 3.7.2　陈、林、李三女神在神龛里的座次

【下厝村龙凤宫】坐落于赤溪镇下厝村，主祀陈皇君、五显爷。始建于晚清，重建于 1993 年，三间正殿，占地面积 170 平方米，建筑面积 120 平方米。联系人许亦娜。

【王家山村娘娘宫】，也称湖内宫，坐落于赤溪镇王家山村，主祀太阴圣母。始建于 1736 年，重建于 1984 年春，大殿三间，占地面积 420 平方米，建筑面积 280 平方米。联系人郑丽琴。

【王家山村染网岗宫】染网岗位于赤溪镇王家山村，主祀马仙娘娘，偏祀陈皇君。始建于清朝中期，重建于 1998 年，占地面积 320 平方米，建筑面积 210 平方米。负责人胡冬花。

【尖礁村皇君庙】坐落于赤溪镇尖礁村抛船地方，主祀陈、林、李三位皇君。尖礁旧称“树窟”，以古树为台风所折得名。相传陈皇君香炉是从海中浮来，于清末立庙，1974 年春建成占地 85 平方米的三间庙堂。1990 年代重建，占地面积 155 平方米，建筑面积 110 平方米。联系人胡丕财。

【塘头村岳母岗宫】坐落于赤溪镇塘头村牛寮地方岳母岗，主祀石氏娘娘、陈皇君。据当地《方氏宗谱》记载，后晋天福壬寅年(942)，方氏自闽赤岸航海至平阳县塘头，结庐以居。族人到福建经商，神明跟随而来，建庙于清乾隆年间，重建于 1985 年秋，占地面积 270 多平方米，建筑面积 235 平方米。联系人白秋阳。

【尖礁村保宁宫】坐落于赤溪镇尖礁村炮台岗之巅，主祀陈真姆。本庙宇始建于清初，重建于 1990 年。三间木质结构，占地 350 多平方米，建筑面积 275 平方米。联系人林美恭。

【赤溪村皇君庙】位于赤溪镇赤溪村过海自然村王旗尾，主祀陈皇君，偏祀七王相公、牧牛大王。始建于 300 年前。重建于 1994 年秋，占地面积 165 平方米，建筑面积 130 平方米。负责人李大珍。

【赤溪村水尾宫】坐落于赤溪镇赤溪村过海自然村，清朝设赤溪汛口址，盖以数溪于此汇流入海，涨潮之际，溪水呈赤色，故名赤溪。卢姓始迁祖卢心悦，由卢家屿入迁定居。水尾宫主祀水母娘娘，偏祀陈、林、李三位皇君。始建于清乾隆年间，重建于 1983 年，占地面积 240 平方米，建筑面积 130 平方米。联系人卢立情。

【园林村大宫】坐落于赤溪镇园林村，有 18 尊神像，主祀杨府爷。叶姓始迁祖叶以坚由福建入迁园林定居。本庙始建于清乾隆年间，重建于 1980 年秋，宫舍五间，占地面积约 1360 平方米。联系人叶细让。

【园林村三十亩临水宫】坐落于赤溪镇园林村三步擂三十亩，主祀陈皇君。神座下有一口四百年的涌泉，夏凉冬暖，人称“蛤蟆嘴”，视为圣水。

本庙始建于清同治年间，重建于 1950 年 11 月，庙宇三间，占地面积 240 平方米，建筑面积 190 平方米。每年开展“坐刀轿”“打钉球”等节日祭祀活动。联系人兰淮花。

【园林村七亩隔娘娘宫】坐落于赤溪镇园林村三步擂七亩隔地方，主祀李仙姑、陈十四娘娘。民国《平阳县志·舆地志》云：车岭之北为三步擂岭，高四十丈。盖以山道险峻，俗称三步擂。庙始建于清末，重建于 1985 年，占地面积 240 平方米，建筑面积 190 平方米。联系人雷顺月。

【园林村大垵宫】又名金星堂，坐落于赤溪镇园林村大垵地方，祀奉陈氏皇君、齐天大圣等数位尊神。明末清初陈氏始祖从福建漳州迁来定居，择地建庙。宫庙重建于 2007 年，占地面积 450 平方米，建筑面积 310 平方米。联系人郑宗泽。

【南行村南岙宫】坐落于赤溪镇南行村南岙地方，主祀杨府爷，偏祀陈皇君。相传，某年天花麻疹流行，诸多婴童求医无门，陈娘娘驾云托梦赤溪李公。李公沐浴，头顶香盆，翻越崇山峻岭到昌禅社区高垟山分香，疫氛消迹。本庙始建于清朝年间，重建于 2014 年秋，占地面积 1465 平方米，建筑面积 870 平方米。联系人林全美。

【流岐岙村三府庙】坐落于赤溪镇流岐岙村流岐头地方，供奉华光大帝、杨府上圣、陈氏皇君娘娘等神明。卢姓始迁祖卢天禄，由卢家屿迁入定居。三府庙始建于明崇祯壬午年，原是砖木瓦结构的三间，坐东朝西，重建于 1997 年秋，占地面积 485 平方米，建筑面积 270 平方米。每逢正月十四及五月十八、廿八三圣大神圣诞日祭祀活动，有试剑、巡安项目。联系人卢成涛。

【流岐岙村岭头皇君庙】坐落于赤溪镇流岐岙村岭头地方，主祀陈皇君，偏祀水母娘娘、牧牛大王。民国《平阳县志·舆地志》作流岐山，地处流岐山之岙内，故名。宋姓始迁祖宋玉（1572—1635），于明万历年间由福

图 3.7.3　三府庙是供奉温州侯王陈府爷、杨府爷、袁府爷的庙宇，他们在温州道士科仪中合称“三府”，在马来西亚等地统称“温州侯王”，但在宫庙供奉上较多的是陈杨二府。

建漳州府龙溪县二十五都浦南入迁繁枝下村，旋迁来此定居。皇君庙始建于明崇祯壬午年，重建于 1982 年，占地面积 210 平方米，建筑面积 170 平方米。负责人宋淑秧。

【流岐岙村皇君庙】位于赤溪镇流岐岙村，主祀陈皇君，配祀杨府上圣、巡海将军。始建于清朝，重建于 1992 年。占地面积 235 平方米，建筑面积 190 平方米。负责人林玉仙。

【信智村戏台宫】坐落于赤溪镇信智村，主祀陈皇君。民国《平阳县志・建置志》记载，信智原作汛地，因方言雅化。张姓始迁祖张贤锦（1687—1767），于清康熙五十四年（1715）由福鼎市前岐镇种洋村入迁定居。戏台宫始建于同治十二年（1873），原址在信智村北岙滩头顶，后拆建信智岙内，重建于 2014 年秋，共有十二间。占地面积 1100 平方米，建筑面积 780 平方米。每年九月廿六日、正月十四演大戏。联系人刘荣建。

7. 赤溪片区

【圆屿村皇君庙】坐落于赤溪镇圆屿村，主祀陈、林、李三位皇君，偏祀白马爷。县志《舆地志》《武卫志》记载，汛地山之余脉，有圆形小屿，突出海中，故名圆屿。曾姓始迁祖曾斌甫，约明崇祯三年(1630)由福建永春县入迁平阳县十五都江南都口，旋迁来此定居；杨姓始迁祖杨廷赞，约于清乾隆末由本县凤江乡新光村斗底地方来此定居；另一支杨姓始迁祖杨昌芸，由本县平等乡张家堡村入迁定居。皇君庙始建于乾隆年间，重建于1982年冬，占地面积170平方米，建筑面积130平方米。负责人曾佰奏。

【龙洋村半山宫】坐落于平阳县水头龙洋村，主祀陈皇君。始建于清同治年间，1994年重建，占地面积230平方米，建筑面积170平方米。负责人庄爱竹。

【和尚坑白马宫】坐落于赤溪镇龙沙社区下门村和尚坑地方，始建于清代，重建于1997年，占地面积250平方米，建筑面积200平方米。负责人黄爱娥。

【下门村岗摆竹宫】坐落于赤溪镇龙沙社区下门村，池氏始祖从福建省南安迁入定居，池子贤、池子胜兄弟于1935年始建庙宇。1985年重建，占地面积145平方米，建筑面积115平方米，主祀朱氏仙姑，偏祀陈十四娘娘、李一大王、白鹤仙师。负责人林冬蜜。

8. 金乡片区

金乡片区包括金乡镇、老城乡、郊外乡、湖里乡、炎亭镇、大渔镇、石砰乡等7个乡镇，总面积87平方千米，61个行政村，3万人口。明朝洪武二十年(1387)在金乡筑城设卫，加强了政治和军事控制，提高了地方文化品位。历来金乡是全县商贸和手工业最发达的集镇，清朝和民国时期产生了大量的军政工商人才和职员，被评为浙江省历史文化名镇，改革开放后成为中国台挂历礼品工业生产基地。金乡拥有苍南县的重要渔港，海产品丰富，被称为中国梭子蟹之乡。

图3.8.1 把观音像塑造在庙宇主神龛的上方，作为宫庙的上位神供奉，是温州许多庙宇的处理方式

【城中村东门大庙】坐落于金乡镇区城中村东门大街，主祀英烈大帝、娘娘妈等。城中村因地处金乡城区中部得名。东门大街从丰乐亭向东至东门桥头。东门大庙宫始建于清代，重建于1987年，占地面积1000平方米，建筑

面积 800 平方米。

【靖海路太阴宫】坐落于金乡镇靖海路 211 号，主祀太阴圣母。始建于清代，重建于 1999 年，占地面积 300 平方米，建筑面积 200 平方米。

【湖里太阴宫】坐落于金乡镇湖里社区，主祀太阴圣母。始建于清代，重建于 1989 年，占地面积 300 平方米，建筑面积 200 平方米。

【外湖村临海宫】坐落于石砰社区外湖村，主祀太阴圣母。民国《平阳县志》作石砰，地临东海，岙口滩头尽是鹅卵小石，波涛汹涌澎湃，每逢涨潮之际，卵石相碰，砰然有声，故名石砰。石砰南、西、北三面环山，北烟墩山将其分为内外两个岙口，故此称内湖和外湖。外湖村临海道观始建于中华人民共和国成立初期，重建于 1990 年，占地面积 400 平方米，建筑面积 300 平方米。

【郑家垟村太阴宫】坐落于金乡镇老城社区郑家洋村，主祀皇君妈。据《郑氏宗谱》记载，宋淳熙年间始名，郑氏始迁，卜地而居。民国《平阳县志・建置志》作郑家阳。方言“垟”“阳”谐音，通作郑家垟。郑家垟太阴宫始建于清代，重建于 1988 年，占地面积 800 平方米，建筑面积 500 平方米。负责人郑秋对。

【河头村太阴宫】坐落于金乡镇郊外社区河头村，主祀太阴圣母、林泗大帝。据《董氏宗谱》记载：“明万历年间，恭庵翁始游平邑江南，见土沃风淳，遂择居于金舟乡廿一都金井河头。”其地为内河航运之起点，俗称河头。河头村太阴宫始建于明代，重建于 1986 年，占地面积 900 平方米，建筑面积 600 平方米。负责人黄体树。

【河头村太阴宫】坐落于金乡镇郊外社区河头村，主祀太阴圣母。董姓始迁祖董敬之，于明崇祯十一年(1638)由永嘉县瞿溪镇入迁来此定居，后繁衍成族。河头太阴宫始建于清代乾隆年间，重建于 1992 年，占地面积 700 平方米，建筑面积 400 平方米。负责人王友富。

【南行街村仙姑宫】坐落于金乡镇大渔社区南行街村三沙半岭，主祀朱氏仙姑、太阴圣母，偏祀金仙、银仙。始建于清代乾隆年间，重建于1998年，占地面积180平方米，建筑面积150平方米。负责人李香弟。

【南行街村皇君宫】坐落于金乡镇大渔社区南行街村亭仔岗，主祀太阴圣母，偏祀水母娘娘、朱氏仙姑。重建于1992年，占地面积220平方米，建筑面积180平方米。负责人陈苏歇。

【南行街村皇君宫】坐落于金乡镇大渔社区南行街村新岭岗，主祀太阴圣母，偏祀林元帅、护国将军。始建于清代乾隆年间，重建于1993年，占地面积280平方米，建筑面积230平方米。负责人林秋月。

【南行街村新岭岗太阴宫】坐落于金乡镇大渔社区南行街村新岭岗，主祀太阴圣母，偏祀天花娘娘、李五大王。始建于清代，重建于1996年，占地面积200平方米，建筑面积190平方米。负责人林彩霞。

【大岙心村升平宫】坐落于金乡镇大渔社区大岙心村，主祀太阴圣母。民国《平阳县志·建置志》作大岙，即大岙心。盖其地处滨海避风港岙之中部，故名。升平宫始建于1920年，重建于2010年，占地面积550平方

图3.8.2 升平宫由路亭演变而来，古代在路亭中供奉神明，后来路亭圮废了，供奉由再建宫庙保留下来。

米，建筑面积160平方米。

【湖里天乙道观】坐落于金乡镇湖里村小岭头地方，主祀太阴圣母。湖里始称湖内。《彭氏宗谱》称其始祖“自长溪再徙温之金舟乡瀛鹏里湖内而家焉”，至八世祖彭仲光“于南宋乾道二年”为“丞东提举”。明苏伯衡《平仲集》作湖里，盖其地为四面环山之河谷小盆地，相传原系天然湖淤积而成，故名。湖里天乙道观始建于中华人民共和国成立初期，重建于1990年，占地面积300平方米，建筑面积200平方米。

【西沙村太阴宫】坐落于炎亭镇西沙村，主祀太阴圣母。始建于中华人民共和国成立初期，重建于1995年，占地面积300平方米，建筑面积250平方米。

【石砰顺济宫】坐落于金乡镇石砰社区云台路，主祀太阴圣母。始建于清代乾隆年间，重建于1993年，占地面积800平方米，建筑面积500平方米。

【下汤村太阴宫】坐落于金乡镇下汤东路村，主祀太阴圣母。据《汤氏宗谱》载：“南宋乾道丙戌年(1166)，潮溢，地旷丁稀，嗣有垦荒之命，乃因从叔祖思谦公调授平阳，卜江南下泽汤，遂家焉。”盖属水乡泽国之地。始建于清代，重建于1982年，占地面积450平方米，建筑面积370平方米。

【湖里村太阴宫】坐落于湖里社区湖里村，主祀陈十四娘娘，偏祀信宝娘娘、李三大王，始建于晚清，重建于2008年桑美台风之后，占地1100平方米，建筑面积700平方米。负责人黄王珠。

9. 钱库片区

钱库片区包括钱库镇、望里镇、项桥乡、括山乡、夏口乡、陈东乡、仙居乡、新安乡等8个乡镇，总面积95平方千米，114个行政村，16.4万人口。钱库地处江南垟中心，河网密布，饭稻羹鱼，人口密集，资源有限，商品经济相对活跃。

【钱库会龙宫】坐落于钱库镇东西街村，前殿祀玄天上帝，中殿祀陈十四娘娘，后殿祀三清道祖，旁殿祀库官大神。始建于明末，境社由东西街、黄判桥、金家垟、双牌坊、倪处等地方组成。原址在五水汇流的钱库小学，清末金钱会时为江南垟乡团御匪驻兵总部，中华人民共和国成立后改为电影院、学校。关于会龙宫原址的风水，有两个说法。一个说法是会龙宫承接苏湖山、将军山等汇集的流水，是江南垟五条大河的交汇处，宫前水域开阔，水流湍急，如五龙腾跃，故以庙镇煞，称会龙宫。另一说法根据《苍南县陈姓通览》陈钦寿先生记述，从白沙乡缪家桥到柘园、钱库会龙宫，是一条龙形之地。会龙宫为龙尾，柘园为龙腹，缪家桥为龙头。龙尾常摆动，所以会龙宫前的河水常呈回旋之势，龙头常出气，所以缪家桥水泊宫之水常冒泡，龙腹滚动，所以柘园之地常震动。1917年修建时，宫顶藻井和天花板请十六岁的陈家堡人陈鹤龄绘画。陈鹤龄(1901—1971)出身于漆画世家，精通人物、山水、花鸟、漆画工艺，会龙宫顶棚漆画成为他的成名作，得到工艺界、绘画界、书法界名流如方介堪、马公愚、苏昧朔等肯定，后来成为温州著名的摄影艺术家。会龙宫 2004 年迁建于东西街村，占地面积 800 平方米，建筑面积 500 平方米。每年在农历正月十五日、二月二十三日，庆祝库官爷、陈十四娘娘诞辰活动，形成钱库集镇会市。在活动期间，有抬佛游四扇，唱娘娘词、演戏、跳马灯、滚花龙、放烟火、吃福酒等民俗活动。联系人黄昌合。

图 3.9.1 会龙宫是一个集镇的大型水口庙，选址五条河流汇聚的当口，是水口建庙的典型案例，可惜现在已经改址重建。

【双排坊村天后宫】坐落于钱库镇横街双排坊，奉祀天后马祖娘娘，偏祀陈十四娘娘、斗姆娘娘、尊观音大士为上位神。始建于清乾隆年间(1739)；重建于 2005 年，从会龙宫析出，与村中原五显殿联合。占地面积 2000 平方米，建筑面积 1650 平方米。联系人方培志。

【雅儒村三官宫】坐落于望里镇雅儒村，主祀三官爷，配祀陈十四娘娘。始建于清，重建于 2000 年。二层五间，前后大阳台，一楼占地面积较大，占地面积 2000 平方米，建筑面积 1500 平方米。联系人罗林针。

【项桥村振龙宫】坐落于钱库镇项桥社区项西村，南宋武状元项桂发故里，主祀陈十四娘娘，偏祀平水侯王。始建于明朝成化年间，重建于 2013 年，占地面积 1200 平方米，建筑面积 1100 平方米。五间两进，两厢房，气势宏伟。联系人项祖董。

【下汤村彭家山太阴宫】位于钱库镇括山社区下汤村彭家山，主祀陈皇君，偏祀北斗娘娘。始建于清朝，重建于 1982 年春，占地面积 450 平方米，建筑面积 375 平方米。负责人林香元。

【新社村陈十四娘娘宫】位于钱库镇新安社区新社村，主祀陈十四娘娘。始建于 1967 年，重建于 1992 年，占地面积 115 平方米，建筑面积 81 平方米。联系人李圣同。

【河头村太阴宫】坐落于钱库镇河头村，主祀陈十四娘娘。始建于 1920 年，重建于 2010 年，占地面积 550 平方米，建筑面积 160 平方米。联系人林满蕊。

【南垟山皇母娘娘宫】坐落于括山社区南垟山村，主祀皇君娘娘，现建于 2009 年，占地面积 300 平方米，建筑面积 100 平方米。负责人杨嵌弟。

【望里江山殿】又名马光殿，坐落于望里镇，现建于 2009 年，占地面积 500 平方米，建筑面积 300 平方米。负责人陈金姖。

10. 宜山片区

宜山因江南垟水网平原中突出一个小山包而得名，曾称泥山、仪山，唐代已成集镇，宋代因出产柑橘成为贡品而著名，明代因金乡建卫城而地位相对下降，晚清民国时期都是江南垟的政治、经济、文化重镇，纺织业发达，物资丰富。龙港建镇后，划去大片辖区，经济相对滑落。片区总面积13平方千米，27个行政村，5.6万人口，以纺织业为主导。

【黄良村林泗大帝殿】又名黄良殿，坐落于宜山黄良村上黄村和下黄村的中心地段，主祀林泗大帝，配祀陈十四娘娘。始建于清乾隆年间，扩建于2008年，占地面积3500平方米，建筑面积1500平方米。主要庆典有林泗大帝诞辰、黄三侯王诞辰、陈十四娘娘诞辰、太保爷诞辰等打醮、吃福酒活动。正月十五闹花灯、舞龙舞狮、庙会演戏、鼓词等活动。联系人李初楷。

【张家埭大王殿】坐落于宜山镇张北村张家埭地方，主祀许真君，配祀陈十四娘娘、陈九公、仙姑娘娘、北斗娘娘等尊神。重建于1985年，系三间小庙；扩建于2012年，大殿正殿三间，占地面积1000平方米，占地面积500平方米。联系人周宗尧。

【八岱村八岱宫】又名西垟宫，坐落于宜山镇八岱村。始建于清嘉庆年间，三间单层；咸丰七年建成前后两殿各五间，厢房三间；重建于1990

年，占地面积 4000 平方米，建筑面积 1800 平方米。二楼后进大殿主祀林泗大帝，偏祀陈十四娘娘和魁星大帝。八岱宫正月十五闹灯酒，六月初八林泗大帝诞辰吃福酒，从未停过。联系人梁世增。

【珠山村太阴宫】坐落于宜山珠后村，主祀陈十四娘娘。始建于明代，是江南一带历史悠久的太阴宫，清光绪年间重建，曾作为学校校舍和政府驻地。重建于 1998 年，两层两进，厢房各五间，前有戏台。占地面积 2380 平方米，建筑面积 1100 平方米。联系人黄振星。

【宜山许府宫】位于宜山镇球山南麓球山路 11 号，始建于清初，原为五间平房殿宇，许府宫为后殿，前临大王殿，西毗文昌阁，后依梦楼。主祀许府真君，偏祀五显大帝、太阴圣母、魁星大帝、文昌帝君、关圣帝君等尊神。1990 年由宜山广大信众捐资改建二层宫殿，后又继续修缮，占地面积 877 平方米，建筑面积 765 平方米。宫中原有一匾“威灵显赫”，为清道

图 3.10.1　古老的大榕树，1970 年代翻修的二层门楼，2010 年代浙江省政府倡建的乡村文化大礼堂，这些元素融合在一起，就是村落文化的历史层累了。

光年间福建台澎总兵张琴在此圆梦成真后，向许府宫敬酬所献。联系人陈汝静。

【芙蓉村陈府高真殿】坐落于宜山镇芙蓉村，主祀陈府高真，偏祀陈十四娘娘。始建于清朝光绪年间，重建于 1993 年，占地面积 1300 平方米，建筑面积 750 平方米。殿宇主要活动有正月初五唱“娘娘词”，元宵节吃福酒，九月九重阳节庆演大戏，三至五月村民则组织一次祭拜，并邀请有德高僧来殿讲经。联系人韩必价。

【吴家库林泗殿】坐落于宜山镇吴家库村，主祀本县地方神林泗大帝，配祀陈十四娘娘。始建于明朝洪武时期，重建于 2006 年，占地面积 910 平方米，建筑面积 900 平方米。故老相传，吴氏居此筑有仓库，曰“吴家库”，据《吴氏宗谱》记载，明崇祯戊辰年始有其名。联系人吴志超。

【水门村金妃宫】坐落于宜山镇水门村，偏祀陈十四娘娘。始建于清代，1989 年重建，占地面积 900 平方米，建筑面积 500 平方米。负责人何林钗。

11. 藻溪片区

藻溪镇位于苍南县中部，横阳支江中部。藻溪是汇入横阳支江的一条重要支流，因为独特的水陆交通地位和水利建设地位而受到重视。吴家园水库是藻溪上的重要水库，苍南县第二大水库，它的存在可以印证藻溪的腹地和水利。明清时期矾山开始开采矾矿，形成矾山到赤溪、矾山到前岐、矾山到藻溪等十几条挑矾古道，矾藻古道共有两条，一条始自矾山镇古路下村，约二十公里至藻溪镇九堡村九堡宫；另一条自南宋乡溪光村，约二十三公里至九堡宫。矾藻古道因民国时期赤溪、前岐等地海盗作乱，运输禁绝而日益繁荣，至中华人民共和国成立初期，来自藻溪、昌禅、南宋、江南垟、江西垟的挑矾客达上万人。二十多公里山道的步程时间为一天，挑矾客往返一趟增加了一倍人次。繁荣的挑运促进了古道建设，石桥、路亭、乘凉树成为公共设施建设的主要对象，而石桥、路亭、古树都有桥龛、亭龛、树龛的神灵供奉，这些供奉场所也常常被发展为宫庙。在这些供奉中，对象较为特殊的，是泗州佛的石像供奉，几乎成为道路运输的保护神。其次是蔡妈娘娘的供奉。自九堡宫码头而下，入横阳支江，直至鳌江港明矾出海，沿线防洪和护运往往在码头或水口建设规模更大的庙宇。藻溪片区的宫庙境社，兼具山区和港区两种形态，主要受山道和水路两种自然环境和生产方式影响。

图 3.11.1　1980 年代建成后扩修的宫庙

【盛陶太阴宫】坐落于藻溪镇盛陶村，主祀陈皇君娘娘。民国《平阳县志·建置志》作盛陶，其地与灵溪镇交界，于宋时盛产陶器，存古窑址 18 处，系县重点文物保护单位。太阴宫始建于清乾隆年间，重建于 1995 年，占地面积 950 平方米，建筑面积 680 平方米，2010 年添建六角风雨亭。联系人高泉省。

【东溪村光明殿】坐落于藻溪镇东溪村碳山内，主祀陈、林、李三位皇君娘娘。始建于明末，重建于 1996 年，占地面积 300 平方米，建筑面积 150 平方米。联系人蔡细花。

小　　结

浙江省有民间信仰场所24000多处，温州市有8000多处，苍南县有600多处，苍南县主祀和偏祀陈靖姑的庙宇有300多处。说明苍南县是浙江省的民间信仰大县，陈靖姑信仰在苍南县非常兴盛。

苍南县宫庙境社一般随着宋代村落的形成而出现，但当时数量很少。普查记录有些村落的太阴宫始建于南宋，如都口、孙店的太阴宫，这一点有待进一步考证。明代的温州民俗重要著作《岐海琐谈》和记录民俗信仰较多的弘治《温州府志》都没有陈靖姑信俗的记载。普查的绝大部分陈靖姑宫庙始建于清代，其中的一些宫庙也可能从此前的社坛或其他宫庙演化而来。苍南陈靖姑宫庙建置主要受明清闾山教科仪和娘娘词演唱的双重影响，而以宫庙形成"社会"的历史传承应该非常悠久。

苍南县陈靖姑信俗交流协会300多座会员庙主要分布在灵溪片区、桥墩片区、莒溪片区、矾山片区、马站片区、赤溪片区等闽南话方言区，而龙港片区、宜山片区、钱库片区、金乡片区等瓯语和蛮话方言区接受普查的陈靖姑宫庙数量相对略少。主要原因为：一、闽南话方言区为闾山教师公主要活动区，信仰基础好；瓯语和蛮话方言区为斋公主要活动区，闾山科仪影响略小，而鼓词演唱的《灵经大传》影响较大，信仰方式有所转化。二、闽南话方言区较多为山区和半山区，人地关系松缓，自然环境恶劣，历史上个体小庙不断建置；瓯语和闽话方言区多为平垟河网，人地关系紧张，土地不断平整，庙基选择困难，圮庙总是在不断的合并联建中，只有片区庙和村庙被保存下来，维持地方公益性，宫庙总数相对较少。三、两个方言区之间在语言沟通上尚有困难，协会总部在闽南话方言区，对瓯语和闽话方言区的影响和发动还有待进一步推进。

苍南县域的陈靖姑宫庙神明结构有所不同，体现了细小的地域差异。如与白马明王、五显大帝、田都元帅、齐天大圣的结合，一般分布在明末清初的闽南移民山村；与马仙娘娘结合的，一般为桥墩、矾山的片区庙；与蔡妈娘娘的结合，一般在灵溪、藻溪、赤溪的呑区村落；与杨府爷、林泗爷、平水王、蔡三侯王结合的，一般在地主庙的宫里；与水母娘娘、妈祖娘娘、江大侯王的结合一般在海涯江浦地方。

宫庙的境社组织有所差异。平垟地带的境社保持稳固的“扇”的结构，推行各扇联合的宫庙管理委员会制度，维护公益庙的性质；山区地带的境社概念有些被突破，因贫富差距大、神明资源产业化等因素的影响，宫庙个体运营的几率增大，依赖私营企业家、按需服务、新建信仰网络的动向明显。

祭祀的方式差异较大。闽南方言区重视闾山教科仪，多师公信仰医疗仪式，请乩僮问事；瓯语和蛮话区重视唱娘娘词，用筊杯问事，经常举行合境平安的年例巡境仪式。

普查宫庙的负责人或联系人，为田野调查的访谈人，因人数较多，仅以姓名附录宫庙资料之后，不一一注释；部分人名根据本人意愿不录。调查小组人员有林亦修、郭重孟、许启苏、曾金莲、岳国都、许日淼、许文赐、林克富、蔡开蛟等，在此注明。

结　　语

近年来出现一种说法，叫民间信仰消亡论。认为随着城镇化的进一步发展，现代科学教育的更加普及，老一代信众的死去，民间信仰就会消亡了，最长时间不会超过十年。这里面还有盼望其消亡的心态。民间信仰会不会消亡，应该不应该消亡，是一个须要引起关注的问题。

法国汉学家劳格文教授发问：中国为什么叫神州？中国是以神明崇拜为主的社会，不完全是祖先崇拜的社会，是以巫道为基础的社会，不全是以儒教为基础的社会，是地缘社会，不全是血缘社会。《周礼》记载，礼不下庶人，说明普通百姓不能祭拜祖先；五服制度也说明血缘认同的溯源很短。是啊，中国是“神州”，不是“道乡”，也不是“儒里”，更不是“佛国”。神州消失了以神明崇拜为中心的民间信仰，那时的社会将会是怎么一种状况？

我们想要强调的是，我们是在人本思想的指导下进行研究。我们不是在研究神明，也不是在研究宗教，而是在地域社会的框架下，考察人作为个体和作为群体是如何建构自己的精神世界和社会生活的。

首先，我坚持八年前在《温州族群与区域文化研究》中提出的一个观念，即“人神互动”。神是人建构的对象物，凝聚着人的宇宙观、世界观、人生观、价值观，并以此护佑人群、约束人群、凝聚人群。“神依人而血食，人敬神而知礼，神人之相须久矣。”①

在中国传统社会里，神明是经由民众举荐、百姓不断测试，而被确立的地方“领导者”，他/她通过显圣的方式和灵验的法力，与民众的群体生活和个体生活形成密切的关系，指导、规范、帮助百姓生活。

苍南陈靖姑宫庙境社，是解读苍南民间社会的最好切入点，从神谱、宫庙、境社入手，可以揭示苍南的历史、社会、文化，尤其是明清闽南人大移民以来的地方社会组织。

① 万历十二年(1584)《重修汤王庙记》，碑存阳城县驾岭乡西洼村汤帝庙内。碑高 170 厘米，宽 72 厘米。见王潞伟著：《上党神庙剧院研究》，中国戏剧出版社 2016 年版。

参 考 文 献

(汉)刘安:《淮南子》。《淮南子集释》,中华书局1989年版。(宋)洪迈:《夷坚志》。中华书局,2006年版。

(明)王瓒 蔡芳编纂:《弘治温州府志》。胡珠生校注,上海社会科学院出版社,2006年版。

(明)苏伯衡:《苏平仲集》。商务印书馆,1935年版。

(明)宋濂:《宋文宪公全集》。中华书局民国版。

(明)无名氏纂:《道法会元》。见《正统道藏》正一部。

(明)冯梦龙:《警世通言》。人民文学出版社,1987年版。

(明)姜准:《岐海琐谈》。蔡克娇点校,上海社会科学出版社,2002年版。

(明)佚名:《绘图三教源流搜神大全(外二种)》。上海古籍出版社,1990年版。

(清)里人何求:《闽都别记》,福建人民出版社,1987年版。

(清)张学礼:《使琉球录·中山纪略》。原田禹雄译注,榕树书林,1998年版。

(清)何子祥:《蓉林笔钞》。李成廉、张奋点校,中州古籍出版社,2013年版。

(清)汤肇熙:《出山草谱》。陈仲光、周干点校,中州古籍出版社,2013

年版。
(清)赵钧:《过来语》。温州图书馆古籍部手稿珍藏。
(清)《平阳县志》。苍南县地方志办公室据乾隆二十五年刊本影印。
(民国)刘绍宽主编:《平阳县志》。苍南县文化广电新闻出版局据民国十四年影印本影印。
(民国)李驹主纂:《长乐县志》。1918 年版。
萧耘春主编:《苍南县志》。浙江人民出版社,1997 年版。
杨思好主编:《苍南金石志》。浙江古籍出版社,2011 年版。
苍南县地名办公室编:《苍南地名志》,1986 年打印稿。
郑维国主编:《苍南百家姓》。中华书局出版。
金柏东主编:《温州历代碑刻集》。上海社会科学院出版社,2002 年版。
吴明哲主编:《温州历代碑刻二集》。上海社会科学院出版社,2006 年版。
政协浙江省苍南县委员会文史资料委员会编:苍南文史资料二十二辑《苍南风土》,2006 年版。
政协浙江省苍南县委员会文史资料委员会编:《苍南县文史资料精选》,中国文史出版社,2008 年版。
张立福编著:《龙港话古今》。香港银河出版社,2004 年版。
陈后强主编:《苍南县陈姓通览》。杭州出版社,2006 年版。
金崇柳记录:《浙江曲艺集成〈永嘉曲艺志·南游〉》,1993 年打印稿。
赵肖为译编:《近代温州社会经济发展概况——瓯海关贸易报告和十年报告》。上海三联书店,2014 年版。
陈德其记述,林亦修整理、校注:《灵经大传》。学苑出版社,2011 年版。
周万兴编录:《南游》。上海印书馆,2012 年版。
瑞安市文化局编:《瑞安鼓词史资料》12 卷本,内部印刷。
陈小萍编著:《温州鼓词》。浙江摄影出版社,2008 年版。

徐兆格主编:《平阳民间演唱艺术》。平阳县文化广电新闻出版局,2006年印刷。

吴真:《大山里的风景线》,国际黄炎文化出版社,2006年版。

科大卫著:《皇帝和祖宗——华南的国家与宗族》。卜永坚译,(香港)商务印书馆,2017年版,

萧公权著:《中国乡村——论19世纪的帝国控制》。张皓、张升译,(台北市)联经出版股份有限公司,2014年版。

[美]杨庆堃著:《中国社会中的宗教》。范丽珠等译,上海人民出版社,2007年版。

[日]宫家准著:《日本的民俗宗教》。赵仲明译,南京大学出版社,2008年版。

[日]田中久夫著:《氏神信仰与祖先祭祀》。(东京都)株式会社名著出版,1991年(平成3年)出版。

江绍原著:《民俗与迷信》。陈泳超整理,北京出版社,2003年版。

任宗权著:《道教科仪概况》。宗教文化出版社,2012年版。

叶涛 周少明主编:《民间信仰与区域社会——中国民间信仰研究论文选》。广西师范大学出版社,2010年版。

叶明生著:《福建寿宁四平傀儡戏〈奶娘传〉》。民俗曲艺丛书,(台湾)施合郑民俗文化基金会出版,1997年版。

叶明生著:《宗教与戏剧研究丛稿》。(台北市)国家出版社,2009年版。

叶明生主编:《中国首届临水夫人陈靖姑文化学术研讨会论文集》,2010年印刷。

叶明生主编:《第二届澳门临水夫人陈靖姑文化国际学术研讨会论文集》。2017年印刷。

叶明生主编:《澳门陈靖姑文化论坛》。国家宗教文化出版社,2016年版。

徐宏图、康豹编:《平阳县苍南县传统文化民俗文化研究》。民族出版社,2005 年版。

刘祖珍编著:《民间信仰与道教》。上海印书馆,2015 年版。

林亦修著:《温州族群与区域文化研究》。上海三联书店出版社,2008 年版。

李晖华主编,林亦修、林子周副主编:《杨府侯王:温州民俗文化田野调查》。线装书局,2016 年版。

郭于华主编:《仪式与社会变迁》。社会科学文献出版社,2000 年版。

法国汉学丛书编辑委员会编:《法国汉学》第七辑宗教史专号。中华书局,2002 年版。

刘家军、谢庆云主编:《清水祖师文化研究》。厦门大学出版社,2013 年版。

高致华编:《探寻民间诸神与信仰文化》。黄山书社,2006 年版。

王晓葵、何彬编:《现代日本民俗学的理论与方法》,学苑出版社,2010 年版。

[德]卢曼著:《宗教教义与社会演化》。刘峰、李秋零译,中国人民大学出版社,2009 年版。

[法]阿尔贝特·史怀泽著:《敬畏生命》。陈泽环译,上海社会科学院出版社,1996 年版。

[德]费迪南·费尔曼著:《生命哲学》。李健鸣译,华夏出版社,2000 年版。

[美]康豹著:《台湾的王爷信仰》。(台北市)商鼎文化出品,1997 年版。

布鲁格曼著:《土地神学:从圣经信仰看土地的赏赐、应许和挑战》。戚时逝等译,(新北市)校园书房,2016 年版。

[日]二阶堂善弘著:《元帅神研究》,刘雄峰译。齐鲁书社,2014 年版。

李亦园著:《文化的图像》。台北允晨文化实业股份有限公司,1992 年版。
钟华操著:《台湾地区神明的由来》。台湾省文献委员会编印,1980 年版。
志贺市子著:《香港道教与扶乩信仰历史与认同》。黎志添主编,宋军译,(香港)中文大学出版社,2013 年版。
刘黎明著:《宋代民间巫术研究》。四川出版集团巴蜀书社,2004 年版。
钱钟书:《钱钟书精品集》,人民文学出版社,2006 年版。
孔令宏:《五显神的源流和信仰》。《地方文化研究》2016 年第 3 期第 56 页。
[日]中野纪和著:《民俗学研究个人生活史的课题和意义——从祭礼研究的角度论起》。陈晓晞译。见王晓葵、何彬编《现代日本民俗学的理论与方法》,学苑出版社,2010 年版,第 361 页。

后　　记

苍南县陈靖姑宫庙境社研究的课题调查和写作从2016年6月全面开始，历时一年多时间。此前在苍南陆续作过一些调查，使此次课题有一个良好的基础。

为了及时完成任务，我邀请了已经毕业的民俗学硕士、武夷山学院教师郭重孟参与驻点调查和写作。郭重孟是我的学生，近一个月时间与我一起住在灵溪山水宫，顶着暑期的炎热，参与36个重点宫庙的大部分调查，并且整理调查笔记，撰写了十几个宫庙的初稿。在中秋节的休假时间里还带来他的未婚妻一起帮助整理书稿和照片，实在是付出了艰辛的劳动。

苍南县陈靖姑信俗文化交流协会的各位同仁不遗余力，联系各方，协助调查，特别要感谢的是许启苏先生、曾金莲女士、岳国都先生、许文赐先生、许日淼先生、林克富先生，他们全程安排和陪同调查，非常辛苦，而乐在其中。还有协会的其他同仁和许多的访谈对象，没有他们，是不可能完成这一任务的。其实有些内容就是他们的成果，如下篇的一些材料，是在他们此前的普查登记基础上完成的，这里可能还有林子周先生的付出。他们还提供了一些珍贵的照片。

苍南县宗教和文化部门在书稿研讨和会议活动上给予很大支持，陈士洪副局长还主持了讲座式研讨。

在此，向所有做出贡献、提供帮助的人们致以真诚的感谢。

林亦修

于温州大学

2017 年 10 月

图书在版编目(CIP)数据

苍南陈靖姑宫庙境社研究/林亦修、郭重孟著. —上海:上海三联书店,2018.8
ISBN 978-7-5426-6444-0

Ⅰ.①苍… Ⅱ.①林…②郭… Ⅲ.①信仰—民间文化—宫殿遗址—研究—苍南县 Ⅳ.①K878.34

中国版本图书馆 CIP 数据核字(2018)第 190134 号

苍南陈靖姑宫庙境社研究

著　　者 / 林亦修　郭重孟

责任编辑 / 杜　鹃
特约编辑 / 周治华
装帧设计 / 一本好书
监　　制 / 姚　军
责任校对 / 张大伟

出版发行 / 上海三联书店
(201199)中国上海市都市路 4855 号 2 座 10 楼
邮购电话 / 021-22895557
印　　刷 / 上海肖华印务有限公司

版　　次 / 2018 年 8 月第 1 版
印　　次 / 2018 年 8 月第 1 次印刷
开　　本 / 710×1000　1/16
字　　数 / 450 千字
印　　张 / 34.75
书　　号 / ISBN 978-7-5426-6444-0/K·493
定　　价 / 98.00 元